BEN MACINTYRE

AGENT SONJA

Kommunistin, Mutter, Topspionin

Aus dem Englischen von
Kathrin Bielfeldt und Jürgen Bürger

Insel Verlag

Die Originalausgabe erschien 2020 unter dem Titel
Agent Sonya
bei Viking, part of the Penguin Random House group.

Klimaneutral
Druckprodukt
ClimatePartner.com/14438-2110-1001

Erste Auflage 2022
Deutsche Erstausgabe

Umschlaggestaltung: Rothfos & Gabler, Hamburg, unter Verwendung
des Originalumschlags von Elena Giavaldi
Umschlagfotos: CollaborationJS/Trevillion Images;
Mirrorpix/Getty Images
Satz: Satz-Offizin Hümmer GmbH, Waldbüttelbrunn
Druck: GGP Media GmbH, Pößneck
Printed in Germany
ISBN 978-3-458-64346-3

www.insel-verlag.de

Agent Sonja

»Tinker, Tailor, Soldier, Sailor …
What will my Husband be?«

Traditioneller englischer Abzählreim und zugleich Orakelspiel junger Frauen, um die Zukunft vorherzusagen.

Inhalt

Einleitung 9

1 Steppenpferd 11

2 Die Hure des Orients 37

3 Agent Ramsey 59

4 Wenn Sonja tanzt 75

5 Die Spione, die sie liebten 93

6 Sperling 111

7 An Bord der Conte Verde 129

8 Unsere Frau in der Mandschurei 141

9 Ein Vagabundenleben 155

10 Von Peking nach Polen 167

11 Wem die Stunde schlägt 185

12 Der Maulwurfshügel 205

13 Eine zweckdienliche Ehe 229

14 Die Kindesentführerin 247

15 Die glückliche Zeit 263

16 Barbarossa 277
17 Weg in die Hölle 291
18 Atomspione 309
19 Milicent vom MI5 329
20 Operation Hammer 343
21 Frühlingsrauschen 365
22 Great Rollright 379
23 Eine sehr harte Nuss 399
24 Ruth Werner 425
Nachwort: Die Leben der anderen 443
Eine Anmerkung zu den Quellen 450
Ausgewählte Bibliografie 462
Abbildungsnachweis 466
Danksagungen 469

Einleitung

Wenn Sie im Jahr 1945 das malerische englische Dorf Great Rollright besucht hätten, wäre Ihnen vielleicht eine schlanke, dunkelhaarige und ungewöhnlich elegante Frau aufgefallen, die aus dem Natursteinhaus namens *The Firs* trat und auf ihr Fahrrad stieg. Sie hatte drei Kinder, und ihr Ehemann Len arbeitete in der nahe gelegenen Aluminiumfabrik. Sie war freundlich, aber zurückhaltend, und sprach Englisch mit einem leichten ausländischen Akzent. Sie backte ausgezeichnete Kuchen. Ihre Nachbarn in den Cotswolds wussten wenig über sie.

Sie wussten nicht, dass es sich bei der Frau, die sie Mrs. Burton nannten, eigentlich um Oberst Ursula Kuczynski von der Roten Armee handelte, eine überzeugte Kommunistin, hochdekorierte Offizierin des sowjetischen Militärgeheimdienstes und hochqualifizierte Spionin, die in China, Polen und der Schweiz Spionageaktionen durchgeführt hatte, bevor sie auf Befehl Moskaus nach Großbritannien kam. Sie wussten weder, dass jedes ihrer drei Kinder einen anderen Vater hatte, noch, dass Len Burton ebenfalls Geheimagent war. Sie wussten außerdem nicht, dass sie eine deutsche Jüdin und erbitterte Gegnerin des Nazismus war, die während des Zweiten Weltkrieges gegen die Faschisten spioniert hatte und nun im neuen Kalten Krieg Großbritannien und Amerika ausspionierte. Sie wussten nicht, dass Mrs. Burton (eigentlich Beurton geschrieben) in der Außentoilette hinter *The Firs* einen leistungsstarken Funksender installiert hatte, über den sie mit dem Hauptquartier des sowjetischen Geheimdienstes in Moskau in Verbindung stand. Die Dorfbewohner von Great Rollright wussten nicht, dass Mrs. Burton in ihrer letzten Mission während des Krieges kommunistische Spione in eine streng geheime amerikanische Operation eingeschleust hatte, die Anti-Nazi-Agenten per

Fallschirm in das untergehende Dritte Reich schmuggelte. Angeblich arbeiteten diese »guten Deutschen« für Amerika, in Wirklichkeit jedoch für Oberst Kuczynski aus Great Rollright.

Aber Mrs. Burtons wichtigster Undercoverauftrag war einer, der die Zukunft der Welt bestimmen sollte: Sie half der Sowjetunion beim Bau der Atombombe.

Jahrelang hatte Ursula Burton ein Netzwerk kommunistischer Spione tief im britischen Atomwaffenforschungsprogramm geleitet und die Informationen an die Sowjetunion weitergereicht, die es sowjetischen Wissenschaftlern schließlich ermöglichen sollte, eine eigene Atombombe zu bauen. Sie war voll ins Dorfleben integriert; um ihre Scones wurde sie in Great Rollright beneidet. Aber in ihrer verborgenen Parallelwelt war sie zum Teil dafür verantwortlich, das Gleichgewicht der Kräfte zwischen Ost und West aufrechtzuerhalten und (wie sie glaubte) einen Atomkrieg zu verhindern, indem sie der einen Seite Atomwaffentechnologie stahl, um sie der anderen zu geben. Als sie sich mit ihren Lebensmittelkarten und ihren Einkaufstaschen aufs Fahrrad schwang, war Mrs. Burton auf den Erwerb tödlicher Geheimnisse aus.

Ursula Kuczynski Burton war Mutter, Hausfrau, Schriftstellerin, Funkexpertin, Meisterspionin, Kurierin, Saboteurin, Bombenbauerin, Kalte Kriegerin und Geheimagentin zugleich.

Ihr Codename war »Sonja«. Dies ist ihre Geschichte.

1
Steppenpferd

Am 1. Mai 1924 schlug ein Berliner Polizist mit seinem Schlagstock auf den Rücken einer Sechzehnjährigen ein und trug so dazu bei, eine Revolutionärin zu schmieden.

Bereits seit Stunden waren Tausende Berliner während des Mai-Aufmarschs zum jährlichen Feiertag der Arbeiterbewegung durch die Straßen gezogen. Unter ihnen viele Kommunisten mit einem großen Anteil an Jugendlichen. Sie trugen rote Nelken, auf ihren Transparenten stand »Hände weg von Sowjetrussland«, und sie sangen kommunistische Lieder: »Wir sind die Schmiede; der Zukunft Schlüssel mit unseren Hämmern schmieden wir.« Politische Demonstrationen waren für diesen Tag verboten worden, und missmutig dreinschauende Polizisten säumten die Straßen. Eine Handvoll Braunhemden versammelte sich an einer Straßenecke, um spöttisch zu johlen. Es kam zu Handgreiflichkeiten. Eine Flasche segelte durch die Luft. Die Kommunisten sangen lauter.

In vorderster Reihe der kommunistischen Jugendgruppe marschierte ein schlankes Mädchen mit einer Ballonmütze, das zwei Wochen später siebzehn werden würde. Für Ursula Kuczynski war es die erste Demonstration, und ihre Augen strahlten vor Aufregung, während sie ihr Transparent schwang und die Hymne »Auf, auf zum Kampf« schmetterte. Man nannte sie »Steppenpferd«, und während sie singend mitmarschierte, vollführte sie einen kleinen Freudentanz.

Der Umzug bog gerade in die Mittelstraße ein, als die Polizei zuschlug. »Plötzlich übertönte vorn im Zug das grelle Quietschen eines zu schnell anhaltenden Wagens den Gesang. Schreie, Pfiffe und Protestrufe folgten. […] Jugendliche wurden aufs Pflaster geworfen und dann zum Lastwagen geschleppt.« In all diesem Getümmel landete Ursula der Länge nach auf dem Bürgersteig. Als sie aufschaute, ragte ein stämmiger Polizist über ihr auf. Schweißflecken unter den Achseln seiner grünen Uniform. Der Mann grinste, hob seinen Schlagstock und ließ ihn mit voller Kraft auf ihr Kreuz niederkrachen.

Ihre erste Reaktion war rasende Wut, gefolgt von den heftigsten Schmerzen, die sie je erlebt hatte. Sie »bekam keine Luft und begann vergebens zu rennen«. Ein junger befreundeter Kommunist namens Gabo Lewin zog sie in einen Hauseingang. »In Ordnung«, sagte er, während er ihren Rücken an der Stelle massierte, wo der Schlagstock sie erwischt hatte. »Gleich wird dir besser sein.« Ursulas Gruppe hatte sich aufgelöst. Einige waren verhaftet worden. Aber mehrere tausend weitere Demonstranten näherten sich auf der breiten Straße. Gabo half Ursula auf die Füße und gab ihr eines der am Boden liegenden Protestschilder. »Ich blieb auf der Demonstration«, schrieb sie später, »nicht ahnend, daß dies eine Entscheidung fürs Leben war.«

Ursulas Mutter war außer sich vor Wut, als ihre Tochter an jenem Abend nach Hause geschwankt kam, mit zerrissener Kleidung und einem violetten Streifen quer über dem Rücken.

Berta Kuczynski wollte wissen, wie Ursula dazu gekommen war, »Arm in Arm mit einer Bande betrunkener Halbwüchsiger johlend durch die Straßen« zu ziehen.

»Wir waren nicht betrunken, und gegrölt haben wir auch nicht«, entgegnete Ursula.

»Wer sind diese Halbwüchsigen?«, verlangte Berta zu wissen. »Was soll denn das, was hast du mit dieser Gesellschaft zu tun?«

»Diese Gesellschaft ist die Ortsgruppe der Kommunistischen Jugend. Ich bin dort Mitglied.«

Berta schickte Ursula direkt ins Arbeitszimmer ihres Vaters.

»Ich respektiere jedes Menschen Ansicht und auch deinen Wunsch, die verschiedenen Weltanschauungen kennenzulernen«, erklärte Robert Kuczynski seiner Tochter. »Ich lasse dir jede Freiheit. Aber ein siebzehnjähriges Mädchen ist noch nicht reif genug, sich bereits politisch festzulegen. Ich bitte dich dringend, gib deine Mitgliedskarte zurück und warte ein paar Jahre mit einer Entscheidung.«

Ursula hatte bereits eine Antwort parat. »Wenn Siebzehnjährige alt genug sind, zu arbeiten und sich ausbeuten zu lassen, sind sie auch alt genug, gegen die Ausbeutung zu kämpfen. [...] Und gerade dadurch bin ich Kommunistin geworden.«

Robert Kuczynski sympathisierte mit den Kommunisten und bewunderte den Enthusiasmus seiner Tochter, doch Ursula konnte eindeutig etwas schwierig sein. Die Kuczynskis mochten zwar den Kampf der Arbeiterklasse unterstützen, aber das umfasste nicht den Wunsch, dass ihre Tochter mit ihr verkehrte.

Dieser politische Radikalismus sei doch lediglich eine Eintagsfliege, sagte Robert zu Ursula. »In fünf Jahren wirst du darüber lächeln.«

»In fünf Jahren«, konterte sie, »will ich ein doppelt so guter Kommunist sein wie heute.«

Die Familie Kuczynski war vermögend, einflussreich und zufrieden, und wie jeder andere jüdische Haushalt in Berlin hatte man nicht die geringste Ahnung, dass ihre Welt innerhalb weniger Jahre von Krieg, Revolution und systematischem Völkermord weggefegt werden sollte. 1924 lebten in Berlin etwa 160 000 Juden, das war knapp ein Drittel der in Deutschland lebenden jüdischen Bevölkerung.

Robert René Kuczynski war Deutschlands renommiertester Bevölkerungswissenschaftler, ein Pionier der Verwendung von Zahlenmaterial zur Formulierung von Sozialpolitik. Seine Methode zur Berechnung des Bevölkerungswachstums – die Nettoreproduktionsrate/Fertilitätsrate nach Kuczynski – findet noch heute Anwendung. Roberts Vater, ein erfolgreicher Bankier und Präsident der Berliner Börse, vererbte seinem Sohn die Leidenschaft für Bücher sowie das nötige Geld, sich ihr auch hingeben zu können. Als freundlicher, zerstreuter Gelehrter und stolzer Nachkomme von sechs Generationen Intellektueller besaß Kuczynski die größte Privatbibliothek Deutschlands.

1903 heiratete Robert mit Berta Gradenwitz, der Tochter eines Bauunternehmers, einen weiteren Spross der deutsch-jüdischen Wirtschafts- und Kulturelite. Berta war Künstlerin, intelligent und eher faul. Ursulas früheste Erinnerungen an ihre Mutter bestanden aus Farben und Texturen: »Alles schimmert braun und gold. Der Samt, ihre Haare ... ihre Augen.« Berta war keine übermäßig talentierte Malerin, was ihr jedoch niemand gesagt hatte, weswegen sie glücklich vor sich hinpinselte, und sie war ihrem Mann eine hingebungsvolle Ehefrau, wobei sie allerdings die tägliche, ermüdende Arbeit der Kinderbetreuung ihren Angestellten überließ. Die kosmopolitischen und säkularen Kuczynskis verstanden sich vor allem als Deutsche und erst mit großem Abstand als Juden. Zu Hause sprachen sie häufig Englisch oder Französisch.

Die Kuczynskis kannten jeden, der in den linksintellektuellen Kreisen Berlins Rang und Namen hatte: den prominenten Sozialisten Karl Liebknecht, die Künstler Käthe Kollwitz und Max Liebermann, den Industriellen und späteren Außenminister Walther Rathenau. Albert Einstein war einer von Roberts engsten Freunden. An jedem beliebigen Abend versammelte sich eine Gruppe von Künstlern, Schriftstellern, Wissenschaftlern, Politikern und Intellektuellen, Juden und Nichtjuden gleichermaßen, um den Esstisch der Kuczynskis. Wo genau Robert in dem verwirrenden politischen Kaleidoskop Deutschlands stand, war ebenso umstritten wie wechselhaft. Seine Ansichten reichten von links der Mitte bis weit links, aber Robert war ein wenig zu sehr von sich selbst eingenommen, als sich durch bloße Etiketten festlegen zu lassen. Wie Rathenau bissig bemerkte: »Kuczynski bildet immer eine Ein-Mann-Partei und stellt sich dann auf deren linken Flügel.« Sechzehn Jahre lang bekleidete er den Posten des Direktors des Statistischen Amtes im Bezirk Berlin-Schöneberg, eine leichte Aufgabe, die ihm viel Zeit ließ, um wissenschaftliche Abhandlungen, Artikel für linksgerichtete Zeitungen zu verfassen und sich an fortschrittlichen sozialen Kampagnen zu beteiligen, insbesondere zur Verbesserung der Lebensbedingungen in den Elendsvierteln Berlins (die er selbst aufgesucht haben mag oder auch nicht).

Ursula Maria war das zweite der sechs Kinder von Robert und Berta. Das erste, der drei Jahre vor ihr im Jahr 1904 geborene Jürgen, war der einzige Junge in der Familie. Auf Ursula folgten vier Schwestern: Brigitte (1910), Barbara (1913), Sabine (1919) und Renate (1923). Brigitte war Ursulas Lieblingsschwester, die ihr in Alter und politischer Orientierung am nächsten war. Es bestand nie ein Zweifel daran, dass der Sohn im Rang die erste Stelle einnahm: Jürgen war frühreif, klug, sehr rechthaberisch, völlig verwöhnt und seinen jüngeren Schwestern gegenüber unendlich herablassend. Er war Ursulas Vertrauter und heimlicher Konkurrent. »Was soll ich über ihn sagen, der mir der beste und klügste Mensch ist, den ich kenne.« Sie liebte und verachtete Jürgen gleichermaßen.

1913, am Vorabend des Ersten Weltkrieges, zogen die Kuczynskis in eine große Villa am Schlachtensee im vornehmen Berliner Vorort Zehlendorf am Rande des Grunewalds. Das Anwesen, das heute noch steht, wurde auf einem Grundstück gebaut, das Bertas Vater ihr vermacht hatte. Das weitläufige Gelände zog sich bis hinunter ans Wasser und umfasste einen Obstgarten, ein Waldstück und einen Hühnerstall. Ein Anbau wurde errichtet, um Roberts Bibliothek unterzubringen. Die Kuczynskis beschäftigten eine Köchin, einen Gärtner, zwei weitere Hausangestellte und, am wichtigsten, ein Kindermädchen.

Olga Muth, genannt Ollo, war mehr als nur ein Mitglied der Familie. Sie war ihr Fels, der im öden Alltag für Stabilität sorgte, für strenge Regeln, aber auch grenzenlose Zuneigung. Ollo, die Tochter eines Matrosen der kaiserlichen Marine, hatte im Alter von sechs Jahren ihre Eltern verloren und war in einem preußischen

Militärwaisenhaus aufgewachsen, einem Ort unbeschreiblicher Brutalität, von dem ihr eine verletzte Seele, ein großes Herz und ein unerschütterlicher Sinn für Disziplin blieben. Ollo war dreißig, als sie 1911 eine Stelle als Kindermädchen im Haushalt der Kuczynskis antrat, eine quirlige, energische und scharfzüngige Frau.

Ollo konnte wesentlich besser mit Kindern umgehen als Berta und verfügte über ausgefeilte Techniken, ihr das unter die Nase zu reiben: Das Kindermädchen führte einen stillen Krieg gegen Frau Kuczynski, der gelegentlich in wütenden Auseinandersetzungen gipfelte, bei denen sie für gewöhnlich hinausstürmte, um aber immer wieder zurückzukehren. Ursula war Ollos Liebling. Das Mädchen fürchtete sich vor der Dunkelheit, und während unten das gesellige Abendessen in vollem Gange war, wurde sie von Muths sanften Liedern in den Schlaf gewiegt. Erst Jahre später erkannte Ursula, dass Ollos Liebe zum Teil durch eine »Parteinahme für mich gegen die Mutter im stummen, eifersüchtigen Kampf um uns Kinder« motiviert war.

Ursula war ein schlaksiges Kind, wissbegierig und unruhig auf eine Weise, die ihre Mutter als überaus anstrengend empfand. Sie hatte einen Schopf aus dunklem, drahtigem Haar; »widerborstig wie Rosshaar«, murmelte Ollo vor sich hin und bürstete grimmig. Sie hatte eine geradezu idyllische Kindheit, schwamm im See, sammelte Eier ein und spielte Verstecken zwischen den Vogelbeersträuchern. Einen Teil jedes Sommers verbrachten sie in Ahrenshoop an der Ostseeküste im Ferienhaus ihrer Tante Alice, Roberts Schwester.

Ursula war sieben Jahre alt, als der Erste Weltkrieg ausbrach. »Ab heute gibt es keine Unterschiede mehr zwischen uns, ab heute sind wir alle Deutsche, die das Vaterland verteidigen«, verkündete ihr Schuldirektor. Robert meldete sich zum preußischen Garderegiment, war aber mit seinen siebenunddreißig Jahren zu alt für den aktiven Dienst und verbrachte den Krieg stattdessen mit der Berechnung des deutschen Nahrungsbedarfs. Wie viele Juden kämpfte auch Alices Ehemann Georg Dorpalen tapfer an der Westfront und kehrte mit einer patriotischen Verwundung und einem Eisernen Kreuz zurück. Ihr Vermögen bewahrte die Kuczynskis vor den schlimmsten Entbehrungen des Krieges, aber Lebensmittel waren knapp, und so wurde Ursula in ein Heim für unterernährte Kinder an der Nordsee geschickt. Ollo packte ihr eine Tüte mit Schokoladentrüffeln, selbstgemacht aus Kartoffeln, Kakao und Süßstoff, sowie einen Stapel Bücher ein. Bei ihrer Heimkehr war Ursula eine begeisterte Leserin und durch die Ernährung mit Knödeln und Backpflaumen einige Pfund schwerer, und der Krieg war vorbei. »Nimm die Ellbogen vom Tisch«, mahnte ihre Mutter. »Laß das Schlürfen.« Ursula rannte aus dem Esszimmer und knallte hinter sich die Tür zu.

Deutschlands Niederlage und die darauffolgende Demütigung markierten den Anfang vom Ende der glücklichen Existenz der Kuczynskis. Heftige, gegenläufige Strömungen politischer Gewalt erfassten das Land. Eine Welle innerer Unruhen löste die Abdankung des Kaisers aus, und ein linksorientierter Aufstand wurde von Resten der kaiserlichen Armee und rechtsgerichteten Freikorps brutal niedergeschlagen. Am 1. Januar 1919 gründeten Rosa Luxemburg und Karl Liebknecht die KPD, wurden jedoch innerhalb weniger Tage gefangen genommen und ermordet. Die Zeit der Weimarer Republik begann, eine Ära der kulturellen Blüte, des Hedonismus, der Massenarbeitslosigkeit, der wirtschaftlichen Unsicherheit und des aufgewühlten politischen Konflikts, während die polarisierten Kräfte der extremen Rechten und der radikalen Linken mit zunehmender Heftigkeit aufeinanderprallten. Robert Kuczynskis politische Ansichten verschoben sich weiter nach links. »Die Sowjetunion *ist* die Zukunft«, behauptete er nach 1922. Obwohl er nie in die KPD eintrat, erklärte Robert, dass die Kommunistische Partei die »am wenigsten unerträgliche« der verfügbaren Alternativen sei. In seinen journalistischen Arbeiten sprach er sich für eine radikale Umverteilung des deutschen Reichtums aus. Seine politische Einstellung erregte die Aufmerksamkeit rechtsextremer Nationalisten und Antisemiten. »Er ist nicht nur gegen uns«, bemerkte ein deutscher Industrieller düster. »Er ist überdies äußerst unverschämt.«

Die turbulente vierzehnjährige Periode zwischen dem Sturz des Kaisers und dem Aufstieg Hitlers wird als Zeit zunehmender Bedrohung gesehen, als Kulisse für das Grauen, das folgte. Aber es war auch berauschend, aufregend und spannend, in jenen Jahren jung und voller Idealismus zu sein, während die Welt verrückt wurde. Kriegsschulden, Reparationszahlungen und finanzielle Misswirtschaft lösten eine Hyperinflation aus. Das Bargeld war kaum noch das Papier wert, auf dem es gedruckt war. Die einen hungerten, während andere mit Geld nur so um sich warfen, da es keinen Sinn hatte, Geld zu behalten, das schon bald keinen Wert mehr besaß. Es kam zu surrealen Szenen: Die Preise schossen so schnell in die Höhe, dass die Kellner in den Restaurants auf die Tische kletterten, um alle halbe Stunde die neuen Preise der Speisekarte zu verkünden; für einen Laib Brot, der 1922 noch 160 Mark gekostet hatte, musste man Ende 1923 200 000 000 Mark bezahlen. Ursula schrieb: »Die Frauen stehen am Fabriktor und warten auf den Lohn des Mannes. Ganze Bündel von Milliardenmarkscheinen erhält er jetzt jede Woche. Mit dem ›Geld‹ rennen sie dann in die Geschäfte, denn zwei Stunden später kostet die Margarine vielleicht das Doppelte.« Eines Nachmittags fand sie im Park einen Mann, der unter einer Bank lag, einen Kriegsveteranen mit einem Beinstumpf, der ein erbärmliches Bündel Habseligkeiten an seine Brust drückte. Er war tot. »Warum gibt es so schlechte Sachen auf der Welt?«, fragte sie sich.

Obwohl das Leben am Schlachtensee mit seinen kultivierten Gesprächen und feinen Möbeln weitgehend so verlief wie zuvor, waren Millionen Menschen politisch radikalisiert. 1922 wurde Außenminister Walther Rathenau von ultranationalistischen Rechten ermordet, nachdem er den Vertrag von Rapallo mit der Sowjetunion unterzeichnet hatte. Täglich wurde Ursula Zeugin des grotesken Missverhältnisses zwischen den städtischen Armen und dem wohlhabenden Bürgertum, zu dem sie selbst gehörte. Sie verschlang die Werke von Lenin und Luxemburg, die radikalen Romane von Jack London und Maxim Gorki. Wie ihr Bruder wollte sie auf die Universität gehen.

Jürgen war bereits ein aufsteigender Stern der akademischen Linken. Nach dem Studium der Philosophie, Volkswirtschaft und Statistik an den Universitäten von Berlin, Erlangen und Heidelberg promovierte er zum Doktor der Philosophie, bevor er 1926 für ein postgraduales Studium an die Brookings Institution in Washington, D.C., ging. Dort lernte er die Kollegin und Wirtschaftswissenschaftlerin Marguerite Steinfeld kennen, die er zwei Jahre später heiratete.

Berta sprach ein Machtwort: Ihre eigensinnige Tochter brauche keine weitere Ausbildung; sie brauche zunächst frauliche Fähigkeiten und dann einen Ehemann. 1923, im Alter von sechzehn Jahren, wurde Ursula an einer Handelsschule angemeldet, um Maschinenschreiben und Stenografie zu lernen.

Nachts schrieb sie Gedichte, Kurzgeschichten, Abenteuer- und Liebesgeschichten. Da ihr eine akademische Ausbildung verwehrt wurde, steckte sie ihre Energie in ihre Fantasiewelt. Ihre kindischen Texte spiegelten eine Sehnsucht nach Aufregung, ein Gefühl fürs Theater und eine Liebe zum Absurden wider. Ursula war immer die Hauptfigur in ihren eigenen Geschichten, und sie schrieb von sich selbst in der dritten Person, von einer jungen Frau, die durch Entschlossenheit und Risikobereitschaft Großes vollbringt. Über eine Figur schrieb sie: »Sie hatte die körperliche Schwäche ihrer Kindheit überwunden, sie hatte sich gestählt und war stark.« Ihre kleinen Schwestern nannten sie das »Märchenpferd«. In ihrem Tagebuch finden sich die üblichen launischen Teenagersorgen, aber auch ein unbändiger Optimismus. »Ich bin ein Querkopf«, schrieb sie, »ich Mischlingsgebräu mit schwarzer

Strubbelmähne, Judennase und unbeholfenen Gliedern, sitze hier dumpf und verkniffen, zanke mich, unke, brüte. [...] Aber dann gibt es einen blauen Himmel, eine wärmende Sonne, Tautropfen auf den Tannen und ein Flirren in der Luft, und ich will große Schritte machen, springen, rennen und jeden Menschen lieben.«

In dem Jahr, in dem Ursulas Schulausbildung endete, setzte Hitler zum Putsch an. Der Umsturzversuch scheiterte zwar, machte den zukünftigen Führer jedoch allgemein bekannt und brachte ihm die Festungshaft in Landsberg ein, wo er Teile des ersten Bandes von *Mein Kampf* verfasste.

Mit den politischen Instinkten des Vaters, schockiert von der menschlichen Entwürdigung, die sie miterlebt hatte, angewidert vom Faschismus und fasziniert von den aufwallenden, neuen Ideen der sozialen Gleichheit, des Klassenkampfs und der Revolution, fühlte sich Ursula unaufhaltsam zum Kommunismus hingezogen. »Deutschlands eigene sozialistische Revolution steht unmittelbar bevor«, verkündete sie. »Der Kommunismus wird die Menschen glücklicher und besser machen.« Die bolschewistische Revolution habe bewiesen, dass die alte Ordnung korrupt sei und verfault, dem Untergang geweiht. Der Faschismus müsse zerschlagen werden. 1924 trat sie dem Kommunistischen Jugendverband Deutschlands bei und bezog damit die ideologische Heimat, in der sie für den Rest ihres Lebens bleiben sollte. Sie war sechzehn Jahre alt. Wie andere Kommunisten aus wohlhabenden Familien spielte Ursula ihre privilegierte Herkunft herunter. »So lebten wir durchaus vergnügt, aber viel bescheidener, als man vermutet hätte«, betonte sie. »Ein Urgroßvater verkaufte Schnürsenkel auf einem Karren in Galizien.«

Ursulas kommunistische Mitstreiter kamen aus allen Ecken, Klassen und Gemeinden Berlins, vereint in der Entschlossenheit, die kapitalistische Unterdrückung zu stürzen und eine neue Gesellschaftsordnung einzuführen. In dieser berauschenden Atmosphäre blühten schnell Freundschaften auf. Gabriel »Gabo« Lewin war ein Junge aus der vorstädtischen Mittelschicht. Heinz Altmann war ein gutaussehender Lehrling, dessen Drängen Ursula den »letzten Anstoß« gegeben hatte, der Partei beizutreten. Dies waren die jungen Fußsoldaten des deutschen Kommunismus, und Ursula war begeistert, eine von ihnen zu sein. Die Maidemonstration 1924 prägte ihre Risikobereitschaft für das ganze weitere Leben. Die Prellungen und blauen Flecken durch den Polizeiknüppel verblassten irgendwann, ihre Empörung jedoch nie.

An den Wochenenden unternahm der Kommunistische Jugendverband Ausflüge aufs Land, um den deutschen Bauern den Marxismus-Leninismus zu erklären, die als Antwort den jungen Propagandisten häufig ihre Hunde auf den Hals hetzten. Eines Abends, in Löwenberg nördlich von Berlin, erlaubte ein wohlwollender Bauer der Gruppe, auf seinem Heuboden zu schlafen. »An diesem Abend waren wir besonders fröhlich«, schrieb Ursula. »Kaum hatten wir uns niedergelegt, begann einer sich den Ort zwanzig Jahre später vorzustellen. Löwenberg 1944 …, längst kommunistisch […]. Lange stritten wir uns, ob das Geld bereits abgeschafft sein würde. Wir wären dann leider schon uralt – so um die Mitte dreißig …« Sie schliefen ein und träumten von der Revolution.

Ursula war von Natur aus Missionarin. Sie predigte nie, aber sie liebte es zu bekehren und neigte dazu, Ungläubige so lange zu bearbeiten, bis sie die Welt sahen wie sie. Sie nahm sich auch das Kindermädchen der Familie vor. »Nach vergeblichen Bemühungen, sie beide [die Eltern] politisch zu gewinnen, konzentrierte ich mich auf [Ollo]. Bei ihr hatte ich mehr Erfolg«, behauptete Ursula. Olga Muth war auch nicht ansatzweise interessiert, ließ aber das Mädchen in dem Glauben, sie würde zuhören.

Die Kuczynskis waren nicht erbaut darüber, dass ihre Tochter von Polizisten verprügelt wurde und ihre Nächte mit einer Horde junger Kommunisten auf Heuböden verbrachte. Als sie feststellten, dass »Lesen ihr einziges Interessengebiet war«, vermittelte Robert ihr eine Lehrstelle in der Buchhandlung R. L. Prager in der Mittelstraße, die sich auf die Fachgebiete Rechts- und Politikwissenschaften spezialisiert hatte. Berta kaufte ihr ein Paar damenhafte Schuhe, ein dunkelblaues Kostüm mit weißem Kragen, Handschuhe und eine Krokodillederhandtasche. Mutter und Kindermädchen inspizierten Ursula, als sie sich auf den Weg zu ihrem ersten Arbeitstag machte.

»Vorne nichts und hinten nichts«, meinte Ollo. »Du siehst noch immer wie ein Junge aus.«

»Aber die Beine sind recht hübsch geformt«, sagte Berta, »natürlich sieht man das nur, wenn du kleine Schritte machst.«

Ollo stimmte zu: »Aus [Ursel] wird nie eine Dame werden.«

Wie alles, was Olga Muth sagte, war auch dies hart, aber wahr. Mit ihrer langen Nase, ihrer wilden Mähne und ihrer unverblümten Art hatte Ursula so gar nichts Damenhaftes. »Ich werde mich nie in den berühmten schönen Schwan verwandeln«, schrieb sie in ihr Tagebuch. »Wie sollten auch meine Nase, meine Ohren und mein Mund plötzlich kleiner werden?« Und doch besaß sie bereits als Teenager eine starke erotische Ausstrahlung, die viele unwiderstehlich fanden. Sie kicherte, als der Arbeiter, der das Dach der Dresdner Bank reparierte, ihr lüstern nachpfiff, als sie zur Arbeit radelte: »Nachdem ich etliche Kußhände von ihm erhalten habe, breitet er weit die Arme aus.« Mit ihren strahlenden Augen, der schlanken Figur und dem ansteckenden Lachen war sie auf den Zehlendorfer Teenagerpartys nie um einen Tanzpartner verlegen. Auf einem Kostümfest trug sie »knallrot leuchtend, ganz kurz anliegende Höschen, enger Kittel, steifer Kragen« und tanzte bis morgens um halb sieben. »Es gibt Leute, die behaupten, ich hätte 20 Jungens geküsst«, erzählte sie ihrem Bruder, »aber wenn man Rolf nicht mitrechnet, waren es höchstens neunzehn.«

Die Arbeit bei Prager war langweilig und anstrengend. Der Geschäftsführer war ein kettenrauchender Tyrann mit einem großen, kahlen und leicht spitz zulaufenden Kopf, der sich ständig neue Demütigungen und sinnlose Aufgaben für seine Angestellten ausdachte. Ursula gab ihm den Spitznamen »die Zwiebel« und bezeichnete ihn als kapitalistischen Ausbeuter. Sie verbrachte ihre Zeit damit, »täglich das Staubtuch auszuschütteln, in fensterlosen, staubigen Nischen stehen«. Lesen war während der Arbeit nicht erlaubt. »Es gab andere Berufe«, sinnierte sie. »Holzfäller zum Beispiel. Könnte man weiblicher Holzfäller werden?« Ihr kleines Gehalt war durch die galoppierende Inflation fast wertlos geworden. Später erinnerte sie sich an ihre Jugendjahre in der Weimarer Republik in Form politisch gefärbter Bilder: »Seit fast zwei Jahren las ich fast ausschließlich fortschrittliche Literatur, sah bewußt den Reichtum der wenigen, die Armut der vielen, die bettelnden Arbeitslosen an den Straßenecken.« Sie beschloss, die Welt zu verändern. Denn Ursula war ehrgeizig und selbstbewusst: Sie würde die Gesellschaft radikaler verändern als ihr Vater, und sie war entschlossen, eine bessere Mutter zu sein als ihre eigene. Diese beiden Ziele sollten nicht immer gut miteinander vereinbar sein.

Robert und Berta Kuczynski gaben den Versuch auf, ihre Tochter politisch zu zügeln. 1926 nahm Robert zusammen mit Jürgen eine befristete Stelle an der Brookings Institution an, wo er über amerikanische Finanz- und Bevölkerungsstatistiken forschte. Im Verlauf der nächsten paar Jahre waren er und Berta regelmäßig in Amerika und überließen Ursula und Olga Muth die Führung des Haushalts, was die Bindung zwischen den beiden verstärkte. »Unsere Ollo, […] die nie jemand zum Lieben hatte. Ollo, das hysterische graue, kleine Wesen, das mit fast jedem von uns Mädchen Krach hat, immer unzufrieden ist. Ollo, die für uns durchs Feuer geht, alles für uns tut, nur für uns lebt und nichts auf der Welt kennt als ihre sechs.« Ursulas Briefe an ihre Teilzeit-Eltern spiegelten ihren sarkastischen Groll wider: »Liebe Mutti […]. Ich kann mich nur darauf verlassen, daß Deinem mütterlichen Gefühl auch die Kleinigkeiten […] noch interessant sind.« In einem anderen Brief mahnte sie: »Einstimmig hoffen wir, daß Mutti bald nicht mehr Hausangelegenheiten, wie Empfehlungen von Kohlgerichten, Mittel zur Zimmerreinigung, […] und andere Ratgeber in allen Lebenslagen einfallen.«

Während Ursula ihre Tage damit verbrachte, Bücher abzustauben, verfasste ihr Bruder welche. 1926 veröffentlichte der 22-jährige Jürgen Kuczynski *Zurück zu Marx*, den Auftakt zu einer Lawine an Druckwerken, die er in den kommenden Jahrzehnten lostreten würde. Jürgen hörte sich gern reden, aber noch mehr liebte er den Klang seiner Feder. Sein Lebenswerk war gewaltig: Mindestens 4 000 veröffentlichte Arbeiten, darunter Unmengen an Journalismus, Pamphleten, Reden und Essays über Politik, Wirtschaft, Statistik und sogar das Kochen. Jürgen wäre ein besserer Schriftsteller gewesen, wäre es ihm gelungen, weniger zu schreiben. Sein Stil wurde mit zunehmendem Alter weniger blumig, doch er konnte sich nicht dazu durchringen, in wenigen Worten zu sagen, was man auch in vielen sagen konnte. Seine Studie über Arbeitsbedingungen umfasste schließlich vierzig Bände. *Zurück zu Marx* war mit 500 Seiten ein vergleichsweise schlankes Werk. Mit seiner typischen Schwülstigkeit sagte er seiner Schwester, er hoffe, dass die Arbeiter es mit Freude lesen würden. Ursula machte einige redaktionelle Vorschläge: »Sage alles einfacher, kurze Sätze, Du sollst Deine Ideen nicht vergröbern, aber durch Einfachheit der Erklärungen vermeiden, daß sie nur halb verstanden werden. Manchmal macht es eine Sache nur komplizierter, wenn man sie, um sie recht eindringlich zu machen, in zwei bis drei Sätzen, nur in anderen Bildern, in anderer Satzform wiedergibt.« Ein hervorragender Rat, den Jürgen nicht befolgte.

Zu Hause und auf der Arbeit legte sich Ursula mächtig ins Zeug; anderswo war sie eine Revolutionärin.

Wenige Wochen vor ihrem neunzehnten Geburtstag trat sie in die KPD ein, die größte kommunistische Partei Europas. Unter ihrem neuen Vorsitzenden Ernst Thälmann wurde die Ausrichtung der Partei zunehmend leninistisch (und später stalinistisch), sie fühlte sich zwar der Demokratie verpflichtet, erhielt aber Befehle und finanzielle Mittel direkt aus Moskau. Die KPD besaß mit dem Roten Frontkämpferbund eine paramilitärische Abteilung, die vor allem in eskalierende Straßenkämpfe mit den Nazi-Braunhemden verwickelt war. Die Kommunisten bereiteten sich auf den Kampf vor. In mondhellen Nächten in einer abgelegenen Ecke des Grunewalds brachten Ursulas erste Freunde aus dem Kommunistischen Jugendverband, Gabo Lewin und Heinz Altmann, ihr das Schießen bei. Zunächst verfehlte sie ständig das Ziel, bis Gabo sie darauf hinwies, dass sie das falsche Auge geschlossen hatte. Wie sich herausstellte, war sie eine ausgezeichnete Schützin. Gabo gab ihr eine halbautomatische Luger und zeigte ihr, wie man die Waffe auseinandernahm und reinigte. Sie versteckte die Pistole in ihrer Villa am Schlachtensee hinter einem Balken auf dem Dachboden, verborgen in einem zerrissenen Kissen. Wenn die Revolution käme, würde sie bereit sein.

Ursula beteiligte sich an den antifaschistischen Demonstrationen und an den Vorbereitungen zum Jahrestag der Russischen Revolution. In den Mittagspausen saß sie Unter den Linden, dem von Bäumen gesäumten Boulevard im Zentrum Berlins, und las die kommunistische Tageszeitung *Die Rote Fahne*. Oft suchte sie die Taxifahrer und Obstverkäufer der Arbeiterklasse auf, von denen viele Kommunisten waren, und diskutierte mit ihnen leidenschaftlich über Politik.

Eines Nachmittags schloss sich Ursula einer Gruppe junger Linker an, die sowohl der SPD und als auch der KPD angehörten, um an einem See außerhalb von Berlin schwimmen und sonnenbaden zu gehen. Später erinnerte sie sich an diesen Moment. »Ich dreh mich um. Da steht ein Mensch, Mitte zwanzig, gut gewachsen, einen weichen Schlapphut auf, ein kluges, fast schönes Gesicht. Er sieht mich an. [...] Die Augen werden weit, das braune Dunkel – er ist Jude.« Der Mann fragte, ob er sich zu ihr setzen und mit ihr plaudern dürfe. »Geht nicht«, erwiderte sie. »Ich muß zu einem Abendkurs der MASCH [Marxistischen Arbeiterschule].« Er bleibt hartnäckig und fragt, ob sie sich ein andermal wiedersehen könnten. »Könnte man überlegen«, sagte Ursula und eilte davon. Ein paar Tage später wartete der junge Mann mit den braunen Augen vor dem Gebäude, in der ihr marxistischer Abendkurs stattfand.

Rudolf Hamburger war Architekturstudent an der Technischen Hochschule Berlin. Rudi war vier Jahre älter als Ursula und, wie sich herausstellte, ein entfernter Verwandter – seine Mutter und Berta Kuczynski waren Cousinen zweiten Grades – und kam aus einem ähnlichen Umfeld. Hamburger war in Landeshut in Niederschlesien geboren worden, wo sein Vater Max Textilfabriken besaß, die Armeeuniformen herstellten. Als zweiter von drei Söhnen wuchs Rudi in einer politisch und religiös liberalen Umgebung auf. Max Hamburger baute für seine 850 Arbeiter eine Mustersiedlung. Die Familie war politisch fortschrittlich, aber alles andere als revolutionär. Rudi war bereits ein leidenschaftlicher Verfechter der architektonischen Moderne und der Bauhaus-Bewegung. Zu seinen Kommilitonen, schrieb er, gehörten »ein Kroate, ein österreichischer Aristokrat, ein Japaner, der Innenräume in delikat abgestimmten Pastellfarben entwarf, ein Anarchist, [...], ein Jude, der vom Innenminister einen arischen Namen erwirkte und sich in der Kaiser-Wilhelm-Gedächtniskirche trauen liess, eine Ungarin, die viel zu viel von ihrem Genie hielt, ein Wiener, der nur Theater entwarf und seine Hoffnung auf eine ihm bekannte Schauspielerin des Deutschen Theaters setzte.« Ein weiterer Studiengenosse war Albert Speer, »Hitlers Architekt« und zukünftiger Reichsminister für Bewaffnung und Munition.

Ursula fühlte sich zu Hamburger hingezogen und lud ihn spontan zu einem kommunistischen Treffen ein. Sie verstanden sich gut. Sie lud ihn zu einem weiteren ein. »Endlich mal wieder Zeit, bei Rudi zu sein«, schrieb sie in ihr Tagebuch. »Jetzt ist Zeit, Tee zu kochen. Er hilft mir dabei. Das Schaf merkt gar nicht, warum ich mit Absicht das Gas nicht ganz toll auf groß gedreht habe und stellt es selbst nun auf Hochdruck.« Sie kaufte sich einen neuen Mantel und machte sich dann Vorwürfe wegen der Verschwendung, während andere vor Hunger starben. Sie habe »Sehnsucht nach Rudi«, schrieb sie. »Und dann packt mich die Wut, dass mir so einer den Kopf verdrehen kann. Und dass ich ihn so sehr brauche. Und dann schlafe ich doch unter Heulen ein.« Eines Abends, als sie von einem Konzert nach Hause gingen, blieb Rudi unter einer Straßenlaterne stehen. »Er stand im Schein des Lichtes. Sein dickes Haar fiel noch immer in derselben überraschenden Art in alle Richtungen, seine dunklen Augen verloren, auch wenn er lachte oder nachdachte, nicht ihren wehmütigen, verschleierten Ausdruck.« Das war der Moment, in dem sie sich verliebte. »Kann eine Sekunde, ein Satz, der Ausdruck in den Augen eines Menschen plötzlich alles bisher Gefühlte in etwas Neues – Großes verändern?«, fragte sie sich. Rudi begleitete sie nach Hause. »Zum Gute-Nacht-Sagen küßt er mich dann«, schrieb sie. »Ich war traurig, weil meine Lippen so trocken waren.«

Rudi Hamburger war fast der ideale feste Freund: Nett, witzig, sanft und jüdisch. Beide Elternpaare gaben ihren Segen. Wenn sie zu ernst wurde, neckte er sie sanft. Und wenn er von seinen Ambitionen erzählte, davon, ein großer Architekt zu werden, leuchteten seine großen braunen Augen. Er war großzügig. »Drei Karos Milchschokolade werden verzehrt. [Rudi] hat mir eine Tafel geschenkt«, erzählte sie ihrem Bruder. Süßigkeiten waren rar, und es war ihr wichtig zu betonen, dass dies keine bourgeoise Maßlosigkeit war. »Nicht etwa gekauft! So'n Blödsinn machen wir nicht. Aber wenn er so was geschenkt gekriegt hat, hebt er es mir immer auf.«

Rudi deutete an, sie könnten heiraten. Ursula hielt sich zurück.

Denn es gab auch ein Problem mit Rudolf Hamburger: Er war kein Kommunist. Sie teilten zwar ein jüdisches Erbe, kulturelle Interessen und Schokolade, aber Ursulas Liebhaber war kein Genosse, und nichts wies darauf hin, dass sich daran etwas ändern könnte.

Hamburgers politische Ansichten waren liberal und fortschrittlich, aber er zog eine klare Grenze zum Kommunismus. Ihre Auseinandersetzungen folgten einem festen Muster.

»Wenn er überhaupt am Sozialismus zweifelt, bin ich einigermaßen erregt und antworte«, schrieb sie ihrem Bruder. »Es ist ja so schwer zu diskutieren, weil er nur gefühlsmäßige Ansichten hat ohne das geringste wissenschaftliche Fundament in Bezug auf den Kommunismus.«

Rudi listete seine Vorbehalte gegen den Kommunismus auf: »Die Übertreibungen in der Presse, der primitive Ton mancher Artikel, die langweiligen Reden mit ihren Schlagworten, die Überheblichkeit anderen Ansichten gegenüber, das ungeschickte Verhalten zu den Intellektuellen, die ihr dadurch isoliert, anstatt sie für den Kommunismus zu gewinnen, die Beschimpfung des Gegners, anstatt ihn logisch zu widerlegen.«

Ursula tat dies als »typisch kleinbürgerliche Haltung« ab. Aber sie musste gestehen: »Ein Fünkchen Wahrheit lag in dem, was er sagte.« Das machte sie noch böser.

Der Streit endete meist damit, dass Rudi einen Witz machte.

»Lass uns nicht streiten. Eine Weltrevolution ist kein Grund, sich gegenseitig anzuschreien.«

Rudi trat der Roten Hilfe bei, einer Hilfsorganisation mit starken Verbindungen zu den Kommunisten. Er las etwas Lenin und Engels und erklärte sich zum »Sympathisanten«, weigerte sich jedoch strikt, der KPD beizutreten oder an Ursulas Aktivitäten teilzunehmen. Auf seine ruhige Art war Hamburger bemerkenswert stur, und kein noch so gutes Zureden konnte ihn zum Beitritt bewegen. »Es gibt Dinge, die mich an der Partei stören«, sagte er. »Vielleicht entwickle ich allmählich dazu, wenn du mir Zeit läßt.«

Nach einer besonders erbitterten Diskussion schrieb Ursula: »Wenn er denkt, die Arbeiter sind nicht fähig, das Geringste aufzubauen, also wenn er überhaupt am Sozialismus zweifelt, bin ich einigermaßen erregt. [...] Für ihn ist es ja auch nur, als ob wir über ein Buch oder ein Bild verschiedene Ansichten hätten, während es bei mir um die wichtigsten Probleme, um die Lebensanschauung geht. In solchen Augenblicken ist er mir fremd.« Doch so leicht gab Ursula nicht auf. Sie machte eine Liste kommunistischer Zitate und überreichte sie Rudi, ein recht merkwürdiger Liebesbeweis. »Für mich ist sein Eintritt in die Partei, falls wir zusammenbleiben, nur eine Zeitfrage«, schrieb sie Jürgen »ausgedehnt auf zwei Jahre sicher noch.«

Im April 1927 kündigte Ursula bei Prager und der verhassten Zwiebel und nahm eine Stelle als Assistentin im Archiv des jüdischen Ullstein Verlags an, eines der größten Zeitungs- und Buchverlage Deutschlands. Eine ihrer ersten »Amtshandlungen« war es, über die unzureichenden Arbeitsbedingungen an ihrem neuen Arbeitsplatz einen Artikel für *Die Rote Fahne* zu schreiben, »die dann in 1200 Exemplaren hier gratis vor den Eingängen verteilt wurde und ziemlich eingeschlagen hat«. In jedem Fall schlug das auch bei der Geschäftsleitung ein.

Nach weniger als einem Jahr bei Ullstein wurde Ursula entlassen. Sie war eine Unruhestifterin, und in einer Zeit des politischen Umbruchs und des wachsenden Antisemitismus wollte der Verlag keinen Ärger.

»Ich glaube, es war Hermann Ullstein, der mir in einem Gespräch nahelegte, ›auszuscheiden, da in einem demokratischen Betrieb keinerlei Aufstiegsmöglichkeiten für einen Kommunisten vorhanden sind‹.«

Mit einem lückenhaften Lebenslauf, wenig Berufserfahrung und bei immer noch steigender Arbeitslosigkeit war Ursula nicht in der Lage, eine andere Stelle zu finden. Sie lehnte es ab, von ihren Eltern Almosen anzunehmen. Sie wollte eine Herausforderung, etwas Unbekanntes und etwas Raum zum Denken und Schreiben. Sie brauchte ein Abenteuer auf einer anderen Bühne. Sie entschied sich für Amerika.

Der große Lenin hatte geschrieben: »Zuerst werden wir Osteuropa erobern, dann die Massen Asiens. Wir werden die letzte Bastion des Kapitalismus, die Vereinigten Staaten von Amerika, einkesseln. Wir werden nicht kämpfen müssen. Sie werden uns wie eine reife Frucht in die Hände fallen.« Amerika war bereit für die Revolution. Außerdem lebte Jürgen noch dort, und sie wollte ihn wiedersehen. Ihr Entschluss stand fest: Sie würde in die USA gehen und zurückkehren, wenn Rudi sein Architekturstudium abgeschlossen hatte. Oder vielleicht auch nicht. Es war ein waghalsiger Entschluss, und für eine unverheiratete Frau von einundzwanzig Jahren, die noch nie im Ausland war, ein bemerkenswert mutiger. Sie ignorierte die Bitten der Mutter und lehnte die finanzielle Unterstützung des Vaters ab und ging im September 1929 an Bord eines Ozeandampfers mit Ziel Philadelphia. Rudi winkte ihr zum Abschied und fragte sich, ob er sie je wiedersehen würde.

Amerika am Vorabend der Weltwirtschaftskrise war ein Ort voller Vitalität und bitterer Armut, voller Chancen und Verfall, voller Hoffnung und drohendem wirtschaftlichen Unheil. Zum ersten Mal in ihrem Leben war Ursula unabhängig. Sie fand eine Stelle als Deutschlehrerin für die Kinder einer Quäkerfamilie und dann als Zimmermädchen im Hotel Pennsylvania. Ihr ohnehin gutes Englisch verbesserte sich rasch. Einen Monat später stieg sie in den Zug nach New York und steuerte die Lower East Side von Manhattan an.

Das Henry Street Settlement, gegründet von der progressiven Reformerin und Krankenschwester Lillian Wald, bot den mittellosen Einwanderern der Stadt medizinische Versorgung, Bildung und Kultur. Einwanderer konnten dort mietfrei wohnen, wenn sie im Gegenzug einige Stunden pro Woche Sozialarbeit leisteten. Wald war die treibende Kraft der Siedlung, eine Kämpferin für die Rechte von Frauen und Minderheiten, für das Wahlrecht und die Integration der Rassen, eine Feministin, die ihrer Zeit weit voraus war, und für den jüngsten Neuankömmling in der Henry Street Settlement eine Offenbarung und Inspiration. Ursula verließ ihr erstes und einziges Treffen mit Wald zutiefst beeindruckt von der Persönlichkeit und der Philosophie der Amerikanerin: »Bei der Aufgabe, das menschliche Glück zu organisieren, müssen Männer und Frauen aktiv zusammenarbeiten; sie kann nicht auf eine Hälfte der Welt abgewälzt werden«, erklärte Wald. Ursula zog ein und bekam eine Stelle im Prosnit Bookshop in Upper Manhattan.

Ursula blieb fast ein Jahr lang in den Staaten. Die Erfahrung prägte sie zutiefst und markierte den Beginn einer Hassliebe zum kapitalistischen Westen, die für den Rest ihres Lebens Bestand haben sollte. Die politischen und wirtschaftlichen Extreme Amerikas am Ende der *Goldenen Zwanziger* waren mit denen der Weimarer Republik vergleichbar. New York hatte London mit mehr als zehn Millionen Einwohnern als bevölkerungsreichste Stadt der Welt abgelöst, und die Stadt explodierte vor Energie, Kreativität und Reichtum, einer Besessenheit von neuen Technologien, Autos, Telefonen, Radio und Jazz. Doch unter der glitzernden Oberfläche braute sich eine Katastrophe zusammen, als große und kleine Investoren ihr Geld immer weiter in einen überhitzen Aktienmarkt steckten, in dem Glauben, dass der Boom nie platzen würde.

Anders als bei der Zwiebel, war man bei Prosnit froh, einen Bücherwurm als Mitarbeiterin zu haben. Ursula kannte sich mit marxistisch-leninistischer Literatur bestens aus, von der sie lange Passagen zitieren konnte, was sie eher zu häufig auch tat. Viele von Prosnits Kunden waren amerikanische Kommunisten, und die Regale boten neue linke Horizonte in Form von Werken der proletarischen Literaturbewegung: Bücher, geschrieben von Autoren und Autorinnen aus der Arbeiterklasse für eine klassenbewusste Leserschaft. Ursula wurde von der intellektuellen Kraft der amerikanischen Linken mitgerissen. Vor allem ein neues Buch sprach ihr aus dem Herzen. Im April 1929 erschien *Eine Frau allein* von der radikalen amerikanischen Schriftstellerin Agnes

Smedley. Der Roman, eine nur leicht verschleierte Autobiografie, erzählt die Geschichte von Marie Rogers, einer jungen Frau aus ärmlichen Verhältnissen, die sich mit Beziehungen schwertut und sich für den internationalen Sozialismus und die Unabhängigkeit Indiens einsetzt. »Ich habe kein Land«, erklärt Smedleys Protagonistin. »Meine Landsleute sind die Männer und Frauen, die für die Freiheit kämpfen. [...] Ich gehöre zu denen, die aus anderen Gründen sterben – von Armut erschöpft, Opfer des Reichtums und der Macht, Kämpfer in einer großen Sache.« *Eine Frau allein* wurde aus dem Stand ein Bestseller, und Smedley wurde als »die Mutter der radikalen Frauenliteratur« gefeiert. Für Ursula war das Buch ein Ruf zu den Waffen: Eine Frau, die sich vehement für die Unterdrückten einsetzt, radikale Veränderungen einfordert und bereit ist, für eine Sache zu sterben, die romantisch, glamourös und riskant klang.

Ein paar Wochen nach ihrer Ankunft in New York trat Ursula der American Communist Party bei. In jenem Frühjahr nahm sie an einem sozialistischen Feriencamp am Hudson River teil, wo sie Michael Gold kennenlernte, einen Bekannten ihrer Eltern und damals die bekannteste radikale Stimme Amerikas. Gold war das Pseudonym von Itzok Isaak Granich. Der Sohn jüdisch-rumänischer Einwanderer, der an der Lower East Side in ärmlichen Verhältnissen aufwuchs, war ein überzeugter Kommunist, Gründungsherausgeber der marxistischen Zeitschrift *The New Masses* und ein scharfer Polemiker. Gold liebte es, sich zu streiten. Als er Ernest Hemingway als »Renegat« bezeichnete, schickte Hemingway die knappe Antwort: »Sagt Mike Gold, Ernest Hemingway sagt: Fick dich.« Ursula erklärte Golds Roman *Juden ohne Geld* zu einem »meiner Lieblingsbücher«.

Von New York gleichermaßen fasziniert und abgestoßen, vermisste Ursula ihr Zuhause, ihre Genossen und ihre Familie. Vor allem aber vermisste sie Rudi.

Im Herbst 1929 kehrte sie nach Deutschland zurück. Einige

Wochen später brach die amerikanische Börse zusammen, stürzte Millionen in die Armut und läutete die Weltwirtschaftskrise ein.

Erst als sie Rudi am Kai auf sie warten sah, wurde Ursula klar, wie sehr sie ihn liebte. Ihre Zweifel an Rudis politischer Einstellung hatten während ihres Amerikaaufenthalts nachgelassen. Er würde schon irgendwann das Licht sehen. Ursula Kuczynski und Rudolf Hamburger heirateten im Oktober in einer schlichten Feier im engsten Familien- und Freundeskreis.

Das frisch verheiratete Paar war glücklich, arbeitslos, pleite und, in Ursulas Fall, sehr damit beschäftigt, einen Aufstand anzuzetteln. Aus Prinzip lehnten sie es ab, von den Eltern Geld anzunehmen, und zogen in eine winzige Einzimmerwohnung ohne Heizung und warmes Wasser. Sie wirbelte durch Berlin, schrieb Artikel für *Die Rote Fahne*, inszenierte Agitprop-Theaterstücke und organisierte radikale Buchausstellungen. Die Parteiführung beauftragte sie, eine marxistische Arbeiterleihbücherei aufzubauen, in der sich Mitglieder erbauliche linke Literatur ausleihen konnten. Mit der Hilfe von Erich Henschke, einem orthodoxen Juden aus Danzig, der als Totengräber arbeitete, zog sie mit einem Handkarren durch Berlin und sammelte kommunistische Bücher von radikalen Verlagen und sympathisierenden Genossen. Als eine Zeitung ein Foto von Ursula mit ihrem Bücherkarren veröffentlichte, waren ihre Eltern entsetzt. »Ich durfte den Karren durch die Stadt ziehen, ich durfte mich nur nicht dabei fotografieren lassen.« Henschke war ein kommunistischer Schläger, der lieber Braunhemden vermöbelt hätte als Bücher zu sammeln, die er nicht lesen wollte. Am Ende hatten sie rund 2000 Bücher zusammen, die sie in einem ehemaligen Taubenkeller im jüdischen Arbeiterviertel in improvisierte Regale räumten. Rudi malte ein Schild mit großen roten Buchstaben: »Marxistische Arbeiterleihbibliothek. Ausleihe 10 Pfennig pro Buch.« Der erste Kunde war ein älterer Fabrikarbeiter. »Haben Sie etwas ganz Einfaches über den Sozialismus für meine Frau, ohne Fremdwörter drin?« Die

Geschäfte liefen schleppend, was nicht zuletzt an dem schwachen, aber penetranten Geruch von Taubenkot lag.

Ursula betreute gerade den Buchverkauf einer großen Ausstellung, die die Partei am Potsdamer Platz veranstaltete, als ein eleganter dunkelhäutiger Ausländer begann, in den Titeln zu stöbern. Sie empfahl ihm *Eine Frau allein*. Ein wenig traurig erklärte der Mann, er habe es bereits gelesen, denn er sei mit Agnes Smedley verheiratet gewesen. Ursula war sprachlos: Es war der indische Revolutionär Virendranath Chattopadhyaya.

Für marxistische Literatur zu werben, machte Spaß und war ideologisch löblich, aber vollkommen unrentabel. Rudi hatte inzwischen seinen Abschluss, war aber frustriert angesichts des geringen Arbeitsangebots für einen Architekten. Ein Genosse von Ursula beauftragte ihn mit der Innenausstattung der kommunistischen »Roten Buchhandlung« im Arbeiterviertel am Görlitzer Bahnhof. Er plante einen Erweiterungsbau für die Bibliothek seines Schwiegervaters und arbeitete an den Entwürfen für ein neues Hotel. Doch als die Weltwirtschaftskrise sich verschärfte, versiegten auch diese Einnahmequellen.

Hilfe kam dann aus der Ferne. Helmuth Woidt, ein Jugendfreund von Rudi, arbeitete in Shanghai als Angestellter bei Siemens. Anfang 1930 schickte Woidt ein Telegramm, in dem er Rudi auf eine Stellenanzeige in der Shanghaier Zeitung aufmerksam machte: Der britisch geführte Stadtrat von Shanghai suchte einen Architekten für den Bau von Regierungsgebäuden in der chinesischen Stadt. Rudi bewarb sich und erhielt sofort eine Antwort: Wenn er die Reise nach China selbst bezahle, könne er die Stelle haben. Woidt bot ihnen eine kostenlose Unterkunft im Dachgeschoss seines Hauses in Shanghai an.

Ursula war zunächst unsicher. Würde sie ihre Genossen im Stich lassen, wenn sie Deutschland erneut verließ? Andererseits war die Revolution eine weltweite Angelegenheit, und China klang unglaublich romantisch. Ursula informierte die Parteizentrale der

KPD, dass sie nach Shanghai gehe und beabsichtige, dort der Kommunistischen Partei Chinas beizutreten, wie sie zuvor schon Mitglied in der amerikanischen Partei geworden war. »Der Kommunismus ist international, ich kann auch in China mitarbeiten«, erklärte sie recht naiv den Genossen.

Ursula ahnte nicht, in welchen politischen Flächenbrand sie hineinmarschieren würde. Es gab in Shanghai zwar eine Kommunistische Partei Chinas, aber sie war verboten, wurde verfolgt und war von der Vernichtung bedroht.

2
Die Hure des Orients

Ursula verließ Berlin in dem festen Glauben, dass die kommunistische Revolution in Deutschland nur eine Frage der Zeit war, genau genommen einer kurzen Zeit. Sie bedauerte, sie zu verpassen. Die NSDAP war bei der Reichspräsidentenwahl geschlagen worden, und Hitlers faschistische Schlägertypen schienen bereits eine groteske Belanglosigkeit zu sein, eine hässliche kleine zeitgeschichtliche Anomalie. Sie hätte sich über die Gestalt der Zukunft nicht sicherer sein oder mehr danebenliegen können. Innerhalb von drei Monaten waren die Nazis die zweitstärkste Partei Deutschlands, der Aufstieg Hitlers unaufhaltsam und die Zerschlagung des deutschen Kommunismus in vollem Gange.

An einem warmen Juliabend 1930 bestiegen Ursula und Rudi den Zug nach Moskau, mit Hinfahrscheinen. Sie hatten ausreichend Geld, um nach Shanghai zu kommen, aber nicht genug für die Rückfahrt. Ihre ganze Habe bestand aus zwei Koffern mit Kleidung, einigen Dauerwürsten, Brot, Suppenwürfeln, einem kleinen Trockenspiritusbrenner und einem Schachbrett. In Moskau stiegen sie in den Transsibirien-Express um und setzten ihre langsame Reise Richtung Osten fort. Ursula lag auf ihrer oberen Liege und schaute, wie die unendlichen Weiten Russlands am Fenster vorüberzogen, ein wogender Ozean aus Birkenwäldern, der sich bis zum Horizont erstreckte. Als der Zug einen ungeplanten Halt zwischen zwei Stationen einlegte, stiegen die Fahrgäste aus, um dankbar ihre Glieder zu strecken. »Eine Ziehharmonika erklang, es wurde getanzt. Wir schauten zu, Hände griffen nach uns, und wir tanzten mit.«

Auf einer Waldwiese, irgendwo im sowjetischen Sibirien, wirbelten Ursula und Rudi zur Musik einer russischen Ziehharmonika herum.

In der Mandschurei nahmen sie die Ostchinesische Eisenbahn nach Changchun und stiegen dann in die Südmandschurische Eisenbahn um, worauf die lange Zugfahrt in den Süden nach Dalian folgte, wo sie an Bord eines Dampfschiffes gingen, um das letzte, knapp tausend Kilometer lange Stück über das Gelbe Meer bis nach Shanghai zurückzulegen.

Das Erste, was Ursula entgegenschlug, war der Geruch. Der reine, heiße Gestank der Armut, der vom Hafen Shanghais herübertrieb, war ein Miasma aus Schweiß, Abwässern und Knoblauch. Während der Weimarer Republik hatte sie reichlich menschliches Leid gesehen, aber nichts in diesem Ausmaß. »In schwimmenden Bottichen umzingelten Bettler unser Schiff; klagende Invaliden mit Arm- und Beinstümpfen, Kinder mit eiternden Wunden, manche blind, manche haarlos, mit verkrusteten Köpfen.« Geplagte, ausgemergelte Träger bildeten ein »Fließband aus Menschen« vom Schiff zum Ufer.

Auf dem Kai wartete Helmuth Woidt, gekleidet in einen blendend weißen Leinenanzug und Tropenhelm. Neben ihm stand seine Frau Marianne, mit einem riesigen Blumenstrauß im Arm. Eine kurze Rikschafahrt brachte sie zu einer großzügigen Villa in einer von Bäumen gesäumten Allee in der französischen Konzession, wo die meisten der ausländischen Geschäftsleute Shanghais residierten, weit weg vom Gestank und dem Trubel des Hafens. Ein chinesischer Diener in weißen Handschuhen servierte ihnen eisgekühlte Getränke. Sich verbeugende Dienstboten servierten Tabletts mit Speisen. Ihre staubigen Koffer wurden weggebracht, und kurz darauf fanden sich Ursula und Rudi in gestärkten Kimonos wieder und nippten Cocktails auf einer breiten Veranda, von der man über den gepflegten Garten blicken konnte. Innerhalb weniger Augenblicke hatten sie sich von einer Welt in eine andere bewegt.

Shanghai konnte 1930 durchaus von sich behaupten, die sozioökonomisch am stärksten gespaltene Stadt der Welt zu sein, ein Ort, an dem der Unterschied zwischen Arm und Reich weniger eine Lücke als eher eine gähnende Schlucht war. Zum Teil Kolonie, zum Teil chinesische Stadt, war es die Heimat von 50 000 Ausländern, umgeben von fast drei Millionen Chinesen, von denen die meisten in erbärmlichen Zuständen lebten. Die internationale Gemeinschaft bestand aus Briten, Amerikanern, Franzosen, Deutschen, Portugiesen, Indern, Weißrussen, Japanern und anderen, manche von ihnen mittellose Geflüchtete, andere neureiche Plutokraten mit atemberaubendem Vermögen. Politische Unruhen und Hungersnot im chinesischen Hinterland plus die Auswirkungen der Weltwirtschaftskrise trieben immer neue Menschenwellen, auf der verzweifelten Suche nach Arbeit und Nahrung, in die Stadt. Man fand Rikschafahrer, die tot zwischen den Zugstangen hingen, während glänzende, neue, amerikanische Autos durch die Stadt glitten, die von uniformierten Chauffeuren gefahren wurden. Shanghai war die größte Stadt Chinas und das Wirtschaftszentrum Ostasiens. Unternehmen und Banken standen im Wettstreit, wer entlang des Bunds, der schicken Uferpromenade, ein immer noch größeres Gebäude baute. Doch hinter dem glitzernden Geschäftsviertel und den Ausländerenklaven lag ein anderes Shanghai – Ausbeuterbetriebe, Textilfabriken und Wohnhauser voller Krankheiten und Verzweiflung, Orte, an denen politische Verbitterung Knospen trieb. Shanghai war die Heimat von Chinas einzigem industriellen Proletariat und der Geburtsort der KPCh. Amerika war noch nicht reif für den Kommunismus gewesen, stellte Ursula fest, aber China schon.

Im Kielwasser der Opiumkriege des neunzehnten Jahrhunderts hatten die Chinesen den fremden Mächten – den britischen, französischen und amerikanischen – extraterritoriale »Konzessionen« entlang des Jangtsekiang zugebilligt, Selbstverwaltungszonen mit eigenen Gesetzen. Nur achtzehn der zweiundfünfzig Quadratkilometer der Stadt standen unter der direkten Verwaltung der Chinesen. In der größten Enklave, dem International Settlement, einem Zusammenschluss der britischen und der amerikanischen Konzession, wohnte knapp die Hälfte der Stadtbevölkerung, und als weitere Staaten den Verträgen mit China beitraten, schlossen sich ihre nationalen Vertreter der Verwaltung an. Deutschland hatte direkt nach dem Ersten Weltkrieg seine exterritorialen Rechte abgetreten, wodurch die 1500 deutschen Bewohner Shanghais unter das chinesische Recht fielen. Das International Settlement wurde vom Shanghai Municipal Council verwaltet, einer Körperschaft, die von den ausländischen Bewohnern gewählt, doch von den Briten dominiert wurde, die den Vorsitz in jedem Dezernat innehatten, bis auf das städtische Orchester, das, natürlich, von den Italienern geleitet wurde. Wenn man von einer Seite der Stadt auf die andere fuhr, benötigte man drei verschiedene Führerscheine. Die drei Polizeitruppen – die französische, chinesische und die Shanghai Municipal Police unter britischer Leitung – konkurrierten, überlappten sich und kämpften damit, eine aufkeimende Welle der Kriminalität in Schach zu halten.

Shanghai, das »Paris des Ostens«, war auch die »Hure des Orients«, wo man schicke Boutiquen direkt neben Opiumhöhlen, Kabaretts, uralten Tempeln, Kinos und Bordellen fand. Der in Großbritannien geborene Shanghaier Autor J. G. Ballard erinnert sich an eine Stadt, »in der alles möglich war und man alles kaufen oder verkaufen konnte«. Gleichermaßen glamourös und zwielichtig, glänzend und verrottet, war Shanghai die Heimat eines internationalen Stroms an Bettlern, Millionären, Prostituierten, Wahrsagern, Spielern, Journalisten, Gangstern, Aristokraten, Warlords, Künstlern, Zuhältern, Bankiers, Schmugglern und Spionen.

Die deutsche Expat-Gemeinde in Shanghai hatte ihre eigene Kirche, Schule, ihr Krankenhaus und einen Club, den Concordia, ein leicht kitschiges, mit Türmen verziertes bayerisches Schloss am Bund, komplett mit Ballsaal und Kegelbahn. Hier trafen sich die Deutschen Shanghais, um Karten zu spielen, zu trinken, patriotische Lieder zu singen, zu tratschen, nostalgische Vaterlandsgefühle zu pflegen und sich über ihre chinesischen Dienstboten auszulassen. Über die kleine Ecke von Deutschland herrschte ein kleiner Potentat, der Generalkonsul Heinrich Freiherr Rüdt von Collenberg-Bödigheim, ein altgedienter Diplomat und enthusiastischer Nazi, der irgendwann als Hitlers Botschafter in Mexiko enden sollte.

Ihren ersten Abend in Shanghai verbrachten die Hamburgers im Club. Es folgte eine ganze Reihe von gesellschaftlichen Einladungen: Tee mit Constantin Robert Eginhard Maximilian von Ungern-Sternberg, einem baltischem Adeligen und Nachfahren von Dschingis Khan, der mit knapper Not der bolschewistischen Revolution entkommen war (sein älterer Bruder Roman, ein grausamer weißrussischer Warlord, bekannt als »Blutiger Baron«, war in Sibirien eingefallen, bevor er gefangen genommen und von der Roten Armee erschossen wurde); Abendessen mit Hans Stübel, einem Ethnologie-Professor und Spezialisten für chinesische Tattoos; eine Swimmingpool-Party im Haus des Geschäftsmanns Max Kattwinkel; Cocktails mit Karl Seebohm, dem Vertreter der I. G. Farben, der ein Glasauge hatte, ein großes Privateinkommen und 300 Grammofonplatten. Ein ständiger Clubgast war Johann Plaut, der wichtigste und aufgeblasenste Journalist der deutschen Gemeinde.

Zwei exotische Vögel, die oft durch den Concordia Club flatterten, waren Rosie Goldschmidt und Bernadine Szold-Fritz. Als Tochter eines deutsch-jüdischen Bankiers hatte es Goldschmidt durch ihre Reiseberichte bereits zu einer gewissen Berühmtheit gebracht, und noch zu deutlich mehr aufgrund ihrer Vagina. Rosie war mit Ernst Gräfenberg verheiratet gewesen, einem Berliner Gynäkologen, der sich einen Namen damit machte, den weiblichen Orgasmus zu erforschen: der »G-Punkt«, die erogene Zone der Vagina, war nach ihm benannt. Trotz seiner Entdeckung ließ sich Rosie nach fünf Jahren von ihm scheiden und heiratete den 63-jährigen Franz Ullstein (einen Sprössling der Verlegerfamilie), eine Verbindung, die für seine Familie so inakzeptabel war, dass sie Rosie fälschlicherweise bezichtigte, eine französische Spionin zu sein. Rosie wurde Kriegsberichterstatterin der *Newsweek*, eine erfolgreiche Romanschriftstellerin und durch ihre Heirat mit einem ungarischen Aristokraten eine Komtesse. Bernardine Szold-Fritz war Rosies engste Freundin und erbitterte gesellschaftliche Rivalin: Als Teil des New Yorker Zirkels, zu dem auch Dorothy Parker und F. Scott Fitzgerald gehörten, war Bernardine (vorübergehend) mit Chesterfritz verheiratet gewesen, einem reichen amerikanischen Börsenmakler, der den Spitznamen »Mr. Silver« trug. Bernardine gab legendär exzessive Partys, trug riesige, runde, Goldohrringe, eine Kette mit einer Platte aus balinesischem Silber und einen Turban. »Sie verbrachte die Nachmittage damit, in ihrem rot und schwarz gestrichenen Apartment auf- und abzutigern, ein Telefon mit einer absurd langen Schnur in der Hand, um Buffet-Abendessen, Tees und Treffen ihrer Laienspielgruppe zu arrangieren.« Und sie erzählte keiner Menschenseele, dass sie eigentlich aus Peoria, Illinois stammte.

Derartige Prominente waren Klassenfeinde, aber Ursula war dennoch geblendet und fasziniert. Ihre Leben und Interessen hätten sich nicht stärker von ihren eigenen unterscheiden können, und doch fand sie schnell Freunde, analysierte jeden dieser neuen Menschen wie eine neue Geschichte und schrieb kleine Studien über sie in ihren Briefen und Tagebüchern. »Wir waren bei einer sehr schönen Cocktailparty von Mrs. Chesterfritz: Sie hat ein fantastisches Apartment, trägt einen Turban und Ohrringe so groß wie Tennisbälle, sie hat edel gebogene Augenbrauen und viele Freunde, meist Künstler und Intellektuelle.« In einem anderen Brief schrieb sie: »Neulich zum Cocktail bei Ungern-Sternbergs. […] Beide, sie und er, hoch intelligent und überzüchtet.« Rosie und

Bernardine nahmen sie mit zum Shoppen und wetteiferten darin, ihren jungen Schützling in der neuesten Mode zu kleiden.

Doch der Glitzer des Expat-Lebens verblasste schon bald, und nach ein paar Wochen in Shanghais oberflächlichen Gesellschaftskreisen dürstete es Ursula nach intellektueller Stimulation. In einem Brief schrieb sie: »Die Frauen sind absolute Luxustierchen, weder Beruf noch Haushalt noch wissenschaftliche oder künstlerische Interessen; nicht einmal um ihre Kinder kümmern sie sich. Die Männer sind etwas besser, weil sie wenigstens einen Beruf haben, wenigstens ein bisschen arbeiten.« Tee mit Bernardine Szold-Fritz und Rosie Gräfenberg wurde zur Routine: »Es ist immer dasselbe [...]. Erst kurzer Tratsch über Bridge und Mah-Jongg, dann das letzte Hunderennen; der letzte Film [...]. Neulich Weegolf, in Shanghai sehr beliebt, gespielt.« Die meisten anderen Deutschen hatten, über ihre Enklave und ihren heftigen Rassismus gegenüber den Chinesen hinaus, kein Interesse an dem Land. Ursula behielt ihre politischen Ansichten für sich. Im Concordia und dem Rotary Club und rund um Kattwinkels Swimmingpool, wurde mit Bewunderung über Hitler, den Mann der Zukunft, gesprochen.

Als Frau des neuen Architekten des Municipal Councils wurde von Ursula erwartet, dass sie für Rudis britische Kollegen die Gastgeberin spielte. Der wichtigste unter ihnen war Arthur Gimson, der Auftraggeber öffentlicher Bauarbeiten, der verantwortlich für Straßen, Brücken, Entwässerung, Abwasserkanäle und neue Gebäude war. Gimson war eine Säule der Engineering Society of China, ein Kriegsveteran und unglaublicher Langweiler und der stolze Autor von *Foundations of the Szechuan Road Bridge with Some Reference to the Bearing Value of Piles*, der präzisesten Arbeit zu diesem Thema. Ursula beschrieb ihn als »verrückten Junggesellen«, der ihr als Dankesgeschenke Säcke mit Blumendünger schickte. Dann war da noch Charles Henry Stableford, der Leiter des Planungsdezernats, der einen neue Beton-Schlachthof baute, der später von *The Architectural Review* als »Meisterwerk des Art déco« beschrieben wurde »und eines der frühesten Versuche, atemberaubende Architektur damit zu kombinieren, Tieren den Atem zu rauben.« Ursula konnte sich jedoch nicht für tragende Säulen oder die Vorzüge von gegossenem Beton im Schlachthofbau begeistern. Als Gastgeberin Abendessen für Rudis britische Kollegen auszurichten war, wie durch gesellschaftlichen Klebstoff zu waten.

Bernardine mit ihren fürchterlichen Partys und schrillen Outfits, der lähmende Gimson und sein Blumendünger, die selbstgefälligen, rassistischen Langweiler im Club: All das trieb Ursula nicht zur sofortigen Rebellion, half aber dabei.

Während die Expats tanzten und schäkerten, war unter der Oberfläche von Schanghais Gesellschaft ein brutaler, semigeheimer Krieg der Spione auf dem Vormarsch. Denn zusätzlich zu Wirtschaft, Drogen und Lastern war die Stadt die Spionagehauptstadt des Ostens. Ausländer benötigten weder Pass noch Visum, sie kamen und gingen ohne Aufenthaltserlaubnis und unterlagen oft der Rechtsprechung ihres Heimatlandes. Wie Kriminelle schlüpften die Spione anonym von einem Rechtssystem ins nächste. Normalerweise hielten sie über Kurzwelle Kontakt zur Außenwelt, und es waren so viele illegale Sender im Einsatz, dass es fast unmöglich war, sie aufzuspüren. Agenten der nationalchinesischen Regierung spionierten die eigenen und die ausländischen Kommunisten aus. Die Untergrundkommunisten spionierten die Regierung aus und sich untereinander. Die Sowjetunion unterhielt in der ganzen Stadt eine Armee von Geheimagenten und Informanten. Die Briten spionierten mit amerikanischer Hilfe jeden aus, die ganze Zeit.

Im zentralen Spionagekampf in Shanghai standen sich die herrschenden Nationalchinesen unter Oberbefehlshaber Chiang Kaishek und die von der Sowjetunion unterstützen chinesischen Kommunisten gegenüber – Kämpfer in einem Bürgerkrieg, der, mit Unterbrechungen, die nächsten zwei Jahrzehnte andauern sollte. 1923 hatte Sun Yat-sen, der Gründervater der Republik China und damalige Führer der Nationalchinesischen Partei, der Kuomintang (KMT), mithilfe der Sowjetunion eine Allianz mit der Kommunistischen Partei Chinas (KPCh) geschmiedet. Ein Team von sowjetischen Funktionären, angeführt vom bolschewistischen Revolutionär Mikhail Borodin, traf in Kanton ein, um Rat, Geld und Militärhilfe zu verteilen. Doch nach vier Jahren zerbrach der fragile Pakt zwischen der KMT und der KPCh, und die Truppen von Suns Nachfolger Chiang Kai-shek setzten einen erbarmungslosen Vernichtungsfeldzug gegen die Kommunisten in Gang. Borodin und seine Berater wurden rausgeschmissen.

Niemand weiß genau, wie viele Menschen dem »Weißen Terror«, der von Chiangs Truppen und ihren Gangster-Verbündeten entfesselt wurde, zum Opfer fielen. Die Mörder zählten nicht mit, aber schätzungsweise 300 000 Menschen wurden aufgespürt und ermordet. In Shanghai war das Blutvergießen besonders grausam. Otto Braun, ein sowjetischer Agent in der Stadt, schrieb: »Chiang Kai-sheks Schergen kämmten mit der Hilfe der internationalen Polizei tagsüber die Textilfabriken durch und machten nachts Jagd auf Kommunisten. Die, die gefasst wurden, standen vor einer entsetzlichen Wahl: Verräter zu sein oder umgebracht zu werden [...] diese systematische Vernichtungskampagne zwang die Kommunisten in den tiefsten Untergrund.«

Für die Sowjetunion war China die Wiege der nächsten Phase der Weltrevolution, also wandte sich Moskau nun in großem Umfang der Spionage zu, unterstützt von den verfolgten chinesischen Kommunisten.

Die sowjetischen Spione in Shanghai tauchten in vielerlei Gestalten auf, repräsentierten verschiedene Zweige des sowjetischen Geheimdienstes und der Regierung, arbeiteten manchmal zusammen, kamen sich aber häufig ins Gehege und konkurrierten gelegentlich.

Die Kommunistische Internationale oder Komintern, gegründet 1919, um unter Moskaus Leitung die weltweite Revolution voranzutreiben, wurde für die Spionage in China als Fassade benutzt. Ihre Abteilung für Internationale Verbindungen, die OMS, sammelte und verbreitete Geheimdienstinformationen, schmuggelte Waffen, verschob Geldmittel und Anweisungen und leitete eine Vielzahl von kommunistischen Untergrundnetzwerken. Die Komintern hatte ein »Fernost-Büro« mit einem jährlichen Budget von 55 000 Dollar in Gold, Reichsmark, Yen und Mexikanischen Dollar, um die kommunistische Revolution in China, Japan, den Philippinen und Britisch-Malaya voranzutreiben.

Dann gab es da noch Stalins zivilen Geheimdienst, das Volkskommissariat für innere Angelegenheiten, NKWD (Vorläufer des KGB), das in Shanghai sein eigenes Netzwerk pflegte, um politische und wirtschaftliche Informationen zu sammeln, Moskaus Feinde zu ermorden und zu verhindern, dass potenzielle Konterrevolutionäre in China Fuß fassen konnten.

Doch das wichtigste sowjetische Spionagenetzwerk in Shanghai wurde vom Militärgeheimdienst unterhalten, formell das »Vierte Direktorat des Generalstabs der Roten Arbeiter- und Bauernarmee«. (1942 benannte Stalin sie um in Hauptverwaltung für Aufklärung, Glawnoje Raswedywatelnoje Uprawlenije, oder GRU, den Namen, unter dem sie bis heute bekannt ist.) Hoch diszipliniert, von Verschwiegenheit besessen und absolut skrupellos, war es die Rolle des Vierten Direktorats, die Sowjetunion zu verteidigen und die Revolution zu schützen, indem sie Militärgeheimnisse sammelte, kaufte und stahl. Der Hauptsitz in Moskau wurde einfach nur »die Zentrale« genannt.

Seit dem Massaker in Shanghai arbeiteten diese Spione eher als illegale Undercover-Agenten anstatt als akkreditierte Diplomaten, sie gaben vor, Journalisten, Geschäftsleute oder Lehrer zu sein. Die Rivalität unter den verschiedenen sowjetischen Geheimdienstorganisationen artete irgendwann in ein internes Gemetzel aus. Doch was die nationalchinesische Regierung anging, waren die russischen Spione für sie alle gleich: Kommunistische Aufhetzer, geschickt, um Konflikte zu schüren, die auf dieselbe Art ausgerottet werden mussten wie einheimische chinesische Revolutionäre.

Ursula bezweifelt nie, dass die Kommunisten irgendwann siegreich aus dem schrecklichen Geheimkrieg hervorgehen würden, der sich in Shanghai abspielte. Als gehorsame Marxistin sah sie die Historie als vorbestimmt an: Das unterdrückte chinesische Proletariat würde sich zwangsläufig erheben und unter der kommunistischen Führung die kapitalistische Ordnung stürzen und die bürgerlichen Klassen und ihre imperialistischen Unterstützer auslöschen. Aber dennoch wirkte der chinesische Kommunismus fremd und unergründlich. In Berlin war sie Teil einer mächtigen Bewegung gewesen; hier war sie eine Zuschauerin von Ereignissen, die sie kaum verstand. »Neben der Hitze, der Langeweile und meinen Schwierigkeiten mit der Shanghaier ›Gesellschaft‹ quälte mich, daß ich in den ersten Wochen keinerlei Beziehungen zum chinesischen Volk fand. Schmutz, Armut und Grausamkeit stießen mich ab. [...] Ich fragte mich, ob ich nur theoretisch ein Kommunist sei, der nun, wo die Praxis anders als zu Hause aussähe, versagte.« Wie viele andere, die mit Privilegien geboren waren, fragte sie sich, ob sie den Mumm hatte, sich der schmutzigen, moralisch widersprüchlichen und häufig brutalen Realität der Revolution zu stellen. Konnte man Revolutionärin sein und sich trotzdem an schönen Dingen wie neuer Kleidung erfreuen? Oder durfte sie nur das Büßerhemd der kommunistischen Strenggläubigkeit tragen? Sie diskutierte mit niemandem außer Rudi über Politik, der von der Arbeit für das Shanghai Municipal Council zu erschöpft war, um wirklich zuzuhören.

Voller Heimweh wanderte sie durch den Jessfield Park, der sie an den Tiergarten in Berlin erinnerte. Wie immer, wenn sie niedergeschlagen war, war sie lieber allein. Der Sommer in Shanghai war erdrückend, immer wieder begann »das Straßenpflaster zu schmelzen […], so dass es einem in langen schwarzen Stücken an meinen Schuhen kleben blieb und die Autos tiefe Reifenspuren darauf hinterließen.« Sie lag matt auf ihrem Bett in der Dachwohnung des Woidtschen Hauses. Das Leben als Frau eines Kolonialbeamten war eine Übung in Trägheit, sinnierte sie. »Zu Hause kann man nichts tun, alles machen der Boy, der Koch und der Kuli.« Während sie auf die nächste Cocktailparty oder die nächste Runde Minigolf wartete, wurde sie lustlos und selbst zu erschöpft, um zu lesen. Sie schob ihre Lethargie auf das Klima. »Die Hitze ist einfach so, daß man nichts unternimmt. […] Man schwitzt in phantastischer Weise, es perlt nicht etwa, sondern läuft.« Schließlich ging sie zum Arzt, der ihr eröffnete, dass sie im fünften Monat schwanger war.

Ursula und Rudi waren überglücklich. Doch sie war fest entschlossen, die nächsten vier Monate nicht lediglich schwanger zu sein und von den Dienstboten verhätschelt zu werden. »Ich muss mir eine Beschäftigung suchen.«

Die Gelegenheit kam in Form des rundlichen, wichtigtuerischen Journalisten Plaut, Fernost-Korrespondent des Wolff Telegraphic Bureau und Chef des Trans-Ozean-Kuomin-Telegrammdienstes, einer halboffiziellen chinesischen Nachrichtenagentur, die pro-nationalistische Propaganda herauspumpte. »[Plaut] erzählte mir, wie dringend er eine intelligente Sekretärin sucht. Den nächsten Tag ging ich in sein Office und fragte, ob ich ihm, bis er eine geeignete Kraft findet, ein wenig helfen dürfte, wovon er sehr entzückt war. Ich sagte natürlich, daß ich ein Kind erwarte, er meinte, ich könne kommen und gehen, wann ich wolle.«

Plaut gab Ursula die Aufgabe, seine Presseausschnitte zu archivieren. »Natürlich lese ich alles mich Interessierende genau und lerne sehr viel dabei«, schrieb sie. Plaut lebte seit zwei Jahrzehnten in Shanghai, war eine Autorität in chinesischer Politik und hielt häufig lange Vorträge über das Thema, gespickt mit Namen wichtiger Leute, die er kannte. »Da er noch nie ein europäisches Wesen im Büro hatte, das außerdem was von Politik versteht, unterbricht er meine Arbeit oft, um mir Interessantes zu erzählen«, schrieb Ursula. »Plaut ist ein großer Wichtigtuer, aber tatsächlich ist er einer der bedeutendsten Asien- und Chinakenner.«

Eines Nachmittags, auf der Hälfte eines weiteren, endlosen Vortrags, ließ Plaut einen Namen fallen, bei dem Ursula direkt senkrecht saß: Agnes Smedley.

Die amerikanische Schriftstellerin war, wie es schien, in Shanghai und arbeitete als Korrespondentin für die *Frankfurter Zeitung*, eines der größten deutschen Tageblätter. Ursula beschrieb den tiefen Eindruck, den Smedleys Roman bei ihr hinterlassen hatte, und erzählte Plaut, dass sie sie sehr gerne kennenlernen wolle, allerdings habe sie »Hemmungen, an eine für mich so große Persönlichkeit heranzutreten«. Mit großer Geste nahm Plaut das Telefon, wählte die Nummer und reichte ihr den Hörer. Agnes Smedley war am Apparat. Die beiden Frauen verabredeten sich für den nächsten Tag im Café des Cathay Hotels.

Smedley fragte Ursula, woran sie sie erkennen würde.

»Dreiundzwanzig Jahre, Länge ein Meter siebzig, ganz schwarzes Haar und eine große Nase«, beschrieb sich Ursula.

Agnes Smedley lachte, ein lautes, dröhnendes Gewieher, und entgegnete: »Vierunddreißig Jahre, mittelgroß, besondere Kennzeichen: keine.«

Das neu erbaute Cathay Hotel war eine prachtvolle, kapitalistische Zitadelle und ein Statement westlicher Wirtschaftsmacht, ein elf Stockwerke hoher, von einer grünen Pyramide gekrönter Turm, innen mit Tudor-Vertäfelung. Ein paar Monate zuvor hatte Noël Coward während seines Aufenthalts im Hotel den ersten Entwurf von *Private Lives* geschrieben. Als luxuriösestes Hotel östlich des Suez war das Cathay ein unpassendes Umfeld für ein Treffen zwischen Amerikas tonangebender radikaler Schriftstellerin und einer jungen deutschen Kommunistin, doch der Termin stand: 7. November, der dreizehnte Jahrestag der Russischen Revolution. »Ich hatte rote Rosen für unser Wohnzimmer gekauft, damit mich wenigstens etwas an diesen Tag erinnerte. [...] Wir hatten uns im Stadtzentrum verabredet und erkannten uns sofort. Agnes hielt einen Strauß roter Rosen in der Hand, der dem meinen zu Hause glich, sie wollte ihn dem Vertreter vom TASS [sowjetische Nachrichtenagentur] bringen.« Der florale Zufall war ein gutes Omen.

Smedley war alles andere als unscheinbar (auch ihr Alter hatte sie nicht ganz richtig angegeben; sie war achtunddreißig). Mit ihrem kurzgeschnittenen Haar und der maskulinen Kleidung gab sie eine markante Figur ab, einen bewussten Kontrast zu den übertrieben gekleideten Expat-Frauen. »Agnes sieht aus wie eine intelligente Arbeiterin«, schrieb Ursula später in einem erfreuten Brief an ihre Eltern. »Einfach angezogen, spärliche braune Haare, sehr lebhafte, große, graugrüne Augen, keineswegs hübsch, aber ein gutgeschnittenes Gesicht. Wenn sie die Haare zurückstreicht, sieht man die enorme Wölbung der Stirn.«

Ursula hatte noch nie jemanden wie sie kennengelernt, aber andererseits gab es auch niemanden, der so war wie Agnes Smedley.

Über englischem Tee in Porzellantassen freundeten die beiden Frauen sich an. Ursulas Hoffnungen und Ängste platzten in einem chaotischen Strom aus ihr heraus. Sie erzählte von ihrer Einsamkeit und der Langeweile, den bedrückenden Szenen von Armut, die sie täglich miterlebte, ihrer Entfremdung von den anderen Europäern. Zum ersten Mal seit ihrer Ankunft in Shanghai sprach sie offen über ihre politische Einstellung. Sie beschrieb ihre Jugend in Deutschland, ihre Entscheidung, Mitglied in der Partei zu werden, und wie viel ihr *Eine Frau allein* bedeutet hatte. Sie sprach über Rudi: Seine Freundlichkeit und Ruhe, aber auch seine politische Apathie und seine beharrliche Ablehnung des Kommunismus. Smedley hörte aufmerksam zu, rauchte und nickte. Als Ursula fertig war, erzählte Agnes ihre eigene Lebensgeschichte, die in der

Realität noch außergewöhnlicher war als die Romanversion, die sie ein Jahr zuvor veröffentlicht hatte.

Smedley wurde 1892 in einer Zwei-Zimmer-Hütte ohne Strom und fließendes Wasser geboren und wuchs in einer ärmlichen Bergbaustadt in Colorado auf. Ihr Vater, ein halber Cherokee, arbeitete manchmal als Viehmakler, Cowboy, reisender Kräuterhändler und Bergbau-Gewerkschafter, er war ein saufender Herumtreiber, doch »seine Phantasie war abenteuerlich und seine Gefühle die eines Vagabunden«; ihre Mutter war eine misshandelte Depressive; ihre Tante eine Teilzeit-Prostituierte. Als Kind erlebte sie die Colorado Labor Wars mit, die zum Teil blutigen Kämpfe zwischen streikenden Minenarbeitern und den angeheuerten Schlägern der Bergbaufirmen. Als ihre Mutter im Alter von vierzig Jahren starb, beschloss Agnes, die Wohnung neu einzurichten und fortan für ihre Geschwister zu sorgen. Bezahlt werden sollte die neue Einrichtung mit 45 Dollar, die sie in einem Koffer ihrer Mutter gefunden hatte. Doch ihr Vater nahm das Geld und »verließ das Haus [...] und kehrte erst am nächsten Tag zurück. Die Nacht hatte er im Wirtshaus zugebracht und war sinnlos betrunken. Und von dem Geld war nichts mehr übrig.«

Ihre Ausbildung bestand aus dem, was immer sie zu Lesen finden konnte, »von kitschigen Romanzen und einem grausigen Buch über das Rechtswesen bis hin zu einem mit dem Titel *Behaviorist Psychology*«, eine klägliche Auswahl, die weit von der großartigen Bibliothek entfernt war, zu der die junge Ursula Zugang gehabt hatte. Agnes schrieb Gedichte, las die Zukunft aus Apfelkernen und lernte, wie man ritt, schoss und ein Lasso warf. Sie nahm den Navajo-Namen Ayahoo an und unterstützte eine grimmige Form des Feminismus. Wenn irgendwer es wagte, anzudeuten, »daß der weibliche Intellekt oder die Fähigkeit etwas zu erschaffen dem des Mannes unterlegen war, [...] sprang sie wie eine verwundete Löwin von ihrem Sitz auf und kratzte ihm beinahe das Gesicht blutig«.

Nach Abstechern als Arbeiterin in einer Wäscherei, Lehrerin und Handlungsreisende trieb es Agnes nach Kalifornien, wo sie sich unter die linken Künstlerkreise mischte. Ihre politische Einstellung wurde radikaler. Smedley unterstützte nie eine kohärente Philosophie, denn ihre Politik war die der Wut, eine breitgestreute Rage gegen Kapitalisten, Minenbesitzer, Imperialisten und Kolonialisten, die die Armen, Nicht-Weißen und die Arbeiterklasse versklavten. Für politische Theorien hatte sie keine Zeit: »Wen kümmert es, wenn ich all den Müll gelesen habe? Ich weiß, wer der Feind ist, und das reicht.«

In Kalifornien kam sie in Berührung mit den indischen Nationalisten, die die Unabhängigkeit vom imperialistischen Großbritannien forderten, und warf sich in ihre erste große Aufgabe. Während der Erste Weltkrieg wütete, wurde sie tief in die sogenannte »Hindu-Deutsche-Verschwörung« verwickelt, Deutschlands geheime Kampagne, das Britische Empire zu unterlaufen, indem es die indische Unabhängigkeitsbewegung finanzierte und mit Waffen versorgte. Im März 1918 wurde sie unter dem Spionagegesetz verhaftet, kam zwei Monate ins Gefängnis und wurde schließlich entlassen, obwohl sie, in den Worten ihres Biografen, »schuldig wie die Hölle« war. Sie zog nach Berlin, traf, heiratete und verließ dann den indischen kommunistischen Revolutionär Virendranath Chattopadhyaya, bekannt als Chatto, und verschwor sich weiter mit den indischen Rebellen. Sie wurde voller Entsetzen Zeugin der Zustände zur Zeit der Weimarer Republik und erklärte die Sowjetunion zum »großartigsten, inspirierendsten Ort der Welt«.

Agnes war legendärer als legendär, aber selbst ihre engsten Freunde fanden sie ziemlich anstrengend. Eine meinte, sie würde die Welt als »harsches Moral-Theater sehen, in denen das ›Gute‹ gegen das ›Böse‹ kämpfte, und selten von dem glorreichen, weißen Streitross ihrer Fantasie absteigen«. Bereits als Jugendliche hatte sie ihren ersten Nervenzusammenbruch. Sie litt unter etwas, das sie »Wahnsinnsanfälle« nannte, und belegte bei einer deutsch-jüdischen Analytikerin namens Elisabeth Naef, einer ehemaligen Studentin von Sigmund Freud in Wien, einen Kurs in Psychoanalyse. Dr. Naef überzeugte Agnes, ihre Erfahrungen in fiktionaler Form niederzuschreiben. Das Ergebnis war *Eine Frau allein*, mit seiner zornigen, ehrgeizigen Heldin, die im gesellschaftlichen Abseits stand und sich nach Selbstausdruck sehnte. Die Kritik sang ein Loblied auf das Buch. Michael Gold beschrieb es in *The New Masses* als »bittere, wunderschön nachgezeichnete Faser des Lebens«. Als der große Beifall einsetzte, war Agnes bereits in Shanghai. Sie traf im Mai 1929 in der Stadt ein, bereit, sich im Namen der unterdrückten chinesischen Massen in den Kampf zu stürzen.

Agnes Smedley war ein außerordentliches Bündel an Gegensätzen. Sie war bisexuell, glaubte jedoch, Homosexualität wäre eine heilbare Perversion. Sie gab vor, Männer zu verachten, und beharrte darauf, dass Frauen von der »Institution Ehe versklavt wurden«. Und doch liebte sie viele Männer und heiratete zweimal: Ihren ersten Mann behandelte sie abscheulich, und vom zweiten wurde sie körperlich und emotional missbraucht. Sie hielt Sex für entwürdigend, aber war eine enthusiastische Fürsprecherin und energische Vertreterin der freien Liebe. »Hier draußen hatte ich die Chance, mit allen Farben und Formen zu schlafen«, schrieb sie einem Freund, kurz bevor sie Ursula kennenlernte. »Einen französischen Waffenhändler, klein, rund und buckelig; einen fünfzigjährigen deutschen Monarchisten, der an die dominierende Rolle des Penis bei der Beeinflussung von Frauen glaubte; einen hohen chinesischen Beamten, dessen Taten mir zu peinlich sind, um sie zu beschreiben; einen rundlichen, linken Kuomintang, der weich und schmierig war.«

Sie war eine Kommunistin, die nie der Partei beitrat; eine brutale Revolutionärin und romantische Träumerin; eine Feministin, die einer Reihe von Männern hörig war; eine Frau, die zu tiefer Loyalität inspirierte und doch vielen ihrer Freunde enormen Schaden zufügte; sie unterstützte den Kommunismus, ohne zu bedenken, was kommunistische Regeln in der Wirklichkeit bedeuteten. Sie war passioniert, vorurteilsbehaftet, charismatisch, narzisstisch, waghalsig, sprunghaft, liebenswert, überkritisch, emotional anfällig und kompromisslos. »Ich mag vielleicht nicht unschuldig sein, aber ich habe recht«, verkündete sie.

Ursula war hingerissen. Agnes Smedley schien politische Hingabe und Energie zu verkörpern, der genaue Gegensatz der blasierten Selbstgefälligkeit, den sie in den bürgerlichen Boudoirs Shanghais vorfand. »Wenn du passiv inmitten von Ungerechtigkeit lebst, ist deine bloße Existenz nichts wert«, beharrte Smedley. Agnes war alles, was Ursula bewunderte: Feministin, Anti-Faschistin, eine Feindin des Imperialismus und eine Verteidigerin der Unterdrückten gegen die Mächte des Kapitalismus und eine geborene Revolutionärin.

Und außerdem war sie Spionin.

1928 hatte Agnes Smedley Jakob Mirow-Abramow kennengelernt, den Presseattaché der sowjetischen Botschaft Berlin, einen litauischen Juden und altgedienten Bolschewiken. Pro forma war er Diplomat, tatsächlich jedoch der europäische Leiter der OMS, des Armes der Komintern zur Sammlung von Geheiminformationen. Mirow-Abramow (gelegentlich und verwirrenderweise Abramow-Mirow) war auf der Jagd nach Rekruten, um im Fernen Osten ein neues Spionagenetzwerk aufzubauen, und diese radikale Frau mit der Lizenz, impertinente Fragen zu stellen, schien perfekt geeignet zu sein. Es bedurfte einiger Überredungskunst, Agnes klarzumachen, dass der nächste logische Schritt ihrer Ein-Frau-Revolte darin bestand, Spionin zu werden: Sie bekam einen Job als Shanghai-Korrespondentin der *Frankfurter Zeitung*, sattelte das weiße Ross ihrer Fantasie und galoppierte nach China.

Als Agnes und Ursula sich achtzehn Monate später kennenlernten, war Smedley bereits ein wichtiger Maulwurf in der Maschinerie der sowjetischen Spionage, die die chinesischen Kommunisten in ihrem verzweifelten Kampf unterstützte, den Weißen Terror zu überleben, den unermüdlichen politischen Vernichtungsfeldzug der nationalchinesischen Regierung. Sie rekrutierte andere Schriftsteller und Intellektuelle, die der Sache wohlwollend gegenüberstanden, benutzte ihr Zuhause für geheime Treffen und als Briefkasten und leitete Geheiminformationen zwischen der KPCh und der Sowjetunion in beide Richtungen weiter. Ihre Berichte und Anweisungen wurden per Funk geschickt oder mittels sowjetischer Schiffe, die in Shanghai aus- oder einliefen. In Moskau war sie »sehr angesehen«.

Irgendwann arbeitete Smedley für beide, die Komintern und das Vierte Direktorat, aber sie wusste nicht oder es kümmerte sie nicht, für welchen Zweig des sowjetischen Geheimdienstes sie tätig war, solange sie für die einfachen chinesischen Arbeiter kämpfte. »Die revolutionäre Bewegung ist hier draußen keine romantische Idee oder Theorie«, schrieb sie. »Hier heißt es, entweder man rebelliert oder man stirbt.« Ihre Zeitungsartikel waren oft nicht von pro-kommunistischer Propaganda zu unterscheiden. Ihre psychische Verfassung verschlechterte sich weiter. »Ich habe eine Pflicht, die schwerer wiegt als persönliche Dinge«, erklärte sie.

Smedley wusste, dass sie vom britischen Secret Service beobachtet wurde (den sie verächtlich als »George and Mary« bezeichnete) sowie von den Amerikanern, Franzosen und Chinesen. Sie stand bei der chinesischen Regierung auf der schwarzen Liste der gefährlichen subversiven Elemente und erwartete, jederzeit hinterrücks erschossen zu werden. Ihre Briefe hatten einen messianischen Ton: »George and Mary sind wieder auf einer heißen Spur, (aber) würde Jesus Christus heute in China leben, stünde er auch auf der schwarzen Liste des britischen und anderer Geheimdienste.«

Ursula hatte von den verdeckten Aktivitäten ihrer neuen Freundin keine Ahnung. Sie wusste auch nicht, dass sich in Agnes' Handtasche eine geladene Pistole befand. Sie wusste nur, dass sie eine Freundin gefunden hatte, die ihr aus dem Herzen sprach.

Von diesem Moment an waren sie unzertrennlich. »Es verging kaum ein Tag, an dem wir nicht miteinander telefonierten oder uns sahen«, schrieb Ursula. »Agnes war allein; sie hatte ein entbehrungsreiches Leben voll revolutionärer Kämpfe hinter sich. Ich war Kommunistin, aber ich war materiell sorglos aufgewachsen, erwartete nun mein erstes Kind, auf das ich mich freute, lebte geschützt und ohne Sorgen. Außerdem war ich viel jünger als Agnes und noch sehr unerfahren.«

Smedley zeigte Ursula ein ganz anderes Shanghai. Sie aßen gemeinsam mit Agnes' chinesischen Freunden, allesamt heimliche Kommunisten, in lokalen Restaurants. Agnes erklärte, wie sie bei der Gründung der Allianz chinesischer linker Schriftsteller geholfen hatte, einer Gruppe von chinesischen Denkern, die auf Betreiben der KPCh ins Leben gerufen worden war, um den sozialistischen Realismus zu fördern – angesichts des scharfen Durchgreifens der Regierung ein erstaunlich gefährliches Unterfangen. Die Allianz wurde fast so schnell verboten, wie sie gegründet worden war, machte aber als riskante Untergrundorganisation weiter. Durch Agnes fand sich Ursula nun in Gesellschaft von einigen der Hauptakteure der linken chinesischen Literatur wieder: Lu Xun, der gefeierte chinesische Dichter, die 28-jährige Romanautorin Ding Ling und ihr Mann, der Dichter und Dramatiker Hu Yepin. An Lu Xuns fünfzigstem Geburtstag wurde in einem niederländischen Restaurant eine Feier für 100 Künstler und Intellektuelle abgehalten (die Agnes zufolge »gefährliches Gedankengut« repräsentierten). Ding Ling hielt eine Rede. Agnes bewachte die Tür. Ursula kehrte erhitzt vor Aufregung von dem Abenteuer zurück nach Hause. Sie erzählte Rudi nicht, wo sie gewesen war.

Agnes stellte Ursula auch Chen Hansheng vor, alias Geoffrey Chen, einen winzigen, bebrillten Sozialwissenschaftler, der perfekt Englisch sprach und in Chicago und Harvard auf der Universität gewesen war, bevor er nach Berlin umzog (wo er die Arbeiten von Robert Kuczynski studierte). Chen sollte einer der gefeiertsten Akademiker Chinas werden. Er war außerdem heimlich ein überzeugter Kommunist, der 1924 von der Komintern rekrutiert worden war. 1930 unterrichtete Chen an der Universität Shanghai und arbeitete in Teilzeit als Agnes' »Sekretär«. Er und seine Frau waren Dreh- und Angelpunkte von Smedleys wachsendem Spionagenetzwerk. Kurzzeitig war Chen zudem einer ihrer Liebhaber.

Agnes Aufmerksamkeit schmeichelte Ursula, und sie war geblendet von ihrer Persönlichkeit und fasziniert von ihren radikalen chinesischen Freunden. Doch sie war auch ein wenig eingeschüchtert. »In der ersten Zeit unserer Freundschaft, die für mich so viel bedeutete, konnte ich nicht begreifen, daß ein Mensch von Agnes' Format gern und häufig mit mir zusammen war, wieso ich ihre Vertraute wurde.«

Ihre Beziehung könnte über Freundschaft hinausgegangen sein. Agnes sexueller Appetit war zweifellos breit genug gefächert, um eine schwangere, verheiratete Frau einzuschließen, die fünfzehn Jahre jünger war, doch es gibt keine Beweise, dass Ursula dazu neigte, lesbisch zu sein. Aber mit Sicherheit übernachtete Ursula mehrfach bei Agnes. Doch, wie Smedleys Biograf feststellte, »gab es zu dieser Zeit [...] keine feste und schnell gezogene Linie, die die unterschiedlichen Arten von Bindungen, die zwischen Frauen existierten, voneinander trennte«. Es ist durchaus möglich, dass ihre Beziehung leidenschaftlich, romantisch und überwältigend war, ohne je körperlich zu werden.

Abgesehen davon, ob es ein sexuelles Element bei ihrer aufblühenden Bindung gab oder nicht, hatte Smedley ein weiteres Motiv, diese clevere, beeinflussbare junge Kommunistin zu kultivieren, die ihr erzählt hatte, wie sehr sie »auf Verbindung zur Partei wartete«, wie es sie »drängte, ein aktives nützliches Dasein zu führen«. Direkt nach ihrem ersten Treffen im Cathay Hotel schickte Agnes eine Nachricht nach Moskau und bat um die Erlaubnis, die Rekrutierung der jungen Mrs. Hamburger zu arrangieren.

Drei Wochen später sagte Agnes, jemand werde Ursula zu Hause aufsuchen, zu dem sie »volles Vertrauen haben könne«. Zur verabredeten Stunde kündigte der Butler der Woidts an, dass Mr. Richard Johnson eingetroffen sei, und bat einen Mann von ungefähr fünfunddreißig Jahren herein. Ursula war sofort angetan von seinem außergewöhnlich guten Aussehen: »Ein schmaler Kopf, dichtes, lockiges Haar, das Gesicht schon damals durchgefurcht, die Augen intensiv blau, umrahmt von dunklen Wimpern; der Mund schön geformt.«

Sein tatsächlicher Name lautete Richard Sorge. Er war Agnes Smedleys wichtigster Spionagepartner und aktueller Geliebter, dienstältester sowjetischer Agent in Shanghai, ein erfahrener Verführer sowie Offizier des Militärgeheimdienstes der Roten Armee.

Sorge blieb nicht lange. Doch in der knappen halben Stunde wurde Ursulas Leben unwiderruflich verändert.

3
Agent Ramsey

Ian Flemming beschrieb Richard Sorge einmal als »den eindrucksvollsten Spion der Geschichte«. Abgesehen davon, dass er Deutscher war, Kommunist und sich dem mittleren Lebensalter näherte, hatte Sorge 1930 ausgeprägte Ähnlichkeit mit der Romanfigur James Bond, nicht zuletzt wegen seines Aussehens, seinem Hang zum Alkohol und dem außerordentlichen, fast pathologischen Appetit auf Affären. Selbst Sorges eingeschworene Feinde attestierten ihm Können und Mut. Von China zog Sorge weiter nach Tokio, wo er unentdeckt neun Jahre lang spionierte, die innersten Geheimnisse der japanischen und deutschen Führungsstäbe durchdrang und Moskau 1941 vor der Invasion der Sowjetunion durch die Nazis warnte. Als er Ursula kennenlernte, steckte er gerade seine Spionagekarriere im Ferner Osten ab, eine Reise, die ihm irgendwann einen Platz im kleinen Pantheon derjenigen Spione verschaffte, die den Kurs der Geschichte verändert hatten.

Geboren 1895 in Baku, der Vater Deutscher, die Mutter Russin, trat Sorge zu Beginn des Ersten Weltkrieges einem Studentenbataillon der kaiserlichen Armee bei und wurde direkt, wie er sich ausdrückte, »von der Schule auf die Schlachtbank« geführt. Der Großteil seiner Brigade wurde bereits wenige Tage nach Ankunft an der Front ausradiert. 1915 wurde er das erste Mal verwundet und ein Jahr später wieder, diesmal fast tödlich, als sich Schrapnelle in beide Beine bohrten und einen Teil seiner Hand abrissen. Die Kriegserfahrungen des jungen Sorge machten ihn zu einem eingefleischten Kommunisten, der davon überzeugt war, dass nur die weltweite Revolution »die wirtschaftlichen und politischen Gründe dieses und aller zukünftigen Kriege eliminieren könnte«. Als merkwürdige Mischung aus Bibliophilem und Raufbold, pedantischem Lehrer und nüchternem Funktionär arbeitet er sich seinen Weg durch die sowjetische Geheimdienstwelt hoch und landete schließlich in den Rängen des Vierten Direktorats, der Militäraufklärung der Roten Armee, einer Organisation, die von ihrem Leiter als »die puritanische Hohepriesterschaft« beschrieben wurde, »gläubig in ihrem Atheismus [...] die Rächer all des uralten Bösen, die Wächter eines neuen Himmelreichs, einer neuen Erde«.

Sorge war ein ausschweifender Priesterkrieger: zügellos und streitlustig, der das brutale Regime, dem er diente, nicht infrage stellte, ein geborener Lügner, ausgestattet mit tödlichem Charisma, maßloser Arroganz und beinahe unfassbar viel Glück. Er besaß die »magische Fähigkeit, Leuten die Befangenheit zu nehmen« und Frauen ins Bett zu bekommen. Hinsichtlich seiner Spionage war er streng diszipliniert, im Privatleben jedoch außergewöhnlich chaotisch. Außerdem war er snobistisch, kleinkariert und häufig betrunken, ein lauter und berüchtigter Liebhaber schneller Motorräder und lockerer Gesellschaft.

1930 blickten die sowjetischen Exporteure der kommunistischen Revolution nach Osten. Um die angeschlagene KPCh zu unterstützen und die nationalchinesische Regierung auszuspionieren, hatte das Vierte Direktorat ein neues Netzwerk aus Illegalen ins Auge gefasst, Spione, die aus der bürgerlichen Deckung operierten. Agnes Smedley war eine davon; Sorge, Deckname »Ramsey«, ein weiterer. Auf Anweisung der Zentrale verschaffte er sich einen Auftrag als China-Korrespondent für ein Blatt mit dem aufregenden Titel *Deutsche Getreide-Zeitung* und ging nach Shanghai. Fünf Monate vor Ursulas Ankunft kam er im YMCA an der Bubbling Well Road unter, kaufte sich ein leistungsstarkes Motorrad und suchte Agnes Smedley auf, um sie, wie angeordnet, um Hilfe beim Aufbau einer Shanghaier Gruppe zu bitten, die Geheiminformationen zusammentrug. Agnes stimmte freudig zu, mit Sorge zusammenzuarbeiten, und schlief dann, mit gleicher Bereitwilligkeit und Begeisterung, mit ihm.

Sorge trat, getarnt als nachrichtenhungriger Journalist, dem Concordia und dem Rotary Club bei und ging mit den deutschen Militärberatern der KMT einen heben. Die deutsche Gemeinschaft (nach Sorges Einschätzung »alles Faschisten, sehr anti-sowjetisch«) hießen diesen geselligen Neuankömmling herzlich willkommen, »ein trinkfester Kerl«, und sahen ihn als einen der Ihren an. Agent Ramsey »nahm sie aus wie eine fette Weihnachtsgans«, schrieb ein anderer sowjetischer Spion. Smedley stellte ihm ihr wachsendes Netzwerk zur Verfügung, das aus chinesischen kommunistischen Intellektuellen, Schriftstellern, Soldaten, Akademikern wie Chen Hansheng und einem jungen japanischen Journalisten namens Hotsumi Ozaki bestand, der zu einem von Sorges wertvollsten Informanten wurde. In den Städten befand sich der Kommunismus auf der Flucht, doch in den abgelegenen Regionen des Südostens gewann er an Boden. In den Bergen sollten die Aufständischen schon bald in der Provinz Jiangxi die chinesische Räterepublik gründen, einen autonomen Staat innerhalb des Staats. Die aus 50 000 Soldaten bestehende Bauernarmee, geführt von Mao Zedong, war jedoch genauso gnadenlos wie die nationalchinesischen Truppen und hetzte und exekutierte die Feinde der Revolution: Missionare, reiche Landbesitzer, Beamte sowie die Oberschicht. Auf einer ihrer journalistischen Reisen ins Innere Chinas berichtete Agnes über den blutigen Fortschritt von Chinas Roter Armee und erklärte sich selbst als »so hart und erbittert wie viele Chinesen, voller Hass, und jederzeit bereit zu kämpfen, ohne eine Form von Nachsicht gegenüber denen, die ein bequemes Leben führten, sowie intolerant gegenüber jeder zweifelnden Person«.

Von einem aus Moskau geschickten Funkexperten unterstützt, begann Sorge damit, die Zentrale mit einem stetigen Strom an Informationen über die Truppenbewegungen der Nationalchinesen, ihrer Kommandostrukturen und Bewaffnung zu versorgen.

Sorge respektierte zwar Agnes Smedleys »brillanten Geist«, doch in anderer Hinsicht war er weniger schmeichelhaft: »Als Frau [womit er Sexualpartnerin meinte] war sie rein gar nichts wert [...], kurzgefasst, wie ein Mann.« Agnes hingegen hatte sich in den schneidigen Meisterspion verliebt, den sie »Sorgie« oder »Valentino« nannte. Man sah sie oft hinten auf seinem Motorrad, wie sie die Nanking Road hochdonnerten, eine Erfahrung, bei der sie sich »großartig und herrlich« fühlte. In atemlosen Briefen nach Hause schilderte sie die Tugenden dieses »besonderen, besonderen Menschen«.

»Ich bin verheiratet, mit Kind, wenn man so will«, schrieb sie ihrer Freundin Margaret Sanger, der amerikanischen Pionierin der Geburtenkontrolle. »Nur eine Art verheiratet, weißt du; aber er ist ein echter Mann, und es ist die ganze Zeit 50-50, und er hilft mir, und ich ihm, und wir arbeiten in jeder Hinsicht zusammen. [...] Ich weiß nicht, wie lange es andauern wird; das hängt nicht an uns. Ich befürchte, nicht lange. Aber diese Tage werden die besten meines Lebens sein. Es ist mir noch nie so gut gegangen, ich war noch nie so gesund, mental, physisch und psychisch. Ich halte es für die Vervollkommnung, und wenn es endet, werde ich einsamer sein, als es all die Liebe in den Zeitschriften mich je machen könnte.« Der konfuse Brief bezeugt Agnes' Aufgewühltheit. Jeder neue Agent, den sie anwarb, war ein Dienst an der Revolution und eine Liebesgabe an Sorgie. Mit Genehmigung Moskaus schenkte sie ihm im November 1930 Ursula, inzwischen im sechsten Monat schwanger.

Jahre später erinnerte sich Ursula an die Einweihung in den sowjetischen Geheimdienst.

Nachdem sie versichert hatte, dass das Haus, abgesehen von den Angestellten, leer war, schloss Sorge die Tür zum Wohnzimmer und setzte sich neben sie aufs Sofa.

»Er habe von meiner Bereitschaft gehört, die Arbeit der chinesischen Genossen zu unterstützen.« Dann beschrieb ihr Richard Sorge kurz, aber leidenschaftlich die ungeheuren Schwierigkeiten, vor denen die chinesischen Kommunisten standen. »Er sprach vom Kampf gegen die reaktionäre Regierung des Landes, von der Verantwortung und den Gefahren, die selbst mit der kleinsten Hilfeleistung für die Genossen verbunden waren.«

Dann verstummte er und sah ihr in die Augen. »[Er] legte mir nah, die Sache noch einmal zu überdenken. Jetzt könne ich noch ablehnen, ohne daß es mir jemand übelnehmen würde.«

Ursula fühlte sich leicht gekränkt, »gefragt zu werden, ob ich bereit sei, mitzuarbeiten und internationale Solidarität zu üben«. Sie hatte ihr Engagement bereits bekräftigt. Außerdem enthielt Sorges Frage die unterschwellige Drohung, dass sie, wenn sie jetzt mitspielte, aber in der Zukunft versuchen würde auszusteigen, man ihr das auf eine durchaus unangenehme Weise zum Vorwurf machen könnte.

Sorge lächelte über ihre »etwas schroff gegebene Zustimmung«. Ihr Beitrag würde strikt logistischer Art sein, erklärte er ihr. Ihr Apartment im Haus der Woidts würde als konspirative Wohnung genutzt werden, wo Sorge sich mit revolutionären Genossen treffen konnte. Rudi kam tagsüber nie nach Hause. Sie würde die Besucher hereinlassen, Erfrischungen bereitstellen, warnen, wenn sich jemand dem Haus näherte, und ansonsten allen aus dem Weg gehen. »Ich sollte nur das Zimmer zur Vefügung stellen, aber bei den Besprechungen nicht dabeisein.«

Bevor er ging, erwähnte Sorge, dass Arbeiter und Studierende in ein paar Tagen eine Demonstration in der Innenstadt von Shanghai durchführen würden. Vielleicht würde sie ja gern hingehen und die Proteste beobachten.

Dann war Mr. Johnson fort. Ursula kannte seinen richtigen Namen immer noch nicht.

Ein paar Tage später stand sie an der Nanking Road vor dem Warenhaus Wing On, die Hände voller Einkaufstüten. Diese würden ihre Anwesenheit am Tag der Demonstration zufällig aussehen lassen, hatte sie sich ausgerechnet; außerdem hatte sie bei

Wing On einen recht schönen Seidenrock gefunden, der perfekt zu ihrer Figur passte.

In einem schweigenden Protest gingen Gruppen von Studierenden die Straße hinunter, flankiert von langen Reihen Polizisten mit ausdruckslosen Minen. Die Spannung war greifbar und die Atmosphäre ähnlich wie auf dem Mai-Aufmarsch 1924, wo ein Polizist sie mit dem Knüppel geschlagen hatte. In Shanghai war schon das reine Marschieren ein provokativer Akt der Rebellion. Plötzlich stürzte eine Woge von Polizisten auf die Studierenden los, und es flogen die Fäuste und Knüppel. Ein Mann wurde in den Eingang eines Ladens geschleift, wo sie systematisch auf ihn einprügelten. Dutzende von Demonstranten wurden in die Seitenstraßen getrieben, wo sie mit Tritten und Stößen auf wartende Lastwagen befördert wurden. Sie setzten sich nicht zur Wehr, und ihre Blicke waren leer, wie die von Verdammten. »Ich sah in die Gesichter junger Menschen, deren Todesurteil soeben gesprochen worden war, und wußte, daß ich schon um ihretwillen jede Arbeit, die man von mir verlangte, leisten würde.« Wenn jene jungen Menschen dem Tod mit Fassung entgegensehen konnten, dann würde sie versuchen, dasselbe zu tun.

Während Ursula mit an sich gedrückten Einkaufstüten von den gewalttätigen Szenen auf der Nanking Road forteilte, bemerkte sie den Mann mit schütterem Haar und Brille nicht, der an einer Ecke stand und sie aufmerksam beobachtete.

Gerhard Eisler war eine altgediente Figur in der Hierarchie der deutschen Kommunisten. Später ging er in die USA, wo er, munkelte man, der geheime Anführer der American Communist Party wurde. 1929 arbeitete er, nach einem Abstecher nach Moskau, als Verbindungsmann zwischen der Komintern und der KPCh und »reinigte die Partei von Spionen und Dissidenten«. Er verdiente sich den Spitznamen »der Henker«. Eisler nahm Sorges neueste Anwerbung unter die Lupe und sah sich an, wie sie auf die Demonstration reagierte. In der Welt, die Ursula nun betreten hatte, war das Ausspionieren von Freunden genauso wichtig wie das von Feinden. Eisler war zufrieden mit dem, was er sah. Seine einzigen Bedenken waren, dass Mrs. Hamburger nicht bürgerlich genug wirkte. Zu solchen Gelegenheiten solle sie »damenhafter aussehen«, sagte der Komintern-Vollstrecker, denn je femininer sie aussah, desto weniger würde man sie verdächtigen. Eisler hatte eine sehr eindeutige Meinung, was den Aspekt der Kleidung beim Spionieren anging: »Sie sollte wenigstens einen Hut tragen.«

Ein Muster der Geheimtreffen war schnell aufgestellt. Richard Sorge würde eine Zeit vereinbaren, in der sie ins Haus kamen, wenn Rudi und die Woidts nicht da waren. Er traf immer als Erster ein, in zeitversetzten Intervallen gefolgt von seinen »Gästen«, üblicherweise Chinesen und gelegentlich Europäern, die nie namentlich genannt wurden. Nach einigen Stunden würden sie zu unterschiedlichen Zeitpunkten gehen. Ursula stellte keine Fragen. Sie erzählte Agnes nicht, wann ein Treffen geplant war. Und falls die Dienstboten oder Nachbarn mitbekommen hatten, dass derselbe gutaussehende Gentleman die Dame, die im Obergeschoss wohnte, regelmäßig besuchte, so sagten sie nichts. Denn es war 1930, in Shanghai.

Ursula wusste, dass Richard Sorge ein sowjetischer Spion war, doch weder welcher Art, noch kannte sie die wahre Natur des Regimes, dem sie dienten. Die Sache der Revolution und die militärischen Interessen der UdSSR waren in ihrem Kopf untrennbar verbunden: Was immer Moskau half, trieb auch den Vormarsch des Kommunismus voran. »Ich wußte, meine Tätigkeit unterstützte die Genossen des Landes, in dem ich lebte – ging diese aktive Solidarität von der Sowjetunion aus, fand ich das doppelt schön.«

Ursula vertraute Sorge, war aber in seiner Gegenwart zurückhaltend, und das nicht nur, weil sie wusste, dass er Agnes' Geliebter war. Nach jedem Treffen blieb er noch ein paar peinliche Minuten und schien sich offensichtlich mit ihr unterhalten zu wollen. Hinter seinem Charme bemerkte sie eine »Traurigkeit« an ihm. »Es gab Tage, an denen er im Gegensatz zu seiner üblichen Vitalität, seinem Humor und seiner Ironie still und bedrückt war.« Sie bemühte sich, geschäftsmäßig zu bleiben. »Der Wunsch, nicht neugierig zu erscheinen, machte mich unsicher, worüber ich überhaupt mit Richard reden sollte.« Sorge war von Ursulas Verhalten irritiert. Bei einer Gelegenheit, als er noch mit der Mütze in der Hand im Flur herumlungerte, sagte sie: »Es wird Zeit, dass Sie gehen.« Er wirkte gekränkt. »Da werde ich also rausgeschmissen.« Sorge war es nicht gewohnt, dass Frauen ihm sagten, er solle gehen.

Glücklich, erfolgreich und beschwingt davon, bald Vater zu werden, bekam Rudi überhaupt nichts davon mit, dass seine Frau nun Teil eines sowjetischen Spionagerings war und seine Wohnung für konspirative Treffen genutzt wurde. Er war vernarrt in seine junge, schwangere Frau. »Rudi nennt mich sein Zitronenbäumchen« berichtete sie ihrer Mutter, »weil ich blühe und Frucht trage zugleich.« Er hatte Freude am Expat-Leben, entwarf Kostüme für das jährliche Fest im deutschen Club und inszenierte mit der Laienspielgesellschaft ein Theaterstück. Er hatte beim Shanghai Municipal County viel zu tun, und er ging in der Arbeit auf: Er entwarf ein Schwesternwohnheim, dann eine Müllverbrennungsanlage, gefolgt von einer Mädchenschule und einem Gefängnis. Agnes Smedley bat ihn, die Inneneinrichtung für ihre neue Wohnung in der Route des Grouchy in der Französischen Konzession zu entwerfen. Nebenbei baute er sich ein Geschäft auf, *The Modern Home*, das für die Ausländer in Shanghai schicke Art-déco-Möbel herstellte.

Rudi war erfreut, die Bekanntschaft von Ursulas neuen Freunden Richard Johnson (unter diesem Namen kannte er ihn) und Agnes Smedley zu machen, obwohl er durchaus den Eindruck hatte, dass sich ihre politische Einstellung deutlich links von seiner befand. Er lehnte den Kommunismus immer noch ab. Als gebildeter, linker Liberaler der oberen Mittelschicht war er genauso von seiner Mäßigung überzeugt wie sie von ihrem leidenschaftlichen Radikalismus. »Ich erkenne, wie morsch und korrupt das kapitalistische System ist«, sagte er.

> Ich bin für die Freiheit und Gleichheit aller Rassen. Ich habe Interesse und Bewunderung für Rußland, selbst, wenn ich auch manches ablehne, was dort geschieht. [...] Du erkennst, daß Kommunismus das richtige ist. [...] Bei mir ist das anders. Vielleicht bin ich wenig in Opposition zur bürgerlichen Gesellschaft aufgewachsen als du. Bis auf das, was ich als Jude leide, lebe ich in Harmonie mit meiner Umgebung. Für mich bedeuten der deutsche Humanismus, die bürgerliche Kultur und Kunst und was das Bürgertum aufgebaut hat, eine Menge. Selbst wenn ich vieles am Kapitalismus als schlecht verdamme und sehe, daß er am Zerfallen ist. Dem Charakter nach bin ich Pazifist. Ich hasse Zerstörung, ich schrecke davor zurück. Ich liebe es zu erhalten. Ich kann auch nicht eine Weltanschauung in Bausch und Bogen bejahen, ich muss sie Stück für Stück durchdenken und die Freiheit haben zu entscheiden, was ich davon annehme und was ich verneine.

Bei einem Abendessen machte Ursula, mit gestellter Nonchalance, die Bemerkung, dass sie gern für die Untergrundorganisation der chinesischen Kommunisten arbeiten würde. Rudi war entsetzt und untypisch wütend. »Er sei dabei, sich eine Existenz in einem fremden, schwierigen Land aufzubauen; weil er sich für mich und das künftige Kind verantwortlich fühle, müsse er mir abraten. [...] Die Grausamkeit und Brutalität gegenüber Kommunisten könne ich, wenn es mich treffe, nicht aushalten. Ich schiene auch keine Vorstellung davon zu haben, was mir das Kind, was ich erwartete, bedeute.« Sie waren drei Jahre lang Liebende gewesen und seit einem Jahr Mann und Frau. Rudi fand ihre Lebensfreude und Bestimmtheit gleichermaßen attraktiv und zutiefst alarmierend. In seiner Verärgerung spiegelte sich das schleichende Bewusstsein wider, dass sich etwas zwischen sie schob, das außerhalb seiner Kontrolle lag. Ursula hatte beschlossen, dass sie die Wahrheit über ihre verdeckte Tätigkeit nicht mit ihrem Mann teilen konnte und werde, dessen besonnene Vorsicht in ihrer neuen

Welt keinen Platz hatte. Ursula hatte sich dem Kommunismus verschrieben und war in wachsendem Maße süchtig nach Gefahr, der Romantik von Risiko und der süchtig machenden Droge der Geheimhaltung. »Ich nahm am Widerstandskampf teil, doch der Gefährte warnte mich davor und stellte sich abseits.«

Der Betrug hatte in ihre Ehe Einzug gehalten.

Ursula lebte ein Doppelleben: Eines mit Rudi, als Frau eines Kolonialbeamten, gelangweilt, pflichtbewusst und bequem; das andere mit Sorge, Smedley und ihren kommunistischen Kollaborateuren, eine aufregende Existenz voller geheimer Treffen, Kameradschaft und intellektueller Stimulation. Sie besuchte häufig die Autorin Ding Ling, deren Kurzgeschichte »Das Tagebuch der Sophia«, das mit seiner radikalen Beschreibung einer jungen Chinesin, die die erstickende Konformität ihres Elternhauses ablehnt, drei Jahre zuvor für eine Sensation gesorgt hatte. Wie auch Smedleys *Eine Frau allein* ist die Geschichte schmerzlich autobiografisch und wurde zu einer Zeit geschrieben, als es Ding Ling »schlecht ging, sie viel trank, von der nationalen Tragödie der politischen Gegenrevolution entmutigt, und von ihrem ärmlichen Leben in schmutzigen Wohnheimen erschöpft war«. Sie stand auf der schwarzen Liste gefährlicher Staatsfeinde, genau wie ihr schüchterner und weltfremder Mann, der Dichter Hu Yepin.

Ursula war nicht länger einsam. An ihre Familie schrieb sie, sie habe an »Freunden – außerhalb stehend und allen voran für mich – natürlich Agnes«. Sie half Smedley, ihre Artikel für die *Frankfurter Zeitung* ins Deutsche zu übersetzen. Die beiden Frauen sahen sich zusammen Buster-Keaton-Filme an, und Agnes machte sie mit den exotischeren Speisen der chinesischen Küche bekannt: Tintenfisch, Schlangenfleisch und Haifischflossen. »Schmeckt gar nicht schlecht«, berichtete Ursula. »Man muss nur etwas Mut zu Beginn mitbringen.«

Die Freundschaft mit Agnes war anregend, aber auch anstrengend. Die Stimmungsschwankungen der älteren Frau waren abrupt und heftig. Wenn sie betrunken war, neigte Smedley dazu, wild zu tanzen – und das häufig an öffentlichen Orten. Manchmal lag sie tagelang im Bett. »Agnes besaß hervorragende Eigenschaften«, schrieb Ursula später. »Zugleich war sie labil, oft lustig, alle anderen mit ihrem Humor ansteckend, noch öfter bedrückt, trüben Stimmungen unterworfen, die sich auf ihre Gesundheit auswirkten. [...] Fühlte sie sich einsam, besuchte ich sie. Hatte sie Depressionen, konnte sie nachts um drei anrufen, ich stand auf und ging zu ihr.« Gelegentlich stritten sie sich. Agnes kritisiert die Ehe, Männer und das Muttersein. Wenn Ursula ihr nicht zustimmte, steigerte sich die Wut der älteren Frau, bis sie irgendwann zornerfüllt hinausstürmte. »Nach wenigen Stunden rief sie an, als ob nichts gewesen wäre, und ich war froh, daß sie mir wieder gut war.« Als Agnes unter besonders schweren Depressionen litt, blieb Ursula bei ihr, und Rudi musste für sich selbst sorgen. »Die letzten beiden Nächte schlief ich drüben, sie fühlt sich besser, wenn jemand für die Nacht bei ihr ist.«

Für Ursula war diese Zeit ungewöhnlich aufregend. Sie wartete ungeduldig auf den sich nähernden Geburtstermin und schwebte gleichzeitig in beträchtlicher Gefahr. Die Kuomintang-Regierung verschärfte gerade ihren Vernichtungsfeldzug gegenüber den Kommunisten, unterstützt von Shanghais krimineller Unterwelt. In einem geheimen Abkommen ernannte der Generalissimo den Triadenführer der Grünen Bande und Wächter des Opiumhandels Du Yuesheng, »Groß-Ohr-Du«, zum »Hauptagenten Shanghais für die Zerschlagung des Kommunismus«. Das Chinesische Büro für Öffentliche Sicherheit (PSB) jagte unbarmherzig chinesische, aber auch ausländische Kommunisten, oft mithilfe britischer und französischer Behörden, und griff, unter Umgehung rechtsstaatlicher Verfahren, zu Folter, Bedrohung und Mord. Eine Kommunistin, eine der wenigen Überlebenden, beschrieb, was passierte, als sie in den PSB-Baracken in Longhua interniert wurde. Zuerst wurde sie von zwei Wächtern methodisch und wortlos verprügelt. Dann führten sie an ihr die »Tigerbank« durch, eine Reihe von Foltermethoden, bei denen die Gelenkbänder unter dem Knie so weit gedehnt werden, bis das Opfer ohnmächtig wird. »An diesem Ort sitzt das Oberkommando derer, die Menschen massakrieren«, schrieb sie. »Sie haben die Macht, jeden umzubringen, den sie wollen, und oft können wir die Schüsse hören, wenn ganz in der Nähe Gefangene exekutiert werden.«

Als Amerikanerin besaß Agnes einen gewissen rechtlichen Schutz und konnte sich an den US-Konsul wenden und um Hilfe bitten, wenn die Chinesen sie festnahmen. Doch Ursula und Sorge erfreuten sich als Deutsche keiner solchen extraterritorialen Rechte. Der faschistische Generalkonsul Heinrich von Collenberg-Bödigheim wäre der Letzte gewesen, der zwei kommunistischen Spionen zu Hilfe gekommen wäre. Würden sie gefasst, wären sie der Willkür der chinesischen Geheimpolizei ausgesetzt.

Inspector Patrick T. Givens, genannt Tom, war der leitende Geheimagentenfänger des International Settlement, denn auch die britische Verwaltung sah den Kommunismus als gefährliche Bedrohung an. Der »reizende Ire aus Tipperary« mit dem militärischen Schnauzer und einem übersprudelnden Quell schmutziger Witze, war 1907 der Shanghai Municipal Police beigetreten und bis zum Chief of Special Branch aufgestiegen, der Polizeieinheit verantwortlich für Sicherheit und Geheiminformationen. Givens' Job war es, in seinem Zuständigkeitsbereich die Kommunisten aufzuspüren und sie an die Chinesen auszuliefern. Als er 1936 aus dem Dienst ausschied, erhielt er eine Ehrenmedaille und ein Lob vom Bürgermeister Shanghais, der anmerkte, dass er »im Laufe seiner Tätigkeit, in der er Beweise gegen Kommunisten sammelte, häufig eng mit dem PSB zusammengearbeitet hatte«. Givens war, wie einer der Kommentatoren anmerkte, ein indirekter Henker: »Kommunisten und verdächtige ›Rote‹ zu jagen und zur Rechenschaft zu ziehen, bedeutete für den Großteil dieser Menschen den Tod.«

Im *Tim und Struppi*-Comic *Der Blaue Lotus* wurde Givens als Shanghais Polizeichef »J. M. Dawson« karikiert. Dawson lässt Tim von Gefängniswächtern verprügeln, weil der junge Reporter keine Papiere für den Aufenthalt im International Settlement besitzt.

Der gemütliche, herzliche Inspector Givens war unbestechlich und unerbittlich. Er wusste, dass kommunistische Staatsfeinde in seinem Zuständigkeitsbereich operierten, unterstützt von ausländischen Aufhetzern und finanziert von der Sowjetunion, und er hatte vor, sie auszurotten.

Am 31. Januar 1931 erhielt Givens den Tipp, dass sechsunddreißig Kommunisten einschließlich fünf junger Anführer der Allianz chinesischer linker Schriftsteller im Eastern Hotel ein Treffen abhielten. Die Special Branch machte eine Razzia, verhaftete die gesamte Gruppe und lieferte sie dem PSB aus. Unter den Verhafteten war Hu Yepin, der sanfte Dichter, der mit Ding Ling verheiratet war. Die Nachricht der Verhaftung verbreitete sich rasch im kommunistischen Untergrund. Erst viele Jahre später kam heraus, dass die Special Branch den Tipp von Wang Ming erhalten hatte, dem neuen Anführer der KPCh, der die Allianz für eine Tarnorganisation von andersdenkenden Genossen hielt und sie liquidieren lassen wollte. Wie so oft in der Geschichte des Kommunismus war kein externer Einfluss Grund fürs Blutvergießen, sondern grausame interne Machtkämpfe. Ding Ling war verzweifelt, aber zu machtlos, um sich für die Freilassung ihres Mannes einzusetzen. Am 7. Februar 1931 wurden dreiundzwanzig der festgenommenen Kommunisten, darunter drei Frauen, im Hauptquartier der PSB in Longhua exekutiert. Von Hu Yepin sagte man, er sei lebendig begraben worden.

Ursula hatte wenig Zeit, um zu trauern oder sich Sorgen zu machen, ob Hu unter Foltern ihren Namen oder den anderer Gruppenmitglieder genannt hatte. Fünf Tage nach der Ermordung platzte ihre Fruchtblase, und sie wurde eilig ins deutsche Paulun Hospital im International Settlement gebracht. Sie traf vor

Schmerzen stöhnend ein, was die blonde Krankenschwester dazu veranlasste, ihr eine antisemitische Ermahnung zuteilwerden zu lassen: »Eine deutsche Frau gebärt mit Würde.« Am 12. Februar 1931 gebar Ursula einen Jungen: Er wurde Michael genannt, nach Michael Gold, dem amerikanischen Marxisten, den sie drei Jahre zuvor in New York kennengelernt hatte.

»Ich bin einfach selig mit diesem Kind und dann wieder entsetzt, daß er mich mit Haut und Haaren gefressen hat«, schrieb sie ein paar Tage nach der Geburt an Jürgen. »Im Moment ist von mir nichts übrig, […] nur das Kind, und alles andere nur in bezug auf das Kind.« Als Micha, wie sie ihn nannten, elf Tage alt war, schrieb sie erneut nach Hause, und diesmal betraf nur die Hälfte des Briefs das Baby, während der Rest von dem neuen sowjetischen Fünfjahresplan handelte und den Schriften des Kommunistenführers Karl Radeck. Abends las sie *Ernährung und Pflege des Säuglings*, aber auch, »zum Ausgleich«, *Die Wolga fällt ins Kaspische Meer* von Boris Pilnja, ein Lobgesang auf die erzwungene Industrialisierung in Sowjetrussland. Das gespannte Verhältnis zwischen den Anforderungen von Politik und Mutterschaft begann an dem Tag, als Ursula Mutter wurde, und dauerte für den Rest ihres Lebens fort.

Rudi war sofort in seinen Sohn vernarrt. Die frischgebackenen Eltern präsentierten Michael stolz ihren Freunden. Agnes war zuvorkommend, doch Ursula bemerkte die »Traurigkeit« bei ihrer kinderlosen Freundin. »Ich habe meine Kinder dem Kampf geopfert«, bemerkte Agnes spitz. Arthur Gimson, der Auftraggeber öffentlicher Bauarbeiten, gratulierte mit einem Sack Blumendünger. Chen Hansheng brachte traditionelle chinesische Geburtsgeschenke mit und »interessierte sich sehr für das Baby«.

Einer der ersten Besucher war Richard Sorge. Wieder verspürte Ursula den Konflikt zwischen Geheimdienstarbeit und ihren mütterlichen Instinkten, »halb verlegen, daß ich mich mit so privaten Dingen wie Kinderkriegen befaßte, halb stolz auf den Sohn«.

Sorge brachte Blumen mit. Sie führte ihn »an das Babykörbchen«, schrieb Ursula. »Ich weiß noch genau, […] wie er sich hinüberbeugte, vorsichtig das Federbett mit der Hand zurückschob und lange schweigend das Kind betrachtete.« Aus Sorges schonungslos pragmatischer Sicht war der kleine Micha eine Komplikation, aber unter Umständen auch ein Plus. Wer würde schon vermuten, dass es sich bei einer jungen Mutter mit einem Neugeborenen um eine Spionin handelte?

4
Wenn Sonja tanzt

Am 1. April 1931 zogen Rudi und Ursula Hamburger in ihr eigenes Haus an einer von Platanen gesäumten Allee, die sich durch das Herz der Französischen Konzession zog. 1464 Avenue Joffre war ein freistehendes, zweistöckiges Haus, das sie von einer britischen Firma mieteten und das von der Straße zurückgesetzt in einem weitläufigen Garten stand.

Nach neun Monaten in Shanghai wollten sie gern Wurzeln schlagen. Die Wohnung bei Woidts war zu klein für eine wachsende Familie. »Unsere beiden Räume sind halt doch sehr klein – im Moment ausreichend, aber in der heißen Zeit, mit sehr kleinen Fenstern und direkt unter dem Dach, nicht das Richtige, besonders für das Kind«, schrieb sie ihrer Mutter. Doch Ursula hatte einen weiteren Grund, um umzuziehen. Bei zwei bis drei konspirativen Treffen jede Woche benötigte Sorge einen sichereren Ort. Marianne Woidt kam manchmal unerwartet nach Hause und war ihm einmal zufällig auf der Türschwelle begegnet. Das Kommen und Gehen war möglicherweise schon bemerkt worden.

Als heimlicher Treffpunkt war das neue Haus in der Avenue Joffre ideal. Die Dienstboten (Koch, Boy und Kindermädchen oder Amah) wohnten in eigenen Räumen auf der anderen Seite des kleinen Hofs. »Wir haben also von allen vier Räumen den Blick ins Grüne und auf kein anderes Haus«, schrieb Ursula. Man sah jeden, der den Gartenweg entlangkam, schon von weitem, bevor er das Haus erreicht hatte. »Das neue Haus ist ganz wundervoll. Rudi hat sich bei der Inneneinrichtung wirklich fabelhaft betätigt, es ist alles höchst geschmackvoll geworden. [...] alle Gärten haben schönen Rasen, Blumen und ein paar alte hohe Bäume. Es ist doch das erste Mal, dass wir wirklich allein wohnen, und wir genießen es ungemein.« Rudi wusste nichts von den tatsächlichen Kriterien, nach denen sein neues Haus ausgewählt worden war.

Die Treffen gingen direkt weiter und folgten demselben, bewusst unvorhersehbaren Muster. Ursula stand dann unauffällig im Wohnzimmer Wache oder, bei schönem Wetter, im Garten, stillte ihr Baby und behielt das Eingangstor im Auge, während sich Sorge oben im Geheimen mit Männern beriet (und selten mit Frauen), deren Namen sie nie erfuhr.

In Ursulas Briefen findet man keine Hinweise auf ihr heimliches Leben. Stattdessen beschrieb sie lebhaft ihren Tagesablauf, die Bilder und Klänge Shanghais und ihr geliebtes Baby. »Michaels Haare sind immer noch rot, seine Nase immer charakteristischer Hamburger, sein Mund ist ähnlich dem von Großvater Landeshut […]. Seine Augen werden täglich leuchtender, seine Nase wirkt vorläufig noch sehr christlich. […] Er begrüßt uns oft mit erhobener Faust, als ob er bereits ein Roter Frontkämpfer wäre. Aber keine Sorge, Großmütter, bevor er nicht sprechen kann, braucht er sich von mir aus noch nicht politisch festzulegen.« Gelegentlich beschrieb sie die mörderische antikommunistische Gewalt, die durch China tobte. In einigen Gegenden wurden ganze Familien ausgelöscht. Ursula war sich vollkommen bewusst, dass sie das nächste Opfer sein könnte. Mit einem Baby stand plötzlich unendlich viel mehr auf dem Spiel. Später schrieb sie: »Es war selbstverständlich, daß ich am Tage oder auch an den Abenden darauf achtete, ob das Haus oder ich selbst beobachtet wurde. Vor den Zusammenkünften mit den Genossen und auch danach kontrollierte ich unauffällig die Straßen.«

»Der Weiße Terror ist grausam hier draußen«, schrieb Agnes Smedley dem amerikanischen Schriftsteller Upton Sinclair. In den vier Jahren des Blutvergießens, die dem eigentlichen Shanghai-Massaker folgten, verloren mindestens 300 000 Menschen ihr Leben. Mutmaßliche Kommunisten wurden zu Hunderten zusammengetrieben oder einfach von Dus Gangstern entführt und ermordet. »Nur wenige kehrten aus den Gefängnissen zurück«, schrieb Ursula, »die meisten erreichten das Gefängnis gar nicht; sie wurden erschossen, erschlagen, lebendig begraben oder enthauptet. In Provinzstädten hingen ihre Köpfe an Pfählen neben dem Stadttor, um die Bevölkerung abzuschrecken.« Und an anderer Stelle: »Die ausländischen Mächte unterstützen natürlich Chiang Kai-shek stark in seinem breit angelegten Vernichtungsfeldzug gegen die Roten. Ich habe Fotos gesehen, die entsetzlich und authentisch waren.« Doch auch die Kommunisten selbst waren zu erstaunlicher Brutalität fähig, speziell gegenüber mutmaßlichen Verrätern aus den eigenen Reihen.

Gu Shunzhang, ein ehemaliger Berufszauberer, erfahrener Attentäter und Kopf der kommunistischen Roten Brigade, der sogenannten »Dog Killer Squad«, war für die Jagd auf Parteiverräter und die Ermordung geheimer Kuomintang-Polizisten verantwortlich. Im April 1931 nahm das PSB Gu fest, der einwilligte zu kooperieren, wenn man ihn am Leben ließe. Als »wandelndes Lexikon« der Parteimitgliedschaften verriet er die Identitäten unzähliger Kommunisten, von denen die meisten aufgespürt und hingerichtet wurden. Überlebende Parteiführer tauchten in den verschiedenen konspirativen Wohnungen Shanghais unter. Doch nicht, bevor sie Rache geübt hatten. Auf Befehl von Zhou Enlai, dem ranghöchsten verbleibenden Kommunisten in Shanghai, später der erste Premierminister der Volksrepublik China, wurden dreißig Mitglieder der Familie Gu entführt, ermordet und dann in einem Garten in der Französischen Konzession vergraben, unweit von Ursulas neuem Zuhause. Nur Gus zwölfjähriger Sohn wurde verschont.

An einem wunderschönen Morgen, als Michael fast zwei Monate alt war, erhielt Ursula einen Anruf von Richard Sorge, allerdings nicht, um ein weiteres Treffen vorzubereiten, sondern mit einem ganz anderen Vorschlag. »Richard [fragte] überraschend, ob ich mit ihm Motorrad fahren wolle.«

Sorge wartete am Stadtrand auf Ursula, rittlings auf seiner riesigen, schwarzen Zündapp K500. Er zeigte ihr, wo sie die Füße abstellen konnte, und sagte, sie solle sich festhalten. Dann brausten sie in atemberaubendem Tempo los, Ursulas Arme fest um Sorge geschlungen. Er war ein erstaunlich waghalsiger Fahrer, und schon bald hatten sie die Stadt verlassen und flogen nur so durch das chinesische Umland, vorbei an Reisfeldern und Dörfern. »Mich begeisterte die Raserei. Ich rief ihm wiederholt zu, noch schneller zu fahren.« Sorge gab Gas, und das Motorrad schien fast abzuheben. Ursula war entzückt vor Schreck. »Als wir nach langer Zeit anhielten«, schrieb sie später, »war ich wie ausgewechselt. [...] Ich lachte, tobte herum und erzählte.« Ihre Hemmungen schienen sich in Luft aufzulösen. »Das verhaßte Shanghaier gesellschaftliche Leben war vergessen und das Immer-erwachsensein-Müssen, die Verantwortung der Illegalität und die unnötige Sorge um das recht zarte Kind.« Viele Jahre später sinnierte sie: »Vielleicht hatte er die Fahrt nur veranstaltet, um meinen physischen Mut zu prüfen. Falls er jedoch so klug gewesen war, nach einem besseren Kontakt zwischen uns zu suchen, hatte er das richtige Mittel gewählt. Nach dieser Fahrt war ich nicht mehr gehemmt.«

Sorge kannte die verlockende Macht eines schnellen Motorrads. Ursula teilte seine Risikofreude. Er stellte sie zweifellos auf die Probe, jedoch eher emotional als physisch. Wann genau Ursula Hamburger und Richard Sorge ein Verhältnis miteinander begannen, ist immer noch eine Streitfrage. Als sie viele Jahre später nach ihrer Beziehung zu Sorge gefragt wurde, antwortete Ursula indirekt: »Ich war keine Nonne.« Die meisten Quellen deuten darauf hin, dass ihre Beziehung schon bald nach dieser berauschenden Motorradfahrt aufhörte, platonisch zu sein, sehr wahrscheinlich genau an diesem Nachmittag irgendwo in der ländlichen Gegend außerhalb von Shanghai.

Als Hausfrauen-Spionin hatte sich Ursula bisher am Rand von

Sorges Netzwerk an Geheimagenten befunden, hatte sich um die konspirative Wohnung gekümmert und war eine diskrete Ermöglicherin gewesen, die keine Fragen stellte. »Sie wusste kaum, was in ihrem Haus vor sich ging.« Im Zuge der neuen Intimität trat sie Sorges innerem Zirkel bei, wurde zu einem zuverlässigen Spionage-Leutnant, einer Partnerin und Vertrauten. »Unsere Unterhaltungen gewannen an Wert«, schrieb sie. Sorge beschrieb seine Kindheit in Baku, seine entsetzlichen Kriegserfahrungen und seine Überzeugung, dass nur der Kommunismus die Geißel des Faschismus besiegen könnte. Er erzählte ihr von seiner Tochter in Russland, die er nie gesehen hatte, von einer Frau, die er nie zuvor erwähnt hatte. Es gab keinen »sensationellen Augenblick«, in dem Sorge ihr eröffnete, für wen er arbeitete. Aber während der folgenden Monate wurde es Ursula klar, dass ihr Geliebter der führende Kopf einer weitreichenden Geheimoperation war, finanziert und koordiniert von der sowjetischen Roten Armee, von der sie nun ein integraler Bestandteil war. Wenn die Treffen in der Avenue Joffre nun endeten, schickte sie Sorge nicht fort.

Sorge stellte sie weiteren Mitgliedern seines Netzwerks vor. Sein wichtigster Funker, Max Clausen, war ein ehemaliger Seemann der deutschen Marine, der einen winzigen 7,5-Watt-Transmitter gebaut hatte, klein genug, um ihn im Schrank verstecken zu können, aber kräftig genug, um eine Funkverbindung mit der sowjetischen Empfangsstation in Wladiwostok aufzubauen. Clausens Vertreter war Josef »Sepp« Weingarten, Spitzname »Nüchtern«, weil er meistens betrunken war. Weingarten war »semmelblond, rotbäckig und gutmütig« und bemerkenswert inkompetent. Er hatte eine in Shanghai lebende Weißrussin geheiratet, der er noch nicht eröffnet hatte, dass er ein kommunistischer Geheimagent war, und lebte in der Angst, sie könne es herausfinden. Der Fotograf der Gruppe, der dafür zuständig war, Dokumente auf Mikrofilm zu kopieren, war ein fünfundzwanzigjähriger Pole aus Łódź namens Hirsch Herzberg alias Grigor Stronsky oder Grisha. Ursula war von seinem markanten Aussehen und ernstem Verhalten beeindruckt. »Er hatte dunkles, seitlich gescheiteltes, lockiges Haar, eine Stirn, die wie poliert glänzte, dunkle Augen und hervorstehende Backenknochen.« Als Deckung betrieb Herzberg einen Fotoladen, für den Rudi die Inneneinrichtung gestaltete, ohne von dem verborgenen Zweck zu wissen. Grisha Herzberg wurde ein regelmäßiger Gast in der Avenue Joffre, und Ursulas gesellschaftliches und ihr illegales Leben verstrickten sich weiter. Sie stürzte sich in ein neues Kapitel ihrer Geschichte und machte sich kleine Notizen über die neuen Rollenbesetzungen. In jenem Frühling entwickelte Herzberg für sie ein Foto, auf dem sie Kaffee aus einer Schale trinkt und über deren Rand schaut. Als er ihr das Foto gab, sagte der polnische Fotograf: »Sehr gut getroffen – typisch du, könnte ›Porträt eines Seeräubers‹ heißen.« Ursulas Miene, verschmitzt und charmant, ist die einer kommunistischen Freibeuterin.

Dann war da noch Isa. Ursula fühlte sich sofort von Irene Wiedemeyer (manchmal Weitemeyer) angezogen, einer deutschen Jüdin aus Berlin, »Sommersprossen auf weißer Haut, milchigblaue Augen und rotes, widerspenstiges Haar«, die die Buchhandlung Zeitgeist in der Nähe des Suzhou Creek eröffnete. »Eine Bekannte muß ich Euch beschreiben«, schrieb Ursula nach Hause. »Eines Tages kam ein junges Mädchen hier mutterseelenallein mit einigen Bücherkisten angereist. […] Sie ist jetzt gerade 23 Jahre. Mutig, nicht?«

Zeitgeist war nicht nur eine Buchhandlung, und »Isa« Wiedemeyer war mehr als nur eine mutige Buchhändlerin. Als Jugendliche war sie bereits Mitglied in der KPD, hatte einen chinesischen Kommunisten geheiratet, hatte 1926 an der Sun Yat-sen-Universität in Moskau studiert, ihren Mann verlassen, als er Trotzkist wurde, ihr Baby wegen Gehirnhautentzündung verloren und war in Shanghai gelandet. Ihre Buchhandlung war ein Ableger der Zeitgeist-Buchhandlung Berlin, einer Kette von Läden, gegründet von der Komintern. Der Buchladen wurde von der Komintern, von Sorges Gruppe, dem Vierten Direktorat, dem Volkskommissariat für innere Angelegenheiten (NKWD) und all den anderen Zweigen des sowjetischen Geheimdienstes, die in Shanghai operierten, als toter Briefkasten und geheimer Treffpunkt genutzt. »Nachrichten und Informationen in Papierform wurden zwischen die Seiten bestimmter Bücher gesteckt und so an Agenten weitergereicht.« General Charles Willoughby, der spätere Leiter des amerikanischen Militärgeheimdienstes, beschrieb die Zeitgeist-Buchhandlung als Rekrutierungsposten für das Vierte Direktorat der Roten Armee. Sowjetische und andere ausländische Kommunisten stolperten in Frau Wiedemeyers Laden, der lediglich knapp zwanzig Quadratmeter maß, förmlich übereinander.

Die beiden Frauen wurden sofort Seelenverwandte und Mitverschworene. »Sie war ein prächtiger Mensch, der mir bald nahestand wie eine Schwester«, schrieb Ursula.

Ursula hatte eine neue, heimliche Familie gefunden. »Die Genossen wurden meine liebsten Freunde«, schrieb sie später. »Ich wachte über sie mit der gleichen Intuition wie – vielleicht ein merkwürdiger Vergleich – über meinen kleinen Sohn. So wie mich das leiseste Maunzen des Kindes weckte, wurde ich durch die geringsten Auffälligkeiten und Unregelmäßigkeiten in der Umgebung der Genossen munter.« Sorge begann, sie für die Nachrichtenübermittlung zwischen Mitgliedern seiner Gruppe – im Geheimdienstjargon eine »Vertrauensperson« – einzusetzen, häufig über den Buchladen. Er gab ihr seine handgeschriebenen Notizen, Informationen, die er heimlich zu militärischen oder wirtschaftlichen Themen gesammelt hatte, und sie tippte sie ab. Diese Dokumente, die zu lang waren, um sie per Funk zu übertragen, umfassten manchmal mehrere hundert Seiten und wurden per Schiff nach Moskau geschickt.

Als Türwächterin für Sorges Treffen entwickelte sie flüchtige Bekanntschaften mit einigen seiner Agenten und Agentinnen, darunter eine »junge, zarte Chinesin mit kurzem Haar, blassem Gesicht und etwas vorstehenden Zähnen«, die Tochter eines Kuomintang-Generals, mit Zugang zu nützlichen militärischen Informationen. Zwei der Besucher der Avenue Joffre waren Regierungsbeamte, höfliche junge Männer, die für das Institut für Sozialwissenschaften arbeiteten. Sie kannte sie nur als Chen und Wang. Sie boten ihr an, sie in Mandarin zu unterrichten. Sorge stimmte dem Sprachunterricht zu, denn er wäre eine gute Tarnung für Chens und Wangs regelmäßige Besuche in ihrem Haus. Ursula hatte eine natürliche Sprachbegabung und Freude daran, die komplexe Sprache in ihre einzelnen Zeichen zu zerlegen.

Eines Tages zerrte Sorge einen Koffer voller Dokumente ins Haus und bat Ursula, ihn irgendwo sicher zu verwahren. Sie stellte ihn »in den eingebauten Schrank hinter die Kampferbox, die im Sommer unsere eingemotteten Sachen enthielt«.

Ursula war nun die Hüterin der Akten des Sorge-Netzwerks sowie gedruckter kommunistischer Propaganda und von anderem verfänglichen Material. Einige Wochen später kehrte Sorge mit einer schweren, verschlossenen Kiste zurück mitsamt zwei chinesischen Trägern, die sie nach oben schleppten. Sie verstauten die Kiste neben dem Koffer.

Die Expats, deren Gesellschaft Ursula anfänglich so lästig gewesen war, waren jetzt wertvolle Informationsquellen. Auf Sorges Veranlassung hin begann sie, im Concordia, am Swimmingpool der Kattwinkels und bei den Teepartys von Bernardine Szold-Fritz mehr auf den Tratsch zu achten. Constantin von Ungern-Sternberg und Karl Seebohm konnten überraschend indiskret sein, wenn sie die Geschäftsangelegenheiten ihrer Arbeitgeber, Siemens und I. G. Farben, diskutierten, deutsche Firmen, die die chinesische Regierung mit Rüstungsgütern belieferten. Sie lauschte aufmerksam den langen politischen Vorträgen des Journalisten Plaut, der nie vermutete, dass sie ihn »richtiggehend ausquetschte«. Selbst der Generalkonsul Heinrich von Collenberg-Bödigheim plauderte gern mit der attraktiven jungen Ehefrau des städtischen Architekten. »Mit der Rolle einer Nazisse brauchte ich mich nicht abzuplagen, sie wäre aus rassischen Gründen unmöglich gewesen«, schrieb sie. Stattdessen spielte sie die »demokratisch-fortschrittliche Frau mit intellektuellem Interesse«, aber ohne einen politischen Gedanken in ihrem hübschen Kopf, die gern einkaufen ging. Sorge ermunterte sie, die Informationen, die sie gesammelt hatte, selbst einzuschätzen. »Ich lernte auch rasch, daß Richard Fakten nicht genügten. Blieb ich zu knapp, fragte er: ›Und Ihre Gedanken dazu?‹« Wenn sie einen ausführlicheren Bericht ablieferte, gratulierte er ihr: »Gut – gut, eine richtige Analyse.« Fast unbemerkt wurde sie geschult und nahm die Spionagepraxis in sich auf: ihre Außenwirkung und das versteckte Innenleben, das Herausfiltern von irrelevanten Informationen, die ständige Wachsamkeit und die Täuschung, die zur Gewohnheit wurde. »Das konspirative Verhalten wurde zur zweiten Natur«, schrieb sie.

An jedem beliebigen Abend versammelten sich Leute wie Gimson vom Municipal Council, Plaut vom Transocean Nachrichtendienst, Rosie Gräfenberg, die Eigentümerin des ersten G-Punkts, Journalisten, Militärbeamte, Geschäftsleute aus dem Club, Agnes Smedley und Professor Chen Hansheng von der Universität um den Esstisch der Hamburgers. Rudis Wein lockerte ihre Zunge, und die Gäste plapperten unbeschwert daher, die meisten ohne eine Ahnung davon zu haben, dass sie sich in Gesellschaft von Spionen befanden, einschließlich und speziell ihrer Gastgeberin. Richard Sorge war ein häufiger Gast beim Abendessen. Rudi mochte den wagemutigen deutschen Journalisten mit seiner Sammlung von pikanten Geschichten und dem dicken Motorrad. Während sie ihre Partygäste unterhielt, konnte Ursula über den Tisch hinweg Sorges Blick auf sich spüren, eine erotische Komplizenschaft, die sie unsichtbar verband. »Ich hatte es sehr gern, wenn Richard mir zuhörte, und spürte an seinem Gesichtsausdruck, ob ihm etwas wichtig war oder nicht.« Sorges Biograf zufolge »begannen die Tischgespräche bei Ursula regelmäßig in seinen Telegrammen an die Zentrale aufzutauchen«.

Es war Sorge, der ihr in seinen Nachrichten an Moskau den Decknamen »Sonja« gab.

Sonja ist zwar ein russischer Vorname, doch er bedeutet auch »Siebenschläfer«. Sorge machte Ursula ein cleveres Kompliment, sich in aller Öffentlichkeit verstecken zu können: Ein »Schläfer« ist im Geheimagentenjargon ein Agent, der sehr lange tief im Verborgenen agiert. Doch in den 1930er Jahren in Shanghai waren die »Sonjas« auch russische Prostituierte, die an der North Sichuan Road standen, deren Standard-Anmache war: »Meine Prinz, bitte, du kaufen kleine Sonja kleine Flasche Wein?« Es gab damals in Shanghais Nachtclubs ein beliebtes Lied:

> Wenn die Sonja russisch tanzt, ist man gleich verliebt,
> Weil es keine schön're Frau als die Sonja gibt,
> Ja, wenn die Sonja russisch tanzt, fühlt man ihre Glut
> Wolga, Wodka, Kaukasus, liegen ihr im Blut,
> Sogar der Wladimir, das alte Trampeltier,
> Er läßt den Wodka stehn, nur um sie anzusehn.

Der Deckname hatte eine Bedeutung, die nur Sorge und Ursula verstanden.

Wie viele Geheimagenten, war Ursula vom Nervenkitzel ihrer Doppelidentität zunehmend berauscht, dieser Mischung aus Gefahr und Häuslichkeit, dem einen Leben in der Öffentlichkeit und dem anderen in tiefster Geheimhaltung. »Durch [Rudis] Stellung saßen wir fest im bürgerlichen Sattel, und niemand wäre auf die für diese Menschen wahnwitzige Idee gekommen, ich könnte durch Kontakt mit Kommunisten meine Familie und alles, was wir uns in China geschaffen hatten, aufs Spiel setzen, noch dazu als Mutter eines keinen Kindes.« Doch der Gedanke, was passieren könnte, schlich sich in ihre Träume. In einem ihrer Albträume brach die Polizei die Tür auf, fand belastende Beweise und nahm ihr das Kind weg. Ursula wachte schweißgebadet auf. Sie wusste, dass sie ihre Familie in große Gefahr brachte. Doch das reichte nicht, um sie aufzuhalten.

Zu spionieren ist äußerst anstrengend. Genau wie ein Kind großzuziehen, in einem fremden Land einen Haushalt zu führen und eine außereheliche Affäre zu verheimlichen.

Um die Anforderungen zu stemmen, gleichzeitig ihrem Ehemann und dem Geliebten, ihrem bürgerlich-gesellschaftlichen Engagement und dem kommunistischen Umsturz sowie ihrem Baby und ihrer Ideologie gerecht zu werden, musste sie nicht nur über die geniale Fähigkeit verfügen, die unterschiedlichen Bereiche ihres Lebens voneinander abzuschotten, sondern auch über ein enormes mentales Durchhaltevermögen. »Die Frage des konspirativen Verhaltens griff tief in mein persönliches Leben ein«, schrieb sie. Rudi »verhielt sich gleichbleibend gut und rücksichtsvoll«, doch weder »über die Menschen, die mir am nächsten standen, noch über die Arbeit, die der Inhalt meines Lebens war, konnte ich mit ihm sprechen«. Unter der Doppelbelastung aus Spionage und Untreue brach ihre Ehe auseinander.

Rudolf Hamburger war freundlich und gutgläubig, aber er war kein Dummkopf. Er musste bemerkt haben, dass seine Frau mehr und mehr Zeit mit ihren linken Freunden verbrachte, der rothaarigen Isa und dem ernsten Grisha. Sie drängte ihn, Beamte zu den Abendessen einzuladen. Kam ihm Ursulas plötzliche Begeisterung dafür, gesellschaftlich mit Menschen zu verkehren, die sie vorher gehasst hatte, nicht seltsam vor? Fragte er sich nicht, warum Johnson, der gutaussehende deutsche Journalist mit dem englischen Namen, ein Stammgast auf so ziemlich allen Abendessen war, die sie veranstalteten? Hatte er den Verdacht, dass seine Frau nachmittags, wenn er in der Innenstadt von Shanghai im Büro weilte, womöglich anderweitig beschäftigt war? Viele gehörnte Eheleute sind, oft unwissentlich, Komplizen. Weigerte er sich, zu sehen, was er nicht sehen wollte?

Agnes Smedley wusste jedenfalls, was zwischen Ursula und Sorge lief, und war darüber nicht glücklich. Agnes war eine Verfechterin der freien Liebe, solange es ihre eigene Freiheit betraf. Der romantische Teil ihrer Beziehung mit »Sorgie« hatte bereits geendet – wie sie es schon vorhergesagt hatte –, doch die Entdeckung, dass ihr junger Schützling nun die Geliebte ihres Ex-Geliebten war, passte ihr nicht ins Konzept. »Als Agnes die Affäre zu Ohren kam, nahm sie das schlecht auf.« Unter vier Augen war sie Ursula immer noch herzlich zugetan, doch wenn andere in der Nähe waren, speziell Sorge, machte sie abfällige Bemerkungen und nutzte jede Gelegenheit, um sie herabzusetzen. Sie machte sich über Ursulas Interesse an Kleidung, Kochen und gesellschaftlichen Einladungen lustig. Clausen, der Funker, fand, Agnes sei eine »hysterische, arrogante Person«. Sorges Partnerwechsel fügte ein neues, unvorhersehbares Element zu der bereits vorhandenen, explosiven Mischung aus Sex und Politik hinzu.

Eines Nachmittags traf Sorge in Begleitung eines dicken Mannes, der »einen runden, fast kahlen Kopf mit kleinen Augen und ein rasches, freundliches Lächeln« hatte, ein. Sie kamen gemeinsam mit zwei Chinesen, die Ursula noch nie zuvor gesehen hatte. Eine halbe Stunde später betrat sie mit einem Tee-Tablett das Zimmer und stellte fest, dass die Männer Revolver in Händen hielten. »Auch im Koffer und auf dem Teppich lagen Waffen«: Gewehre, Handfeuerwaffen, Maschinenpistolen und Munition. »Vielleicht lernten auch die beiden anwesenden Genossen, die Waffen auseinanderzunehmen und zusammenzusetzen.« Sorge scheuchte sie aus dem Zimmer, doch er hatte zweifellos beabsichtigt, dass sie das geheime Waffenlager zu Gesicht bekam. Hier war ein weiterer Beweis ihrer Wichtigkeit. In ihrem Schlafzimmerschrank befanden sich ausreichend Dinge, wegen derer man sie alle hätte umbringen können. Sie war nicht nur Sorges Geliebte, Vertraute, Kurierin, Sekretärin, Geheimagentin und Archivarin, sondern auch noch die Hüterin des Waffenarsenals der Gruppe. »Da war ich nützlicher, als ich gedacht hatte«, schrieb sie. Und sie befand sich auch in größerer Gefahr.

Gegen Ende Juli erschien Sorge plötzlich unangekündigt, verschwitzt und angespannt; zwei Träger warteten am Tor. Er riet ihr, einen Koffer bereitzustellen »für mich und das Kind. Es könne sein, daß ich sehr schnell fortmüsse ins Innere, um mich bei Genossen zu verbergen.« Sorge gab ihr die Adresse einer konspirativen Wohnung, wo sie und das Baby untertauchen konnten, um auf die Exfiltration in die Sowjetische Räterepublik Jiangxi zu warten. Es war nicht vorgesehen, dass Rudi sie begleitete. Sorge versprach, mit einem vorher vereinbarten Signal anzurufen, wenn es Zeit war zu fliehen. Die Träger schleppten den Dokumentenkoffer und die Kiste mit den Waffen nach unten, und Sorge verschwand eilig. Mit zitternden Händen packte Ursula sofort einen kleinen Koffer mit Jäckchen, Windeln, einer Flasche sterilisiertem Wasser und Kleidung zum Wechseln. Während sie nun täglich auf das Klingeln des Telefons wartete, beruhigte sie sich: »Geschehen konnte mir zu jeder Zeit etwas, und nun, da Richard von der Gefahr wußte und es die Möglichkeit der Flucht gab, war ich nicht mehr gefährdet als zuvor.« Nachts lag sie neben Rudi wach, starr vor Anspannung und Adrenalin, und wartete auf das Signal. Während die Amah draußen im Garten mit Micha spielte, blieb sie im Haus, nie mehr als ein paar Meter vom Telefon entfernt. Soldaten beschreiben oft, dass sie einen Schub reiner Aufregung spüren, wenn sie unter Feuer geraten. Ursula hatte sehr viel Angst. Aber sie war auch freudig erregt. Im Angesicht des Todes fühlte sie sich so lebendig wie noch nie.

Ohne fragen zu müssen, kannte Ursula den Grund der Krise: Das Netzwerk war kompromittiert worden.

Einige Zeit zuvor, am 15. Juni 1931, hatte die Shanghai Municipal Police Professor Hiliaire Noulens und seine Frau Gertrude in ihrem Zuhause in der Sichuan Road festgenommen.

Noulens hatte eine verblüffende Anzahl von Namen, Nationalitäten und Berufen, allesamt falsch. Er gab sich aus als Paul Christian, Xavier Alois Beuret, Paul Ruegg, Donat Boulanger, Charles Alison, Philippe Louis de Backer, Samuel Herssens, Ferdinand Vandercruyssen, Richard Robinson-Rubens und Dr. W. O'Neil. Er behauptete, zu unterschiedlichen Zeiten, Belgier zu sein, Schweizer und Kanadier, ein Professor für Französisch und Deutsch, ein Tapeziermeister, ein Arbeiter, ein Mechaniker und ein pazifistischer Gewerkschaftsorganisator. Madame Noulens stand dem in nichts nach und benutzte manchmal die Namen Sophie Louise Herbert (geborene Lorent) oder Marie Motte. Noulens war ein kleiner, scharfsichtiger und »sehr nervöser« Mann Ende dreißig, der »ständig in Bewegung war und anscheinend, ohne es zu merken, ständig von einer seiner drei Sprachen in die andere wechselte«.

Während Inspector Givens womöglich nicht sicher war, wer dieser hektische kleine Mann war, so stellte er doch rasch fest, was er war: ein wichtiger sowjetischer Geheimagent. Die Fährte begann mit der Festnahme eines »verdächtigen Franzosen« in Singapur, Joseph Ducroux, ein bekannter Kurier der Komintern, der unter dem Alias Serge LeFranc reiste. Auf einen kleinen Zettel hatte Ducroux eine Telegrammadresse gekritzelt – »Hilonoul Shanghai« –, die zu dem mysteriösen Noulens gehörte. Givens ließ das Paar eine Woche lang überwachen und ordnete dann mitten in der Nacht eine Blitzrazzia an. Ein Schlüssel in Noulens' Jackentasche öffnete eine Wohnung in der Nanking Road, wo die Polizei drei Stahlkisten mit Hunderten von Dokumenten fand, viele davon zweifach verschlüsselt. Im Bücherregal befand sich eine Ausgabe von *Drei Prinzipien des Volkes* von Sun Yat-sen und darin der Schlüssel zum Kode. Nach der Entschlüsselung stellte sich das geheime Lager als Enzyklopädie der sowjetischen Spionage in Shanghai heraus, einschließlich der Kontakte zur KPCh. Gehaltslisten enthüllten »die Namen von Kurieren und Agenten in der ganzen Region und kommunistische Spione in jeder Ecke der

Stadt«, einschließlich, zu Givens' Erstaunen, innerhalb des Polizeiapparats selbst.

Der Mann, den Givens verhaftet hatte, war eindeutig »der Dreh- und Angelpunkt einer subversiven kommunistischen Verschwörung«, mit sechs Pässen, »gestohlen, ›geborgt‹ oder fachmännisch gefälscht«, insgesamt neun Mitarbeitern, nicht weniger als fünfzehn konspirativen Wohnungen im Fernen Osten, zehn Sparbüchern, acht Postfächern, vier Telegrammadressen, zwei Büros, einem Laden und einem enormen Budget für den Umsturz. In den vorangegangenen zehn Monaten hatte er die schwindelerregende Summe von 82 000 Britischen Pfund an Kommunisten in China, den Malaiischen Staaten, Japan, Burma, Indochina, Formosa und auf den Philippinen verteilt. Sowjetisches Geld finanzierte auch Maos Rote Armee in ihrem Krieg gegen die Nationalchinesische Regierung. Die Noulens waren offenbar in »jede Phase der kommunistischen Aktivität« im Fernen Osten verwickelt, mit »Moskau als Kontrollzentrum«.

Noulens war eigentlich Jakob Rudnik, ein ukrainischer Jude mit einem makellosen revolutionären Lebenslauf, der 1917 an der Erstürmung des Winterpalastes teilgenommen hatte, bevor er als Agent der Komintern auf der Krim, in Österreich, Frankreich und schließlich China gearbeitet hatte. Seine Frau, Tatjana Nikolajewna Moiseenko-Welikaja, war die Tochter eines Aristokraten und einer begnadeten Mathematikerin, die ihre Stelle an der Ökonomischen Fakultät der Universität von Petrograd verlassen hatte, um Geheimagentin zu werden. Im März 1930 waren sie in Shanghai eingetroffen.

Givens fand nie die tatsächliche Identität des Mannes heraus, der sich in seinem Gewahrsam befand, doch er triumphierte: »Diese Archive bieten uns die einmalige Gelegenheit, anhand zweifelsfreier dokumentarischer Beweise einen inneren Einblick in die Arbeit einer hochentwickelten kommunistischen Organisation eines ›illegalen‹ Kommandos zu bekommen.«

Rudniks Festnahme war ein herber Schlag für die sowjetische Spionage im Fernen Osten. Stalin selbst erteilte der Komintern den Befehl, »alle umfassenden Operationen in Shanghai zu beenden und das Personal sofort zu evakuieren«. Aus Angst vor Massenverhaftungen begannen sowjetische Geheimagenten zu fliehen. Agnes Smedley ging nach Hongkong und »floh in so großer Eile, dass sie kein Gepäck mitnahm«. Gerhard Eisler, der deutsche Verbindungsmann, der darauf bestanden hatte, dass Ursula einen Hut trug, ging nach Berlin. Einige flüchteten nicht rechtzeitig oder wussten nicht, wohin, und Dutzende Kommunisten wurden verhaftet. Die Parteiorganisation in Shanghai, die bereits angeschlagen gewesen war, lag in Scherben. In Hongkong nahm die britische Polizei einen jungen indochinesischen Koch namens Nguyễn Ái Quốc fest, den Sohn eines Konfuzius-Gelehrten, dessen Hinwendung zum Kommunismus ihn nach Frankreich, Amerika, China und Großbritannien geführt hatte (wo er als Konditor auf der Newhaven-Dieppe-Fähre gearbeitet hatte). Als Leiter der Kommunistischen Partei Indochinas wurde er vom Hongkonger Militärtribunal zu zwei Jahren Gefängnis verurteilt. Nach seiner Entlassung 1933 wurde Quốc zum Architekten der vietnamesischen Unabhängigkeitsbewegung, Premierminister und Führer des Vietkong während des Vietnamkrieges. Er ist besser bekannt als Ho Chi Minh.

Mit Noulens' Unterlagen ausgerüstet, stöberten die chinesischen Behörden in einer Aktion, die von den Briten eiskalt als »zeitnaher und entschiedener Einsatz von repressiven Maßnahmen« beschrieben wurde, Hunderte weiterer Kommunisten auf. Die urbane kommunistische Bewegung wurde zerschlagen, die Anführer in alle Winde zerstreut, und die Zurückgebliebenen lebten in Angst und Schrecken. Die Geheimpolizei durchkämmte die Stadt und durchsuchte eine konspirative Wohnung nach der anderen. Zhou Enlai floh als Priester verkleidet nach Jiangxi. Anfang 1932 gab es in Shanghai nur noch zwei Mitglieder des Zentralkomitees der KPCh. Ein ausländischer Journalist beschrieb (noch vor dem Holocaust) den Weißen Terror als etwas, zu dem es »in der Geschichte keine Parallele gibt, außer vielleicht die Invasion und das Abschlachten durch die Hunnen im vierzehnten und fünfzehnten Jahrhundert«.

Sorge blieb unentdeckt. Keiner seiner Agenten befand sich auf der Gehaltsliste von Noulens, und bislang hatte die Polizei noch keinen Zusammenhang feststellen können. Sorge war nun der »einzige leitende sowjetische Geheimdienst-Offizier der Stadt«, mit der wenig beneidenswerten Aufgabe, das Schlamassel zu ordnen und alles daranzusetzen, »die Rudniks zu befreien«. Ursula, Isa Wiedemeyer, Grisha Herzberg und der Rest von Sorges Team wurden angewiesen, sich bereitzuhalten, um jederzeit fliehen zu können. Doch nachdem weitere Tage ohne das Notsignal vergangen waren, begann Ursula sich zu entspannen. Der Koffer mit den Dokumenten sowie die Waffenkiste wurden in ihr Versteck in Ursulas Schrank zurückgebracht. Die Treffen wurden wieder aufgenommen. »Aber von nun an hielt ich einen dritten Koffer für Micha und mich ständig gepackt.«

Dadurch, dass sie wiederholt die Identität gewechselt hatten, konnten sich die Rudniks die Behörden vom Leib halten, denn es ist schwierig, jemanden anzuklagen, von dem man nicht genau weiß, wer er oder sie eigentlich ist. In der Zwischenzeit war die »Noulens-Affäre« zu einer internationalen *cause célèbre* geworden, bei der sich linksorientierte Berühmtheiten, Wegbegleiter, Intellektuelle, Wissenschaftler und Schriftsteller einbrachten und darauf bestanden, dass das angeklagte Paar lediglich friedliebende Gewerkschaftsorganisatoren waren, die von der faschistischen chinesischen Regierung auf grausame Weise gejagt würden.

Zu diesem Zeitpunkt wurde Ursula von Sorge um etwas gebeten, das gefährlicher war als alles, was sie vorher unternommen hatte. »Würdest du einen chinesischen Genossen verstecken, der in Lebensgefahr schwebt?« Es war eine als Frage formulierte Order. Es war auch ein kalkuliertes Risiko. Einen kommunistischen Flüchtenden im Haus in der Avenue Joffre zu verstecken, wäre ohne Rudis Wissen unmöglich. Genau genommen erforderte es seine aktive Kollaboration. Ursula wusste, dass Sorge ihre Entschlossenheit sowie den Zustand ihrer Ehe testete, doch ihr blieb keine Wahl. »Diesmal mußte ich [Rudi] einweihen.« Sie machte sich keine Illusionen. Rudi würde auf die Erkenntnis, dass seine Frau eine kommunistische Spionin war, nicht gut reagieren.

5
Die Spione, die sie liebten

Während ihrer Zeit in Shanghai hatte Ursula eine leichte, aber entschiedene Veränderung in Rudis politischer Haltung bemerkt. Wie sie war er vom Weißen Terror angewidert und entsetzt über die bittere Armut, die Selbstgefälligkeit der ausländischen Gesellschaft, die sich am Elend der Chinesen satt fraß. Zudem trieben ihn die Ereignisse in Deutschland weiter zu den Linken. Innerhalb von zwei Jahren hatte die NSDAP sich von einer Rumpfgruppe von Extremisten zur mächtigsten politischen Kraft Deutschlands entwickelt, die Terrortaktiken mit konventionellen politischen Kampagnen verknüpfte, inmitten eines Sturms an rassistischer, antikommunistischer, nationalistischer Propaganda. Die paramilitärischen Braunhemden verprügelten Gegner, veranstalteten Großkundgebungen und warfen die Scheiben von jüdischen Geschäften ein, während Hitler durch das Land reiste und es zu antisemitischer Wut aufpeitschte. Bei den Wahlen 1932 wurden die Nazis mit fast 14 Millionen Stimmen die größte Einzelpartei im Reichstag. Die KPD, die bei der Wahl in Vergessenheit geriet, wandte sich immer stärker der Gewalt zu.

Für Ursula waren die verstörenden Nachrichten aus Deutschland ein weiterer Beweis dafür, dass nur der Kommunismus dem Aufstieg der Faschisten standhalten konnte, und zu ihrer Zufriedenheit kam Rudi ihr »politisch näher«.

Doch es gab Grenzen: Als Ursula Rudi mitteilte, sie wolle einen auf der Flucht befindlichen chinesischen Kommunisten unter ihrem Dach aufnehmen, explodierte er. Ursula »hätte eine falsche Einschätzung« von sich, beharrte er, und sie halte sich »für robuster«, als sie sei. »Die Gefahr für mich und Micha sei zu groß.«

Ursula antwortete ihm, ebenso heftig, »seine Haltung könnte

den Tod eines Genossen verschulden und [ihr] wird es nicht gelingen, ihm das jemals zu verzeihen«.

Sie stritten sich weiter, bis Rudi nachgab, oder eher, sich den Gegebenheiten beugte, über die er nur wenig Kontrolle hatte, und zustimmte, den Kommunisten aufzunehmen. Gegen seinen Willen und wider besseres Wissen war er nun ein Komplize bei der Verschwörung und Teil von Sorges Netzwerk. Ursula und Rudi hätten dadurch näher zusammenrücken können, doch etwas Grundlegendes war zerbrochen.

Am folgenden Nachmittag traf ihr geheimer Gast ein, ein kleiner, höflicher, natürlich dankbarer und äußerst verängstigter junger Chinese, der überhaupt kein Englisch sprach. Das Ehepaar Hamburger versuchte, das Beste aus der merkwürdigen Situation zu machen: »Nun, da der Genosse bei uns wohnte, war [Rudi], soweit dies ohne gemeinsame Sprache ging, zuvorkommend, ja herzlich dem Gast gegenüber.« Der junge Kommunist versteckte sich im Obergeschoss des Hauses und ging nur nachts im Garten spazieren. Wann immer unten Gäste zum Abendessen da waren, lag er bewegungslos im Bett, aus Angst, dass man sonst seine Schritte in den Räumen darunter hören würde. Selbst die Angestellten bemerkten seine Anwesenheit nicht. Nach zwei Wochen verschwand er, weggezaubert in die Sicherheit der Sowjetischen Räterepublik Jiangxi. Die unmittelbare Bedrohung war vorbei, doch die Anspannung blieb. »Mir war klar«, schrieb Ursula, »daß unsere Ehe auf die Dauer nicht so weitergehen konnte.«

Es gab weitere geheime Treffen, jedoch weniger häufig. Sorge war Ursula gegenüber liebevoll und sorgsam, der Fall Noulens beschäftigte ihn jedoch, und er machte eine seiner gelegentlichen Phasen extremer Leichtsinnigkeit durch. Er fuhr mit seinem Motorrad in hoher Geschwindigkeit gegen eine Wand und brach sich das linke Bein. »Welchen Unterschied macht schon eine weitere Narbe?«, witzelte er, als Ursula ihn im Krankenhaus besuchte. Die Noulens, die im Nanking-Gefängnis auf ihr Gerichtsverfahren warteten, hatten einen fünfjährigen Sohn, bekannt unter dem Namen Jimmy. (Sein wirklicher Name war Dimitri, denn selbst die Kinder von Spionen hatten Decknamen.) Agnes Smedley war nach Shanghai zurückgekehrt, um den Verteidigungsausschuss für die Noulens zu koordinieren. Sie wurde vorübergehend Jimmys Vormund, eine Rolle, die sie ausfüllte, indem sie ihn »mit Geschenken überhäufte«. Als Ursula andeutete, dass das keine gute Idee sei, »ihn wie einen kleinen Prinzen zu verwöhnen«, erwiderte Agnes böse, Ursula solle das Kind doch selbst bei sich zu Hause aufnehmen. Für Ursula eine Verlockung. »Ich würde versuchen, ihm die mütterliche Wärme zu ersetzen, und Micha hätte einen großen Bruder gehabt.« Aber Sorge verwarf die Idee, da es eine direkte Verbindung zwischen Ursula und den verhafteten sowjetischen Spionen hergestellt hätte. »Ich hätte dazu meine illegale Arbeit aufgeben müssen, das wollte er nicht und ich auch nicht«, schrieb sie. Aber Agnes wollte es: Nachdem sie Ursula ins Agentengeschäft eingeführt hatte, wollte sie sie jetzt wieder loswerden.

Fest entschlossen, den sowjetischen Einflussbereich im Fernen Osten auszuweiten, steigerte Moskau seine verdeckte Unterstützung des chinesischen Kommunismus. Eine frische Garde sowjetischer Agenten traf in Shanghai ein, um nach dem Debakel mit den Noulens das kommunistische Netzwerk wiederaufzubauen und den »Kampfgeist der Parteimitglieder und ihrer Sympathisanten zu fördern«.

Arthur Ewert, ein deutscher Veteran der Revolution, kam 1932 gemeinsam mit seiner Frau an, der in Polen geborenen Elise Szaborowski, genannt Szabo, und übernahm bei der Komintern den Posten des Verbindungsmanns zur KPCh. Die Ewerts erwartete später ein grausiges Schicksal: Szabo kam in einem deutschen Konzentrationslager um, während Arthur Ewert in Brasilien verhaftet und so lange gefoltert wurde, bis er wahnsinnig wurde.

Der dicke, glatzköpfige, lächelnde Mann, den Ursula einige Monate zuvor bei sich zu Hause gesehen hatte, wo er mit Waffen hantierte, gab sich als Oberst Karl Rimm zu erkennen, Deckname »Paul«, ein estnischer Veteran der Roten Armee und Sorges Stellvertreter. Rimm betrieb in der Französischen Konzession ein Restaurant, gemeinsam mit seiner Frau Luise, einer »rundlichen, mütterlichen« Lettin, die Nachrichten nach und aus Moskau ver- und entschlüsselte.

Am Rande dieser Gruppe gab es eine weitere bemerkenswerte Person, einen 27-jährigen Engländer namens Roger Hollis, der 1932 wesentlich unbedeutender war, als er viele Jahre später werden würde. Als Sohn eines anglikanischen Bischofs hatte Hollis in Oxford mit dem Kommunismus geflirtet, bevor er das Studium abbrach und zunächst als freiberuflicher Journalist nach China ging und dann bei British American Tobacco arbeitete, einer multinationalen Firma, deren Werk in Shanghai fünfundfünfzig Milliarden Zigaretten pro Jahr produzierte. Hollis war ein geselliger Sozialist; er war sicherlich mit einigen aus Sorges Gruppe bekannt, einschließlich Karl Rimm, und hatte möglicherweise sogar Sorge selbst kennengelernt. Sorges Biograf zufolge war Hollis »einer der Gäste im Haus der Familie Hamburger«. Hollis Mitbewohner, Anthony Staples, sagte später aus, dass eine Amerikanerin und ein Deutscher, von denen man annimmt, dass es Agnes Smedley und der neue Chef der Komintern, Arthur Ewert, waren, Hollis zu Hause besucht hätten. Es gibt sogar Hinweise, dass der Engländer drei Jahre lang eine Affäre mit Karls Frau, Luise Rimm hatte. Ursula behauptete später, sich nicht mehr an Roger Hollis erinnern zu können.

Die Anwesenheit oder Nichtanwesenheit dieses geheimnisvollen Engländers in diesem Kreis wäre irrelevant, hätte Hollis bei seiner Rückkehr aus dem Fernen Osten in England keinen so gravierenden Karriereumschwung hingelegt. 1938 trat er dem britischen Geheimdienst MI5 bei und schaffte es bis zum Generaldirektor, dessen Aufgabe es war, auf dem Höhepunkt des Kalten Krieges in Großbritannien sowjetische Spione zu jagen. Viele Jahre später provozierte die vermutliche Verbindung zwischen Hollis, Ursula und ihren kommunistischen Freunden eine schädigende Maulwurfjagd innerhalb des MI5, die auf der unbewiesenen, aber beharrlichen Verschwörungstheorie basierte, Hollis sei ein kommunistischer Spion, der 1932 in Shanghai angeworben worden sei.

Wie bei Geheimorganisationen so oft der Fall, knüpfte auch Sorges Netzwerk enge internationale Bande. Die Gruppe machte in China gemeinsame Ausflüge aufs Land, Besichtigungsfahrten, die auch der Spionagearbeit dienten. Rudi begleitete seine Frau selten auf diesen Fahrten. »[Rudi], großzügig und gütig auch in diesen Dingen, freute sich mit mir, wenn sich eine Gelegenheit bot, einmal von Shanghai fortzukommen, selbst wenn er nicht dabeisein konnte.«

Rudi beharrte darauf, dass er zu viel Arbeit hatte – das Möbelgeschäft Modern Home hatte inzwischen zwanzig chinesische Angestellte und eine lange Liste von Aufträgen –, doch in Wahrheit hielt er sich auch zurück, weil er nichts mit Ursulas Spionagegesellschaft zu tun haben wollte. Es gibt aus dieser Zeit ein eindrückliches Bild von Rudi und Ursula, die bei einem Picknick in der Sonne eingeschlafen sind. Er hat den Arm um sie gelegt, als wolle er sie festhalten.

Doch sie schmiedeten weiter gemeinsame Pläne. Im Mai 1932 schrieb sie an ihre Eltern: »Rudi und ich denken immer mehr: 1. Kontrakt-Schluss, ich Spätfrühjahr 1932 nach Hause, Rudi August 1933 und neuen Start in R[ussland]. Ich bin ziemlich überzeugt, dass wir beide in R. Arbeit finden werden. Es sprechen [...] hundert Gründe für R. und gegen Shanghai – leider alle nicht schreibbar.« In einem anderen Brief schrieb sie: »Ich werde im letzten halben Jahr hier intensiv Russisch lernen und möchte auch, daß Rudi es tut. Man kann nie wissen.« Sie erwähnte weder, dass viele ihrer kommunistischen Freunde Russisch sprachen, noch, dass ihre Befehle aus der Zentrale in Russisch geschrieben waren, noch, dass Sorge ihr geraten hatte, die Sprache zu lernen, wenn sie in Zukunft weiter für den sowjetischen Geheimdienst arbeiten wolle.

Ursulas Fotoalben enthalten viele Bilder der jungen Kommunistin und ihrer Kundschafter-Freunde bei Freizeitaktivitäten: Ursula, Rücken an Rücken mit Karl Rimm, die Arme verschränkt, um »Butterschwenken« zu spielen; Agnes Smedley in ernstem Gespräch mit Chen Hansheng, dem Universitätsprofessor und heimlichen kommunistischen Agenten. Bei einer Gelegenheit unternahmen Ursula, Agnes und der Rest der Gang eine dreitägige Fahrt mit einem Hausboot auf dem Jangtsekiang. Ursula erinnerte sich, »wie geschickt Szabo in der Küche des Hausbootes kochte, wie Agnes uns Witze erzählte«. Sorge pflegte vorsichtig den Teamgeist. »Es war ungewöhnlich, daß sich Genossen, die illegal arbeiteten, zu solcher Besichtigung trafen, aber es war nicht unverantwortlich«, schrieb Ursula. Für Außenstehende sahen sie aus wie jede andere Gruppe von Expat-Freunden, eine Ansammlung von Ausländern, die der Zufall in einem fremden Land zusammengewürfelt hatte. Später blickte Ursula auf diese Tage als »etwas ganz Seltenes und Besonderes« zurück. Sie war ja immerhin erst fünfundzwanzig Jahre alt. »Wie ich mit Richard [Sorge] und Paul [Karl Rimm] auf der Wiese um die Wette rannte, bis wir uns vom Laufen und Lachen gleichermaßen erschöpft ins Gras warfen.« Ihre Lebenslust war ansteckend. Und sie hielt immer liebevoll an ihren Erinnerungen fest, in denen sie auf einem Feld mit ihren Freunden und ihrem Geliebten einfach nur Fangen spielte.

Eines Abends Anfang 1932 traf sich Ursula mit Sorge, Rimm und Grisha in einem Hotelzimmer in der Innenstadt Shanghais, um einen Neuankömmling zu begrüßen. Der Gastgeber war »ein mir fremder vitaler Genosse mit dunklem Haar und dunklen Augen. Ich nannte ihn wie die anderen Fred. [...] Es war ein fröhlicher Abend«. Fred erzählte lustige Geschichten und sang mit einem vollen Bariton russische und deutsche Lieder. »Er hatte eine schöne Stimme«, erinnerte sich Ursula. Zwei Tage später beauftragte Sorge Ursula, Material zu Fred zu bringen, das sich in einer langen Papprolle befand. Fred lud sie ein, auf einen Drink zu bleiben. Aus einem Grund, den sie nie erklären konnte, hatte sie Vertrauen zu diesem Mann, den sie kaum kannte, und beschrieb ihm ihre politische Entfremdung von Rudi und die Belastung, die ihre illegale Arbeit für ihre Ehe bedeutete. Sie fragte ihn, »ob wir uns um der Arbeit willen trennen sollten. Fred hörte mir geduldig zu und sagte, wie sehr ihn mein Vertrauen ehre.« Klugerweise bot er ihr keinen Rat an. Nach drei Stunden intensiven Gesprächs ging Ursula, seltsam beschwingt, hinaus in die Nacht. Später kam ihr in den Sinn, dass der mitfühlende Fred sie nur ausgefragt hatte »und er in Wirklichkeit geprüft hatte, ob sie für die Arbeit geeignet wäre.« Noch später fand sie dann heraus, wer er war.

Freds tatsächlicher Name war Manfred Stern, einer der Helden des Kommunismus des zwanzigsten Jahrhunderts und, fast unausweichlich, eines seiner Opfer. Als früher Revolutionär hatte er eine Einheit von Partisanen der Roten Armee gegen den »Blutigen Baron« Roman von Ungern-Sternberg angeführt, dessen Bruder Constantin zum Inventar des deutschen Clubs in Shanghai gehörte. Stern schloss sich dem Vierten Direktorat der Roten Armee an und wurde 1929 in New York eingesetzt, wo er aus einer konspirativen Wohnung in der 57th Street ein Netzwerk aus Spionen leitete, das Amerikas Militärgeheimnisse anzapfte, gestohlene Dokumente in einem Fotoladen kopierte, der gezielt für diesen Zweck in Greenwich Village gekauft worden war, und die Kopien dann nach Moskau verschiffte. Der mitfühlende Fred mit der schönen Stimme war ein aufsteigender Stern der sowjetischen Militärspionage. In China war er der leitende Militärberater der KPCh und der Anwerbungsagent der Zentrale. Moskau begann, sich für Agent Sonja zu interessieren.

Micha war inzwischen ein Kleinkind und begann zu sprechen. »Micha läuft in einem weißen Hemdchen und einer grünen, geblümten kurzen Hose herum«, erzählte Usula ihrer Mutter. »Seit drei Wochen läuft er nun schon allein durch den Garten und alle Zimmer, riecht an Blumen, fällt hin, steht grummelnd wieder auf, versucht, die Treppen in den Garten hinunterzugehen, fällt hinunter, schreit mörderisch, entdeckt plötzlich einen kleinen Vogel auf einem Baum und verstummt mitten im Heulen. Er sagt ›Papa, Papa, Mama‹ und außerdem ›money-money-money‹, was die Amah ihm zu meinem Entsetzen beigebracht hat. Ich habe das wieder gutgemacht, indem ich ihm ›dirty‹ beigebracht habe – und jetzt singt er immer wieder ›dirty money‹.«

Am 28. Januar 1932 griff die Kaiserliche Japanische Armee Shanghai an. Im vorangegangenen Herbst war Japan in der Mandschurei einmarschiert, hatte 1,3 Millionen Quadratkilometer von China besetzt und in der Region einen Marionettenstaat errichtet, den die Japaner Mandschuko nannten. Als Nächstes richtete das expansionistische japanische Militär seine Aufmerksamkeit auf Shanghai, wo Japan bereits exterritoriale Rechte besaß. Mit der Behauptung, sie wollten die Bürger gegen einen chinesischen Angriff schützen, versammelte Japan dreißig Schiffe, vierzig Flugzeuge und Truppen der Spezial-Landungskräfte an der Küstenlinie Shanghais und griff dann die chinesischen Gebiete der Stadt an. Die 19. Armee der Chinesen wehrte sich erbittert. Der Konflikt berührte die internationalen Konzessionen kaum, aber Moskau war alarmiert, da japanische Übergriffe auf China für die Sowjetunion eine potenzielle Gefahr bedeuteten. Sorge erhielt den Befehl herauszufinden, was genau passierte. Er schickte Ursula Hamburger und Isa Wiedemeyer ins Kriegsgebiet.

»Diese nicht ungefährliche Mission«, schrieb Ursula später mit ziemlicher Untertreibung, »würde am besten durch Frauen ausgeführt.« Als sie durch die ausgebrannten und geplünderten Viertel der Chinesen gingen, wurden die beiden Ausländerinnen zwar angestarrt, aber in Ruhe gelassen. »Überall treiben sich japanische Soldaten herum«, berichtete Ursula. »Ganze Straßenzüge sind leer, abgesehen von ein paar Leichen, und in der tödlichen Stille hört man nur das Rumpeln von schweren, gepanzerten Militärfahrzeugen. [...] Die Armen wurden mit ihren ausgeweideten Häusern, Millionen von Arbeitslosen und ihren Toten zurückgelassen.« Ursula und Isa besuchten verwundete chinesische Soldaten im Krankenhaus, bewerteten die Moral der Truppe und schätzten die Folgen des japanischen Angriffs ein. Sorge war »verblüfft« über die Qualität der Informationen, die von diesen Kundschafterinnen gesammelt worden waren, die nun eher wie Kriegsberichterstatterinnen an der Front agierten. »Ich konnte Richard um diese Zeit auch ein recht genaues Bild von der Stimmung unter den Europäern geben«, schrieb sie später. Nach ein paar Wochen endeten die Kämpfe, nachdem vom Völkerbund ein Waffenstillstand ausgehandelt worden war, jedoch nicht, bevor Ursula etwas zu Gesicht bekam, das sie zutiefst erschütterte.

»Neulich fand ich ein kleines erfrorenes Baby auf der Straße«, schrieb sie, »mit noch nassen Windeln.« Das Kleinkind war ungefähr im selben Alter wie Michael. Hier wurde, mit abstoßender Klarheit, das Maß dessen deutlich, was auf dem Spiel stand. Sie mochte zwar das Verhalten der Japaner in politischen Worten beschreiben – »Hier sehe ich erst in aller Furchtbarkeit, was Kapitalismus und Feudalismus als System anrichten können« –, doch es war auch eine Warnung der erbarmungslosen Welt, die sie nun bewohnte. Wenn Ursula geschnappt und hingerichtet werden würde, wäre das nächste Kind, das tot auf der Straße läge, vielleicht ihr eigenes.

Rudi war entsetzt und wütend über den Angriff der Japaner. »Ein schwaches Land zu überfallen, den Ärmsten durch diesen Brand und Raubzug ihr Letztes zu nehmen, ist empörend und aufregend«, schrieb er an seine Eltern. »Man ist hier so richtig an der Quelle eines um wirtschaftlichen Interesses willen geführten Einbruchs.« Rudi begann, so zu denken und sich so anzuhören wie Ursula. »Ich glaube, diese Zeit trug wesentlich dazu bei, daß [Rudi] Genosse wurde«, schrieb sie später. Ihr Ehemann wandte sich der Revolution zu. Außerdem versuchte er, ihre Ehe zu retten. Seine Hinwendung zum Kommunismus war ein verzweifelter Akt der Liebe. Doch es war zu spät. Rudi war besorgt und liebevoll, doch Ursula sah in seinen tiefbraunen Augen nur noch eine lebenslange, gewöhnliche Ehe. Richard Sorge hatte ihr eine andere Welt voller Aufregung, Leidenschaft und Gefahr gezeigt. Bei Rudi fühlte sie sich zufrieden und behaglich. Doch wenn sie mit Sorge auf dem Motorrad irgendwo entlangdonnerte, sich in einer konspirativen Versammlung befand oder auf einer geheimen Mission, fühlte sie sich lebendig.

Agnes Smedley arbeitete an einer Reihe von Kurzgeschichten, die in China spielten, während sie gleichzeitig ihren Presseausweis nutzte, um Informationen zwischen Sorge, der Komintern, der KPCh und der Zentrale zu versenden. Sorge »machte sie zu einem Mitglied des Komintern-Stabs«. Die Briten schikanierten sie wie »wütende Hunde«, sagte sie, und ihr Verhalten wurde zunehmend unberechenbarer. Leser der *Frankfurter Zeitung* beschwerten sich darüber, dass ihre Berichte »einseitig« wären. Die Zeitung erhielt außerdem einen Geheimdienstbericht, vermutlich britisch, der behauptete, sie hätte in einem Theater an einem Treffen »mit einer Gruppe junger, chinesischer Kommunisten teilgenommen, mit denen sie sich betrunken und denen sie sich sexuell angeboten« hätte. Zur Krönung, so beschuldigte man sie, sei sie »splitternackt auf der Bühne erschienen, nur mit einem roten Hut bekleidet, und hätte die Internationale gesungen«. Die deutsche Zeitung war liberal, aber so liberal nun auch wieder nicht. Agnes wurde gefeuert.

Im Sommer 1932 unternahmen Agnes und Ursula einen Arbeitsausflug in die Berge von Kuling in der Provinz Jiangxi, kurz vor der von den Kommunisten kontrollierten Gegend. Wie immer vermischte sich das Politische mit dem Persönlichen. Der Ausflug war eine Gelegenheit, der Sommerhitze Shanghais zu entfliehen, ihre Freundschaft wieder zu erneuern und währenddessen etwas

Spionage zu betreiben. Die KPCh stellte einen Ferienbungalow zur Verfügung. Da Maos Armee in den nahegelegenen Bergen ihr Lager hatte, würde Agnes »Interviews mit den Chinesischen Sowjets und ihren Verteidigern, der Chinesischen Roten Armee, führen«, etwas von dem, was sie erfahren hatte, journalistisch verwerten und alle Geheiminformationen, die sie sammelte, nach Moskau weitergeben.

Es ging in einer fünftägigen Bootsfahrt den Jangtsekiang hoch. »Dann in einem rumpligen Autobus eine Stunde bis an den Fuß des Berges. Von dort steile Wege in schwankenden Tragstühlen drei Stunden bergan.« Anfänglich schien ihre Freundschaft wieder zu ihrer früheren Wärme zurückzukehren. »Agnes und ich laufen jeden Nachmittag lange Wege und haben schöne Blicke ins Jangtse-Tal hinunter und den Blick auf die langen Bergzüge von Hupeh, wo die Roten sind.«

An dem Tag, an dem Ursula diesen Brief an ihre Eltern schrieb, fand die Verhandlung der Noulens (deren wirklicher Name den Behörden nach wie vor nicht bekannt war) im Jiangsu High Court statt, wo man sie »der Finanzierung kommunistischer Banditen beschuldigte, der Leitung subversiver Aktivitäten, des Waffenhandels mit den Kommunisten und der Verschwörung zum Umsturz der Chinesischen Republik«. Ein paar Tage zuvor hatte sich Sorge mit zwei Kurieren aus Moskau getroffen, von denen ihm jeder 200 000 Dollar gab, womit er die chinesischen Justizbehörden bestechen sollte.

Ursula und Agnes erreichte in Kuling die Nachricht, dass die Noulens in den Hungerstreik getreten waren. Als sie sich zum Mittagessen hinsetzten, verkündete Agnes theatralisch, dass sie aus Solidarität auch nichts essen würde, bis man das angeklagte Paar freigelassen habe.

»Das wird den Noulens kaum helfen«, entgegnete Ursula trocken.

Agnes erhob sich wortlos und stolzierte aus dem Raum. Ursula nahm sich Michael und ging mit ihm spazieren.

»Als ich zurückkam«, schreibt sie, »fand ich einen Brief vor: Unter diesen Umständen könne sie nicht bleiben, sie werde zurück nach Shanghai fahren. Ich sei zu sehr auf mein persönliches Glück bedacht, auf mein Familienleben; die privaten Dinge spielten bei mir eine zu große Rolle; ich sei eben doch nicht das, was man unter einem Revolutionär verstehe.«

Ursula war tief getroffen. »Agnes mußte, so wie sie mich kannte, wissen, daß ich bereit war, jedes Risiko einzugehen. [...] Mußte ich meine Emotionen zeigen, um sie zu beweisen? Erschütternd für mich war, daß eine so enge Freundschaft auf diese Weise einen Riß erhalten konnte. Ich grübelte und versuchte zu verstehen, wie Agnes' Bild von mir entstanden sein mochte.« In Wirklichkeit war Agnes' Tirade eher persönlicher als politischer Natur: Sie war eifersüchtig auf Ursulas Beziehung zu Sorge, auf ihre Freundschaft zu Isa, neidisch auf ihr Baby und wütend, dass sie sich geweigert hatte, ihrem Vorschlag zuzustimmen und den kleinen Jimmy zu adoptieren und damit die Spionage aufzugeben.

Ursula blieb in Kuling und brütete über den Bruch ihrer Freundschaft. »Es traf mich hart.« Die Nachricht ging ein, dass die Noulens zum Tode verurteilt worden waren, die Strafe aber in lebenslängliche Haft umgewandelt wurde. Ursula schrieb es Sorge zu, ihnen das Leben gerettet zu haben, indem er den Richter bestochen hatte. Sie dachte über die Anschuldigungen der Frau nach, deren Vorstellungen und Freundschaft ihr so viel bedeuteten. »Vielleicht hatte [Agnes] doch in einigem recht? Ich genoß das Leben und konnte mich auch über Alltagsdinge ungewöhnlich freuen. Nahm ich sie vielleicht zu wichtig? Ich war in jeden Atemzug meines Sohnes verliebt und fest entschlossen, noch mehr Kinder zu haben, obwohl ich nicht glaubte, daß meine Ehe die bestehenden Konflikte überdauern würde.«

Bald wich das Verletztsein einer Verärgerung. Agnes hatte sie falsch eingeschätzt. Sie war durchaus in der Lage, ihr Privatleben von ihren politischen Pflichten zu trennen. Sie würde Agnes und der Welt beweisen, dass sie trotz ihres Mutterseins genau das besaß, was eine wahre Revolutionärin ausmachte.

Wieder zurück in Shanghai, beschrieb sie Sorge den Streit mit Agnes. Er wechselte das Thema. »Richard schien es für einen Frauenstreit zu halten, mit dem er nichts zu tun haben wollte.« Als langjähriger Frauenheld wusste er, dass er sich besser aus dem Streit zweier seiner Eroberungen heraushielt. (Während Agnes und Ursula sich stritten, hatte er »eine wunderhübsche Chinesin« verführt, von der er die Blaupausen eines chinesischen Militärarsenals erhielt.) Agnes und Ursula trafen sich noch von Zeit zu Zeit, aber ihre Freundschaft war vorbei, und beide wussten es.

Smedley hatte Ursula in die Welt der Spionage eingeführt; der erbitterte Geist der Rebellion der Amerikanerin hatte sie inspiriert. Aber nach zwei Jahren Kundschaftertätigkeit reifte Ursula zu etwas heran, das die launische, selbstgefällige Agnes nie sein würde: eine professionelle, engagierte und zunehmend selbstbewusste Geheimagentin. »Die Möglichkeit einer Verhaftung war mir immer gegenwärtig. Ich härtete mich bewußt körperlich ab, um widerstandsfähig zu sein, rauchte nicht, trank weder Kaffee noch Alkohol, damit ich mir das nicht in einer eventuellen Haft abzugewöhnen brauchte.« Agent Sonja wuchs in ihre Rolle hinein.

Eines Morgens im Dezember ging Ursula ans Telefon und hörte die vertraute Stimme des polnischen Fotografen Grisha Herzberg. »Ich solle nachmittag in seine Wohnung kommen, Richard wolle mich dort sprechen.« Das war ein verabredetes Zeichen, sich für ein mögliches Treffen bereitzuhalten. »Ich war ganz selten bei Grisha in der Wohnung gewesen und verstand, er würde vorher noch einmal anrufen.« Ursula wartete auf den zweiten Anruf. Als keiner kam, ging sie einkaufen.

An jenem Abend saßen Fritz Kuck, ein überzeugter Nazi, und seine Brüder Ernst und Helmut Wilhelm, der eine Architekt, der andere Sinologe, und ihre Frauen um den Esstisch der Familie

Hamburger. Das Abendessen war unerträglich, die Gäste »stumm und langweilig« und die Gelegenheiten, Geheiminformationen zu sammeln, unwesentlich. Kuck zeigte umständlich Dias seiner Expedition ins Innere Chinas, und Ursula befand sich in einer Trance der Langeweile, als das Telefon klingelte.

Sie nahm den Hörer ab. Der Moment würde sich in ihr Gedächtnis einbrennen. Auf dem Schreibtisch »stand ein Bild mit der Landschaft am Schlachtensee im Rauhreif«. Aus dem Nebenzimmer hörte man das Gemurmel der Gäste.

»Ich habe diesen Nachmittag zwei Stunden auf dich gewartet«, sagte Richard Sorge. »Ich wollte mich von dir verabschieden.«

Ursula ließ sich auf einen Stuhl fallen.

»Bist du noch da?« Sorges Stimme kam leise aus dem Hörer.

»Ja«, sagte sie. »Ja, ich bin noch hier.«

Sorge erklärte hastig, dass er am nächsten Tag abreisen werde. Er sei nach Moskau zurückbeordert worden. Es gebe keinen Grund, alarmiert zu sein, aber er werde nicht mehr nach China zurückkehren. Die Zentrale wollte ihn woanders einsetzen.

»Richard [sagte], er wolle mir danken, ich hätte immer gut für ihn und die anderen gesorgt, aber das sei nur ein Anfang gewesen, vieles läge noch vor mir. Ich sollte weiter die Ohren schön steifhalten, das müßte ich ihm versprechen, doch nun ... alles, alles Gute und auf Wiedersehen.« Die Leitung erstarb.

Ursula saß bewegungslos da und starrte die Wand an. Grisha war ein kleiner Fehler unterlaufen. Er hatte vergessen, den zweiten Anruf zu tätigen. »Ich [...] konnte mir nicht vorstellen, daß Richard einfach fortging, daß er nicht mehr auf diesem Stuhl sitzen würde, um mit mir zu sprechen, mir zuzuhören, mich zu beraten und mit mir zu lachen. Was hatte ich mir vorgemacht? Wusste ich erst jetzt, wie sehr ich an ihm hing?«

Ursula sah Richard Sorge nie wieder. Vielleicht war ihre romantische Beziehung bereits vorüber, aber für Ursula endete sie nie wirklich.

Ursula kehrte zu ihren langweiligen Gästen zurück. Niemand bemerkte, dass ihr gerade das Herz gebrochen war.

Als Sorge fort war, die Freundschaft zu Agnes Smedley vorbei und sich ihre Ehe mit Rudi im Krisenzustand befand, versank Ursula in Heimweh. Karl Rimm übernahm von Sorge die Zügel. Er war ein effizienter Chef eines Spionagerings mit »revolutionärer Stärke und Leidenschaft«, dessen rundliches Aussehen und schläfriges Verhalten täuschten. Doch er hatte nichts von der Extravaganz seines Vorgängers. Ursula sehnte sich nach Sorge. Ohne ihn schien Shanghai seinen Glanz und Glamour zu verlieren. »Wir haben jetzt Sehnsucht nach einem anderen Zuhause«, schrieb sie an ihre Eltern, stellte aber auch die Ambivalenz ihrer Situation dar: »Dabei bin ich völlig überzeugt davon, daß ich in drei weiteren Jahren für Europa ganz verloren wäre, so sehr fesselt mich China, so ungeheuer sympathisch sind die Menschen und ihr Leben. Zu einem Viertel bin schon asiatisch.« Rastlos schmiedete sie Pläne, im Frühjahr nach Deutschland zurückzukehren und Michael dem Rest der Familie vorzustellen. Das heiße, feuchte Klima war der Gesundheit des kleinen Jungen abträglich, und der deutsche Arzt hatte geraten, mit ihm Ferien in Europa zu machen. Eine Weile von Rudi getrennt zu sein, würde ihnen beiden guttun.

Die Nachrichten aus Deutschland waren jedoch erschreckend.

Die Zahl der NSDAP-Mitglieder war sprunghaft angestiegen, und dic Gewalt zwischen den Faschisten und den Kommunisten erreichte einen Höhepunkt. Am 30. Januar 1933 wurde Hitler als Kanzler vereidigt und trat eine Kampagne der Gewalt und des Terrors los, die brutaler war als alles, was man bisher gesehen hatte. Einen Monat später, nach dem Reichstagsbrand, setzte Hitler die Grundrechte unter dem Vorwand außer Kraft, einen Putsch vermeiden zu wollen, und begann dann eine »skrupellose Konfrontation« mit der KPD. Die Nazis nahmen Tausende Kommunisten fest, schlossen den Hauptsitz der Partei und verboten Demonstrationen. Die meisten KPD-Führer wurden verhaftet, einige flüchteten ins russische Exil. Die einst mächtige Organisation, der Ursula beigetreten war, wurde in den Untergrund getrieben, die überlebenden Mitglieder gehetzt und terrorisiert. Das im März 1933 beschlossene Ermächtigungsgesetz gab Hitler Macht, unter Umgehung des Parlaments zu regieren. Die Nazidiktatur hatte begonnen, und die Ausläufer des politischen Erdbebens reichten bis nach China. Die Buchhandlung Zeitgeist schloss von einem Tag auf den anderen, da die Finanzierung aus Deutschland verebbte. Selbst Ursulas Optimismus geriet ins Wanken. Es war ihr »unmöglich, zu verstehen, wie die deutsche Arbeiterklasse den Faschismus hatte zulassen können«, schrieb sie.

In Deutschland missdeuteten noch viele die Zeichen an der Wand. Der Centralverein deutscher Staatsbürger jüdischen Glaubens erklärte, dass »niemand es wagen würde, unsere Grundrechte anzutasten«. Robert Kuczynski war sich da nicht so sicher. Er war nie Kommunist gewesen, doch als jüdischer linksgerichteter Akademiker war er ein gezeichneter Mann. Jürgen Kuczynski befand sich in noch größerer Gefahr. Nachdem er mit Marguerite aus den USA zurückgekehrt war, war er 1930 der KPD beigetreten. Seitdem hatte er für diverse kommunistische Publikationen geschrieben und hatte sogar mit einer offiziellen Delegation der KPD die Sowjetunion besucht. Am 27. Februar, als er gerade auf dem Weg ins Büro der *Roten Fahne* war, traf er zufällig einen Freund, der ihm erzählte, die Gestapo würde genau in diesem Moment im Zeitungsverlag eine Razzia durchführen. Jürgen drehte auf dem Absatz um und vermied dadurch nur um Minuten eine Verhaftung und den beinahe sicheren Tod.

»Wir betrachten mit Entsetzen Deutschlands Entwicklung«, schrieb Ursula nach Hause. »Über Deutschland steht nicht viel in den Zeitungen [...]. Wem das Herz voll ist – dem geht der Mund nicht über. Schreibt Ihr aber, soviel euch möglich ist.«

Im März klopfte eine Schar schwarzgekleideter Gestapo-Leute ans Tor der Villa am Schlachtensee, sie wollten Robert Kuczynski sprechen. Olga Muth sagte ihnen, er sei außer Haus. Die Gestapo-Männer kündigten an, sie würden zurückkommen. Robert tauchte sofort ab, zunächst im Haus von Freunden, dann in einer Irrenanstalt. Ursulas Schwiegereltern, Max und Else Hamburger, besaßen ein Ferienhaus in Grenzbauden, einem pittoresken Dorf direkt auf der tschechischen Seite des Riesengebirges, das Schlesien von der Tschechoslowakei trennte. Die Hamburger waren bereits dorthin geflüchtet und willigten ein, Robert so lange bei sich unterzubringen, bis er einen Weg gefunden hatte, nach Großbritannien oder Amerika zu kommen, wo er Freunde in akademischen Kreisen hatte. Im April konnte er über die Grenze in die Tschechoslowakei flüchten.

Jürgen blieb in Deutschland, aufgrund von etwas, das er selbst als »fast blinde Loyalität gegenüber der Führungsriege« beschrieb, schloss sich der kommunistischen Untergrundorganisation an und schrieb, unerträglich langatmig, für eine Reihe von geheimen Partei-Publikationen weiter. Selbst Ernst Thälmann, Vorsitzender der KPD, inzwischen im Untergrund, fand Jürgens Weitschweifigkeit etwas mühsam: »Zu viele ›zyklische Krisen‹ und nicht genug zerbrochene Toilettendeckel«, erklärte er dem jungen Statistiker. Berta legte ihre Pinsel weg und malte nie wieder. Sie und ihre jüngeren Töchter verbarrikadierten sich in ihrem alten Zuhause und warteten ab.

Ursula wusste, dass eine Rückkehr nach Berlin, wo ihr Vater gesucht wurde, der Antisemitismus sich wie eine Seuche ausbreitete und ihre Genossen verhaftet, tot oder auf der Flucht waren, einem Selbstmord gleichen würde. Ihr Name stand bei der Gestapo auf der Liste der subversiven Kommunisten. Menschen, die vor der Nazigewalt flüchteten, strömten nach Shanghai. Ihre Reise nach Hause müsse verschoben werden. »Auf dem Konsulat hier weht das Hakenkreuz«, schrieb sie ihrer Mutter und den Schwestern.

Während die Gestapo Jagd auf Robert und Jürgen Kuczynski machte, war der unermüdliche Tom Givens der Shanghai Municipal Police dem sowjetischen Spionagering auf den Fersen. Aufgrund von »Geständnissen« gefangener Kommunisten hatte der irische Inspector eine Liste von Ausländern aufgestellt, die verdächtigt wurden, sowjetische Spione zu sein. Richard Sorge stand darauf. Genau wie Agnes Smedley. Schon bald nach Sorges Abreise Richtung Moskau machte sich auch Agnes auf den Weg in die Sowjetunion.

Genau wie Ursula.

6
Sperling

General Jan Karlowitsch Bersin, Chef des Vierten Direktorats der Roten Armee, war mit Richard Sorge zufrieden. Der Spion mit dem Decknamen »Ramsey« hatte alles erledigt, was man ihm aufgetragen hatte, und noch weit mehr: Er hatte einen effektiven Spionagering aufgebaut, die negativen Konsequenzen der Noulens-Affäre umschifft und, abgesehen von dem Bein, drei Jahre unbeschadet in Shanghai überlebt.

General Bersin wusste, was es bedeutete, zu überleben.

Als Sohn eines lettischen Bauern hatte Bersin ein revolutionäres Partisanenkommando gegen die Truppen des Zaren angeführt und war zweimal aus einem sibirischen Straflager geflohen, bevor er sich der Roten Armee anschloss. Während Lenins Rotem Terror initiierte er das systematische Erschießen von Geiseln als Methode zur Unterwerfung, und wurde 1920 zum Leiter des Vierten Direktorats ernannt, dem ersten sowjetischen Militärgeheimdienst. Bersin war charmant, wortgewandt, ehrgeizig und überraschend brutal. Er war ein brillantes Organisationstalent, mit dem Blick eines Wolfes und einem eisigen Lächeln, der ein globales Netzwerk von »illegalen« Spionen hatte, die in jeder Hauptstadt der Welt verdeckt arbeiteten. Das Vierte Direktorat verlangte absolute Loyalität, die sie häufig mit Treulosigkeit vergalt: Wenn ein Offizier oder Agent einen Fehler machte und ein Netzwerk kompromittiert wurde, waren die Spione auf sich selbst gestellt; jeden, der des Verrats verdächtigt wurde, erwartete eine schnelle, tödliche Strafe. Einem ehemaligen Agenten zufolge »zeichnete sich die Zentrale durch besondere Kaltblütigkeit aus«. »Sie war absolut rücksichtslos und besaß keinen Sinn für Ehre, Verpflichtungen oder Anständigkeit ihren Untergebenen gegenüber. Man verwendete die Mitarbeiter, solange sie von Wert waren, und warf sie dann skrupellos und ohne Entschädigung beiseite.«

Bersin führte die Nachbesprechung mit Sorge persönlich durch, in seinem Büro in der Bolschoi-Znamenski-Gasse 19, dem harmlos wirkenden, zweistöckigen Hauptsitz, ein paar hundert Meter vom Kreml entfernt. Er hörte aufmerksam zu, als Resident Ramsay die Agenten in seinem Netzwerk in Shanghai beschrieb: den japanischen Journalisten Hotsumi Ozaki, den chinesischen Akademiker Chen Hansheng und die rothaarige, radikale Irene Wiedemeyer. Agnes Smedley habe »ausgezeichnete Arbeit« geleistet, berichtete Sorge. Und dann war da noch die deutsche Hausfrau Ursula Sorge, eine Agentin, die sehr vielversprechend wirkte. Manfred Stern hatte sich auch sehr positiv über Sorges Rekrutin geäußert. Bersin gefiel, was er über Agent Sonja hörte.

Eine Woche später wurde Ursula zu einem Treffen mit Grisha Herzberg und Karl Rimm, Sorges Nachfolger, einbestellt. Eine Nachricht aus der Zentrale war eingetroffen, eine Mischung aus Einladung, Vorschlag und Befehl. »Sie fragten, ob ich bereit sei, ein halbes Jahr oder länger nach Moskau zu gehen. Allerdings gebe es keine Garantie für eine Rückkehr nach Shanghai.«

Nun wurde klar, was Sorges Abschiedsworte – »das ist für dich erst der Anfang« – zu bedeuten hatten. Er hatte »wohl ausführlich in der Zentrale berichtet« und sie für eine weitere Ausbildung empfohlen. Das war schmeichelhaft, aber natürlich schwierig.

»Bedingung sei, daß ich meinen jetzt zwei Jahre alten Sohn in dieser Zeit woanders unterbringen müsse, er dürfe nicht mit in die Sowjetunion, damit er nicht Russisch lernte.« Dem lag eine grausame, aber einfache Logik zugrunde. Nach der Ausbildung in Moskau müsste sie in ihr bürgerliches Leben zurückkehren, ohne dass jemand davon erfuhr, wo sie gewesen war. Michael lernte schnell Sprachen: Deutsch von seinen Eltern und Pidgin von seinem Kindermädchen, die Mischung aus Chinesisch und Englisch, die von vielen städtischen Chinesen gesprochen wurde. Wenn das

Kind zurückkehrte und auch nur einen Fetzen Russisch sprach, wäre das Geheimnis verraten.

Ursula hatte noch nie vor einer so schmerzlichen Entscheidung gestanden: Letztlich musste sie sich zwischen ihrem Kind und ihrer ideologischen Berufung entscheiden, zwischen ihrer Familie und der Spionage. »Der Gedanke, die Arbeit aufzugeben, [...] wäre mir nie gekommen«, schrieb sie später. Wie eine religiöse Apostelin hatte sie zu einem unerschütterlichen Glauben gefunden, um den herum sie ihr Leben baute. Der Aufstieg Hitlers, die wachsende Aggression Japans und das kontinuierliche Abschlachten chinesischer Kommunisten hatten ihre Entschlossenheit, den Faschismus zu bekämpfen, weiter bestärkt. Eine Ausbildung würde ihr Engagement unterstreichen. Vielleicht würde sie mit Richard Sorge wiedervereint werden. Nach den Regeln der Zentrale war es Agenten und Offizieren verboten, miteinander in Kontakt zu treten, wenn sie sich in verschiedenen Einsätzen befanden. Sie durfte ihm nicht schreiben und er ihr auch nicht. Doch es bestand die Chance, dass er immer noch in Russland war. Schon lange vor seiner Abreise aus Shanghai wusste sie, dass Sorges unerbittlich suchendes Auge längst auf jemand anderem lag. Sie wusste, dass er sie vermutlich nicht liebte, oder sonst eine seiner Frauen, doch sie sehnte sich danach, ihn noch einmal zu sehen. Ehrgeiz, Ideologie, Abenteuer, Romanze und Politik fügten sich in ihrem Kopf zu einer Entscheidung: Sie würde nach Moskau gehen, in die Hauptstadt der kommunistischen Revolution. »Ich sagte zu«, schrieb Ursula. Doch wo würde Michael leben? Berlin kam nicht infrage. Ihn in Shanghai zu lassen, war keine Option, da man sie gewarnt hatte, dass sie womöglich nie zurückkehren würde. Nach einer langen Diskussion mit Rudi einigten sie sich darauf, dass Michael die nächsten sechs Monate bei seinen Großeltern väterlicherseits in ihrer Hütte in der Tschechoslowakei verbringen würde, unter dem Vorwand, dass ein »Klimawechsel« ihm guttun würde. Wenn sie Rudi in Shanghai zurückließ, würde das niemanden kümmern, da es »für Ausländer üblich [war], ihre Frauen und Kinder auf längeren Heimaturlaub nach Europa zu schicken«. Rudi glaubte, dass seine Ehe gerettet werden könne. Auch sein eigenes Engagement für den Kommunismus wuchs. Wenn der sowjetische Geheimdienst wollte, dass Ursula nach Moskau ging, würde er sie nicht aufhalten (und hätte es vermutlich auch nicht gekonnt). Micha wäre bei seinen Eltern gut untergebracht, und nachdem ihre Ausbildung abgeschlossen war, würde Ursula ihren Sohn abholen, die Familie wäre wieder vereint, und sie könnten einen neuen Anfang machen. Das war Rudis Hoffnung.

Als der Moment des Abschieds kam, drückte er seinen Sohn fest, bis er sich freistrampelte.

Die Trennung von ihrem zweijährigen Sohn würde für Ursula eine bleibende Narbe hinterlassen. Für den Rest ihres Lebens verteidigte sie diese kalte Entscheidung. Doch sie selbst verzieh sich im Grunde nie.

Am 18. Mai 1933 gingen Ursula und Michael an Bord eines norwegischen Frachters mit Ziel Wladiwostok. Kurz bevor das Schiff den Anker lichtete, erschien Grisha mit einem großen verschlossenen Koffer, der Dokumente für die Zentrale enthielt. Während der langen Reise sagte sie dem kleinen Jungen Kinderreime auf und erzählte ihm Geschichten. »Manchmal betrachteten wir gemeinsam einen Kanarienvogel, der auf Deck in einem Käfig lebte. [...] Wenn ich an die Trennung dachte, schien sich mein Magen zu verkrampfen«, schrieb sie. Das Wetter war warm und es roch wundervoll nach dem Holz, das der Frachter geladen hatte. »Jedenfalls würde Micha bei der Großmutter in liebevollen Händen sein«, sagte sie sich, »und das Klima im Riesengebirge war ideal für ihn.«

In Wladiwostok musste sie lange warten, bis ein russischer Marineoffizier sie am Kai abholte. Einige Tage später fuhr sie mit dem Zug nach Moskau. An ihrem ersten Abend in dem kleinen Abteil wollte Micha sich nicht hinlegen, weil er sich vor dem lauten Geräusch der Räder dicht an seinem Ohr fürchtete. »So legte ich mich neben ihn auf die Pritsche. Schließlich schlief er in meinen Armen ein, und ich dachte daran, wie schwer es sein würde, sich von dem Sohn zu trennen.« Neun Tage später kamen sie in Moskau an, dann fuhren sie mit einem Zug in die Tschechoslowakei und dort weiter mit einem Taxi in das kleine Dorf Grenzbauden.

Max und Else Hamburger, die inzwischen dauerhaft in der Tschechoslowakei lebten, begrüßten Mutter und Kind herzlich. Robert Kuczynski hatte die Hütte einige Monate zuvor verlassen und war nun in England. »[Rudis] Eltern erzählte ich, wir dächten daran, in die Sowjetunion umzusiedeln«, schrieb Ursula. Sie erklärte, dass sie mehrere Monate in Moskau verbringen würde, um die Möglichkeiten zu eruieren. »[Rudis] Eltern gefiel unser Plan nicht sehr, sie waren aber wie immer freundlich und hilfsbereit.« Sie erklärten sich einverstanden, so lange wie nötig für das Enkelkind zu sorgen.

Ein paar Tage später traf Ursulas Mutter aus Berlin ein.

Für Berta Kuczynski hätte es ein freudiges Ereignis sein sollen, das lange erwartete Wiedersehen mit ihrer ältesten Tochter und ihrem ersten Enkelkind. Doch die arme Frau war vollkommen verstört. In den Monaten seit Roberts Flucht hatten die Schikanen durch die Nazis zugenommen.

Die Gestapo war ins Haus am Schlachtensee zurückgekehrt und hatte wissen wollen, wo Kuczynski geblieben war. Auch Jürgens Haus wurde im Rahmen einer Razzia durchsucht. Der Führer der KPD, Ernst Thälmann, wurde im Haus eines Mannes namens Hans Kluczynski gefangen genommen, und die Ähnlichkeit der Namen lenkte erneut die Aufmerksamkeit auf die Kuczynskis – Rechtschreibung war noch nie die Stärke der Gestapo. Jürgen selbst wurde verhaftet, aber nach zweistündigem Verhör entlassen. Heimlich begann er, die Bibliothek der Familie ins Ausland zu schmuggeln: ungefähr zwei Drittel der 50 000 Bücher konnten gerettet werden. Jürgen und Marguerite lebten nun im Untergrund und in ständiger Angst, verhaftet zu werden.

Im Mai veranstalteten die Nazis öffentliche Bücherverbrennungen, bei denen jüdische und marxistische Literatur in Flammen aufging, einschließlich subversiver Romane wie *Eine Frau allein* von Agnes Smedley. Jedes einzelne Buch der marxistischen Ausleihbibliothek, die Ursula zusammengestellt hatte, wurde verbrannt. Ihr Freund Gabo Lewin, der die Aufgabe des Bibliothekars übernommen hatte, wurde verprügelt und ins Gefängnis geworfen. Kurz darauf veranstaltete Berta Kuczynski ihre eigene Bücherverbrennung. Die brave Olga Muth stand neben dem Boilerkessel im Keller und schaufelte linksgerichtete Bücher und Schriften in den Ofen, während der Rest der Familie alles nach unten trug, was die Nazis für verfänglich hätten halten können, einschließlich vieler von Ursulas Schriften. Als der Moment kam, an dem sie Robert Kuczynskis handgeschriebene Manuskripte zerstörten, konnte man hören, wie Ollo wütend murmelte: »Die nennen sich Arbeiterpartei, und alles, was euer Vater geschrieben hat, war, um den Arbeitern das Leben zu verbessern.« Ein paar Tage später kehrte die Gestapo in voller Stärke zurück, und diesmal durchsuchten sie das Haus. »Sie sind einfach hereingeplatzt«, erinnerte sich Brigitte. »Wir waren immer noch im Bett und mussten uns hastig anziehen und hinunter in ein Zimmer gehen, während sie suchten.« Ollo stand mit verschränkten Armen daneben, »ruhig und fest«. Ursula befand sich inzwischen, neben Robert und Jürgen, auf der Fahndungsliste. »Jedesmal haben sie nach dir gefragt«, erzählte Ollo ihr, »und gesagt: Die kriegen wir noch.« Es war Zeit, das Weite zu suchen. Berta bot das Haus der Familie zum Verkauf an und bereitete die Flucht vor.

Die Frau, die in der Hütte in Grenzbauden ankam, war ein bleicher, frühzeitig gealterter Schatten der glamourösen Mutter, die Ursula drei Jahre zuvor zurückgelassen hatte. Berta bemerkte ihr Enkelkind kaum. »Aber Mutter [...] konnte sich über gar nichts mehr freuen«, schrieb Ursula. Nur ein paar Stunden später verkündete Berta, sie würde nach Berlin zurückkehren.

Der zweijährige Michael spürte die angespannte Atmosphäre. »Er fing bitterlich an zu weinen und wiederholte immer wieder: ›Mutti, hierbleiben, bitte, bitte. Mutti hierbleiben.‹« In dem Wissen, dass sie die Fassung verlieren würde, wenn sie sich verabschieden müsste, packte Ursula in aller Frühe ihre Tasche, umarmte Max und Else und schlich sich dann leise weinend davon, während ihr Sohn noch schlief.

Die Offiziere in Moskau begrüßten sie mit »Sonja«. Es war das erste Mal, dass sie den Decknamen hörte, den Richard Sorge für sie ausgewählt hatte, und sie erinnerte sich sofort an das Lied in den Bars von Shanghai. Mit dem Namen kehrten Erinnerungen an den Mann auf dem Motorrad zurück. »Vielleicht gefiel er mir deshalb«, schrieb sie später.

Der wartende Wagen fuhr nach Süden und hoch in die Leninberge, das flache, bewaldete Gebiet am rechten Ufer der Moskwa, von wo man über die Stadt blicken konnte. In der Nähe des Dorfes Vorobjevo – ein Name, der sich von dem russischen Wort für »Sperling« ableitete – hielten sie am Tor eines großen Gebäudekomplexes, der von einem doppelten Metallzaun umgeben war und an dem bewaffnete Militärpolizei mit Wachhunden patrouillierte. Dies war die »Achte Internationale Sport-Basis« und auch, geheimer, das »Funker-Ausbildungslabor des Volkskommissariats der Verteidigung« mit dem einfallslosen Decknamen »Sperling«, die Domäne von Jakob Mirow-Abramow, dem Chef des Spionagerings der Komintern, der Agnes Smedley 1928 rekrutiert hatte und inzwischen der Kommunikationsleiter des sowjetischen Geheimdienstes war.

Sperling war mit Labors, Werkstätten und den neuesten drahtlosen Technologien ausgestattet. Das oberste Stockwerk war eine Rundfunk-Kuppel mit zwei Sendern (500 Watt und 250 Watt) und einem starken Telefunken-Empfänger. Hier lernten ungefähr achtzig handverlesene Auszubildende aller Nationalitäten und beiderlei Geschlechts die Kunst des geheimen Kurzwellenfunkbetriebs: Bau von Sendern und Empfängern, Montage und Verstecken von drahtlosen Anlagen sowie das Chiffrieren und Dechiffrieren von Morsenachrichten. Die Auszubildenden erhielten außerdem Unterricht in Sprachen, Geschichte und Geografie und wurden außerdem in Marxismus-Leninismus indoktriniert. Zusätzlich wurden sie in bewaffnetem und unbewaffnetem Kampf trainiert, in Sabotage, dem Mischen und dem Umgang mit explosiven Stoffen, Überwachung und Gegenüberwachung sowie all den verborgenen Techniken der Geheimdiensttätigkeit einschließlich toter Briefkästen, Streifkontakt und Tarnung. Bevor die Absolventen der Spionageschule überall auf der Welt stationiert wurden, mussten sie ein hartes Training in einem Armee-Sportlager absolvieren, das körperlich anscheinend so anstrengend war, dass Ursula vorher zur Erholung »in ein Heim ans Schwarze Meer in der Nähe von Odessa« geschickt wurde«.

Mirow-Abramow war ein »freundlicher, kompetenter und loyaler Genosse«, doch gleichzeitig ein Drillmeister und besessener wissenschaftlich-technischer Experte, der von der kleinen Handvoll Leute, die er für Ausbildung ausgesucht hatte, Engagement und absoluten Gehorsam einforderte. Ein Kollege schrieb:

> Nach sorgsamer Überprüfung wurden die Kandidaten durch Mirow-Abramow ausgewählt. Wie sich herausstellte, war er ein ausgezeichneter Psychologe. Er lud die Kandidierenden in sein Büro ein und fragte, ob er (oder sie) im Kampf gegen Hitler und den Faschismus teilnehmen würden. Nach mehreren Treffen bat Mirow-Abramow sie, einen Vertrag über die Konditionen der Ausbildung zu unterzeichnen und sich damit komplett dem sowjetischen Spionagesystem zu verschreiben. Die Ausgewählten waren junge, intelligente Menschen mit einem besonderen Talent für Sprachen oder Technik. Unpassende Kandidierende wurden laufend durch Prüfungen aussortiert. Die Auszubildenden mussten ihre Namen ändern und geloben, niemals ihre wahre Identität preiszugeben, noch nicht mal gegenüber ihren Kollegen. Während der Ausbildung mussten sie alle Verbindungen zu Freunden abbrechen, sie durften die Schule nie allein verlassen, durften keine Fotos machen oder mit irgendwem über

die Schule oder ihren Lebenslauf sprechen. Der Verrat von Geheimnissen wurde mit dem Tod bestraft.

Ursula bestand die Befragungen durch Mirow-Abramow, unterschrieb den Vertrag und schwor bei ihrem Tode Treue zum sowjetischen Geheimdienst.

Warum tat sie das? Ursula war eine (wenngleich nicht glücklich) verheiratete Frau und Mutter, eine Jüdin, belesen, eine Intellektuelle der Mittelschicht, die sich an einfachen Dingen wie Einkaufen, Kochen und der Erziehung ihres Kindes erfreute. Während die Welt in den Krieg glitt, flohen Menschen mit ähnlichem Hintergrund an sichere Zufluchtsorte, doch Ursula wandte sich bewusst in die andere Richtung, eilte auf die Gefahr zu und genoss die Risiken. Obwohl sie von Natur aus offen und direkt war, würde ihr Leben hinterher von hoher Geheimhaltung und Täuschung geprägt sein; sie würde die Wahrheit sowohl vor den Menschen, die sie liebte, als auch vor denen, die sie hasste, verbergen müssen. Sowjetische Spionage war eine Anstellung auf Lebenszeit und nicht selten mit dem Tod verbunden. Ursula blickte auf ihr Leben zurück, als sei es vorherbestimmt gewesen, und schilderte ihre Entscheidungen als die logischen Konsequenzen einer politischen Überzeugung. Doch da war mehr am Werk als Ideologie. Auf der psychologischen Bühne ihres Unterbewusstseins bot die Spionage eine Möglichkeit zu beweisen, dass sie ihrem bevorzugten Bruder ebenbürtig war, dass sie beim Weltgeschehen genauso mitspielte wie ihr Vater und eine wirkungsvollere Revolutionärin war als Agnes Smedley.

Die Sperling-Agentenschule bot ihr die Ausbildung, die sie nie bekommen hatte, und die Romantik, die mit der Mitgliedschaft einer heimlichen Elite einhergeht. Das Leben mit Rudi bot Sicherheit und Beständigkeit. Sie wollte weder das eine noch das andere.

Die Spionage hat außerdem einen starken Suchtfaktor. Wenn man einmal von der Droge der heimlichen Macht gekostet hat, ist es schwer, ihr wieder abzuschwören. Ursula hatte das belanglose

Geplapper der Ausländer Shanghais belauscht in dem Wissen, dass sie nicht zu ihnen gehörte, sondern eine eigenständige Person mit einem zweiten, geheimen Leben war. Sie selbst, und auch ihre Familie, hatte in extremer Gefahr geschwebt, und sie war davongekommen. Entgegen aller Wahrscheinlichkeit zu überleben, löst einen Adrenalinschub aus sowie das Gefühl, dem Schicksal ein Schnippchen geschlagen zu haben. Und schließlich ist Spionage eine Arbeit, die viel Fantasie erfordert, eine Bereitschaft, sich und andere von der realen Welt in eine künstliche zu befördern, nach außen eine bestimmte Person, doch im Geheimen ein anderer Mensch zu sein. Seit frühester Kindheit hatte Ursula bei dem, was sie schrieb, ihre üppige Fantasie eingesetzt, um alternative Wirklichkeiten zu erforschen, mit ihr selbst im Mittelpunkt eines jeden Dramas. Nun, als Geheimagentin, hätte sie die Möglichkeit, ihre eigene Geschichte auf die Seiten der Weltgeschichte zu schreiben.

Ursula wurde dem Proletariat und der Revolution zuliebe eine Spionin; doch sie tat es auch für sich selbst, getrieben von einer außerordentlichen Kombination aus Leidenschaft, Romantik und Abenteuerlust, die in ihr sprudelten.

In der »ausländischen Gruppe« der Auszubildenden gab es zwei weitere Deutsche, einen Tschechen, einen Griechen, einen Polen und »Käthe«, eine hübsche Französin, Ende zwanzig, »klug, mit tiefem Gefühl«, die später Ursulas Zimmergenossin und Freundin wurde. Der wirkliche Name dieser Tochter eines Hafenarbeiters lautete Renée Marceau. (Später bekam sie den Auftrag, den spanischen Faschistenführer General Franco umzubringen. Sie erhielt dafür einen falschen britischen Pass auf den Namen »Martha Sunshine«. Der Plan scheiterte, doch sie konnte aus Spanien fliehen und erhielt den Leninorden.) Die Rekruten kamen aus vollkommen verschiedenen Welten; und Ursula fand sie faszinierend. Die Gruppe wohnte gemeinsam auf dem Sperling-Gelände in einem großen roten Backsteingebäude, umgeben von Kirschbäumen.

Ursula widmete sich ganz der Ausbildung: »Alles, was man zu

tun hatte, war lernen.« Unter Anleitung eines ehemaligen Funkers übte sie, wie man aus den Teilen, die man in einem gewöhnlichen Radiogeschäft kaufen konnte, ein Funkgerät baute, und lernte, wie man verschlüsselte Nachrichten verschickte. Ihr Russisch wurde mit jedem Tag Unterricht besser. Zu ihrer eigenen Überraschung lag ihr die Technik, sie lernte schnell und »baute Sender, Empfänger, Gleichrichterschaltungen und Wellenmesser«. Zu Ursulas großer Freude stieß Sepp »Nüchtern« Weingarten zu der Gruppe, Sorges trinkfreudiger Funker, der aus Shanghai zu einer dringend nötigen Auffrischung seiner Kenntnisse nach Moskau geschickt worden war. (Seine Frau, die ihn begleitete, hatte schließlich mitbekommen, dass Sepp ein kommunistischer Spion war. Sie war stinksauer.)

Das Essen in der Anlage war ausgezeichnet. »Ich blühte auf, meine Wangen wurden immer runder und röter, und ich erreichte das für mich noch nie dagewesene Gewicht von hundertdreißig Pfund.«

An den Wochenenden sahen sich Ursula und Renée, in Begleitung eines höflichen, aber wachsamen Aufpassers, die Sehenswürdigkeiten an. Sie spazierten stundenlang durch die Straßen. »Den Moskauer Winter und seine Kälte mochte ich sehr«, schrieb sie. Sie erkundigte sich diskret bei ihren Ausbildern nach Sorges Verbleib, erfuhr jedoch nur, dass er abgereist war, um einen neuen Auftrag zu übernehmen. Ihr wurde nicht gesagt, wo, und sie war klug genug, nicht zu fragen. Die Regeln waren klar: Agenten und Offiziere durften sich zwar anfreunden, wenn sie in Moskau oder irgendwo anders gemeinsam stationiert waren, zu allen anderen Zeiten aber war ein Kontakt strikt verboten. Sorge war in Japan und legte den Grundstein für seine nächste Spionage-Heldentat. Ursulas Liebhaber war weitergezogen, emotional wie auch geografisch. Die sowjetische Spionage hatte sie zusammengeworfen und hielt sie nun auseinander. Sie fragte sich, ob sie ihn je wiedersehen würde.

Eines Nachmittags berührte sie jemand im Fahrstuhl des Hotels Nowaja Moskowskaja an der Schulter, Ursula drehte sich um, und Agnes Smedley strahlte sie an. »Wir fielen uns in die Arme, und alle Schatten waren weggewischt«, schrieb Ursula. Agnes bereitete sich gerade darauf vor, nach China zurückzukehren. Ursula glaubte, das Treffen sei zufällig gewesen, doch tatsächlich hatte Agnes mit großer Wahrscheinlichkeit den Auftrag erhalten, ihrer Freundin »in die Arme zu laufen« und sich einen Eindruck von ihren Fortschritten zu verschaffen. Wenig überraschend, flammte ihre Freundschaft nie mehr so richtig auf, doch gemeinsam besuchten sie häufig Michail Borodin, den ehemaligen Berater von Sun Yat-sen, der inzwischen die englischsprachige Wochenschrift *Moscow News* herausgab. Im Herbst 1933 bekamen sie und Agnes von ihm Tribünenkarten für die Feier der Oktoberrevolution auf dem Roten Platz. In einer überwältigenden Demonstration sowjetischer Stärke, die später als »Parade der hunderttausend Trikots« bekannt wurde, marschierte eine Armee von Athletinnen und Athleten, die Tennisschläger, Rennruderboote, Flaggen und Fußbälle trugen, unter Stalins wohlwollenden Blicken vorbei. Durch Agnes wurde Ursula mit anderen ausländischen Kommunisten bekannt, einschließlich des Ungarn Lajos Magyar, einem Journalisten der amtlichen Zeitung *Prawda*, und Wang Ming, dem chinesischen Delegationsleiter der Komintern, der, was Ursula nicht wusste, 1931 sehr wahrscheinlich Ding Lings Ehemann Hu Yepin in den Tod geschickt hatte. »Es war an unserer Schule nicht üblich, soviel Menschen außerhalb unseres eigenen Kollektivs zu treffen«, schrieb Ursula. Sie war, möglicherweise auch absichtlich, naiv: Agnes spionierte sie aus; sie wurde, um ihre Loyalität zu stärken, mit ausländischen kommunistischen Vorbildern bekanntgemacht, die ihre Reaktionen beobachteten und sie im Auge behielten. Sie befand sich in der Ausbildung, wurde aber gleichzeitig überwacht.

Ursula war beschäftigt, inspiriert und gesünder denn je. Doch gleichzeitig quälte sie die Sehnsucht nach ihrem kleinen Sohn. Sie stellte fest, dass sie Rudi kaum vermisste, aber die Trennung von Michael schmerzte sehr und wurde von Tag zu Tag schlimmer. Nur Renée bekam ihren stillen Schmerz und ihr Schuldbewusstsein mit. Sie lief unvermittelt Gruppen von Kindern hinterher, nur »um ihre hellen Stimmen zu hören«. »Durch die ständige Sehnsucht nach ihm fühlte ich mich noch stärker zu allen Kindern hingezogen. Wenn ich mich vor Läden über abgestellte Kinderwagen beugte, verstand ich, daß Frauen sich ein fremdes Kind raubten, um es zu wickeln, zu füttern, auf dem Schoß zu halten.« Michaels dritter Geburtstag kam und ging. Sie waren bereits seit Monaten voneinander getrennt. »Unwiederbringlich verloren war für mich [Michas] Entwicklung in den letzten acht Monaten, die ich nicht miterlebt hatte.« Michael wuchs über eintausendsiebenhundert Kilometer weit entfernt auf und wurde schnell größer, während sie in einem bewachten Lager Radiosender zusammenbaute und sich mit Menschen anfreundete, deren wahre Namen sie nicht kannte. Ihre Pflicht als Mutter war, bei Michael zu sein; doch ihre andere Pflicht war stärker. Manchmal weinte sie spätabends, aber sie dachte kein einziges Mal daran aufzuhören.

Eine Woche nachdem Ursula Michaels Geburtstag verpasst hatte, wurde sie in die Zentrale in der Bolschoi-Znamenski-Gasse zitiert. Ein Major lobte ihre Fortschritte und sagte dann unvermittelt, »man wolle mich bald hinausschicken, und zwar nach Mukden in die Mandschurei«.

Die nordöstliche Region Chinas und der Inneren Mongolei, bekannt als Mandschurei, war 1931 von den Japanern besetzt worden, die es in Mandschuko umbenannten und daraus einen japanischen Vasallenstaat machten. Die japanischen Besatzer kämpften gegen den ausgeprägten Widerstand der Chinesen – Bürgerwehren, Bauern-Bruderschaften, Banditenbanden und Partisanenarmeen mit Namen wie Große Schwerter und Roter-Speer-Verband. Der heftigste Widerstand schlug ihnen vom Untergrundnetzwerk der Kommunisten entgegen, gestützt von der Sowjetunion, die die Ausdehnung der japanischen Macht nach China als Bedrohung ansahen. Ursulas Aufgabe in der Stadt Mukden (heute Shenyang) würde es sein, als Verbindungsperson zu den kommunistischen Partisanen zu fungieren, sie grundlegend zu unterstützen und militärische und andere Geheiminformationen per Funk an Moskau zu übermitteln. »Mukden war zwar ein Nest, aber die politische Lage in der Mandschurei war sehr interessant«, schrieb sie später mit geübter Nonchalance, »und Mukden ein Brennpunkt der Ereignisse.« Mit anderen Worten, es war wahnsinnig gefährlich. Die Behörden in Shanghai hatten Tausende kommunistische Rebellen aufgespürt, doch die japanische Kempeitei oder militärische Geheimpolizei war von einem ganz anderen Schlag: brutal, rassistisch und überaus effizient. Ursulas Mission war wichtig und ein Zeichen dafür, wie hoch sie in der Gunst ihrer Agentenchefs aufgestiegen war, doch es war auch eine Mission, die sie vielleicht nicht überleben könnte. Ursula war nun ein Hauptmann der Roten Armee, doch niemand informierte sie über diese Beförderung oder sagte ihr, dass sie überhaupt einen Rang innehatte.

»Ich akzeptierte diese überraschende Aufgabe, ohne zu zögern«, schrieb sie später. Bei der anschließenden Bemerkung des Majors stutzte sie jedoch.

»Du wirst nicht allein dort arbeiten, ein Genosse geht als Hauptverantwortlicher mit. Für ihn ist es sehr nützlich, dass du China bereits kennst. Am liebsten würden wir euch als Ehepaar schicken.«

Sie war kurz sprachlos.

»Sieh mich nicht derart erschrocken an, [Ernst] ist ein guter Genosse, 29 Jahre alt, ihr werdet euch verstehen.«

»Erschrocken versuchte ich, den Major davon zu überzeugen, daß es so nicht gehe. [Rudi] und ich waren in Shanghai überall bekannt, Shanghaier reisten häufig nach Mukden [...]. Es war unmöglich, nachdem ich offiziell auf Europaurlaub gewesen war, plötzlich mit falschem Pass als Frau eines anderen aufzutauchen

[…]. Ohne eine Scheidung von [Rudi] war der Plan nicht zu verwirklichen, und das brauchte seine Zeit.«

Sie war noch nicht bereit für eine Scheidung. Außerdem war sie nicht sicher, ob ihr die Idee einer vorgetäuschten Ehe gefiel.

»Immerhin sollen wir für lange Zeit isoliert in illegaler Tätigkeit wie aneinandergebunden leben. Was geschah, wenn wir beim besten Willen nicht zueinander paßten?«

Der Major sagte: »Die Arbeit ist wichtig. Ich würde dich mit keinem schlechten Menschen dorthin schicken.«

Am nächsten Tag wurde sie von Oberst Gaik Lazarewitsch Tumanjan, dem Leiter der Asienabteilung, begrüßt. Tumanjan war »ein Armenier mit schmalem, länglichem Gesicht, dunklem, gelocktem Haar und dunklen Augen«, ein Bolschewikenveteran, der trotz seiner Freundlichkeit und Sanftheit in der Roten Armee aufgestiegen war. »Tums« hatte mehrere Jahre verdeckt in China gearbeitet und wusste genau, wie viel er von Ursula verlangte. »Ich stellte sehr bald fest, daß ich es mit einem klugen Menschen zu tun hatte, der sein Fach beherrschte und mir vertraute«, schrieb sie.

Tumanjan begrüßte sie mit einem breiten Lächeln. »Den Heiratsgedanken habe man aufgegeben, wenn es auch für den Genossen, der mit mir fahre, betrüblich sei. [Er] lachte so vergnügt, daß ich mitlachte.«

Der Oberst erklärte, dass sie nach Shanghai zurückkehren solle, um Rudi zu besuchen. Sie hatte ihm gesagt, dass sie sechs Monate fort sein würde, und nun waren es bereits mehr als acht. Nach ihrer Ankunft solle sie sich als Tarnung einen passenden Job in Mukden suchen und dann mit ihrem neuen Kollegen in die Mandschurei reisen. Ernst sei ein Seemann, der aus der Arbeiterklasse stamme, erklärte er ihr, und ein sehr erfahrener Funker.

Ursula hatte eine Frage: »Weiß er, dass ich einen Sohn habe? Hat irgendwer an mein Kind gedacht?«

Tumanjan schlug vor, »ich solle es [ihm] selber sagen«.

Ein paar Tage später entdeckte Ursula in einem Laden eine Kindermütze aus Fell und kaufte sie direkt. »In der Mandschurei gab es kalte Winter, dieses Mützchen könnte dem Jungen passen. [...] Ich stellte mir vor, wie ich sie [ihm] aufstülpte, sah den schwarzen Pelz, sein helles Haar, die blauen Augen, die zarte Haut.«

Am Nachmittag desselben Tages fand sie sich in einem kahlen, ungeheizten Raum der Zentrale wieder, wo sie auf den Genossen wartete, der ihr neuer Spionagepartner werden sollte. Sie fragte sich, ob ihr vor Kälte oder vor Aufregung die Zähne klapperten.

Schließlich betrat ein Mann den Raum, groß, schlank, mit den breiten Schultern von jemandem, der harte Arbeit gewohnt war. Sie begrüßten sich. »Ich spürte meine kalten Finger in einer warmen Hand, sah blondes Haar, eine bucklige Stirn, größer, als dem Gesicht zustand, hervortretende Backenknochen, blaugrüne Augen, die Lider scharfgeschnitten und schmal.«

Einen kurzen Moment begutachteten sie einander.

»Du zitterst ja«, sagte er. »Willst du meinen Mantel haben?«

»Ohne eine Antwort abzuwarten, zog er den Mantel aus und hängte ihn mir um. Der Mantel war lang und schwer, doch mir war auf einmal leichter.«

Ernsts tatsächlicher Name lautete Johann Patra. Er war ein 34-jähriger Seemann aus der Hafenstadt Klaipėda, von Geburt Litauer, von der Sprache und dem Verhalten her Deutscher und von seiner unerschütterlichen Überzeugung her Kommunist. Er war hochintelligent, aber vollkommen ungebildet, sprach Deutsch, Litauisch, Russisch und Englisch, aber hatte Mühe, in einer der Sprachen zu lesen. Ende der 1920er war das Talent des jungen Seemanns einem bulgarischen Offizier des sowjetischen Geheimdienstes aufgefallen, und er hatte begonnen, auf seinen Fahrten zwischen Hamburg, Riga und anderen Häfen gelegentlich Kurieraufgaben für die Komintern zu übernehmen. 1932 wurde er zur Ausbildung nach Moskau gebracht, wo er zunächst Unterricht in Sabotage und dann im Funkbetrieb erhielt.

Ursulas erstes Gespräch mit ihrem neuen Vorgesetzten war außergewöhnlich merkwürdig. Patra war sehr einsilbig und wollte wissen, ob sie einen illegalen Sender betreiben könne. »Es stellte sich schnell heraus, daß er [vom Funkbetrieb] mehr verstand als ich.«

Sie standen sich immer noch gegenüber.

Nach einer weiteren Weile des Schweigens sagte er: »Diese Mütze da, die du in den Händen knetest, ist sie dir nicht zu klein? Ich meine, die kann doch gar nicht passen.«

»Sie ist auch nicht für mich. Sie ist für meinen Sohn.«

Patra starrte sie überrascht an. »Du hast einen Sohn?«

»Ja. Michael ist drei Jahre alt und ich nehme ihn mit. Hast du was dagegen?«

Sie hatte sich bereits entschieden. »Freiwillig würde ich mich nur von ihm trennen, wenn es um Teilnahme an einer Revolution oder um bewaffneten Kampf der Partisanen ginge. Lehnte Ernst den Jungen ab, würde ich nicht mitfahren.« Sie hatte sich sogar passende Worte zurechtgelegt. »Falls er jetzt anfing, wie ein Kind meine Unabhängigkeit und Arbeitsfähigkeit einschränken würde, daß eine Mutter den Gefahren weniger gewachsen sei, [...] dann müssen wir mit dem [Chef] sprechen, daß er eine andere Mitarbeiterin für dich findet.«

Sie schwieg.

Plötzlich lächelte Patra zu ersten Mal.

»Was soll ich gegen ein Kind haben?«, sagte er. »Wir brauchen eine neue Generation.«

Ursula war sehr erleichtert.

Eine Woche später wurde Ursula zu General Jan Bersin persönlich geleitet, »glattrasiert, strahlende Augen und ein jugendliches Aussehen, aber grauhaarig, ruppig und rein geschäftsmäßig.« Bersin teilte ihr mit, dass sie Patra in Prag treffen, dann ihren Sohn abholen und weiter nach Süden an die Adriaküste nach Triest fahren solle. Er gab ihr Schiffsfahrkarten für eine Passage nach Shanghai mit einem italienischen Dampfer. Wenn sie Patra an Bord traf, musste es so wirken, als würden sie sich dort das erste Mal begegnen. Sie sollten so tun, als hätten sie eine Affäre, und würden dann gemeinsam in die Mandschurei gehen. »Wenn schon nicht Heirat, tut, als ob ihr zusammengehört«, wurde Ursula gesagt, »Das ist die beste Legalisierung für dich. Er wird sich [...] als Geschäftsmann niederlassen, auch dabei wirst du ihm behilflich sein müssen.«

Hier war eine Tarngeschichte, die aus Ursulas eigener Feder hätte stammen können: Ein ungeplantes Zusammentreffen, eine unbesonnene Romanze an Bord und dann ein gemeinsames Durchbrennen.

7
An Bord der Conte Verde

An einem kalten, kristallklaren Morgen im März 1934 verließ Ursula das Blue Star Hotel in Prag und machte sich auf den Weg, um Johann Patra zu treffen. Am Ufer der Moldau schrieb sie: »Die kahlen Äste der Uferbäume trugen Reif, dampfende Schwaden lagen über dem Fluss, schwebten aufwärts, wurden durchsichtig, zerrissen wie zarte Schleier, die den Wind nicht vertrugen.« Ursulas Aufregung wurde von einer mahlenden Unruhe gedämpft. Am nächsten Tag würde sie Michael nach der siebenmonatigen Trennung bei seinen Großeltern abholen. Würde er sich an sie erinnern? Dann war da noch Patra, ihr Vorgesetzter und neuer Partner, der gut aussah, aber schwer durchschaubar war. »Was geschah, wenn wir beim besten Willen nicht zueinander paßten?« Es war nicht immer einfach, mit Ursula zusammenzuleben, das wusste sie selbst. »Manch guter Mensch fiel mir derart auf die Nerven, daß ich ihn kaum eine Stunde lang ertrug. Besonders schwer fiel es mir, Humorlose, Pedanten, Angeber, Langweiler und Dickhäuter zu erdulden. Umgekehrt bestand dasselbe Risiko, es gab genügend Leute, denen ich auf die Nerven ging.«

Beim ersten Treffen mit Patra, als er ihr seinen Mantel umgelegt hatte, war eine unterschwellige Anspannung zu spüren. Vielleicht hatte er Zweifel daran, mit einer Frau zusammenarbeiten zu können. »Ich bemühte mich, einen möglichst abgehärteten, rauhen Eindruck zu machen. Er sollte wissen, mit ihm fuhr ein richtiger Kumpel in die künftige Gefahr«, sinnierte sie. Doch hatte sie ihn abgeschreckt, weil sie zu direkt und pragmatisch war?

Sie entdeckte Patra, der in einer Ecke des Cafés am Markt saß und mit seinen breiten Schultern und dem blonden Haarschopf seltsam verdächtig wirkte. Er hockte konzentriert über einer Zeitung und fuhr mit einem Finger die Zeilen entlang.

Als sie die Details ihrer Mission noch einmal durchgingen, wirkte Patra so wortkarg wie zuvor. Aber dann, plötzlich, hellte sich seine Miene auf. »Lass uns ins Kino gehen.« Das war nicht Teil des Plans. Doch er war ihr Vorgesetzter, und sie hatte Plakate eines französischen Films namens *La Maternelle* gesehen, der sie interessierte und der in einem der nahegelegenen Kinos lief. Als sie es sich in ihren Kinosesseln bequem machten und es losging, wurde Ursula schnell klar, dass sie den falschen Film gewählt hatten. *La Maternelle* (zu Deutsch: *Die Kinder von Montmartre*) spielt in einem Waisenhaus und erzählt die Geschichte von einem verlassenen Kind, das sich nach der Liebe seiner Mutter sehnt. Das war für Ursula, die nach der langen Trennung von ihrem eigenen Sohn sehr nah am Wasser gebaut war, zu viel Drama. »Bereits nach den ersten zehn Minuten liefen mir die Tränen über das Gesicht, ich war machtlos, sie zu verhindern. Ich [...] beschimpfte mich für meine Schwäche, hielt die Hände um die Stuhllehnen geklammert, schluckte lautlos und wartete ab.« Beschämt darüber, was Patra von ihr denken könnte, flüsterte sie: »Sonst bin ich nicht so.«

Er legte tröstend einen Arm um ihre Schulter. »Ich bin froh, daß du so bist.«

An jenem Abend beim Essen öffnete sich Johann ihr. Ursulas Augen waren noch vom Weinen geschwollen, und ihre Gefühle überwältigten sie beinahe wieder, als er von seiner eigenen Kindheit in Armut erzählte. Sein Vater, ein Fischer, vertrank sein Geld und verprügelte regelmäßig Frau und Kinder. Seine Mutter, »standhaft und duldend«, hatte ihr Glück geopfert, um vier Kinder großzuziehen, von denen er der Älteste war. »Unvergeßlich bleibt mir, mit welcher Hochachtung [er] von seiner Mutter sprach«, schrieb sie. Patra erinnerte sich daran, wie sein Vater eines Abends betrunken und zornig nach Hause kam. Der Fünfzehnjährige hatte sich schützend vor seine Mutter gestellt, konnte dem älteren Mann, einem erfahrenen Schläger, jedoch nicht die Stirn bieten. Der Fischer schlug seinen Jungen zu Brei und warf ihn aus dem Haus. Patra heuerte daraufhin direkt als Schiffsjunge auf einem Handelsschiff an und kehrte nie wieder nach Klaipėda zurück. Die folgenden fünf Jahre arbeitete er zunächst als Heizer, dann als Funker. Über einen Schiffskameraden kam er zum Kommunismus. Nach und nach, ein mühsames Wort nach dem anderen, watete er durch die Schriften von Marx und Lenin. »Während seine Kollegen Karten spielten, Landurlaub machten oder sich ausruhten, las er und quälte sich herum, weil er die Fremdwörter und langen, komplizierten Sätze nicht verstand.« Ursula, die von Büchern und Ideen umgeben gewesen war, hatte mit Leichtigkeit zum Kommunismus gefunden. Für Patra war es fast unüberwindbar schwer gewesen. »Ein [leichter] Weg war ihm wohl gar nicht offen«, überlegte sie. Am Ende des Abends begleitete sie der litauische Seemann zurück zum Blue Star Hotel, sie schüttelten sich förmlich die Hand, und er verschwand in die Nacht.

Am nächsten Tag, als der Zug Richtung Grenzbauden zuckelte, wurde Ursula wachsend aufgeregter und angespannter. »Jede Minute brachte mich meinem Sohn näher.«

Das langersehnte Wiedersehen wurde unausweichlich zu einer Enttäuschung. Ein dreijähriges Kind begreift, wenn es verlassen wurde. »Ein fremder kleiner Junge lief auf seine Großmutter zu und versteckte sich hinter ihrem Rock«, schrieb sie. »Mein Sohn wollte mir nicht einmal die Hand geben. Drei Tage wehrte er sich gegen mich, war ungezogen, bockig und verschlossen.« Ursula wurde erneut von Schuldgefühlen geplagt. Der Junge wünschte sich seine Mutter und seinen Vater hierher, in die Berge der Tschechoslowakei.

Schließlich musste sie den schreienden Jungen aus dem Haus in ein wartendes Auto schleppen. Um die Sache noch schlimmer zu machen, bekam Micha Keuchhusten. Während der Zug nach Süden Richtung Triest rollte, »brach er in langes, ziehendes Röcheln aus, und sein Gesicht lief bläulich an«.

Am nächsten Morgen stiegen sie die Gangway der SS Conte Verde hoch. Der große Ozeandampfer war der Stolz der Lloyd Triestino Line und bot 640 Passagieren in drei verschiedenen Klassen Platz. Am ersten Tag auf See entdeckte Ursula Patra auf der anderen Seite des Salons. Er reiste als »Geschäftsmann mit kleinem Vermögen«, mit einer Tarnung als Vertreter von Rheinmetall-Schreibmaschinen. Sie vermieden Blickkontakt. Die dreiwöchige Reise würde sie nach Süden über die Adria und das Mittelmeer nach Kairo bringen, dann durch den Suezkanal und weiter bis nach Bombay (heute Mumbai), Colombo, Singapur und schließlich Shanghai. Die ersten Tage an Bord musste der kranke Michael in ihrer Kabine in der zweiten Klasse bleiben. In seinem fiebrigen Zustand wurde »der kleine Junge von reiner Panik ergriffen, stellte sich vor, dass der Dampfer sinken könnte und er und seine Mutter ertrinken würden«. Ursula hielt ihn fest in den Armen, während sein schweißnasser kleiner Körper zitterte. Das Kind blieb zurückhaltend, doch langsam und mit zunehmender Besserung wurde auch ihre Beziehung wieder inniger. Nachdem sie ihm das Bilderbuch mit Kinderversen zum dreißigsten Mal vorgelesen hatte, entschied sie, dass der Kabinenkoller gefährlicher war als der Husten, und brachte ihn hoch an Deck, obwohl sie ihn sorgsam von anderen Kindern fernhielt, damit er sie nicht ansteckte.

Die Conte Verde war ein schwimmender Palast, gebaut in der Dalmuir Werft in Glasgow, 180 Meter lang, mit einer Crew von 400 Personen. Vier Jahre nach Ursulas Reise begann das mächtige Schiff eine ganz andere Art von Passagieren zu befördern: Zwischen 1938 und 1940, als die Judenverfolgung durch die Nazis an Fahrt aufnahm, brachte es 17 000 jüdische Flüchtende nach Shanghai in Sicherheit.

Als der Dampfer gerade durch den Suezkanal fuhr, ließ Michael seinen Ball fallen, der übers Deck hüpfte. Ein Passagier stoppte den Ball mit dem Fuß, bevor er ins Wasser rollen konnte, und brachte ihn zurück. Johann Patra lupfte den Hut und stellte sich der Mutter des Jungen als Ernst Schmidt von der Firma Rheinmetall-Schreibmaschinen vor. Ursula trug ein hübsches ärmelloses Kleid, das sie in Prag gekauft hatte. Sie taten so, als würde sich zwischen ihnen eine Unterhaltung entwickeln. An jenem Abend aßen sie zusammen. Und auch am nächsten. Falls es den Mitreisenden auffallen sollte, dass die elegante junge Deutsche sich äußerst gut mit dem vermögenden Geschäftsmann verstand, so war das an Bord der SS Conte Verde kaum der Rede wert. »›Dampferschatten‹ waren zumindest so üblich wie jene auf Kuren«, schrieb Ursula.

Während sie weiter nach Süden schipperten, wurde das Wetter milder. An den Abenden, wenn Michael schon schlief, schlenderten sie, ins Gespräch vertieft, übers Deck. Tagsüber plantschten sie im Swimmingpool, spielten Karten oder lagen in Liegestühlen.

»Du bist eine gute Mutter«, versicherte Johann Ursula.

In der Tschechoslowakei hatten sie vereinbart, an Bord nicht über ihre Mission zu sprechen, doch Patra setzte sich schon bald über seine eigene Regel hinweg. Ursula hatte den Chiffriercode auswendig gelernt, den sie in der Mandschurei benutzen würden. »Weißt du ihn noch?«, fragte Patra eines Morgens nach dem Frühstück. Sie nickte und sagte den Sendecode auf. Am nächsten Tag stellte er dieselbe Frage. Als er am dritten Tag fragte, blaffte sie: »Hör endlich auf damit. Du kannst dich auf mich verlassen.« Er blaffte halblaut zurück: »Nein. Ich kenne dich noch nicht gut genug und trage die Hauptverantwortung.«

Eine Stunde später sah sie Patra und Michael, die fröhlich eine Brücke aus Bauklötzen bauten, und ihr Ärger verflog.

»Abends verbrachten wir manche Stunde an Deck unter dem besternten Himmel, lehnten über die Reling, blickten auf das Meer, schwiegen oder erzählten uns leise von unseren so verschieden verlaufenen Leben, die uns zur gleichen Weltanschauung geführt hatten.« Sie erzählte ihm von ihrer eigenen Kindheit, ihren drei Jahren in China und ihrer Anwerbung durch Richard Sorge. Er beschrieb sein Leben auf See und seinen ständigen Kampf damit, die Literatur der Revolution zu verstehen. Er fragte nach Rudi.

»Du brauchst mir natürlich nicht zu antworten«, fügte er hinzu.

»Er war ein guter Mensch, wir haben uns auseinandergelebt … Ja, mein erster …, wie alt ich damals war? Ich frag dich das ja auch nicht …, nein, kein Geheimnis, achtzehn … Nein, kein neuer im Spiel.«

Das hatte Patra sie nicht gefragt.

»Die lange Schiffsreise mit den warmen Tagen, den klaren Nächten, der Sonne und dem Sternenhimmel schuf eine Atmosphäre, der man sich nicht entziehen konnte«, schrieb sie. »Wenn wir abends in der Dunkelheit über die Reling gebeugt ins Wasser schauten, flüsterten oder auch lange schwiegen, war ich nicht mehr so sicher, ob ich die rein ›kameradschaftliche‹ Basis wollte.« Patra schien ihren Sohn zu vergöttern. Sein seltenes, kurzes Lächeln war atemberaubend.

Obwohl sie sich beide im Klassenkampf engagierten, trennte die Klassengesellschaft sie ironischerweise auch. »Sein Geschmack war verkitscht, seine Manieren nicht die eines Geschäftsmannes«, stellte Ursula fest. Leute, die in der ersten Klasse reisen, stecken sich keine halb gerauchten Zigaretten hinters Ohr, bemerkte sie spitz. »Es sind Nebensachen, die mir egal sind, aber es gehört zu deiner Legalisierung, daß du wie ein bürgerlicher Geschäftsmann auftrittst.« Sein Unvermögen, sich anzupassen, gefährdete sie alle. Wütend stampfte Johann davon und sagte, er würde sich woandershin setzen, um sie nicht zu »blamieren«.

Ursula war bestürzt. »Wie ist das möglich?«, dachte sie. »Da haben wir gemeinsam große Aufgaben vor uns, sind die einzigen Kommunisten auf diesem Schiff, wissen, daß wir lange zusammenbleiben müssen, und über so etwas gibt es Streit.«

Patra versuchte, Hegels *Wissenschaft der Logik* zu lesen. Was etwas ist, zu dem niemand sich je verpflichtet fühlen sollte. Ursula sah zu, wie er sich mit vor Konzentration verzerrtem Gesicht durch das verdichtete Deutsch arbeitete.

Er bat sie um Hilfe. »Du mit deiner Schulbildung und einem Professor zum Vater wirst das ja wohl können.« Ursula entgegnete, dass sie nie ein Wort von Hegel gelesen hätte und dass ein 800-seitiges Werk dialektischer Metaphysik aus dem neunzehnten Jahrhundert kaum ihrer Vorstellung von Liegestuhllektüre entsprach.

»Du hast es viel leichter als ich«, erwiderte er, »aber die Mühe ist dir zuviel.«

»Ich bin auch fleißig, aber muß ich es unbedingt an Hegel beweisen?«

Etwas später zeigte er ihr stolz eine Postkarte, die er für seine Mutter in Litauen gekauft hatte – ein Schloss mit Zinnen und Türmchen, gebadet im rosa Sonnenuntergang.

»Wie findest du sie?«, fragte er. »Es war die teuerste, die der Purser hatte.«

»Ich finde es unnatürlich und ein bißchen kitschig«, antwortete sie ehrlich und bedauerte es direkt wieder.

»Aha«, zischte Patra wütend und zerriss die Postkarte, »ein Arbeiter hat keinen Geschmack – ist ein kulturloser Barbar.«

Nun war sie wütend. »Jetzt ist Schluß. In diese Rolle laß ich mich nicht mehr von dir drängen, dazu habe ich als Kommunist zuviel geleistet, und wenn du so weitermachst, verliere ich jede Achtung vor dir.«

Patra wich einen Schritt zurück. »So hab ich's nicht gemeint«, murmelte er.

Sie kamen aus verschiedenen Welten – er ein raubeiniger, baltischer Seemann und sie eine belesene deutsche Jüdin der Mittelschicht. »Er […] schien sich über alles zu ärgern, was ich besaß: meine Bildung, mein fließendes Englisch, meine größere Sicherheit im Umgang mit Menschen.«

Nachdem sie Michael an jenem Abend ins Bett gebracht hatte, fand sie Johann auf dem Achterdeck, wo er finster auf einem Haufen Takelage saß und seine Pfeife rauchte. Sie war fest entschieden, ihren Streit beizulegen. »Spontan, ohne lange nachzudenken, sprach ich alles aus, was ich an ihm bewunderte: seinen Fleiß, seine enorme Willenskraft und seine große Erfahrung.«

»Soll ich dir mal sagen, was ich von dir halte?«, erwiderte er.

Er sprach so fließend, als würde er eine bittere Geschichte aus dem Gedächtnis erzählen:

»Früh erscheint sie, jeden Morgen in einem anderen Kleid, um ihre, man muß zugeben, gute Figur ins rechte Licht zu rücken, und jeden Morgen lächelt sie mindestens zwanzig Leuten freundlichst zu. Sie schließt gern Bekanntschaften, dabei macht es ihr nichts aus, daß es hier nur kleinbürgerliches Pack gibt. Sie brilliert mit ihren Kenntnissen in Englisch und Französisch, besonders in Anwesenheit ihres ungebildeten Reisebegleiters, der kein Wort davon versteht; und sie macht ihn mit Vergnügen darauf aufmerksam, daß er ein Prolet ist, der sich nicht zu benehmen weiß. Jawohl, er stand nicht auf, als sie zu ihm trat – wie peinlich –, und er schlürfte die Soße mit dem Löffel vom Teller, und er sparte die Zigarettenkippen auf. Macht er solche Fehler, stürzt sie sich wie ein Habicht auf ihn. Er ist Kommunist, hat gelernt und gelernt, aber eben nicht gutes Benehmen. Die Partei benutzte ihn, den Seemann, zu Kurierdiensten. Einmal, in Brasilien, erwischte ihn die Polizei. Er hatte Post bei sich und riß sich los. Sie schossen, der Schuss streifte die Schulter, er entkam, verbarg sich drei Tage, verpaßte sein Schiff, hatte keinen Pfennig Geld, und bei alledem vergaß er, sich um gute Manieren zu kümmern. Nun ist er auf diesem verdammten Dampfer, das erstemal in bürgerlicher Gesellschaft, und weiß, er darf nicht aus dem Rahmen fallen, beobachtet dauernd die feinen Pinkels, guckt ihnen alles ab, welche Gabel sie jetzt ins Maul schieben, ach so, belegte Brote werden nicht aus der Hand gefressen, sondern in Stückchen geschnitten und aufgespießt. Er schwitzt wie ein Schiffsheizer, so verflucht unsicher ist er, aber was ahnt eine Intellektuelle aus reichem Hause davon.«

So hatte noch nie jemand mit Ursula gesprochen. Sie spürte, wie die Wut in ihr aufstieg. »Noch nie hatte mich jemand für spießig, eitel, vergnügungssüchtig oder boshaft gehalten.«

»Hol ein paar Mal tief Luft«, sagte sie sich. Dann sagte sie: »Darf ich dir antworten, und zwar der Reihe nach? Ich finde, mit Freundlichkeit dem einzelnen gegenüber braucht man nicht bis zur klassenlosen Gesellschaft zu warten. Fröhlichsein ist ein Nachbar von Freundlichsein. Und es bedeutet nicht Oberflächlichkeit. Für mich ist es eine Art Moral, die meine Beziehung zur Umwelt mitbestimmt. Bin ich einmal deprimiert, versuch ich, allein zu sein, um andere nicht mit meiner schlechten Stimmung zu beeinflussen. […] Du hast recht, ich lerne gern Menschen kennen, sie interessieren mich sehr. Sie sind schnurrig, komisch, traurig, schlecht, bewundernswert, jeder hat sein eigenes Schicksal, durch die Gesellschaft und durch sich selbst bestimmt. […] Und nun die lächerliche Kleiderfrage. Ich habe ganze vier Stück. Natürlich macht's mir Spaß, sie anzuziehen. Spürst du nicht, wie schön es ist, aus dem noch kalten März heraus die alten Wintersachen abzulegen und auf einmal im südlichen Sommer zu sein, ärmellos und ohne Strümpfe herumzulaufen, in der Sonne zu liegen, in der mit Wasser gefüllten Zeltbahn zu schwimmen? Ich hab gedacht, du erlebst das alles mit, das seien unsere guten Stunden. So, das sind die Kleinigkeiten, deine anderen Vorwürfe sind viel ernster.«

Patra unterbrach sie. »Bevor du weiterredest, das sind auch für mich gute Stunden.« Dann ging er.

Am nächsten Tag legte das Schiff in Colombo an. Die drei gingen an Land, und der kleine Junge kreischte vor Begeisterung, als er die Affen in den Bäumen sah. Sie setzten sich in ein Café auf einem Hügel, von wo man über das Meer blicken konnte, Micha auf Patras Schoß.

Als der Dampfer an jenem Abend bei Sonnenuntergang den Hafen wieder verließ, lehnten sie nebeneinander an der Reling. »Unsere Arme berührten sich, wie man im besetzten Zug den Nachbarn berührt. [...] Ich rückte meinen Arm ein Stück weiter fort.«

»Du brauchst keine Angst zu haben«, sagte Patra.

»Hab ich auch nicht, wovor denn?«

Er schwieg.

»Es ist spät, ich muss zu [Micha].«

»Kommst du noch mal zurück?«

»Es ist spät.«

»Ich warte hier.«

Als sie zurückkehrte, blickte Patra versonnen über den Ozean. Er hörte sie nicht kommen.

Sie dachte: Geh, streich ihm das Haar zurück, das der Wind in sein Gesicht bläst.

Stattdessen stellte sie sich still neben ihn.

»Vieles ist meine Schuld, ich erkenne es jetzt«, sagte sie, »aber ich weiß nicht, wie lange ich es aushalten werde, wenn du mich so beschimpfst.«

»Würdest du weggehen, wenn du könntest?«

»Wozu über Unmögliches nachdenken!«

»Ich würde nicht von dir weggehen.«

Patra verstummte und starrte hinunter auf die Heckwelle. Doch dann »blickte [er] auf, sah über das Wasser, sah mich an und strich mir das Haar aus dem Gesicht«.

Sie hatten einen Punkt überschritten.

Doch sie hielt sich immer noch zurück. Sie hatte bereits einen Agentenkollegen geliebt und verloren. »Ich wehrte mich dagegen, der Atmosphäre einer Fahrt über die Meere mit ihren romantischen Abenden und dem ständigen Zusammensein ohne Aufgabe zu erliegen.« Sie würden schon bald zusammenarbeiten. Er war ihr Vorgesetzter, und sie passten in vielerlei Hinsicht nicht zusammen. »Lieber keinen Anfang als ein quälendes Ende, das kein endgültiges sein durfte, weil die Arbeit uns aneinanderkettete«, sagte sie sich. Sie fühlte sich sehr von ihm angezogen, in einer aufregenden Kombination von körperlichem Verlangen, verbotener Liebe und dem Versprechen auf Abenteuer.

Patra drängte, doch er war geduldig. »Ich weiß, das ist etwas Ernstes zwischen uns, und wenn du es noch nicht siehst, warte ich.«

Die beiden Spione fuhren nach China, um in einem Untergrundkrieg zu kämpfen, in dem beide umkommen könnten. Die anderen Passagiere auf der Conte Verde sahen nur ein glückliches, junges, frischverliebtes Paar.

8
Unsere Frau in der Mandschurei

Als das italienische Dampfschiff im Hafen von Shanghai einlief, wartete Rudolf Hamburger am Kai. Die Monate ohne Ursula und Michael waren schmerzlich einsam gewesen. Rudi hatte sich in seiner Arbeit als Architekt und dem Möbelgeschäft vergraben und befürchtet, dass die beiden nie mehr zurückkehren würden. Und nun waren sie da: Sein strohblonder Sohn, einen Ball fest an sich gepresst, und seine hübsche Frau in einem ärmellosen weißen Kleid, die wegen des Gewichts, das sie in Russland zugelegt hatte, noch zauberhafter aussah. Er nahm sie überglücklich mit zurück in die Avenue Joffre. Die Familie war wieder vereint. Patra zog sich still in ein Hotel zurück.

Rudis Freude währte nur wenige Stunden.

»Es fiel mir nicht leicht, ihm gleich zu sagen, daß wir nur zu Besuch gekommen waren«, schrieb Ursula später. Sie und Michael würden schon bald in die Mandschurei weiterreisen, erklärte sie ihm so schonend wie möglich, und sie würden nicht allein reisen.

Eine andere Art von Mann hätte jetzt eine Tirade von Protesten und Schuldzuweisungen losgelassen und verlangt, dass sie Michael bei ihm lasse, hätte mit Geschirr und Drohungen um sich geworfen oder mit Rechtsstreit gedroht. Doch Rudi schluckte die düstere Ankündigung, ohne eine Szene zu machen. »Er war sehr deprimiert, er blieb wie immer ruhig.« Aber er weigerte sich kategorisch zu akzeptieren, dass die Trennung endgültig wäre, und war nicht bereit, seinen Sohn oder seine Frau aufzugeben. Auf seine eigene Weise war Rudi genauso störrisch wie sie. »[Rudi] besaß eine besondere Art von Zähigkeit, die man bei einem weich wirkenden Menschen nicht vermutet«, schrieb sie. »Er machte mir keinerlei Vorwürfe oder Schwierigkeiten und nahm auch hin, als ich ihm sagte, daß ich in Mukden vielleicht nicht allein leben würde.«

Rudis stoischer Gleichmut hatte noch einen anderen Grund. Er wusste, dass Ursula in der Mandschurei »geheime Parteiarbeit« leisten würde. Bisher hatte er ihre Spionagetätigkeit abgelehnt und sich dagegen gewehrt, doch inzwischen unterstützte er sie rückhaltlos. Er sei ein Kommunist, verkündete er, der von den politischen Entwicklungen zum Handeln getrieben werde. Ihre Familien waren im Exil, auf der Flucht oder wurden immer heftiger verfolgt. Sein Heimatland befand sich im Griff der Faschisten. Menschen auf der Flucht strömten nach Shanghai, und der Club war zu einem Nazi-Nest geworden, wo er als Jude inzwischen nicht mehr willkommen war. Ursula bemerkte erstaunt, wie Rudi sich verändert hatte: »Er war ja nun nicht mehr ein Sympathisierender, der zurückwich, sondern ein Kommunist, bereit zur Mitarbeit.« Eine Woge der Bewunderung für den bemerkenswerten Mann, den sie geheiratet hatte, überkam sie. Aber sie liebte ihn trotzdem nicht.

Drei Tage nach ihrer Rückkehr nahm Ursula eine Rikscha zu einem kleinen Restaurant am Stadtrand, wo Patra mit einem leitenden Offizier der KPCh wartete. Der namenlose chinesische »Genosse« erklärte, dass im Zuge der Invasion der Mandschurei die japanischen Truppen bis an die Grenze zu Russland vorgerückt seien und nun die Sowjetunion selbst bedrohten. »Eure Aufgabe ist dadurch doppelt wichtig«, sagte er. Kommunistische Partisanen in den Bergen führten einen erbitterten Guerillakrieg gegen die japanischen Besatzer. Ursula und Johann würden die Verbindung der Widerstandskämpfer zu Moskau sein. Sie müssten Teile für einen Funksender kaufen, mit dem Zug nach Mukden reisen und dort in der Stadt eine Operationsbasis aufbauen.

Als wichtigster sowjetischer Außenposten in der Mandschurei würden sie dafür verantwortlich sein, die Rebellen mit Geld, Waffen und Sprengstoff zu versorgen, Geflüchtete zu verstecken, unter den Partisanen nach Leuten zu suchen, die zur Ausbildung nach Moskau geschickt werden könnten, lokale Funker zu rekrutieren und auszubilden sowie Nachrichten zwischen der Zentrale und den Guerrillaführern zu versenden. Der Genosse beschrieb, wie man mit den Partisanen in Kontakt trat. Als im Ausland lebende Europäer konnten sie sich freier bewegen als die Chinesen, doch die Japaner würden sie eng überwachen, da jeder, der über China in die Mandschurei einreiste, Teil der antijapanischen Bewegung und daher ein potenzieller Feind sein konnte. Und schließlich beschrieb er die Risiken. »Die Japaner konnten [Ausländer] auch nicht, wie man es mit den Chinesen tat, namelos verschwinden lassen«, doch wenn sie von der Kempeitai geschnappt würden, würde man sie foltern und dann töten.

Johann Patra zog los, um Röhren, Gleichrichter und Kabel zu kaufen. Das selbstgebaute Funkgerät würde von zwei großen Eisentransformatoren gespeist werden, von denen jeder zweieinhalb Kilo wog. Da es unmöglich war, sie im Gepäck zu verstecken, mussten sie sie bei ihrer Ankunft in Mukden kaufen.

Ursula benötigte zur Legalisierung einen Job, etwas, das mit Literatur zu tun hatte. Sie besuchte Evans & Co., eine amerikanische Buchhandlung in Shanghai, wo sie erklärte, dass sie nach Mukden zog, und ihnen anbot, die Buchhandlung in der Mandschurei zu vertreten. Sie würde einen Grundstock an Büchern zum Großhandelspreis kaufen, sie an englische Leser zum Ladenpreis verkaufen und den Profit behalten. Evans & Co. waren erfreut und statteten sie mit einem formellen Schreiben und gedruckten Visitenkarten aus. Ursula war nun die Geschäftsführerin und einzige Repräsentantin der Manchukuo Book Agency, spezialisiert auf Bildungs-, medizinische und wissenschaftliche Literatur. Und auf Spionage.

Mitte Mai 1934, kurz bevor sie nach Mukden abreisen sollten, ließ Ursula Michael bei Rudi zurück und erklärte, dass sie in zwei

Tagen wiederkommen würde. Wohin sie fahren würde, erzählte sie nicht. An jenem Nachmittag nahmen Johann und sie den Zug in die alte Stadt Hangchow (heute Hangzhou), zwei Stunden südwestlich von Shanghai, und checkten in einem charmanten, zweistöckigen kleinen Hotel ein, das von einem hübschen Hofgarten umgeben war.

»Es war ein Traumtag«, schrieb Ursula. »Hand in Hand gingen wir durch die alten Gassen, mit ihren Garküchen, Verkäufern, Menschenmassen.« Sie blieben stehen, um einem Porzellanflicker zuzusehen, der fachkundig Teile zerbrochener Reisschalen wieder zusammensetzte. Der alte Mann hatte ein geniales Werbeinstrument dabei, eine Bambusstange mit einem Gong und zwei Ketten, die beim Gehen einen klimpernden Glockenton erzeugten. Im Garten eines buddhistischen Tempels setzten sie sich auf eine Bank an einem kleinen See. »Wir sprachen von Laotse, Konfuzius, der chinesischen Roten Armee, […] den Lotusblättern auf den Teichen, von den Menschen, die vorübergingen, von [Micha] und von der Reise nach [Mukden]. Von der Nacht, die vor uns lag, sprachen wir nicht.«

Wieder zurück im Hotel, ging Johann los, um ihnen grünen Tee zu holen. Aus dem Innenhof ertönte das Geräusch von Mah-Jongg-Spielern, das Klicken der Knochensteine klang wie das gedämpfte Klappern von Kastagnetten. Durch die Papierjalousien waberte kühle Luft, die das Moskitonetz des großen Doppelbetts mit den vier Pfosten kräuselte. Ursula fröstelte plötzlich. Sie zog Johanns Jacke an und erinnerte sich an den Moment vor einigen Monaten, als er ihr den Mantel umgelegt hatte, weil ihre Zähne vor Aufregung und Kälte klapperten.

Sie steckte eine Hand in die Jackentasche und zog ein Foto heraus.

Johann, mit dem Arm um die Hüfte einer chinesischen Prostituierten. Ein Foto mit einem Datum, aufgenommen vor fünf Tagen in Shanghai.

Als Johann mit dem Teetablett den Raum betrat, starrte sie immer noch auf das Foto.

Johann sah das Foto in ihrer Hand und hielt einen schuldbewussten Monolog, er handelte von »den üblich trivialen Tausenden Worten Tausender Männer«, Selbstrechtfertigungen, eindringlich und bedeutungslos.

»Dies wäre nur so eine Aufnahme. [...] Die Sache habe überhaupt nichts zu bedeuten, eine rein körperliche Angelegenheit, schon längst vergessen, es sei auch meine Schuld, ich hätte ja nicht ..., und da wäre er eben ..., und es habe nichts, aber auch gar nichts mit seinen Gefühlen für mich ..., und nie wieder würde er ... und so weiter. ›Schrei mich an, prügel mich, aber sag mir, du wirst wieder gut sein, du kannst doch nicht solche Kleinigkeit ...‹«

Weiter und weiter.

Sie sagte gar nichts.

Irgendwann kletterten sie in das große Bett. »Ich brauchte nur einmal ›Laß mich in Ruhe‹ zu sagen«, schrieb sie.

Patra schlief zügig ein. Ursula lag wach, lauschte auf das Stimmengemurmel der Chinesen und das Klappern der kalten, harten Mah-Jongg-Steine.

Auf der weiten Reise nach Mukden saß der kleine Michael zwischen Ursula und Johann und plapperte fröhlich, während draußen die Sojabohnenfelder und kleinen Dörfer vorbeizogen. Die Radioröhren waren ganz unten im Koffer in aufgerollten Socken versteckt. »Die dumme Sache in Shanghai darf nicht alles verderben, das steht nicht dafür. [...] Sei doch fröhlicher, so wie früher.«

Ursula schwieg. »Es schien mir sinnlos, ihm vorzuwerfen, daß er ein ganz anderer Mensch war als ich und nicht ermessen konnte, wie tief er mich verletzt und abgeschreckt hatte.«

An der Grenze leerten die Japaner jeden Koffer und häuften den Inhalt auf den Bahnsteig. Johann hatte die Röhren bereits zwischen die Sitzkissen des Abteils gestopft.

Mukden war eine kleinere, weniger glamouröse Version von Shanghai, ein Gewirr von engen Straßen, in denen es von Menschen wimmelte, und von niedrigen Backsteinhäusern, unterbrochen von großen städtischen Gebäuden. Außerhalb der bewehrten Mauern lag ein weit ausgedehnter Slum. Die Ausländer lebten in ihrer eigenen Enklave. Hier war die Gemeinde der Expatriates weniger wohlhabend und die Profite waren geringer, da die Ausländer in Konkurrenz mit den ankommenden Japanern standen. In Mukden war eine sonderbare internationale Mischung an Menschen gestrandet: Abenteurer, Gauner und Nomaden, die versuchten, ihrer Vergangenheit zu entkommen, oder auf der Suche nach einer neuen Zukunft waren. Eine unglückliche Frau mehr oder weniger, die mit ihrem Liebhaber durchgebrannt war, erregte kein Aufsehen. Die Stadt war übersät mit Opiumhändlern, Kriminellen und Prostituierten. Es würde »reichlich Gelegenheit für Johann geben, seine Fotosammlung zu vergrößern«, überlegte Ursula bitter.

Im Yamato Hotel packten sie aus und ließen absichtlich ihre gedruckten Visitenkarten von Rheinmetall und Evans & Co. herumliegen, damit die Spione sie fanden. An jenem Nachmittag zog Johann los, um ein Versteck für ihre Senderteile zu suchen. Ursula ließ einen Koffer unausgepackt und legte einen dünnen Faden über das Schloss. Als sie vom Abendessen zurückkehrten, war der Faden verschwunden. Die Schnüffler hatten ihre Inspektion durchgeführt. »Im Hotel wechselten wir kein einziges Wort von Belang.« Jeder Kellner lauschte.

Es war vereinbart worden, dass Ursula die Verbindung zu den Partisanen aufbauen sollte. Das hatte General Bersin ausdrücklich betont: Patra sollte »keinem größeren Risiko ausgesetzt werden«. In dem Zweierteam war sie die untergeordnete Offizierin und deswegen entbehrlicher. Der Erstkontakt sollte nicht in Mukden, sondern 500 Kilometer nördlich in Harbin stattfinden. Johann verkündete plötzlich, dass er statt ihrer fahren würde. Warum, fragte sie, änderte er die vereinbarte Strategie?

»Nun, du bist immerhin eine Frau und noch dazu eine Mutter, vielleicht ist das zu viel für dich.«

»Das haben wir alles vorher gewußt«, entgegnete sie barsch.

»Und was wird mit dem Jungen?«

»Den nehm ich mit.«

»Du willst dem zarten Kind diese weite Reise zumuten und es dann stundenlang allein im Hotel lassen? Kommt gar nicht in Frage. Wenn du fährst, bleibt [Micha] bei mir.«

Johann sagte die tägliche Routine des Kindes auf: Essenszeiten, Kleidung und wie viel Lebertran er ihm einflößen müsse. »Sei ganz ruhig wegen des Jungen«, sagte er, »und komm heil zurück.«

Ursula hasste Harbin, die größte Stadt der Mandschurei und die neue Heimat von Tausenden Weißrussen, die vor der Revolution geflüchtet waren. Sie waren wohlverdient Opfer der Geschichte geworden, doch die zerlumpten Vertriebenen, denen nur noch Elend, Kriminalität, Rikschaziehen und Prostitution blieben, waren erbärmlich anzusehen. »Viele bettelten in zerlumpter Kleidung an Straßenecken«, schrieb Ursula. »Von allen Städten, die ich in meinem Leben kennengelernt habe, war das damalige Harbin die unheimlichste.«

Ursulas Anweisung lautete, sich nach Sonnenuntergang mit einem Partisanen-Kontaktmann namens »Li« am Eingang eines abgelegenen Friedhofs am Stadtrand zu treffen. Sie fürchtete sich schon immer vor der Dunkelheit. »Es belastete mich, denn in unserer Arbeit spielte sich vieles während der Nachtstunden ab.« Zwei Betrunkene gingen schwankend und singend vorbei. Ein Mann näherte sich ihr und starrte sie an. Sie wartete auf das Codewort, doch seine Miene deutete an, dass er nicht aus Spionagegründen dort war. Sie rannte weg und versteckte sich hinter einem Grabstein. Sie wartete eine Stunde über die vereinbarte Zeit hinaus und kehrte dann in die willkommene Helligkeit des Hotels zurück. Wie angewiesen, ging sie am nächsten Abend erneut zu dem

Friedhof, doch immer noch keine Spur des Partisanen. »Warum war er nicht gekommen? War er verhaftet worden?« Niedergeschlagen nahm sie den Zug zurück nach Mukden.

Im Yamato Hotel war Johann so damit beschäftigt, dem Jungen beim Mittagessen zu helfen, dass er nicht bemerkte, wie Ursula den Speisesaal betrat. »Er hob Micha auf den durch ein Kissen erhöhten Stuhlsitz, er band ihm die Serviette um, ganz vorsichtig, damit kein Nackenhaar in die Schleife geriet. Er kostete die Suppe, ob sie nicht zu heiß war, und schob Micha einen Löffel in den Mund. Er wischte ihm etwas Flüssigkeit vom Kinn und fütterte ihn, ganz in seine Arbeit vertieft.«

Sie spürte, wie ein Gefühl von Liebe in ihr aufstieg.

Erst als sie neben ihm stand, wandte Johann den Kopf.

»Ich bin so froh«, sagte er leise.

»Ach, [Johann], was soll ich bloß mit dir machen?« Sie legte ihm die Arme um den Hals. »Er hielt mich lange fest.«

Doch später, als sie ihm von dem fehlgeschlagenen Treffen erzählte, blitzte Johanns Wut wieder auf. »Du hast ein wunderbares Talent, deine Gelegenheiten zu verpatzen«, blaffte er. Dasselbe konnte man von ihm behaupten. In dieser Nacht schliefen sie erneut getrennt.

Eine Woche später war ein Reservetreff mit Li vereinbart worden. Diesmal bestand Johann darauf, selbst nach Harbin zu fahren.

Zu ihrer eigenen Verärgerung merkte Ursula, wie sie langsam nervös wurde, als der Zeitpunkt seiner Rückkehr näher kam und dann verstrich. »Merkwürdig, wie schnell man sich an einen Menschen gewöhnt«, sinnierte sie. Sie ging im Zimmer auf und ab, unfähig, sich auf ihre Lektüre zu konzentrieren. »War er verhaftet worden? Sie foltern Li, er hält stand, hat unseren Treffpunkt, wo ich lange gewartet habe, nicht preisgegeben.«

Um Mitternacht schlüpfte Johann schließlich erschöpft ins Zimmer. Li war nicht aufgetaucht.

Er kletterte neben sie ins Bett. Die Erleichterung brachte eine Welle der Leidenschaft mit sich, der sie sich nicht länger widersetzte.

»Alles andere ist gut in dieser Nacht«, schrieb sie.

Falls die ersten Treffen misslingen sollten, war in der Stadt Fushun, fünfzig Kilometer östlich von Mukden, ein alternatives Treffen vereinbart worden. Ursula packte ihre Bücher ein, verkaufte zwar nur fünf davon in Fushun, kehrte jedoch erleichtert zurück. Der Partisanenkontakt kam pünktlich, »von hohem Wuchs, ein ruhiger Nordchinese mit sparsamen Bewegungen«, der in einfachem Chinesisch, etwas Pidgin-Englisch und Bleistiftskizzen erklärte, dass er der Führer einer Partisanengruppe war, die aus Arbeitern, Bauern, Lehrern, Studenten und Straßenhändlern bestand. »Richtig, richtig, sehr gut«, sagte er wiederholt. Li, sagte er, habe Angst bekommen. Der Mann nannte sich »Chu« und erklärte, dass sie dringend Sprengstoff für einen Angriff auf die südmandschurische Eisenbahnlinie bräuchten.

»Wir können endlich mit unserer Tätigkeit beginnen«, dachte Ursula, als sie wieder zurück im Hotel war und ihre Notizen des Treffens in den Saum ihres Unterrocks einnähte.

Doch es blieben zwei große Hürden: Sie benötigten die Transformatoren, um die Sendeempfänger zu betreiben, und einen sicheren Ort, von wo sie funken konnten. Die Japaner hielten ständig Ausschau nach illegalen drahtlosen Funkübertragungen. Eine Außenantenne auf dem Hotel zu errichten, wäre gefährlich und vermutlich auch unmöglich gewesen. Ursula begann, nach einer Bleibe zu suchen, wo sie ihre Sendestation errichten konnten.

Patra durchkämmte währenddessen jeden Radioladen von Mukden, ohne brauchbare Transformatoren zu finden.

Widerstrebend bestieg er irgendwann den Zug nach Shanghai: Er würde sie in der Stadt kaufen und einen Weg finden müssen, wie er die klobigen Metallgeräte zurück über die Grenze schmuggeln könnte. Ursula riet ihm, Rudi zu konsultieren, und versicherte, dass ihr Ehemann trotz der merkwürdigen Situation absolut vertrauenswürdig sei.

Der aufgeblähte japanische Beamtenapparat hatte alle freien Wohnungen für sich in Beschlag genommen, und es waren nur vereinzelte Villen geflohener chinesischer Generäle übrig geblieben. Eine von ihnen war eine Luxusvilla hinter hohen Mauern, die einst einem Verwandten des mandschurischen Warlords General Zhang Xueliang gehört hatte und direkt neben Mukdens German Club stand. Ursula warf nur einen Blick auf das Gebäude und entschied, dass es zu protzig und trostlos war und weit über ihrem Budget lag. Aber versteckt in einer Ecke entdeckte sie ein kleineres Steingebäude. Der Diener erklärte kichernd, dass das Haus speziell für die Mätresse des Generals gebaut worden sei. Ein unterirdischer Gang führte zum Haupthaus, damit der verliebte General seine Konkubine schnell und heimlich besuchen konnte. Das kleine Haus hatte kein Bad, nur einen Hahn mit fließend kaltem Wasser, und konnte nur mit einem Holzofen beheizt werden, doch ansonsten war es ideal. Es hatte drei holzvertäfelte Räume im Hochparterre, eine Küche im Keller, eine Couch, die vielleicht den früheren Besuchen des Generals bei der Mätresse gedient hatte und nun Ursulas Bett wurde. Von außen waren die Zimmer nicht einsehbar, und die Nähe zum deutschen Club war seltsam befriedigend: Sie würde direkt neben einem Gebäude, auf dem das Hakenkreuz wehte, gegen die Faschisten kämpfen. Zum ersten Mal seit über einem Jahr hatte Ursula wieder ein Zuhause: »Nun machte es Freude, eine Strohmatte auszurollen, ein Bild aufzuhängen, eine Vase zu kaufen.«

Johann kaufte in Shanghai zwei zwanzig Zentimeter lange, schwere Transformatoren. Die japanischen Grenzbeamten müssten blind sein, um sie zu übersehen. Rudi hatte eine Idee. Sie kauften einen dicken Ohrensessel, »ein häßliches, grün-braunes Monstrum«, und ließen es in die Avenue Joffre liefern. Johann und Rudi stellten den Sessel auf den Kopf, entfernten die Nägel, die das

Stück Tuch unter dem Sitz fixierten, bogen die Metallfedern auseinander, steckten die Transformatoren dazwischen und banden sie mit Draht und Schnur fest. Dann wurde der Stoff wieder unter den Sitz genagelt. »Nichts war zu sehen. Die zehn Pfund mehr, die der Sessel wog, fielen nicht auf.« Dann wurde der Sessel als Frachtgut nach Mukden geschickt. Rudi ahnte vermutlich noch nichts von der aufkeimenden Beziehung zwischen seiner Frau und ihrem Vorgesetzten; und wenn er es wusste, so war er zu anständig, um den Aufstand zu proben. Ursulas Ehemann und ihr Liebhaber hatten ihre erste gemeinsame Mission erfüllt, und die Spionierkunst des einen mit der Möbel-Expertise des anderen kombiniert.

Wieder in Mukden, zeigte Ursula Johann das neue Haus.

»Hier vorn vielleicht unser Schlafzimmer«, sagte er. »Anschließend [Micha] und das dritte unser Wohnzimmer mit dem Sender. [...] Was siehst du mich so erstaunt an?«

Sie runzelte die Stirn. »Ich wusste nicht, daß du an ein Zusammenziehen denkst.«

»Für mich war das selbstverständlich, wo alles klar und gut zwischen uns ist. [...] Alle wissen, daß du zu mir gehörst.«

Ursula ließ nicht mit sich reden. Ein Zusammenleben war für sie undenkbar.

»Ich werde mich über jede Minute freuen, die du bei mir bist, [...] und es wird der größte Teil der Zeit sein, tage- und nächtelang.«

»Warum dann nicht ganz?«

»Weil ich einen anderen Lebensrhythmus habe und du verlangst, daß ich ganz in deinem aufgehe. Da brauche ich es manchmal, allein zu sein.«

Ursula verliebte sich in Johann, wegen seiner beschützenden Zärtlichkeit, seiner Liebe zu Micha und seiner Begeisterung für die Revolution. Doch er war auch jähzornig und dominant, ein altmodischer Chauvinist, der »Männern mehr Möglichkeiten zugestand als Frauen« und ihre Unabhängigkeit als eine Beleidigung seiner Ehre empfand.

Heftig grollend zog Johann als Untermieter in ein Zimmer bei einem deutschen Geschäftsmann ein. Doch Ursula war sich sicher, dass es richtig war, auf getrennte Wohnungen zu bestehen; wie bei vielen empfindlichen, selbstbewussten Männern musste Patras Ego gepflegt werden. Allmählich überwand er die Kränkung. »Ich zeigte ihm ohne Einschränkung meine Liebe und staunte über mich selber, wie zahm, gefügig und geduldig ich in allen Fragen der Arbeit und des täglichen Lebens war. Ohne die Stunden, die ich zwischendurch allein und selbständig für mich hatte, wäre mir das wahrscheinlich nicht gelungen.«

Der hässliche grüne Sessel traf ordnungsgemäß in Mukden ein. Als Ursula und Johann ihn zum Haus trugen und ihn umdrehten, sahen sie erschrocken, dass einer der Transformatoren sich gelockert hatte. Durch die holperige Reise war ein Draht gebrochen, der Transformator hing nur noch an einer Schnur, und die scharfe Eisenkante hatte den über die Unterseite gespannten Stoff bereits dünn gescheuert. »Noch ein paar Bewegungen, und der Transformator wäre herausgepoltert. Den kleinsten japanischen Bahnangestellten hätte das hellhörig gemacht.«

Johann machte sich ans Werk, das Gerät zusammenzubauen, ein Hartley-Sender mit Dreipunktschaltung. Er war ein fähiger Techniker mit flinken Fingern und unendlicher Geduld, der sich hervorragend konzentrieren konnte. »Er sah nie auf die Uhr, legte kaum Pausen ein.« Schließlich war das Gerät zusammengesetzt: Ein unförmiges, selbstgebautes Monstrum an Maschine, mit schwerem Gleichrichter und Transformatoren, großen Röhren und Spulen aus dickem Kupferdraht, die um eine leere Bierflasche gewickelt worden waren. Sender und Gleichrichter wurden am Boden einer alten Kleidertruhe aus Kampferholz verstaut, darüber lag ein falscher Boden, den Johann gebaut hatte, auf dem gefaltete Decken lagen. Das Versteck würde keiner gründlichen

Suche standhalten, doch die Ausrüstung wäre darin vor den neugierigen Blicken der Angestellten sicher. Sie legte eine Feder unter den Deckel. Wenn er geöffnet würde, wüsste sie es. Die letzte Aufgabe war, eine Fuchs-Antenne auf dem Dach zu errichten. Für einen zufälligen Betrachter sah sie aus wie eine ganz gewöhnliche Radioantenne, aber wenn man mitbekäme, wie sie sie installierten, würde das unerwünschte Aufmerksamkeit auf sie ziehen. Es würde nachts geschehen müssen. Sie sagte zu Johann, er solle es ihr überlassen.

Ursula wartete, bis Michael fest eingeschlafen war, und kletterte dann durch eine Luke auf das Dach. Sie hatte zwei lange Bambusstangen dabei und in einem Rucksack eine Kneifzange, ein Seil und eine Rolle Antennenkabel. Sie band eine Bambusstange am Schornstein fest. Das Antennenkabel verlief durch ein Loch oben in der Stange, wie bei einer Nähnadel. Dann ging sie mit der anderen Bambusstange, durch die dasselbe Antennenkabel gezogen war, hinüber zur anderen Seite und befestigte sie an dem anderen Schornstein und wickelte das Ende fest um die Basis. »Baumwipfel und Dächer waren in schwachen Konturen zu erkennen.« Einen kurzen Moment aus dem Gleichgewicht geraten, »lehnte [sic] gegen den Schornstein, der in seiner Dicke tröstlich wirkte.« Doch sie machte den Fehler und »blickte hinunter in die endlose schwimmende Dunkelheit.« Plötzlich packte sie das Entsetzen. »Feigling«, schalt sie sich. »Waschlappen. [Es gibt] überhaupt keinen Grund zum Fallen, außer in deiner Einbildung.«

Dann begann Michael zu schreien. »Der Junge hatte sonst einen ausgezeichneten tiefen Schlaf. Jetzt schrie er ununterbrochen.«

Sie schlich schnell zurück über das Dach, warf den Rucksack durch die Luke und sprang hinterher. Die Schreie des Kindes würden bestimmt die Nachbarn wecken.

»[Michael] erzählte der Mutter unter Schluchzen, daß seine Finger voller Selterwasser seien.« Der Junge hatte auf seinem Arm gelegen, und der war eingeschlafen. »Noch ein Grund dagegen, dass professionelle Revolutionäre Kinder haben sollten«, sinnierte sie reuevoll und musste plötzlich kichern. Sie rieb Michaels kleine Hand und streichelte ihm den Kopf, bis er wieder gleichmäßig atmete.

Dann kletterte sie wieder aufs Dach.

Am nächsten Abend war der Sender einsatzbereit. Wie vorher vereinbart, würden sie nur nachts senden, zu unterschiedlichen Zeiten und auf einer der beiden vereinbarten Wellenlängen, an die Empfängerstation der Roten Armee in Wladiwostok, Codename »Wiesbaden«. Ursula saß am Schreibtisch, Johann koppelte die Batterien, und sie tippte mit nervösen Fingern eine kurze, verschlüsselte Nachricht. Einen kurzen Moment später kam die Bestätigung, leise Morsezeichen aus dem fernen Russland, ein Signal aus der Zentrale. »Wir lächelten uns glücklich an.«

Nicht nur die Rote Armee war interessiert an Ursulas Nachrichten. Tag und Nacht puckerten japanische Überwachungsflugzeuge über ihre Köpfe, streiften umher und suchten nach Funkwellen: Wenn zwei von ihnen gleichzeitig ein Signal empfingen, konnten sie den Standort des Funksenders orten. Und wenn das passierte, würde die japanische Geheimpolizei anklopfen, und schon bald wäre Ursula tot.

Abb. 1: Robert René Kuczynski, Ursulas Vater; Statistiker, Bücherfreund und Geflüchteter.

Abb. 2: Ursula Maria Kuczynski, 1910, im Alter von drei Jahren.

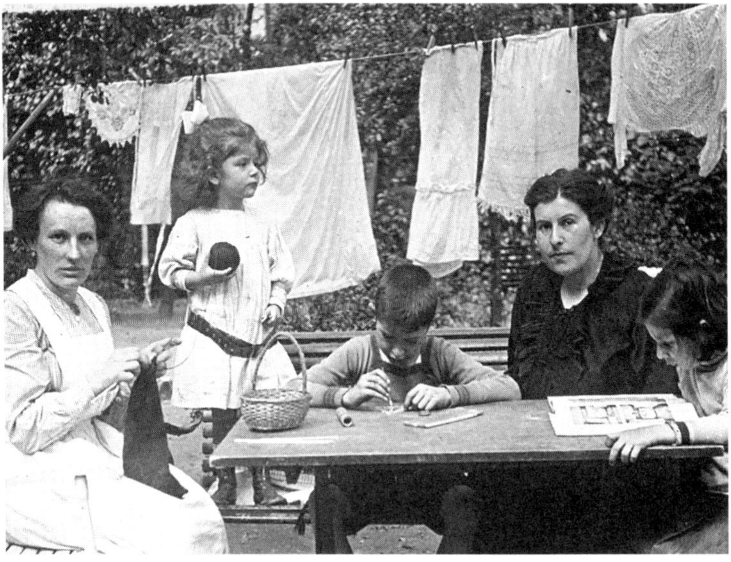

Abb. 3: Olga Muth, das Kindermädchen der Familie, genannt »Ollo« (links), mit Brigitte, Jürgen und Ursula Kuczynski sowie ihrer Mutter Berta (Zweite von rechts).

Abb. 4: Das Haus der Familie am Schlachtensee, im exklusiven Berliner Bezirk Zehlendorf.

Abb. 5: Ursula, die am Carwitzer See ein Buch liest.

Abb. 6: Die sechs Kuczynski-Geschwister: (von rechts nach links) Jürgen, Ursula, Brigitte, Barbara, Sabine und Renate.

Abb. 7: Ursula mit ihrem Bücherkarren beim Verkauf kommunistischer Literatur in Berlin.

Abb. 8: Rudolf Hamburger, der ehrgeizige junge Architekturstudent, um die Zeit, als er Ursula kennenlernte.

Abb. 9: Aufgenommen von Ursula, als sie im Hafen von Shanghai anlegten: »In schwimmenden Bottichen umzingelten Bettler unser Schiff …«

Abb. 10: Agnes Smedley: amerikanische Radikale, Revolutionärin, Autorin und Geheimagentin.

Abb. 11: Richard Sorge, Ursulas Rekrutierer und Geliebter, Ian Flemming zufolge »der großartigste Spion der Geschichte«.

Abb. 12: Ursula mit dem chinesischen Gelehrten und kommunistischen Undercover-Agenten Chen Hansheng und seiner Frau.

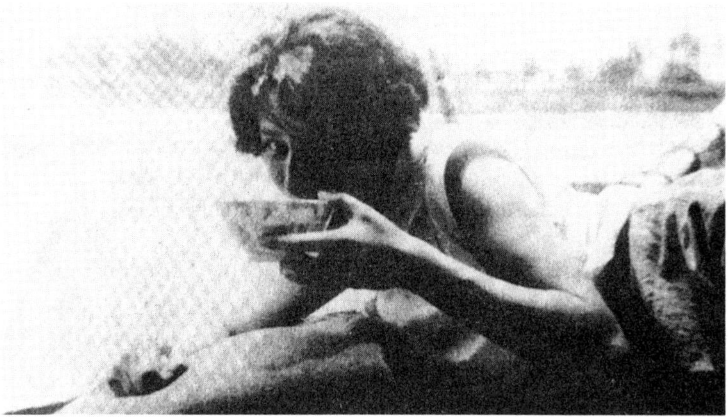

Abb. 13: »Porträt eines Seeräubers«: aufgenommen von dem polnischen Fotografen und Spion Hirsch Herzberg alias »Grisha«.

Abb. 14: »Butterschwenken« mit einem kommunistischen Agentenkollegen, vermutlich Karl Rimm, während eines Ausflugs aufs Land, außerhalb von Shanghai.

Abb. 15: Rudi und Ursula, schlafend nach einem Picknick auf dem Land, kurz vor ihrer Abreise nach Moskau: die schmerzlichen letzten Momente einer Ehe.

Abb. 16: Michael Hamburger, der mit einem Kanarienvogel spricht, an Bord des norwegischen Frachters mit Ziel Wladiwostok im Mai 1933.

Abb. 17: Ursula nimmt ein Sonnenbad an Deck der SS Conte Verde.

Abb. 18: Johann Patra, Ursulas Geliebter und Agentenkollege in der japanisch besetzten Mandschurei.

Abb. 19: Das Haus in Mukden. Auf beiden Seiten des Dachs sieht man die Bambusstäbe für die Antenne von Ursulas Sender.

Abb. 20: Ursulas selbstgebautes Morsegerät, bestehend aus einem Metalllineal, einer Garnrolle, einem Stück Holz und Kupferdraht.

Abb. 21: Mao Zedong, General Zhu De und Agnes Smedley, Stützpunkt der Roten Armee in Yunnan, 1937.

Abb. 22: Falscher sowjetischer Pass, mit dem Ursula nach Finnland reiste, bevor sie die Grenze nach Russland überquerte.

9
Ein Vagabundenleben

Nebenan zog ein Nazi ein.

Ursula wohnte noch keinen Monat in dem kleinen Haus, als ein neuer Mieter auf dem Grundstück in das Haupthaus zog. Als Nachbar war Hans von Schlewitz in jeder Hinsicht alarmierend: Er war ein deutscher Adeliger, Waffenhändler und Nazi mit Kontakten in die oberen Ebenen der japanischen Verwaltung. Außerdem war er dick und trank. Nach dem, was sie gehört hatte, ging Ursula davon aus, dass sie ihn verabscheuen würde, und war bereit, das Haus beim ersten Anzeichen von Gefahr aufzugeben.

Von Schlewitz stellte sich als charmant, freundlich und ironisch heraus und als der lebende Beweis, dass politische und Klassenfeinde sogar witzig und sehr nützlich sein können. Als altmodischer Monarchist und Abkömmling eines Adelsgeschlechts betrachtete von Schlewitz Hitler als einen Proleten und hasste die NSDAP, der er ausschließlich aus wirtschaftlichen Gründen beigetreten war. Er hatte einen Bierbauch und eine Glatze, war gesellig, schlau und höchst amüsant, »ein großer Geschichtenerzähler und sehr geistreich«. Er humpelte, das Erbe eines Schrapnells in Verdun. »An die dreißig Eisenteile sind da drin«, sagte er gerne und klopfte sich auf seinen dicken Schenkel. Er arbeitete eng mit dem japanischen Militär in der Mandschurei zusammen und war außerordentlich gesprächig, besonders wenn er einen im Tee hatte, was häufig der Fall war. »Wenn Sie mich irgendwo treffen und denken, ich habe genug gehabt«, sagte er ihr, »dann schaffen Sie mich nach Hause, ja?«

Von Schlewitz und Ursula freundeten sich direkt an. »Ich unterhalte mich so viel lieber mit Ihnen als mit den deutschen Spießern hier«, sagte er. Er vermisste seine Familie zu Hause in Deutschland, schloss den kleinen Micha in sein Herz und ermunterte ihn, im großen Esszimmer des Haupthauses auf seinem Dreirad Slalom um die Stühle zu fahren. Eher weil er ein Kavalier war, als dass er Absichten gehabt hätte, flirtete er mit der intelligenten jüdischen Frau, die in dem Gartenhaus lebte, und sie flirtete zurück.

Johann Patra, der »arische« Schreibmaschinenverkäufer, war bei den anderen Expatriates im Club immer noch willkommen, doch über seine »semitische Freundin« gab es unschönes Gerede. Ursula zwang sich, in seiner Begleitung oder der von Schlewitz in den Club zu gehen und die abfälligen Nebenbemerkungen zu überhören. Jemandem, der mit Nazis verkehrte, würden die Japaner weniger misstrauen. Als von Schlewitz hörte, dass Ursula das Opfer rassistischer Bemerkungen geworden war, blähte er sich auf wie ein Gockel und sagte: »Wenn ein einziger Deutscher versucht, Ihnen auch nur ein Haar zu krümmen, sagen Sie es mir.« Also war der neue Nachbar alles andere als eine Gefahr, vielmehr ein dicker Segen: Wenn die Japaner nach ihr suchten, müssten sie zunächst an von Schlewitz vorbei.

Johann bekam einen Eifersuchtsanfall, als von Schlewitz Ursula ein bisschen den Hof machte.

»Wie alt ist dieser Faschist?«

»So Mitte fünfzig, denke ich.«

»Er scheint dir ja sehr zu imponieren.«

Sie sagte ihm, das sei lächerlich, von Schlewitz sei alt genug, um ihr Vater sein zu können. »Nie im Traum würde er daran denken oder es wagen, sich dazwischenzuschalten.«

»Du unterhältst dich gern mit dem Nazi-Alkoholiker, kicherst über seine Komplimente. Wenn der wüßte, was du tust, würde er dich erschießen. Vergiften müßtest du ihn, anstatt mit ihm schön zu tun.«

»Mach es nicht so billig. Wir sind nicht hier, um einen oder alle Nazis zu vergiften. […] Wir müssen mit den Bürgern auskommen, es gehört zu unserer Legalisierung.«

In Wahrheit hatte Ursula Spaß an ihren Flirts mit von Schlewitz, er war eine nette Gesellschaft, eine gute Deckung und eine praktische Quelle für militärische Informationen. Und sie wäre nicht der erste Geheimagent gewesen, der amouröse Spannungen gezielt als Werkzeug einsetzte.

Ursulas Leben in Mukden war eine bizarre Mischung aus Gefahr und Häuslichkeit: Mit Johann und Michael führte sie ein Familienleben, sie verkehrten gesellschaftlich mit Faschisten und hatten ein drittes, geheimes Leben als Offiziere der Roten Armee, in dem sie die Operationen der paramilitärischen Kommunisten koordinierten. »Jedes Treffen mit den Partisanen bedeutete ein Risiko«, schrieb sie später. »Wie lebten wir mit den Gefahren? Verhältnismäßig ruhig, […] obwohl wir, falls unsere Unterstützung der Partisanen entdeckt wurde, mit der Todesstrafe rechnen mußten. […] Befinde ich mich dauernd in Gefahr, gibt es nur zwei Möglichkeiten, ich gewöhne mich daran, oder ich drehe durch. Wir gewöhnten uns daran.«

Ursula ging Bomben-Shoppen für Chu. Der Sabotageausbilder im Sperling hatte ihr beigebracht, wie man aus ganz normalen Haushaltsprodukten wie Ammoniumnitrat, Schwefel, Salzsäure, Zucker, Aluminiumpulver oder Kaliumpermanganat Sprengstoffe mischte. All diese Zutaten erhielt man in Mukden, doch wenn man sie gleichzeitig oder in großen Mengen kaufte, erregte das Aufmerksamkeit. In einem Laden in der Stadt fragte sie nach zehn Pfund Ammoniumnitrat, dem weißen Kristall, das als Dünger benutzt wurde und das zu Sprengstoff wird, wenn man es mit Aluminiumpulver oder Heizöl mischt. Da der Verkäufer ihr Chinesisch wegen ihrer Aussprache missverstand, kam er mit einem Zentnersack zurück. Überwältigt, aber zufrieden transportierten sie den Einkauf mit einer Pferdedroschke zu ihrer Wohnung. Michael saß oben auf dem Sack, mit dem man eine Fünfzig-Kilo-Bombe hätte herstellen können. Johann baute den Zeitzünder. Chu kam zum Haus, um den Sprengstoff abzuholen.

Die kommunistische Sabotagekampagne nahm Fahrt auf, mit Angriffen auf Wachposten, japanisch geführte Fabriken, Militärkonvois und vor allem das Netz der Eisenbahnlinien, das für die mandschurische Wirtschaft lebenswichtig war. Vorher vereinbarte Signale gaben Auskunft, ob eine Operation erfolgreich gewesen war. »Erst als ich den gegabelten Messerschnitt am vierten Baum auf der rechten Seite des ersten Querwegs der ›Weißen Mondstraße‹ sehe, weiß ich, welche Last von mir genommen ist«, schrieb Ursula. Die japanisch kontrollierte Presse berichtete nur wenige Details, doch die wiederholte Denunzierung von »Terroristen« und die Grausamkeit japanischer Gegenmaßnahmen zeigten, wie effektiv der Untergrundkrieg geführt wurde. »Im letzten Monat fanden allein in [Mukden] 650 Überfälle von Banditen und antijapanischen Gruppen statt«, schrieb sie im Juli 1934 an ihre Eltern.

Ursula offenbarte nicht, welche Rolle sie selbst dabei spielte. Genau genommen erzählte sie ihren Eltern überhaupt nicht viel. Diese wussten nur, dass ihre unerschrockene und eigenwillige älteste Tochter ihren Mann in Shanghai verlassen hatte und nun in Nordchina als reisende Buchhändlerin arbeitete. »Ich bin von morgens bis abends beschäftigt«, schrieb sie ehrlich, bevor sie etwas weniger ehrlich hinzufügte: »Du darfst dir keinesfalls Sorgen um mich machen. Das ist in keiner Beziehung nötig. Ich führe genau das Leben, das ich mir wünsche, und bin sehr zufrieden.« Sie erzählte nicht, dass es durchaus auch in einer japanischen Hinrichtungszelle enden könnte. Sie unterschrieb mit »Deine mißratene, aber zufriedene Tochter«. Johann Patra erwähnte sie nicht.

Robert und Berta Kuczynski waren inzwischen praktisch selbst Vagabunden.

Viele Juden nahmen die Virulenz des Antisemitismus nur schleppend wahr. Doch die Angriffe auf Juden und jüdisches Eigentum in Berlin spitzten sich zu. Schon bald würde man Juden vom Militärdienst ausschließen, jüdische Schauspieler von den Bühnen verbannen und jüdische Studenten daran hindern, Examen in Medizin, Pharmazie und Jura abzulegen. Das System der Konzentrationslager breitete sich rasch aus. Elisabeth Naef, Agnes Smedleys brillante jüdische Psychoanalytikerin, schrieb eine kurze Nachricht: »Ich kann nicht mehr.« Und beging Selbstmord. Robert schrieb seiner Schwester Alice aus Großbritannien und drängte sie und ihren Mann Georg Dorpalen, Deutschland mit ihren vier Kindern schnellstmöglich zu verlassen. Onkel Georg weigerte sich kategorisch und betonte, dass er ein dekorierter Kriegsheld und gefeierter, jüdischer Arzt sei. Er werde »in seinem Heimatland bleiben, das er liebte«.

1934 verkaufte Berta schließlich das Haus am Schlachtensee deutlich unter Preis, packte die Habseligkeiten der Familie ein und floh mit ihren jüngeren Töchtern Barbara, Sabine und Renate nach England. Dort wurden sie mit Robert wiedervereint, der an der London School of Economics eine Stelle angenommen hatte und zum Thema Bevölkerungsstatistik und Bevölkerungsbewegung der englischen Kolonien forschte. Etwas später schloss sich Alice ihnen an. Olga Muth, dem Kindermädchen der Familie, wurde freigestellt, ob sie mitkam oder blieb. Als »Arierin« hatte sie in Deutschland nichts zu befürchten und konnte sich in Berlin eine neue Stelle suchen. Außerdem sprach sie fast kein Englisch, und die Zukunftsaussichten der Kuczynskis in Großbritannien waren ungewiss. »Doch sie entschied, bei der Familie zu bleiben«, und quetschte sich pflichtbewusst mit dem Rest von ihnen in eine kleine Mietwohnung im Norden Londons. Die Kuczynskis waren nun Geflüchtete.

Aus Ursulas direkter Familie blieb nur Jürgen in Berlin, der von einem Versteck ins nächste abtauchte und unaufhörlich schrieb – das langatmige Sprachrohr einer zunehmend verzweifelten Kommunistischen Partei.

Ursulas Funkverkehr mit Wladiwostok beinhaltete Berichte über Sabotage, die Stimmung unter den Partisanen, Maßnahmen japanischer Aufstandsbekämpfung sowie militärische und politische Geheiminformationen, die bei anderen Expatriates gesammelt wurden, einschließlich von Schlewitz.

Sie sendete mindestens zweimal pro Woche und erhielt mindestens genauso oft Nachrichten und »nahm auch die schnellsten Morsezeichen fehlerlos auf«. Aber es war eine frustrierende, zeitraubende Tätigkeit. Der Funkempfänger war schwach, und das Signal aus Wladiwostok war häufig verzerrt oder nicht zu verstehen. Die fragmentierte Nachricht musste ständig wiederholt werden. Oft setzte sie sich nachts um drei Uhr hin, um mit dem Dechiffrieren zu beginnen, arbeitete bei abgedecktem Licht hinter fest verschlossenen Fensterläden, in dem Wissen, dass Michael in ein paar Stunden aufwachen würde. Sie wagte nicht, den Ofen anzumachen, aus Sorge, der Rauch würde jemanden auf ihre nächtlichen Aktivitäten aufmerksam machen. »Ich saß im Trainingsanzug, in Decken gewickelt, am Schreibtisch und morste mit fingerlosen Handschuhen. Flugzeuge kreisten über dem Haus. Mal mußten sie mich ja erwischen … ich wollte so gern zurück in mein warmes Bett.« Jedes Senden von Nachrichten war wie eine Runde russisches Roulette.

Doch wenn der Sender gut funktionierte und sie Nachrichten mit »fünfhundert Gruppen, jede Gruppe mit fünf Zahlen« durchgab, aufgereiht wie Soldaten, die in den Kampf marschierten, fühlte sie eine seltsame, heimliche Euphorie. »Mein Haus mit den geschlossenen Fensterläden war wie eine Burg. […] Micha schlief fest im Raum nebenan. Die Stadt schlief, nur ich war wach und sendete Nachrichten der Partisanen in den Äther – und in Wladiwostok saß ein Rotarmist und fing sie auf.«

Sie benötigten ein Reserveteam. Chu war einverstanden, jemanden mit Funkerfahrung zur Verfügung zu stellen. Ordnungsgemäß erschien kurz darauf ein junges chinesisches Paar, überbrachte Grüße vom Partisanenführer und eine vorbereitete Legalisierungsgeschichte: Wang würde Ursula Mandarinunterricht geben, während seine Frau Shushin, eine geschickte Schneiderin, Kleidung nähen und die alten Sachen in Ordnung bringen sowie bei der Hausarbeit und der Kinderbetreuung helfen würde. Wang war höflich, aber behäbig, wohingegen Shushin wissensdurstig war, recht gut Englisch sprach und die Japaner abgrundtief hasste. Trotz ihres kindlichen Aussehens hatte sie selbst zwei Kinder im Alter von zwei und vier Jahren, die bei ihren Eltern lebten. »Er glich [Johann] in seiner ernsten, gründlichen Art, und die vergnügte, lachlustige Shushin ähnelte mir.« Die Frauen entwickelten sofort ein enges Verhältnis. »Sie war ja so lustig; selbst beim Funken tanzten ihre Finger auf der Taste.« Nach jedem Funkerunterricht tranken sie zusammen Tee, klagten über ihre Männer, diskutierten über Politik und erzählten sich die Geschichten ihrer sehr unterschiedlich verlaufenen Leben. Shushin nähte Ursula einen weiten Sommermantel mit einer verborgenen Tasche im Saum, in der Größe von zwei Radioröhren. Eines Abends hatten sie ein düsteres Gesprächsthema: Wie wäre es, wenn man von den Japanern gefangen genommen würde? Würden Frauen oder Männer Gefängnis und Folter besser aushalten?

»[Glaubst du], daß die zurückgelassenen Kinder zu Mut und Haltung beitragen oder die zusätzliche Sorge eine Mutter zermürbt?«, fragte sich Shushin.

Ursula dachte noch über die Frage nach, als Shushin sie sich selbst beantwortete: »Ich denke, es hängt nicht von der Größe des Leides ab, ob man es erträgt, vielleicht machen uns gerade dic Kinder stark.«

Michael war fast vier Jahre alt, lernte Chinesisch von seinen Spiclkameraden und erweiterte seinen Wortschatz in drei Sprachen. Ursula war begeistert von seinen »klugen, nachdenklichen Fragen« und seiner unersättlichen Neugier. »[Ich] wünsche mir vier Kinder von der Sorte«, schrieb sie. Patra hatte angefangen, traditionelle chinesische Musikinstrumente zu sammeln, und nahm Michael mit auf Einkaufsbummel. Ursula begleitete sie selten. »Beide hätten mich als störend empfunden.« Sie liebte es, wie unkompliziert sich diese Beziehung entwickelte, denn Johann war ein instinktiver Vater. Sie fragte sich, ob sie eines Tages gemeinsame Kinder haben würden.

Moskau wusste nicht, dass die Beziehung zwischen den beiden Spionen in Mukden mehr als nur professionell war, und sie beließ es gern dabei. »Es ging gut«, schrieb sie. »Tatsächlich war er mit seiner Verschlossenheit, gelegentlichen Heftigkeit, Intoleranz und Nervosität komplizierter als ich, die inzwischen gelernt hat, ihn nicht zu reizen, ihm in fast allem nachzugeben.« Was die Spionage anging, vertraute sie ihm restlos, in der Liebe weniger.

In das Zimmer neben dem von Johann zog eine junge Russin ein. »Ein schlankes hübsches Püppchen, jünger als ich, kommt herein, eine rosa Haarschleife ziert ihr gelbgefärbtes, friseurgelocktes Haar.« Ursula war sofort misstrauisch. »Ludmilla fährt bald zurück zu ihren Eltern nach Harbin«, berichtete Johann eine Spur zu schnell. Sie hasste ihre eigene Eifersucht, dachte aber: »Ich muß wissen, woran ich bei diesem gelben Schmetterling bin.« Johann war aufbrausend, aber er war auch zärtlich und trotz seiner Unsicherheiten stark. Er war ein aufmerksamer Liebhaber. Und er wusste, wie man ausgezeichnete Bomben baute.

»Alles spielte dabei eine Rolle, daß wir uns liebten, in Gefahr lebten, Genossen waren, sene Eigenschaften, unsere Gespräche, was er im Traum murmelte, daß er stolz auf mich war, wenn ich gut aussah, besorgt, wenn ich zu lange fortblieb, daß wir uns stritten und versöhnten und der eine nach dem anderen Sehnsucht hatte, wenn die Reisen uns trennten.« Sie konnte mit Johann über Politik reden, die Revolution und über die lustigen Bemerkungen des kleinen Jungen, der beinahe wie ein gemeinsamer Sohn war. »Wir redeten darüber, wie Deutschland sein würde, wenn die Ära der Nazis vorbei wäre, und wie ein kommunistisches Deutschland aussehen würde.« Johann war niedergeschlagen, weil so viele Deutsche der Arbeiterklasse Hitler unterstützten. »Ich habe das Vertrauen in meine eigene Klasse verloren«, sagte er. Sie versprachen einander, zu feiern, wenn sie ihre hundertste Funknachricht abgesetzt hatten.

Nach einem Treffen mit Chu in Anshan, einer zwei Zugstunden entfernten Stadt im Süden, ging sie zu einem lokalen Markt und entdeckte einen »Porzellanflicker« wie den, den sie in Hangchow gesehen hatten, einen »Greis mit dünnem weißem Bart«. Sie bemerkte, dass seine Hände zitterten, als er eine kaputte Schale zusammensetzte. Sie begannen eine stockende Unterhaltung, und sie fragte ihn nach dem kleinen Porzellangong, den er an einem Stab bei sich trug. Der Mann nahm ihn in die Hand. »Ich arbeite heute zum letztenmal«, sagte er. »Ich habe Söhne, Enkel, Urenkel, nun leg ich mich zum Sterben hin – in drei Tagen.« Ursula war kurz sprachlos. Dann drückte er ihr den Gong in die Hand und sagte: »Nimm ihn, du wirst noch lange leben.«

An jenem Abend erzählte sie Johann die Geschichte des Mannes, der seine letzte Schale repariert und ihr den kleinen Gong für seine Sammlung mitgegeben hatte: eine Liebesgabe, das Versprechen auf ein langes Leben.

Im Januar 1935 kam Rudi zu Besuch, brachte Geschenke für Michael mit und Ersatzteile für den Sender. Ursula informierte Moskau: »[Rudi] ist nun überzeugter Kommunist und [will] nicht länger politisch unaktiv bleiben.« Ein paar Monate später kehrte er zurück und hatte Teile für den Bombenbau dabei.

Rudi spielte stundenlang mit seinem Sohn im Garten. Micha und Patra standen sich inzwischen sehr nahe, aber das plötzliche, unerwartete, unerklärte Auftauchen seines Vaters war ein Moment purer Freude. Michas Kindheitserinnerungen nannte er später »Phantom-Mosaikteilchen«: von seinem Vater im Garten herumgewirbelt zu werden, die Textur der Tweedjacke seines Vaters an seiner Wange, seine Mutter, die ihm vorlas, bis er einschlief. »Das glückliche Kind einer glücklichen deutschen Familie in China.«

Rudi erkundigte sich nicht nach Ursulas Beziehung zu Johann

und wollte auch nicht wissen, wann sie wieder nach Shanghai zurückkehrte. Er übte keinen Druck aus. Doch er hatte seine Familie noch nicht aufgegeben. Hamburger war eine merkwürdige Mischung aus traditionalistischem Fundamentalisten und vornehmem Revolutionär. Ein Freund beschrieb ihn später als »den letzten viktorianischen Kommunisten«. Um den Schein zu wahren und um seines Sohnes willen war er bereit, die glückliche Familie zu spielen, immer noch in der Hoffnung, dass sie das irgendwann wirklich wieder sein würden.

Anfang 1935 beauftragte Moskau Patra damit, für Shushin und Wang einen Funksender zu bauen. Ursula nahm mit Michael den Zug nach Tianjin und kaufte weitere Radioröhren, die sie eingenäht in den Teddy ihres Sohnes über die Grenzen schmuggelte. Einige Wochen später reisten Shushin und Wang ab und nahmen den zweiten Funksender mit, den Johann gebaut hatte. Sie wusste nicht, wohin sie reisten, und fragte auch nicht. »Dieser Abschied von Shushin, meiner einzigen Freundin, fiel mir schwer.«

Die Mukden-Mission war eine Zeit des Glücks und der Angst, der Erleichterung und Erschöpfung, der Liebe, Eifersucht und des gelegentlichen Entsetzens. Nachdem sie sich in den Bergen mit Chu getroffen hatte, ging Ursula durch »unberührte und schöne« Landschaft zurück in ein nahegelegenes Dorf, als sie auf dem Weg die Leiche eines Babys liegen sah, das zweite tote Kind in wenigen Jahren und eine weitere entsetzliche Erinnerung daran, in welcher Gefahr sie ständig schwebte. Die Not trieb hungernde Bauern dazu, ihre Kinder auszusetzen, in der Regel Mädchen. »Sein Körper war noch warm«, schrieb Ursula. »Niemals gewöhnten wir uns an den Anblick leidender Menschen in diesem Land, und das Elend der Kinder ging uns besonders nahe.« Wann immer der Mut sie verließ, rief sie sich Chus schlichte Dankbarkeit ins Gedächtnis. Der junge chinesische Partisanenführer strahlte »Ruhe und Würde« aus. Sie sagte sich, dass die Sache jedes Opfer wert sei: »Wir bekämpften den japanischen Faschismus.«

Die japanischen Besetzer waren, zu Recht, davon überzeugt, dass Moskau hinter den sich mehrenden Partisanen-Anschlägen steckte. Ausländer wurden zum Verhör geladen. Ursula wurde in Mukden auf das Polizeirevier bestellt und zu einem japanischen Offizier ins Büro geschoben. Dieser sprach Englisch mit ihr, doch »so nebenhin auf russisch sagte [er]: ›Setzen Sie sich!‹« Es war ein Trick, um zu sehen, ob sie Russisch sprach und eine sowjetische Agentin hätte sein können.

»Da ich bei solchen Gesprächen sehr wach war, fragte ich zurück: ›Wie bitte?‹«

Nach einer kurzen und halbherzigen Vernehmung wurde Ursula wieder entlassen. Doch die Kempeitai rückte ihnen dichter auf die Pelle.

»Die häufige Benutzung des Senders, der Kauf von Chemikalien, ihre Lagerung im Haus, ihre Beförderung, das Treffen mit den Partisanen, die Bespitzelung der Ausländer […] waren ständige Gefahrenquellen.« Ursula behauptete, sich an die Gefahr gewöhnt zu haben, doch ihr Schlaf wurde oft von dem wiederkehrenden Albtraum unterbrochen, in dem der Feind einbrach, noch bevor sie die Zeit hatte, die entschlüsselten Nachrichten zu vernichten. Sie begann, Schlaftabletten zu nehmen.

Von Schlewitz bemerkte, dass sie Gewicht verlor. »Frau Nachbarin, heute lade ich Sie […] ein, wir bestellen das Schönste und Beste«, verkündete er. Zwischen großen Happen und Schlucken von Wein versuchte von Schlewitz »taktvoll und erfolglos herauszufinden, was mit mir nicht in Ordnung war«. Bei einer anderen Gelegenheit sagte sie: »Falls mir ein Ziegelstein auf den Kopf fällt, laß ich das Kind bei Ihnen.« Von Schlewitz sagte, das würde er gerne annehmen und würde, wenn nötig, den Jungen sogar adoptieren. »Das ging mir zu weit«, schrieb Ursula, die bei dem Gedanken an die düstere Ironie schnaubte, dass ein Waffenhändler der Nazis den Sohn einer jüdischen kommunistischen Spionin aufzog. Dennoch war es beruhigend zu wissen, dass ihr Nachbar sich um ihren Sohn kümmern würde, wenn sie und Patra gefasst würden.

Von Schlewitz fragte nicht, warum sie sich davor fürchtete, dass ihr ein »Ziegelstein« auf den Kopf fallen könnte, noch, warum es nötig sein könnte, den Sohn zu adoptieren, noch, warum sie so ein Interesse an militärischen Dingen hatte. Vielleicht wusste der feuchtfröhliche Geschäftsmann sogar mehr, als er zugab.

Im April 1935 aßen Ursula und Johann in ihrem Haus zu Abend, als es an der Tür klopfte. Auf der Schwelle stand ein atemloser Junge von ungefähr sechzehn Jahren. Er drückte Ursula ein Stück Papier in die Hand: Ein Fremder hatte ihm etwas Geld gegeben und ihn gebeten, diese »Nachricht über eine schwere Erkrankung« zu überbringen.

Ursula schloss die Tür und faltete den Zettel auf. Er war in einfachem Englisch mit Chus unsicherer Handschrift geschrieben worden. Sie las es und spürte, wie das Zimmer seitlich wegkippte. Dann legte sie den Zettel in den Aschenbecher, entfachte ein Streichholz und sah zu, wie der Zettel brannte. Während die Glut noch schimmerte, drehte sie sich zu Johann um.

»Sie haben Shushin verhaftet.«

10
Von Peking nach Polen

Während sie die Notfallnachricht für Moskau verschlüsselte, stellte sich Ursula vor, wie sehr Shushin leiden müsste. Waren die zarten Finger, die über die Morsetaste getanzt waren, schon gebrochen? »Wir wissen, wie sie es machen. – Die Knöchel brechen, erst den Daumen ›gib uns die Namen‹, dann den Zeigefinger ›rede‹, zehnmal hintereinander. Schweigt das Opfer noch immer, beginnen sie mit der Entfernung der Fingernägel.«

Die Japaner mussten auch Wang verhaftet haben. Sie würden die fachkundige Folter nicht lange aushalten. Ursula morste ihre Nachricht, ihre hundertste, an die Zentrale.

Die Antwort kam schnell und deutlich. »Die Zentrale wies uns an, jegliche Verbindung zu den Brecht Partisanen abzubrechen, Mukden zu verlassen, nach Peking zu ziehen und dort unsere Station aufzubauen.«

Die Mission war vorüber. Das Netzwerk, die Ausrüstung und das Leben, das sie in den zurückliegenden fünfzehn Monaten so sorgfältig aufgebaut hatten, mussten sofort zerstört werden.

Ursula nahm den Sender auseinander und wickelte die Teile in wasserdichte Säcke. Am nächsten Morgen bestiegen sie und Johann verschiedene Züge, stiegen zweimal um, machten kehrt und trafen sich am Waldrand nördlich von Mukden. Keiner von beiden war verfolgt worden. Johann hob ein Loch aus und vergrub schnell die Senderteile.

Dann setzten sie sich in der Frühlingssonne auf eine kleine Lichtung.

»Laß uns hier alles in Ruhe besprechen«, sagte Johann sanft. Er fragte nach Shushin und Wang: »War es eine gute Ehe?«

»Eine sehr gute.«

Die Spur führte von dem chinesischen Ehepaar direkt zu Ursula. »Sie sind ein halbes Jahr in deiner Wohnung ein- und ausgegangen, du solltest wirklich für eine Weile fort«, sagte Johann. »Du mußt weg, schon in diesem Augenblick kann jemand vor deiner Tür stehen.«

Natürlich hatte er recht. Doch wenn sie beide die Stadt in »ungebührlicher Eile« verließen, würde das Verdacht erregen. Sie hatten vermutlich höchstens ein paar Tage, bis Shushin und Wang zusammenbrachen und die japanische Kempeitai ihnen auf den Fersen war.

»Wir spinnen unsere Geschichte einfach weiter«, sagte Ursula. »Teil eins ist den Leuten bekannt: Wir haben uns auf dem Schiff kennengelernt und ineinander verliebt. Ich wollte ursprünglich nach Shanghai und bin dann dir gefolgt. Jetzt fügen wir Teil zwei hinzu: Den Bruch zwischen uns, weil du eine neue Freundin hast.«

Es war das erste Mal, dass sie auf Ludmilla, die Russin nebenan, anspielte. Johann drehte seine Kappe in den Händen. Er schwieg einige Minuten. Dann murmelte er: »Sie hat mich bewundert und mir zugehört, als ob ich ein Gelehrter bin.«

Ursula starrte zu Boden. Zwischen den braunen, knorrigen Wurzeln der Baumstämme wuchs Moos mit winzigen goldenen Blüten.

Sie weinte. Johann strich ihr über das Haar.

Als sie auf dem Weg zurück zum Bahnhof waren, blieb Johann stehen und wandte sich ihr zu: »Erinnerst du dich, wie ich dir auf dem Dampfer gesagt habe, wir bleiben für immer zusammen? Ich habe es damals so gemeint und heute weiß ich's noch viel besser. [...] Trotz allem bist du mit dem Gong des Porzellanhändlers angekommen. [...] Es ist beinahe, als ob die Geschichte mit dem Mädchen nötig war, um mir endgültig zu zeigen, so was brauch ich nicht mehr, dich brauch ich.«

Ursula fühlte sich gleichgültig.

Im Zug gingen sie ihre Geschichte noch einmal durch. Sie würde nach Peking (heute Beijing) abreisen, und es würde sich das Gerücht verbreiten, sie hätten sich getrennt. Johann würde in ein paar Tagen folgen. »Schreib mir gleich einen Abschiedsbrief – das übliche –, du hast eine andere kennengelernt, und so ganz hätten wir uns ja nie verstanden; besonders gestört habe dich, daß ich irgendwelche Geheimnisse vor dir verborgen hielt, ein Hinweis, daß du nichts von meiner Arbeit gewußt hast. Du kannst auch [...] noch was von Rassenunterschieden, die sich nicht überbrücken lassen, hinzufügen.«

Johann war blass geworden. »Machst du dir gar nichts mehr aus mir?«

»[Johann], ich bin so schrecklich müde.«

Sie erzählte von Schlewitz, dass sie sitzengelassen wurde und Mukden verlasse. Der fröhliche deutsche Waffenhändler stellte keine Fragen. Wenn das ihre Geschichte war, würde er sich daran halten, wenn die Japaner auftauchten, was schon bald geschehen würde. Von Schlewitz winkte ihr am Bahnhof hinterher. Sie sah ihn nie wieder.

Als der Zug Richtung Südwesten rumpelte, sinnierte sie: »Monate intensiver Arbeit [...] wurden plötzlich mitten im Geschehen abgebrochen. So vieles bleibt unvollendet.«

Ursula lag in Peking mit schmerzendem Unterkiefer und rasenden Gedanken auf dem Bett ihres Hotels. Während der langen Reise war ein dumpfer Zahnschmerz plötzlich schlimmer geworden, und sie war vom Bahnhof aus direkt zum nächsten Zahnarzt gegangen, wo ihr ein Backenzahn gezogen wurde. Michael sah mit großem Interesse zu, wie der Arzt mit der Zange hantierte. »Um dem Kind nicht eine lebenslange Zahnarztfurcht mitzugeben, gab ich keinen Laut von mir.« Die Qualen ließen sie an Shushin denken. Als die Betäubung nachließ, setzten die Schmerzen ein, krochen ihr Gesicht hoch bis in die Stirn, zusammen mit Übelkeit und einer Welle von Schuldgefühlen. »Wir hatten unsere Partisanen im

Stich gelassen«, dachte sie. »[Chu] kommt zum nächsten Treffen, und ich bin nicht da.« Vielleicht war Shushin schon tot. Sie hasste Johann dafür, dass er mit Ludmilla geschlafen hatte, doch sie vermisste ihn. »Nun waren wir erst ein paar Tage getrennt, und schon hatte ich Sehnsucht nach ihm.« Ohne den Sender fühlte sie sich schutzlos; er war zu einem festen Teil ihres Lebens geworden und gehörte zu ihr »wie das Gewehr zum Soldaten, die Schreibmaschine zum Schriftsteller«. Schließlich wirkten die Schlafmittel, und sie schlief ein.

Als der Zug aus Mukden eintraf, warteten Ursula und Michael bereits in Peking am Bahnhof. Patra gab Ursula einen langen Kuss und schwenkte dann den Jungen durch die Luft. Am nächsten Tag erwarb er Teile, um ein weiteres Funkgerät zu bauen. Die erste Nachricht aus Moskau war überraschend. »Versteckt den Sender und macht vier Wochen Ferien.« Agenten der Roten Armee bekamen in der Regel keinen Urlaub. In Wahrheit wollte Moskau den Schaden einschätzen, den das Mukden-Netzwerk genommen hatte. An jenem Abend aßen sie gebratene Entenhaut und Haifischflossen und tranken grünen Tee. »Wir waren müde, waren uns nahe und freuten uns, daß wir denselben Weg nach Hause hatten.«

Es begannen seltsame Flitterwochen. »Peking ist herrlich«, schrieb sie an ihre Eltern. Nach und nach entspannten sie sich und »wollten jede Stunde dieser seltenen Tage, die ohne Gefahr für uns waren, genießen«. Die Schmerzen in Ursulas Kiefer ließen nach, und die Übelkeit, die sie vor ihrer Abreise aus Mukden verspürt hatte, flaute ab. Sie konnte wieder schlafen. Sie nahmen Michael mit zum See des Sommerpalastes, wanderten durch die Straßen der Stadt und lasen Bücher. Johann war reizend und aufmerksam, das russische Püppchen nur noch eine blasse Erinnerung. »Es gab keine scharfen Worte«, schrieb sie. »[Johann] war glücklich, weil wir zusammenwohnten, und noch heute denke ich an jene Zeit im August in Peking zurück wie an eine in warmes Licht getauchte Zeit.«

Nach vier Wochen bauten sie den Sender wieder zusammen. Johann schlief gerade, als die Nachricht kam, bei der ihr Herz einen Satz machte: »Komme mit deinen Sachen nach Shanghai, [Johann] erhält neuen Mitarbeiter.« Von Shanghai aus, so hieß es, würde sie nach Moskau reisen, weitere Anweisungen erhalten und dann nach Europa gehen, um ihre Familie zu besuchen. Nach fünf Jahren beim Shanghai Municipal Council hatten Rudi und seine Familie das Recht auf Heimaturlaub. Ursula wusste, dass sie nicht nach China zurückkehren würde. Ihre Mission war beendet.

Sie setzte sich auf die Bettkante und blickte hinunter auf den schlafenden Johann, »die bucklige Stirn, die hochgelegenen Backenknochen, die schmale Nase, den unruhigen, nervösen Mund, die Hände. Ich ließ die Tränen laufen.« Es war das dritte Mal, seit sie zusammen waren. Das erste Mal in einem Kino in Prag, dann im Wald bei Mukden und nun in Peking, während er schlief und sie sich schweigend verabschiedete.

»Das ist kein Abschied für immer«, sagte er am nächsten Morgen, als sie Moskaus Befehl überbrachte. Dann erhellte sich sein Gesicht. »Unsere Leute sind keine Unmenschen, wir bleiben beieinander. Sobald ich hier wegkomme, heiraten wir.«

Ursula sagte nichts.

Johann begleitete sie zum Bahnhof, verstaute ihr Gepäck, drückte Michael und stand dann ein wenig befangen auf dem Bahnsteig vor dem Abteilfenster. »Ich schreibe dir erst, wenn ich China verlasse«, sagte er, »und dann bestimmt.«

Die letzten Türen schlagen zu, die Lokomotive pfeift. Johann winkt nicht. Dann dreht er sich um und geht fort.

Dass sie schwanger war, hatte sie ihm verschwiegen.

Oberst Tumanjan, Ursulas Vorgesetzter, begrüßte sie herzlich in seinem Büro in der Bolschoi-Znamenski-Gasse und gratulierte ihr zu ihrer Arbeit in Mukden und zu ihrer haarscharfen Flucht aus Shanghai. Im Mai 1935 hatte Inspector Tom Givens von der Shanghai Municipal Police einen weiteren hochrangigen sowjetischen Spion festgenommen. »Joseph Walden« behauptete, ein mittelloser Schriftsteller zu sein, war jedoch in Wirklichkeit Oberst Jakow Grigorjewitsch Bronin vom sowjetischen Militärgeheimdienst. In Bronins Wohnung fand die Polizei Beweismittel, dass eine Ursula Hamburger seine Schreibmaschine gekauft hatte. Rudi wurde verhört und gab der Special Branch »einen überzeugenden, aber unwahren Bericht über die Entsorgung der Schreibmaschine«. Givens rückte ihnen dichter auf die Pelle, als gut war, und so nahm Ursula den nächsten Dampfer und verließ Shanghai in dem Wissen, dass sie nicht zurückkehren würde. Doch dem Vierten Direktorat schwebte bereits eine weitere Mission vor. Tumanjan machte einen Vorschlag: »würde ich nach Polen gehen – mit [Rudi]?« Die rechte Regierung Polens hatte die Kommunistische Partei in den Untergrund getrieben, und die Genossen brauchten dringend einen ausgebildeten Funker. Da Rudi nun willens war, für den sowjetischen Geheimdienst zu arbeiten, und sie sich für sein Engagement verbürgte, konnten sie als Team agieren, die polnischen kommunistischen Zellen koordinieren, Militärgeheimnisse sammeln und zurück nach Moskau berichten. Rudis Arbeit als Architekt würde als Tarnung dienen. Obwohl er immer noch der Leiter der Asienabteilung war, würde Tumanjan weiter ihr Agentenführer bleiben. Oberst Tums wusste nach wie vor nicht, in welchem Zustand sich Ursulas Ehe befand. Und sie erzählte ihrem Vorgesetzten auch nicht, dass sie Johann Patras Kind erwartete. »Von ihm aus gesehen, war es ein humaner, logischer Vorschlag.« Aus Ursulas Sicht war das Angebot jedoch alles andere als einfach. In China eine Abtreibung vornehmen zu lassen, war relativ einfach, doch von dem Moment an, an dem sie feststellte, dass sie schwanger war, hatte sie sich entschieden. »Ich wollte gern ein zweites Kind. […] Nun, da es unterwegs war, wollte ich es behalten.«

Durch die Schwangerschaft entstand eine sehr ungewöhnliche

Situation. Bevor sie Shanghai verließ, hatte sie Rudi erzählt, dass sie von Patra schwanger sei. Bestürzt hatte er sie gedrängt, sie solle abtreiben. Als sie Johann schrieb, um ihn zu informieren, versuchte auch er, sie zu überreden, die Schwangerschaft abzubrechen. Bizarrerweise kam es zu einem Briefwechsel zwischen Patra in Peking und Hamburger in Shanghai, in dem sie diskutierten, was sie tun sollte. »Ich schwieg, als die beiden meine Zukunft aushandelten.« Sie behielt das Kind, und fertig. Schließlich siegte bei Rudi der Anstand, wie es immer war, und er erklärte, »in dieser Lage könne er mich auf keinen Fall allein lassen«. Er würde ihr dorthin folgen, wo immer Moskau sie stationierte; er würde weiter ihr Ehemann sein, wenn nicht in Wirklichkeit, dann zumindest zum Schein, und ein Vater für Michael; sie würden vor der Welt, der Zentrale und ihrer eigenen Familie verheimlichen, dass das Kind nicht von ihm sei. Nachdem das Baby geboren war, konnte sie entscheiden, wie ihre Zukunft aussehen sollte, mit ihm oder ohne ihn. Patras Reaktion auf diese Entscheidung war, auf seine Weise, gleichermaßen nobel: »Wenn ich schon nicht bei dir sein kann, gibt es keinen Besseren als [Rudi]; für mich ist das eine große Beruhigung.«

Tumanjans Vorschlag einer gemeinsamen Mission ließ dieses ungewöhnliche Arrangement in einem vollkommen anderen Licht erscheinen. Ursula und Rudi würden zusammen leben und arbeiten. Hamburger war ein guter Vater, ein fähiger Architekt und ein freundlicher Mann, aber sie befürchtete, dass er ein ziemlich hoffnungsloser Fall von Spion sein würde. »Sein Auftreten innerhalb der bürgerlichen Gesellschaft machte ihn wegen seines Charmes und seiner vollendeten Höflichkeit besonders Frauen gegenüber überall beliebt und öffnet ihm viele Türen«, doch andererseits »war er in mancher Hinsicht naiv […] und weichherzig«. Mittlerweile war die Gefahr Teil ihres Alltags geworden. Wie sie feststellte, bedeutete die Spionage nicht nur Risiko, sondern auch Opfer, Verlust und Schmerz. Sie war mit dem Kind eines anderen Mannes schwanger. Sie liebte Patra immer noch, obwohl sie wusste, dass kaum eine Chance bestand, je wieder mit ihm zusammen zu sein. War es fair, Rudi »ein Zusammenwohnen unter den augenblicklichen Umständen« zuzumuten?

Ursula antwortete Tumanjan, sie würden den Auftrag annehmen, mit Michael nach Großbritannien reisen, um ihre Familie zu besuchen, und dann weiter nach Warschau. Rudi würde separat nach Moskau kommen, um die Mission mit Tumanjan zu besprechen. Dann könne er für sich selbst entscheiden, ob er ihr nach Polen folgte. Wenn nicht, würde sie allein gehen. »Ich fürchtete mich nicht davor, allein die von mir verlangte Arbeit zu leisten.« Vor ihrer Abreise aus Moskau wurde sie noch einem bulgarischen Geheimdienstoffizier namens Stojan Wladow vorgestellt (sein richtiger Name war Nikola Popwassilew Zidarow), der in Polen ihr Hauptkontakt sein würde.

Als die SS Co-Operatzia am 21. Oktober 1935 in Leningrad einlief, war die ganze Kuczynski-Familie, in Begleitung der treuen Ollo, auf dem Kai der Hay's Wharf in Gravesend versammelt. Ursula hatte ihren Vater und ihre Geschwister seit über fünf Jahren nicht gesehen.

Jürgen war jetzt auch in England.

Ursulas älterer Bruder hatte sich bis zur letzten Minute an Deutschland geklammert, hatte für die Kommunisten im Untergrund geschuftet und gehofft, dass die Arbeiterklasse zur Besinnung kommen und Hitler absetzen würde. Anfang 1935 besuchte er sogar die Sowjetunion, wo er eine Reihe namhafter Kommunisten kennenlernte, einschließlich Karl Radek, dessen Buch Ursula in Shanghai nach der Geburt ihres Sohnes gelesen hatte. Der Kreml sah Jürgen mit seinen dreißig Jahren als einen Mann der Zukunft: Radek berichtete, dass Stalin selbst sich erkundigt hatte, ob man den jungen Kuczynski eher fördern oder behindern würde, wenn man ihn zu einem Mitglied der Sowjetischen Akademie der Wissenschaften machte. Jürgen lehnte klugerweise eine Ehrung ab, denn wenn die Nazis das herausfanden, lieferte es ihnen einen weiteren Grund, ihn umzubringen. Er kehrte nach Berlin zurück, »vollständig davon überzeugt«, wie er sich ausdrückte, »dass ich meine Genossen bald wieder in Deutschland willkommen heißen könnte«. Diese Überzeugung war nur eine Fantasie, und Jürgen wurde wieder auf den Boden der Tatsachen zurückgebracht, als man ihn anwies, das restliche Vermögen der KPD aus Deutschland zu schmuggeln und das Geld bei einer Bank in Holland zu deponieren. Die Nazis pickten sich derweil seine Freunde und politischen Alliierten heraus. Berta schrieb Briefe und bekniete ihn, nach England zu kommen, bevor es zu spät war. Am 15. November 1935, im Anschluss an den Parteitag der Nazis in Nürnberg, passierte das »Reichsbürgergesetz« den Reichstag, nachdem Juden künftig die deutsche Staatsbürgerschaft verwehrt wurde. Als Fremde im eigenen Land, mit der schwindenden Hoffnung, dass der Kommunismus wieder aufleben würde, und bei der zunehmenden antisemitischen Hysterie kamen Jürgen und Marguerite schließlich aus der Deckung und flohen. Drei Tage nachdem sie in London eingetroffen waren, kontaktierte Jürgen die British Communist Party.

Die Familie war wiedervereint, doch ihre Lebensbedingungen – gezwängt in eine heruntergekommene Dreizimmerwohnung in North London – blieben weit hinter denen ihres alten Lebens zurück. Ihre erste Familienzusammenkunft seit 1929 war ausgelassen und laut, jedoch mit einem Hauch von Wehmut. »Sicher hatten wir alle Sehnsucht nach dem Haus, wo wir aufgewachsen, und nach der Landschaft, zu der wir gehörten, aber weder Eltern noch Geschwister überschätzten materiellen Besitz.« Als Ursulas Eltern und Geschwister erfuhren, dass sie ein zweites Kind erwartete, nahmen sie an, Rudi sei der Vater. »Eine direkte Lüge war nicht nötig«, schrieb sie später – eine interessante Art, etwas zu entschuldigen, von dem sie wusste, dass es eine »arge Täuschung« war.

Nach der Familienzusammenkunft nahm sie Jürgen beiseite und erzählte ihm die Wahrheit. Die Geschwister waren sich so nah und wetteiferten so sehr wie immer. Sie erklärte, dass sie in China eine Affäre gehabt hatte, doch sie sagte nicht, mit wem, und dass Rudi nicht der Vater des Kindes sei, es aber wisse. Er fand sie »unmöglich«, versprach aber, es niemandem zu erzählen. Jürgen mochte zwar nicht in der Lage sein, auf Papier seinen Mund zu halten, doch er war ein guter Bewahrer von Geheimnissen, und sie vertraute ihm vollständig.

Die Kuczynski-Kinder hatten inzwischen alle, in unterschiedlichem Ausmaß, linksgerichtete Ansichten. Brigitte, Ursula altersmäßig am nächsten, war bereits Mitglied der Kommunistischen Partei. Sie war aus der Universität Heidelberg ausgeschlossen worden, weil sie dem Studentenführer der Hitlerjugend eine Ohrfeige verpasst hatte, und im September 1935 nach England geflohen. Selbst die Jüngste, Renate, »nannte sich stolz eine Kommunistin«.

Die politischen Sympathien der Geflüchteten blieben nicht unbemerkt. Der MI6, Großbritanniens Auslandsgeheimdienst, legte bereits 1928, als Jürgen begann, für eine kommunistische Zeitung zu schreiben, eine Akte zu ihm an. Robert, das Familienoberhaupt, der inzwischen Demografie an der LSE unterrichtete und im Auftrag der Regierung forschte, wurde auch verdächtigt, Sympathien für die Bolschewiken zu hegen. MI5, der Inlandsgeheimdienst, interessierte sich sehr für diese Familie deutscher, frisch zugezogener Linker. Über die kommenden Jahre kamen beim britischen Geheimdienst nicht weniger als vierundneunzig Akten über die Kuczynskis zusammen. Die britische Einwanderungsbehörde vermerkte Ursulas Einreise aus Leningrad, ein erster Lichtpunkt auf dem MI5-Radar.

Rudi kam einige Wochen später in England an. Sein Treffen mit Oberst Tumanjan in Moskau war nicht zu seiner vollsten Zufriedenheit verlaufen. »Mein Wunsch war es gewesen, in Zukunft eine selbständige [Geheimdienst-]Arbeit zu übernehmen und zu diesem

Zweck vorher eine Ausbildung zu erhalten. Aber dieser Wunsch wurde mir nicht erfüllt, sondern für später versprochen.« Seine Entscheidung, für den sowjetischen Geheimdienst zu arbeiten, war eine politische Entscheidung, aber auch eine persönliche. Rudi liebte Ursula immer noch und »klammerte sich in der vergeblichen Hoffnung an sie, dass sie wiedervereint werden könnten«. Er war nicht bereit, seinen Sohn aufzugeben. Tumanjan wies Rudi an, Ursula nach Polen zu begleiten und sie zu unterstützen.

Im Januar 1936 reisten sie ab, gemeinsam mit einer weiteren wichtigen Person. Olga Muth hatte Ursula gebeten, sie mitzunehmen. Renate war mittlerweile ein Teenager und zu alt für ein Kindermädchen. In Polen konnte Olga sich um Michael kümmern und nach der Geburt des Babys auch um dieses. Ursula stimmte bereitwillig zu. Sie kannte Olga seit ihrem dritten Lebensjahr. »Zwischen [Ollo] und mir bestand von jeher eine besondere Bindung«, schrieb sie.

In Polen herrschte Chaos. Józef Piłsudski, seit 1926 der autokratische Führer des Landes, war gerade gestorben und ließ eine erbittert antisowjetische Regierung zurück, die entschlossen war, den Kommunismus auszurotten – so wurden dessen Anhänger großteils gezwungen, in den Untergrund zu gehen. Der polnische Antisemitismus bekam Aufwind. Die Polen versuchten gerade, einen Pakt mit Hitler auszuhandeln, um gemeinsam die Sowjetunion anzugreifen. Es war ein schlechter Zeitpunkt, um in Polen eine kommunistische Spionin zu sein, oder, aus einer anderen Perspektive, ein sehr guter.

Die Hamburgers mieteten eine Wohnung in Anin, einem Vorort von Warschau, und mit der Hilfe von zwei polnischen Architekten fand Rudi Arbeit. Ursula begann, Polnisch zu lernen, und baute einen Sender, den ersten, den sie ganz allein konstruierte, und versteckte ihn in einer hölzernen Grammofonkiste, aus der sie das Innenleben entfernt hatte. »Deutlich entsinne ich mich daran, wie ich zum erstenmal in dieser Wohnung nachts bei trüber Beleuchtung die Taste bediente.« Zwei Minuten später kam klar und deutlich die Antwort aus Russland.

Ein höherer Offizier des Vierten Direktorats, der Bulgare Stojan Wladow, hatte bereits ein Netzwerk polnischer Informanten unter dem Decknamen »Mont Blanc« aufgebaut. Wladow, ehemaliger Musiker eines Kinoorchesters, war 1914 in die Kommunistische Partei eingetreten, hatte wegen Waffenschmuggel fünf Jahre hinter Gittern gesessen, hatte in Moskau eine militärische und eine Geheimdienstausbildung erhalten und arbeitete nun in einem riesigen Gartenbaubetrieb, züchtete Rosen, spionierte für die Rote Armee und unterstützte die polnischen Kommunisten. Einmal im Monat traf Ursula sich mit ihm in Krakau, um die von ihm gesammelten Geheiminformationen abzuholen, kehrte dann nach Warschau zurück und leitete sie nach Moskau weiter. »Ich sollte ihn beraten«, schrieb sie. Doch Wladow wollte und benötigte keinen Rat.

Ursula wurde es langweilig. Nach dem Trubel und der Gefahr in China erschien ihr das Leben hier fast stumpfsinnig: Entweder pendelte sie nach Krakau, um bei Wladow ein Diktat aufzunehmen, oder sie hockte in der Wohnung, verschlüsselte, funkte und bereitete sich auf die Geburt ihres zweiten Kindes vor. Rudis Spionagetätigkeit war noch begrenzter. Gelegentlich bediente er den Sender oder führte allgemeine Reparaturen und Instandhaltungsaufgaben durch, doch die Zentrale scheute sich davor, ihm größere Verantwortung zu übertragen. »Mehrfach bestand ich auf die Durchgabe von Anfragen, wann ich abgelöst und zur Ausbildung hinkommen könne [nach Moskau] mit anschließend selbständiger Arbeit. Die Antworten waren zu meiner Enttäuschung ablehnend und vertrösteten mich auf unbestimmte Zukunft.« Rudi wollte unbedingt Geheimagent werden, doch die Rote Armee konnte ihn bislang nicht gebrauchen.

Genauso wenig wie Ursula. »[Rudi] und ich vertrugen uns auf kameradschaftliche Weise und es gab keinen Streit«, doch die Beziehung war so kalt wie der polnische Winter. Nur der kleine Michael war »unglaublich glücklich, dass die Familie wieder zusammen war«; viel später fragte er sich, wie sein Vater diese »seelische Last der Maskerade ertragen hatte«. Nur dem Namen nach der Vater, gab sich Rudi keine Mühe, so zu tun, als würde er sich auf die bevorstehende Geburt freuen. Ursula dachte oft an Johann Patra, fragte sich, wo er war und ob er sich in Sicherheit befand. »Er wird allein nicht zurechtkommen«, sinnierte sie, und »irgendwelche Dummheiten begehen.« Doch die Trennung wurde für sie erträglicher, je mehr Monate ins Land gingen. Sie waren grundsätzlich inkompatibel. Johann brauchte eine völlig andere Frau, »die zu ihm aufsah, ihm in allem folgte«. Am Anfang ihrer Beziehung war er ihr Vorgesetzter gewesen; jetzt war sie ihm ebenbürtig und in den Augen der Zentrale sogar mehr als das. So starrköpfig und altmodisch, wie er war, hätte er dieses Ungleichgewicht nie akzeptiert. Und doch wirkte seine Abwesenheit jetzt, wo sie ein Kind von ihm erwartete, wie ein ständiger, dumpfer Schmerz. Als sie im Spiegelbild eines Schaufensters ihr Profil erblickte, dachte Ursula: »Wie schade, daß mein Kind nicht von zwei Menschen mit Freude erwartet wird.«

Doch in Wahrheit wurde es das. Die hingebungsvolle Olga Muth, inzwischen fünfundfünfzig Jahre alt, war ganz in ihrem Element, bereitete alles für den Familienzuwachs vor, kümmerte sich um Michael und unterstützte die Familie diskret bei ihren Spionagetätigkeiten. Ollo war absolut bewusst, dass ihre Arbeitgeber Geheimagenten waren, die gegen die Faschisten arbeiteten, und sie befürwortete es, ohne es je zu sagen. Sie wusste, dass die Herrin des Hauses, mit einem illegalen Sender, der in einer Grammofonkiste versteckt war, auf dem eine Platte von Beethovens Egmont Overtüre lag, Funknachrichten verschickte. Die Zusammenarbeit der beiden Frauen erfolge unausgesprochen, basierte eher auf persönlicher Loyalität als auf Politik und wurde nie öffentlich besprochen. »Ich habe die Art meiner Arbeit nie erwähnt«, schrieb Ursula. »Und Ollo hat nicht nachgefragt.« Olga Muth war ein Kindermädchen; doch sie war auch eine Spionagegehilfin.

Am 27. April 1936, acht Stunden nachdem sie »bei verdecktem Licht an ihrem illegalen Sender« gesessen und noch eine Nachricht eingegeben hatte, brachte Ursula in Warschau ein gesundes Mädchen zur Welt. Sie nannte sie Janina, oder kurz, Nina. »Am Tage, als sie aus der Klinik zurückkehrte, funkte sie wieder. [...] ›Entschuldigt Verzögerung, habe Tochter geboren.‹«

In ihrem Brief an die Eltern war sie überschwänglicher: »Ihr könnt euch überhaupt nicht diese Wonne vorstellen, wenn man aus der Stadt zurückkommt, und ein Babykörbchen mit Inhalt steht vor dem Haus im Wald. [...] Ollo ist eine wunderbare Hilfe und vernarrt in Janina. Rolf sehr beschäftigt.«

Als Nina sechs Monate alt war, wies die Zentrale Ursula an, nach Danzig zu ziehen, um den kommunistischen Widerstand dort zu unterstützen. Rudi würde weiter in Warschau arbeiten, um sicherzustellen, dass ihre Aufenthaltserlaubnis verlängert wurde. Die Hafenstadt Danzig war eine »Freie Stadt«, ein selbständiger Freistaat zwischen Polen und Deutschland und theoretisch von beiden unabhängig. Tatsächlich aber war es alles andere als frei: Der Großteil der Einwohner waren Deutsche, in der Regierung saßen vorwiegend Nazis, und 1936 gab es wachsende Bemühungen, Danzig »heim ins Reich« zu holen. Ursula kam in einer Stadt an, die gerade einer intensiven Nazifizierung unterlag. »Hakenkreuzfahnen erschienen auf öffentlichen Gebäuden, Hitlerbilder hingen in den Amtszimmern, die Polen wurden terrorisiert, die Juden eingeschüchtert, verfolgt und verhaftet.« Karl Hoffman, ein junger Kommunist mit einem »zarten Gesicht« und einem quälenden Tuberkulosehusten, hatte eine kleine Widerstandszelle aufgebaut, die deutsche U-Boote sabotierte, die auf der Danziger Werft gebaut wurden, und Pläne entwarf, Ampeln lahmzulegen, um die erwartete Nazi-Invasion zu behindern. Ursula war ihre Verbindung zu Moskau.

Ursula, Ollo, Michael und Nina zogen in eine sonnige Wohnung in einem modernen Häuserblock im Bezirk Oliwa. Tagsüber ging Ursula mit ihrem Baby im Kinderwagen einkaufen und sammelte die Nachrichten von Hoffmans Kundschaftern ein; am Abend, nachdem alle ins Bett gegangen waren, holte sie ihren Sender aus dem Grammofonkasten und korrespondierte mit Moskau. Als Mutter zweier kleiner Kinder brauchte sie keinen offiziellen Job mehr.

Michael versuchte, sich mit den Kindern vor Ort anzufreunden. Eines Tages fragte er seine Mutter: »Was ist ›unerwünscht‹?« Sie erklärte ihm, es heiße »verboten«. Der kleine Junge war hartnäckig: »Und was ist Juden?« Sie versuchte, das Thema zu wechseln. Micha erfand einen Sprechgesang: »Rauchen verboten, Juden verboten, Lärmen verboten.« Sie sagte ihm, er solle still sein. Er änderte, was er sang: »Spucken erlaubt, Stehlen erlaubt, Juden erlaubt.« Sie gab ihm eine Ohrfeige, das erste und einzige Mal in ihrem Leben. Mit Tränen in den Augen rannte Michael aus dem Zimmer. Ursula war über das, was sie getan hatte, am Boden zerstört. Die Situation zerrte an ihren Nerven. »Was passiert mit meinen Kindern, wenn ich verhaftet werde?«, fragte sie sich. Sie versuchte, sich mit dem Gedanken zu beruhigen, dass »sie beide blond sind und blaue Augen haben; das wird sie vor jeder Brutalität beschützen«. Doch sie wusste, dass dem nicht so war.

Die Arbeit war gleichermaßen langweilig und gefährlich; unbefriedigend, aber nicht unbelohnt.

Kurz nach Michaels sechstem Geburtstag erhielt sie eine Mitteilung, die anders war als alle anderen, die sie von der Zentrale erhalten hatte. Sie war an sie persönlich gerichtet: »Liebe Sonja, das Volkskommissariat für Verteidigung hat beschlossen, Sie mit dem Rotbannerorden auszuzeichnen. Wir beglückwünschen Sie herzlich und wünschen Ihnen weitere Erfolge bei der Arbeit. Der Direktor.«

Der nach der Revolution gestiftete Rotbannerkampforden war

die höchste sowjetische militärische Auszeichnung und wurde für Tapferkeit und heroische Taten auf dem Schlachtfeld verliehen. Stalin persönlich war mit ihm geehrt worden, genau wie Trotzki. Zunächst war sie verwirrt über die Ehre und fragte sich, »ob ich nicht überschätzt wurde«, doch dann erfüllte sie eine stille Freude. Über die zurückliegenden Jahre hatte sie in Shanghai, der Mandschurei und Polen wiederholt ihr Leben riskiert. Als deutsch-jüdische Agentin im von Nazis regierten Danzig wusste Ursula, dass eine Verhaftung ihre Deportation nach Deutschland, Gefangenschaft und Tod bedeuten würde. Sie hatte sich selbst unterschätzt, denn hier kam die Anerkennung für die heimliche Soldatin der Roten Armee, verliehen vom Chef des Vierten Direktorats.

Ein paar Tage später begegnete sie auf der Straße vor ihrer Wohnung der Frau eines Nazibeamten, die im Obergeschoss wohnte, eine faschistische Wichtigtuerin, der nicht aufgefallen war, dass Ursula Jüdin war.

»Wird ihr Rundfunkempfang jetzt auch so oft gestört?«, fragte die Frau.

»Ich habe nichts bemerkt«, erwiderte Ursula, der plötzlich mulmig wurde. »Um wie viel Uhr denn?«

Die Frau nannte die Uhrzeit. Ursula hatte am Vorabend eine lange Nachricht nach Moskau geschickt. Sie sagte: »So spät höre ich nie, da schlafe ich längst.«

Die Frau plapperte weiter: »Mein Mann sagt, da funkt jemand heimlich ganz in unserer Nähe. Er wird dafür sorgen, dass unser Wohnblock ab Freitag umstellt wird.«

Als an jenem Abend im Stockwerk über ihr die Lichter ausgingen, schickte sie eine kurze Nachricht nach Moskau und erklärte, dass sie den Sender sofort an einen anderen Standort bringen und dort auf Antwort warten würde. In einer konspirativen Wohnung, die jemandem aus Hoffmans Netzwerk gehörte, richtete sie den Sender ein. »Die Antwort der Zentrale […] wurde mehrfach durchgegeben, da sie nicht sendete und den Empfang nicht bestätigen konnte. Die Zentrale ordnete meine Rückkehr nach Polen an.« Die Mission Danzig hatte drei Monate gedauert.

Doch nach ihrer Rückkehr traf in Warschau noch eine weitere Nachricht ein. Ein Genosse würde sie in ein paar Tagen an einem verabredeten Ort treffen. Als Oberst Tumanjan höchstpersönlich und breit grinsend erschien, musste sie sich zusammenreißen, um »ihn nicht freudig zu begrüßen«. Tumanjan überbrachte Glückwünsche von General Bersin, der nach einem Jahr in Spanien als militärischer Ratgeber der Republikaner, die sich im Bürgerkrieg befanden, wieder zurück in Moskau und jetzt Chef des militärischen Aufklärungsdienstes der Roten Armee war. »Später teilte mir [Tumanjan] mit, er sei zufrieden mit meiner Arbeit, das solle er mir auch vom Direktor ausrichten.« Anschließend wurde der Armenier ernst, »er möchte nicht nur als Vorgesetzter zu mir sprechen, sondern als Freund. […] Ihm schien, ich strahlte nicht mehr die Fröhlichkeit aus, die ich auf der Schule in Moskau besessen [habe].«

Zu ihrer Überraschung schüttete sie Oberst Tums ihr Herz aus: Wie es um ihre Nicht-Ehe stand und die Beziehung zu Johann Patra, der Nina entsprungen war. »Ich sagte ihm, daß ich [Johann] sehr schätze und noch immer Sehnsucht nach ihm hätte, aber nicht zu ihm zurück möchte.« Sie beschrieb ihre Frustration über die Arbeit in Polen und sagte, »wie ungeübt« sie sich fühlte, dass es ihr »schwerfiel, den neuen Entwicklungen im Senderbau zu folgen«, und dass sie »am liebsten noch eine weitere Ausbildung in der Sowjetunion gehabt hätte.«

Tumanjan nickte verständnisvoll. »Ich sollte für ein paar Monate in die Sowjetunion kommen und dann wieder nach Polen zurückgehen.«

Ohne es zu wollen, hatte Ursula eine weitere Seite in ihrer Geschichte umgeblättert.

11
Wem die Stunde schlägt

Am 15. Juni 1937 steckte einer der ältesten Bolschewiken im Herzen des Kremls einer der jüngsten aufstrebenden Sterne der Roten Armee einen Orden an.

Mikhail Kalinin, ein ehemaliger Hausdiener und Anhänger Stalins, war das erste Staatsoberhaupt der Sowjetunion, ein Mitglied des Politbüros, Vorsitzender des Präsidiums des Obersten Sowjets, ein gehorsamer Kamerad Stalins und für gewöhnliche Sowjetbürger eine Persönlichkeit von beinah unfassbarer Erhabenheit. Die Stadt Kaliningrad (früher Königsberg) wurde ihm zu Ehren umbenannt. 1937 war er nur noch eine Galionsfigur, die sich kaum noch an den Regierungsgeschäften beteiligte, sondern zu zeremoniellen Anlässen hinzugezogen wurde. An diesem Tag verlieh er den Rotbannerorden ungefähr zwei Dutzend Soldaten und Seeleuten für verschiedene mutige Taten, wie er es schon viele Male zuvor getan hatte. Anders war bei diesem Anlass, dass eine der Empfängerinnen eine dreißigjährige Frau war.

Früher an diesem Morgen hatte Ursula ein graues Kostüm angezogen und ihre Schuhe poliert, bevor sie auf einen Armeelaster kletterte. Im Kreml wurden die Empfänger der Orden lange Gänge hinuntergeführt, bis zu einem Saal.

Nach ein paar Minuten kam »ein alter, grauhaariger Genosse in den Raum«.

Kalinin hielt lange Ursulas Hand fest, als er ihr den Orden Nummer 944 ans Revers steckte. »Lange klatschten die Rotarmisten, wahrscheinlich, weil ich die einzige Frau unter ihnen war. Ich habe Kalinins Güte, den Ausdruck seines Gesichts noch heute in Erinnerung«, schrieb sie später. Das war irreführend, denn Kalinin war ein brutaler Kerl. Drei Jahre später unterzeichnete er als

Mitglied des Politbüros das Exekutionsurteil für 22 000 polnische Offiziere, die unter anderem in einem Wald in der Nähe von Smolensk gefangen gehalten wurden: das berüchtigte Massaker von Katyn.

Ursula war von Warschau über die Tschechoslowakei nach Moskau gereist und hatte die Kinder bei Rudis Eltern gelassen, zusammen mit der tatkräftigen Olga Muth. Else Hamburger war krank und würde noch im selben Jahr sterben. Rudi, der in Polen geblieben war, hatte Ursula angefleht, »in der schweren Hitlerzeit seiner Mutter keinen weiteren Kummer zuzufügen«, und so blieben sie bei der Geschichte, dass Nina Rudis Kind war. Mit einem falschen sowjetischen Pass auf den Namen Sophia Genrikowna Gamburger, den sie von Tumanjan erhalten hatte, reiste Ursula nach Finnland, bevor sie die Grenze nach Russland überquerte.

Die Rote Armee rollte den roten Teppich aus. Tumanjan bestand darauf, dass sie in einem Sanatorium in Alupka an der Schwarzmeerküste einen kurzen Urlaub machte und dann Gast bei ihm und seiner Familie in deren Wohnung in Moskau war. Die Rote Armee war starr hierarchisch, doch nichts war für Ursula natürlicher, als eine enge Freundschaft zu einem alten sowjetischen Haudegen aufzubauen, der gleichzeitig ihr Vorgesetzter war. Im Ausbildungslager Sperling begann für sie erneut ein hartes Training: Das Betreiben eines anspruchsvollen »push-pull«-Senders, das Kochen explosiver Mischungen und der Bau verschiedener Zeitzünder aus Elektrodraht, Zündschnur und einer Säure, die sich durch Kunststoff fraß, um einen Detonator auszulösen. Auf einem Feld außerhalb Moskaus übte sie, Schienen in die Luft zu jagen. Einige der Ausbilder waren Kommunisten, die in Spanien gekämpft hatten, wo zwischen Francos Nationalisten (unterstützt von Hitler) und den Republikanern (unterstützt von der Sowjetunion) der Bürgerkrieg tobte. Andere waren erfahrene Maulwürfe, die brachten ihnen Dinge bei, »die ein Partisan im Feindesland wissen mußte«. Ihre Kollegen und Ausbilder behandelten sie mit Respekt. Den Rotbannerorden, der ihr von dem großen Kalinin verliehen worden war, trug sie am Revers.

In ihrer Freizeit (und ohne es ihren Vorgesetzten zu erzählen, die das nicht gutgeheißen hätten) schrieb Ursula einen kurzen Roman. Sie erzählte die Geschichte eines kommunistischen Geheimagenten, basierend auf Sepp »Nüchtern« Weingarten, der sich in eine Weißrussin verliebt, doch seine wahre Zugehörigkeit verbirgt. Die Heldin der Geschichte hat so viel Ehrfurcht vor dem wunderbaren Leben in der UdSSR, dass sie irgendwann zum Marxismus-Leninismus konvertiert, schließlich leben die beiden glücklich bis ans Ende ihrer Tage im sowjetisch-sozialistischen Paradies. »Fest steht wohl, daß dieses Manuskript wirklich nichts taugte«, gab sie später zu. Doch für ein Stück klappernder, kommunistischer Propaganda war es überraschend gut geschrieben, die Arbeit einer geborenen Geschichtenerzählerin.

Ursula litt unter der Trennung von ihren Kindern und dem inzwischen vertrauten Gefühl von Schuld und Sorge. Zumindest haben die Kinder einander, tröstete sie sich. Doch würden sie sie zurückweisen, so wie Michael es nach ihrer langen Abwesenheit getan hatte? Begierig verschlang sie jeden Brief aus der Tschechoslowakei. Es quälte sie, dass einige der frühesten Erinnerungen ihrer Kinder ohne sie geprägt werden würden, doch sie zog kein einziges Mal in Erwägung, ihre Arbeit aufzugeben. Wie jeder Spion schottete sie ihre unterschiedlichen Leben voneinander ab: Moskau war eine Welt, Mutter zu sein eine andere. Und es gab viel, was sie ablenkte.

Aus der Hauptverwaltung kam eine Anfrage: »Ein guter Freund von dir ist in Moskau und will dich sehen, vorausgesetzt, du bist einverstanden.«

»Wie schön, daß du noch ebenso schlank bist wie früher«, sagte Johann, als er sie in der Lobby der Bolschoi-Znamenski-Gasse 19 in die Arme nahm. Patra war aus China zu einem Funker-Auffrischungskurs dort und würde schon bald nach Shanghai zurückkehren. Er nahm unbekümmert an, dass sie ihre Beziehung nach fast zwei Jahren Trennung wiederaufnahmen, und fragte Ursula sofort, ob sie mit ihm nach China zurückkehren wolle. Sie sagte ihm, das sei unmöglich. Sie hatten zwar ein gemeinsames Kind – sie zeigte ihm stolz Fotos von seiner Tochter –, doch die romantische Verbindung sei verflogen. »Seine Nervosität, seine Härte und Intoleranz, wenn sie auch die eines wertvollen Menschen waren, hatten sich eher verschärft als gemindert.« Sie gingen als Freunde auseinander.

Viele ihrer deutschen kommunistischen Genossen befanden sich nun in Moskau im Exil, einschließlich Gabo Lewin und Heinz Altmann, die ihr damals 1924 im Grunewald das Schießen beigebracht hatten. Lewin war nun Herausgeber einer deutschsprachigen kommunistischen Zeitung; Altmann war Journalist. Karl Rimm, Sorges Ersatz in Shanghai, tauchte eines Tages auf dem Gelände auf, in der Uniform eines höheren Offiziers. Sie umarmte ihn – »ein reichlich formloser Akt für die Gepflogenheiten dieses Hauses« –, und sie aßen an dem Abend zusammen. Das glücklichste Wiedersehen war das mit Grisha Herzberg, dem polnischen Fotografen aus Shanghai mit den dunklen Augen und der schwermütigen Art, der in den Rängen des Geheimdienstes der Roten Armee ständig weiter aufstieg. Sie unternahmen gemeinsam eine mehrtägige Bootsfahrt auf dem neu eröffneten Moskau-Wolga-Verbindungskanal, und ihre wiedergefundene Freundschaft wurde nur leicht dadurch getrübt, dass keiner der beiden dem anderen aufgrund der Regeln sagen durfte, wo sie gewesen waren, was sie getan hatten oder was sie als Nächstes tun würden. Sie gingen im nahegelegenen Kanal schwimmen und freuten sich über die »ständig scheinende Sonne«.

Und doch schwebte ein dunkler Schatten über Ursulas Glück: Inzwischen wurden fortlaufend erstaunlich viele ihrer Freunde und Kollegen ermordet.

Stalins Große Säuberung war eine der umfassendsten, blutigsten Ermordungswellen in der Geschichte. Angetrieben von wahnhafter Paranoia und der Überzeugung, dass die Revolution von innen unterwandert wurde, verhaftete der sowjetische Staat zwischen 1936 und 1938 1548366 Menschen wegen angeblicher Abtrünnigkeit, Konterrevolution, Sabotage und Spionage, von denen 681692 Menschen umgebracht wurden. Die meisten davon waren unschuldig. Das NKWD, das Volkskommissariat für Innere Angelegenheiten (Vorläufer des KGB), presste durch Folter Geständnisse aus den Opfern heraus und zwang jeden, weitere »Feinde des Volkes« zu benennen, was einen immer breiter werdenden Strudel an Verdächtigungen und Vernichtung erschuf. Die »glücklicheren« Opfer wurden in Straf- und Arbeitslager gesteckt, bekannt als Gulag. Der Rest wurde kurzerhand hingerichtet: Parteifunktionäre, Intellektuelle, die wohlhabenderen Bauern (Kulaken), Polen und andere Minderheiten, Trotzkisten, Semi-Trotzkisten, Bürokraten, Wissenschaftler, Priester, Juden, Musiker, Schriftsteller und alle anderen, die in irgendeiner Form, so unwahrscheinlich auch immer, eine Gefahr für Stalins Autorität hätten darstellen können. Wenn er die täglichen Hinrichtungslisten unterzeichnete, hörte man Stalin sagen: »Wer wird sich schon in zehn, zwanzig Jahren an dieses Gesindel erinnern? Niemand.«

Die sowjetischen Streitkräfte wurden als besondere Brutstätte des Verrats gesehen, und der Militärgeheimdienst, ein Rivale des NKWD, wurde beschuldigt, ein Hort für faschistische Spione zu sein. Die Offiziersriege der Roten Armee und der Marine wurde praktisch ausgelöscht, gemeinsam mit dem Großteil der Komintern. Alle Spione waren verdächtig, und jene, die Kontakt zu Ausländern hatten oder keine Russen waren, gleich doppelt. Und weil der NKWD selbst aus Spionen bestand, begann er, seine eigenen Leute zu beschuldigen und dann systematisch auszulöschen.

General Jan Bersins Überlebenskünste verließen ihn schließlich: Der Chef des Vierten Direktorats wurde rausgeworfen, verhaftet und im Keller der Lubjanka, dem Hauptsitz des NKWD, erschossen. Auch sein Vorgänger wurde ermordet. Sein Nachfolger überlebte nur ein paar Tage, bis auch er hingerichtet wurde. »Die Genossen in leitender Stellung wechselten damals leider sehr oft«, schrieb Ursula mit düsterem Euphemismus, der dem willkürlichen und unaufhaltsamen Massaker von damals nicht mal ansatzweise gerecht wird. »Das ganze Vierte Direktorat ist in deutsche Hände gefallen«, erklärte Stalin im Mai 1937. Von den sechs Leitern des militärischen Geheimdienstes starben zwischen 1937 und 1939 alle bis auf einen. Die legendären Anwerber der britischen kommunistischen Spione, bekannt als »Cambridge Five«, wurden nach Moskau gerufen und dort in den Fleischwolf gesteckt.

Viele der Menschen, die Ursula am meisten liebte und bewunderte, wurden einer nach dem anderen verhaftet und brutal ermordet; einige vor ihrem Aufenthalt in Moskau, einige währenddessen und noch viel mehr danach. Deutsche Kommunisten, die nach Russland ins Exil geflüchtet waren, wurden zu Hunderten umgebracht oder zurückgeschickt nach Nazideutschland, wo sie dasselbe Schicksal erwartete. Gabo Lewin, ihr Jugendfreund, wurde der Konterrevolution bezichtigt und in den Gulag geschickt. Heinz Altmann, der sie 1924 gedrängt hatte, den Jungkommunisten beizutreten, war noch vor ihm verhaftet worden. Manfred Stern, den Ursula 1932 in Shanghai kennengelernt hatte, war in den Spanischen Bürgerkrieg gezogen, um unter dem Nom de Guerre »General Kléber« die Internationale Brigade anzuführen. Stern wurde zu fünfzehn Jahren Arbeitslager verurteilt und starb 1954 im Gulag. Jakob Mirow-Abramow, der Agnes Smedley angeworben hatte und der Ursula ins Ausbildungslager Sperling geschickt hatte, wurde gefoltert, bis er ein Geständnis ablegte, und dann am 26. November 1937 erschossen; seine Frau wurde drei Monate später hingerichtet. Karl Rimm wurde 1938 wegen Mitgliedschaft in einer »konterrevolutionären terroristischen Organisation« liquidiert, genau wie kurz darauf seine Frau Luise. Richard Sorge überlebte, weil er sich klugerweise weigerte, aus Japan zurückzukehren, als er den Befehl dazu erhielt, und da seine Vorgesetzten in so schneller Folge umgebracht und ersetzt wurden, kam er damit durch. Der ungarische Journalist Lajos Magyar und der Schriftsteller Karl Radek – Menschen, die Ursula als loyale Intellektuelle der Revolution bezeichnete – wurden kurzerhand in die Vergessenheit befördert. Boris Pilnjak, dessen Roman Ursula direkt nach Michaels Geburt gelesen hatte, wurde vorgeworfen, ein Spion zu sein, der plante, Stalin umzubringen; er wurde am 28. April 1938 vor Gericht gestellt und noch am selben Tag hingerichtet. Mikhail Borodin starb in der Lubjanka nach heftiger Folter. Sepp Weingarten verschwand, genau wie Isa Wiedemeyer. Ausländische Kommunisten in Russland wurden von der Schlächterei mitgerissen: Agnes Smedleys Ex-Mann Virendranath Chattopadhyaya wurde am 2. September 1937 verurteilt und direkt hingerichtet. Eine Freundschaft mit Stalin bot keinen Schutz. Ein Jahr nachdem Ursula ihren Orden von Mikhail Kalinin erhalten hatte, wurde dessen jüdische Frau Ekaterina verhaftet, im Lefortovo-Gefängnis gefoltert und ins Lager geschickt.

Ursula behauptete später, sie hätte von den Säuberungsaktionen, dem Ausmaß des Blutvergießens, der Fadenscheinigkeit der erdichteten Beschuldigungen sowie von Stalins persönlichem, kriminellem Abschlachtungs-Kommissariat nichts geahnt. Sie akzeptierte den Mythos, dass kapitalistische Spione innerhalb der Sowjetunion eine Atmosphäre des Misstrauens säten, die es »nicht immer leicht für die Verantwortlichen« machten, »zwischen Fehlern ehrlicher Genossen und Taten des Gegners zu unterscheiden«. Im Jargon der Massenabschlachtungen waren »Fehler« eine faule Ausrede, um Hinrichtungen zu rechtfertigen, die auf keinen echten Beweisen basierten.

Doch Ursula wusste, dass ihre Freunde und Kollegen umgebracht wurden und dass sie unschuldig waren. Später schrieb sie: »Ich blieb überzeugt, sie waren Kommunisten und keine Feinde.« Zu jener Zeit sagte sie das nicht. Sie fragte nicht nach, weswegen sie angeklagt oder wohin sie verschwunden waren, denn jedes Anzeichen von Neugier war selbst eine Einladung an den Tod. Wie Millionen andere hielt sie den Mund, beschwerte sich nicht und fragte sich, wer der Nächste sein würde.

Kurz nach dem idyllischen Tag, den sie am Ufer des Moskau-Wolga-Kanals mit Sonnenbaden verbracht hatten, verschwand Grisha Herzberg plötzlich und vollständig. Tag und Ort seiner Hinrichtung sind unbekannt. Wie so viele andere verschwand der 32-jährige Pole einfach über Nacht. Sie hatten verabredet, sich zum Abendessen zu treffen. Grisha erschien nicht. Ursula fragte nicht in der Zentrale nach, wo er geblieben war. Es dauerte Jahre, bis sie sich wieder traute, seinen Namen zu erwähnen.

Insgeheim war Ursula starr vor Angst. Sie war schon vorher Gefahren ausgesetzt gewesen, doch nichts kam an diese heimtückische, allgegenwärtige Furcht heran, fälschlicherweise des Verrats beschuldigt zu werden. Als im Ausland geborene Agentin mit Verbindungen zu vielen derjenigen, die liquidiert worden waren, schwebte sie in Todesgefahr. Die Bedrohung durch den sowjetischen Staat war viel größer als durch jeden Feind des Kommunismus. Ihr Geschlecht bot keinen Schutz, denn Stalin ließ bei seinen Morden Chancengleichheit walten. Die Bitte, nach Polen zurückkehren zu dürfen, hätte als Schuldeingeständnis angesehen werden können. Angesichts eines unaussprechlichen Grauens entschied Ursula, genau wie viele andere Menschen, so zu tun, als würde es nicht passieren, als würden ihre Freunde zurückkehren und als hätten jene, die nicht zurückkehrten, wohl Fehler gemacht. Sie sah weg, während sie ständig hinter sich blickte.

Wie sie überlebt hat, bleibt ein Rätsel. Sie schob es darauf, Glück gehabt zu haben, doch es war mehr als das. Ursula besaß das bemerkenswerte Vermögen, Loyalität zu wecken. In einem Metier, das auf Täuschung und falschem Spiel beruhte, wurde sie nie betrogen. Opfer der Säuberungsaktion wurden ermuntert, andere Verräter zu nennen, doch Ursula wurde nie denunziert. Jahre später schloss sie daraus, dass jemand eine »schützende Hand über mich gehalten hat«. Dieser Jemand war Oberst Tumanjan, der armenisch-georgische Veteran, der Ursulas Karriere durch die Mandschurei und Polen gesteuert hatte. Tums hatte ihr immer Rückendeckung gegeben und treu ihre Geheimnisse bewahrt. Er wusste von ihrer Beziehung zu Patra, ihrer problematischen Ehe und den Schwierigkeiten, die Spionagetätigkeit mit ihrem Alltagsleben in Einklang zu bringen. »[Er] war ein Mensch, mit dem man so etwas besprechen konnte.« Und obwohl er immer »die Autorität seines militärischen Ranges bewahrte«, lag hinter den dunklen Augen eine empfindliche Seele. Sie hatte ihn mittlerweile als Freund betrachtet. Solange Tumanjan das Sagen hatte, fühlte sie sich sicher.

Und dann war Tumanjan, wie so viele andere, fort.

Ursula wurde in die Zentrale beordert, wo sie das Büro ihres Chefs vorfand, in dem sich keine persönlichen Dinge Tumanjans mehr befanden und in dem ein stämmiger Mann mit geschorenem Kopf, tiefliegenden Augen und in der Uniform eines Obersts saß, der ihr ausdruckslos mitteilte, dass Oberst Tumanjan »neue Aufgaben« erhalten habe. Sie fand nie heraus, was Tums zugestoßen war, und die Miene ihres neuen Chefs ließ sie wissen, dass es äußerst unklug wäre nachzufragen.

Hadschi-Umar Mamsurow, bekannt als »Genosse Hadschi«, war der Sohn muslimischer Bauern aus Nordossetien und einer der härtesten Kämpfer der Roten Armee. Während des Spanischen Bürgerkrieges hatte er eine Einheit Partisanen hinter die Linien der Nationalisten geführt, wo ihm sein Ruf der Unbarmherzigkeit sprichwörtliche Unsterblichkeit bescherte: Ernest Hemingways Hauptfigur in *Wem die Stunde schlägt*, Robert Jordan, basiert teilweise auf Umar Mamsurow.

Oberst Mamsurow war ein fähiger Büropolitiker, der die Techniken des Guerrillakampfes auf das tückische Terrain der stalinistischen Bürokratie anwandte und der bis zum stellvertretenden

Leiter des sowjetischen Militärgeheimdienstes aufstieg. Ursula bewunderte später seine unverwüstliche Anpassungsfähigkeit, doch das Einfühlungsvermögen Tumanjans besaß er nicht. Genosse Hadschi gab Ursula keine Rückendeckung. Er war zu sehr damit beschäftigt, seinen eigenen Rücken zu decken.

Nach fünf Monaten in Moskau, einen Tag bevor sie nach Polen zurückkehren sollte, bekam Ursula eine Audienz beim neuen Direktor des Vierten Direktorats, Semyon Gendin, einem dekorierten Soldaten und NKWD-Offizier, der Ersatz für den Ersatz von Bersin. Er kommentierte ihre Arbeit, wies sie an, nach Polen zurückzukehren und eine Dankesnachricht an Rudi weiterzuleiten. Ein paar Monate später folgte Gendin seinen Vorgängern in die Hinrichtungszelle.

Irgendwann säuberte die Säuberungsaktion sich selbst und hinterließ eine dauerhafte, schlecht verheilende Narbe auf der sowjetischen Psyche. Ursulas Loyalität war ungetrübt, doch nun mit Angst gepaart. Ein Funken Zweifel hatte sich in ihrem Kopf eingenistet. Von da an wusste sie nie, ob eine Order, nach Moskau zu kommen, einen Orden oder eine Kugel bedeutete.

Wieder in Polen, vereint mit ihren Kindern, war Ursula froh darüber, zumindest für eine Weile in den Alltag eintauchen zu können. Ihre Briefe nach Hause waren angefüllt mit Details über Kindererziehung, Friseurbesuche, Ollos Zuneigung zu Baby Nina und ihr Gezänk mit Michael sowie den Mühen, ihre Aufenthaltsgenehmigung verlängert zu bekommen. Mit Rudi teilte sie die elterliche Verantwortung und die Kundschafterpflichten, sonst nichts. Sie zogen in ein neues Haus in Zakopane, einem Ferienort am Fuß der Tatra-Berge.

Michael blickte auf diese Zeit in einer Reihe verwobener Kindheitserinnerungen mit schmerzlicher Nostalgie zurück: Wie er lernte zu pfeifen, auf Bäume zu klettern und mit seinem Vater Papphäuser mit Zellophanfenstern zu bauen. An seine Mutter erinnert er sich so: »Die warmen, braunen Augen, das leicht zerzauste, schwarze Haar, der lachende Mund und die prominente Nase.« Was der siebenjährige Michael als »Traum vom Paradies« bezeichnete, waren in Wirklichkeit die letzten Momente einer endenden Ehe.

Alle zwei Wochen nahm Ursula Funkkontakt mit Moskau auf, empfing Nachrichten und gab sie an den bulgarischen Floristen und Chef eines Spionagerings Stojan Wladow weiter. In Moskau war ihr beigebracht worden, Brücken in die Luft zu sprengen; wieder in Polen, war sie kaum mehr als eine geheime Postbotin.

Überall sonst in der Welt wehrten sich ihre kommunistischen Genossen mit wilder Entschlossenheit, während die Bedrohung durch die Nazis eskalierte und Europa in einen Krieg taumelte. Johann Patra kehrte nach China zurück, um ein neues Netzwerk von Agenten und Saboteuren gegen die Japaner zu leiten. In Spanien befanden sich die Republikaner auf dem Rückzug. In Berlin wurden die letzten Spuren von Ursulas altem Leben zerstört. Bis Mitte 1938 waren über 250 000 Juden aus Deutschland und Österreich geflüchtet, während mehrere hunderttausend weitere zu fliehen versuchten. Die restlichen Kommunisten bereiteten sich im Untergrund auf den bewaffneten Widerstand vor. Jürgen in England produzierte am laufenden Band antifaschistische Traktate und entwickelte sich schon bald zum De-facto-Führer der deutschen emigrierten Kommunisten in Großbritannien.

Ursula beobachtete das Ganze mit Entsetzen und Frustration. »Ich fand, daß ich in Polen nicht genügend leistete.« Sie brauchte ein weiteres Abenteuer. 1938 stellte sie den Antrag, erneut nach Moskau kommen zu dürfen. Inzwischen war niemand von ihren Freunden und deutschen Genossen mehr übrig. Sie erzählte Genosse Hadschi, dass sie bereit für eine neue Herausforderung sei.

Auch die Zentrale war zu dem Schluss gekommen, dass Agent Sonja unterfordert war. Man einigte sich darauf, dass ihre neue Mission sie in die Schweiz führen sollte, dem Land mit der höchsten Anzahl von Spionen pro Einwohner und einem Hauptziel sowjetischer Spionage. Ursulas Vater hatte eine Reihe Bekannter beim Völkerbund in Genf, die sich als nützlich erweisen konnten. Rudi würde dort vermutlich auch Arbeit als Architekt finden. Die Schweiz war bereits der Zufluchtsort Tausender geflohener Deutscher; eine weitere jüdische Familie würde gar nicht auffallen.

Nach ihrer letzten Einsatzbesprechung informierte Oberst Mamsurow Ursula, dass sie zum Major befördert worden war, was für sie ein Schock war, da sie nicht wusste, dass sie überhaupt einen Armeerang besaß. »Ich trug keine Uniform und hätte nicht vorschriftsmäßig grüßen können, vom exakten Marschieren ganz zu schweigen.« Bevor sie Moskau verließ, wurde sie einem jungen Deutschen namens Franz Obermanns vorgestellt. Er war fünf Jahre älter als sie, hatte früher gekellnert und war ein Mitglied des kommunistischen Widerstands in Berlin gewesen, war von der Gestapo gefangen genommen worden, konnte aber fliehen, um in Spanien mit der XIII. Internationalen Brigade zu kämpfen. Mamsurow erklärte, dass der junge Mann seine Funkerausbildung abgeschlossen habe und Ursula in die Schweiz folgen würde, wo er ihr Junior-Offizier und Assistent sein würde. Obermanns war enthusiastisch, mutig und ziemlich trottelig. Er sollte mit einem gefälschten finnischen Pass auf den Namen »Eriki Noki« reisen – eine seltsame Wahl, da Obermanns noch nie in Finnland gewesen war, nichts über das Land wusste und kein einziges Wort Finnisch sprach.

Die Schweiz, das friedliche Land der Kuhglocken und der Uhrmacherkunst, hatte die längste Epoche politischer Neutralität der Welt vorzuweisen und seit 1815 erfolgreich die Beteiligung an einem Krieg vermieden. Das war zum Spionieren ideal und außergewöhnlich unsicher. Eingequetscht zwischen Nazideutschland, Österreich und dem faschistischen Italien, war es die Brutstätte internationaler Spionage. Alle – Deutsche, Briten, Franzosen, Russen und Amerikaner – betrieben dort konkurrierende Agentennetzwerke und nutzten die Schweiz als Basis, um von dort aus

Operationen auf feindlichem Gebiet zu starten. Der Untercover-Krieg in Shanghai war brutal, aber planlos gewesen; in der Mandschurei war Ursula der mörderisch erfahrenen Kempeitai ausgewichen; in Polen und Danzig war sie ein Kurier für den kommunistischen Untergrund gewesen. Doch in der Schweiz wurde ein anderes Spiel gespielt. Das Land war mit Spionen gespickt, ein internationales Jagdgebiet für Geheimagenten jeder Sorte. Jeder spionierte jeden aus, und der Schweizer Geheimdienst spionierte, höflich, aber beharrlich, die Spione aus.

Die Sowjetunion, die besorgt war und Hitler nicht traute, brauchte Informationen über den militärischen Aufbau innerhalb des Reiches, und die neutrale Schweiz, die eine 363 Kilometer lange Grenze zu Nazideutschland hatte, war der ideale Ort, um solche Geheiminformationen zu sammeln. Ursula wurde angewiesen, über Großbritannien in die Schweiz zu reisen, sich irgendwo in der Nähe von Genf niederzulassen, einen illegalen Sender zu bauen, Kontakt mit dem bestehenden sowjetischen Agentennetzwerk aufzunehmen und unter Nutzung eines auswendig gelernten Chiffriercodes eine verlässliche Funkverbindung mit Moskau aufzubauen. Gleichzeitig beauftragte die Zentrale sie, ihr eigenes Team von Agenten anzuwerben, das Deutschland infiltrieren, militärische Informationen sammeln und Sabotageakte ausführen sollte. Zum ersten Mal würde Ursula Hitlers Regime direkt angreifen – sie konnte es kaum erwarten.

Die Nazis hatten reichlich eigene Spione in der Schweiz und eine Reihe von Informanten innerhalb des Schweizer Geheimdienstes. Die Polizei hatte ein hocheffektives System zur Aufdeckung illegaler Sender entwickelt, und die Schweizer Regierung war strikt neutral und durchgängig empfindlich, wenn es um Spionage ging: Jedem, der beim Spionieren erwischt wurde, welcher Nationalität oder politischen Bindung auch immer, stand die Verhaftung und Deportation bevor. Würde Ursula zurück nach Deutschland geschickt, brächte man sie dort um. Oder aber die

Gestapo oder ihre Agenten fanden heraus, wer sie war, und entschieden sich, sie stattdessen in der Schweiz umzubringen.

Bevor Ursula Moskau verließ, machte sie einen Vorschlag: Durfte sie auf ihrem Weg in die Schweiz Rekruten in London anwerben und sie als Kundschafter nach Deutschland schicken? Unzählige britische Kommunisten hatten sich freiwillig bei den Internationalen Brigaden zum Kampf in Spanien gemeldet, und unter den Überlebenden könnten einige gewillt sein, als Infiltrations-Spione in Deutschland weiter gegen den Faschismus zu kämpfen. Trotz der wachsenden Feindseligkeiten zwischen den beiden Nationen erfreuten sich die Briten noch eines gewissen Ansehens in Deutschland, und wie Ursula anführte, war es selbst 1938 »nicht ungewöhnlich, daß der eine oder andere wohlhabende englische Bürger in der Welt herumreiste und sich für längere Zeit niederließ«. Es war das erste Mal, dass sie die Initiative ergriffen hatte und einen eigenen Plan entwarf. Sie gehorchte nicht mehr länger nur Befehlen. Ursula machte den Wandel von der Agentin zur Chefin eines Spionagerings durch. Die Zentrale stimmte zu: Während sie ihre Familie besuchte, sollte sie versuchen, »ein oder zwei Genossen [anzuwerben], die sich als Spanienkämpfer tapfer und zuverlässig erwiesen hätten«, und dann nach Genf abreisen. Sie sollte den Kontakt mit der Kommunistischen Partei Großbritanniens (CPGB) vermeiden. Schließlich gab ihr Oberst Mamsurow noch ein Schriftstück, das sie unterschreiben sollte: »Eine Erklärung, die der Zentrale das Recht gab, sie erschießen zu lassen, sollte sie den Chiffriercode ohne Erlaubnis einer dritten Person verraten.« Es war kein rechtliches Dokument, sondern eine Warnung.

In Shanghai hatte sie unter Sorge gearbeitet; in Mukden hatte sie an Patras Seite spioniert; in Polen war Rudi zu ihrem Gehilfen ernannt worden. In die Schweiz würde sie als Einzelagentin reisen. Ihr und Rudi »war klar geworden, daß wir auf diese Weise nicht länger zusammen sein konnten«.

Die letzten beiden Jahre hatte ihre Partnerschaft nur überlebt, weil sie gemeinsam Eltern waren und eine Ideologie teilten, aber nun war die Ehe endgültig und ohne Verbitterung vorbei. Rudi kündigte an, er werde nach Shanghai zurückkehren, wo er wieder als Architekt arbeiten und selbständig für den sowjetischen Geheimdienst tätig sein wolle. Er hatte vor, den Sommer in Amerika bei seinem Bruder Viktor zu verbringen (der inzwischen Professor für Embryologie an der Washington University in St. Louis war) und dann einen Funker-Kurs in Paris zu absolvieren, um sicherzustellen, dass er in China wieder voll ins Spionagegeschäft einsteigen konnte. Mamsurow willigte etwas zögerlich ein: Rudis Pläne für seine zukünftige Agententätigkeit waren etwas ambitionierter, als es Moskau vorschwebte.

Von den Fälschern des Vierten Direktorats wurde Ursulas Pass sorgfältig einer Behandlung unterzogen, es wurden leere Seiten eingenäht »um die Seiten zu ersetzen, die Visa, Stempel etc. von Ursulas Aufenthalten im Fernen Osten enthielten«. Es sah so aus, als hätte sie die letzten beiden Jahre in Deutschland verbracht. Am 10. Juni 1938 kam sie in Großbritannien an, eine weitere jüdische Geflüchtete, die in der Flut derjenigen, die Schutz suchten, unterging. Bei der Einwanderungsbehörde erzählte sie, sie wolle für ungefähr drei Monate bei ihren Eltern bleiben, und unterschrieb ein Formular, dass sie bis zum 20. September wieder ausgereist sei. »Ich nehme zur Kenntnis, dass, sollte ich den genehmigten Zeitraum überschreiten, Schritte unternommen werden, die mich, ungeachtet jeglicher gegenteiligen Einsprüche, zwingen, nach Deutschland zurückzukehren.« Entgegen dem beliebten Mythos empfing Großbritannien nicht alle Juden mit offenen Armen, insbesondere keine Kommunisten.

Die Kuczynskis lebten nach wie vor in der Lawn Road in Hampstead. Brigitte hatte einen schottischen Kommunisten namens Anthony Lewis geheiratet und war zwei Häuser weiter in das Isokon Building gezogen – einen modernistischen Wohnblock, der in Verrufenheit geriet, weil dort eine verdächtig große Anzahl kommunistischer Spione lebte. Jürgen war in die nahegelegene Upper Park Road umgezogen. Die britische Linke hatte die gebildeten deutsch-jüdischen Intellektuellen enthusiastisch begrüßt. Genau genommen las sich die Liste der Freunde der Kuczynskis, wie ein Historiker sich ausdrückte, fast wie das Who is Who des britischen, linksgerichteten, politischen, akademischen und literarischen Lebens dieser Periode: Schriftsteller wie Cecil Day Lewis, Sidney und Beatrice Webb, Rosamond Lehmann, Rose Macaulay, John Strachey und Stephen Spender; der Verleger Victor Gollancz; die Labour-Politiker Aneurin Bevan und Tom Driberg; der Historiker Arnold Toynbee und viele mehr. Jürgen freundete sich sogar mit Sylvia Pankhurst an, der Suffragetten-Aktivistin, sowie mit Lilian Bowe Lyon, der Cousine ersten Grades der damaligen Königin. Es war schwer, 1938 in Hampstead auf eine Dinnerparty zu gehen, ohne einem Mitglied der Familie Kuczynski zu begegnen.

Jürgen war der Vorkämpfer des deutschen Antifaschismus in Großbritannien, der Anführer einer ständig wachsenden Zahl deutscher Exilkommunisten. Er reiste durch das Land, hielt Vorlesungen, sammelte Gelder für Geflüchtete, hielt unzählige Meetings ab, förderte die Kontakte zu den britischen Linken und schrieb ohne Unterlass: Pamphlete, Geschichten, Berichte und Propagandablätter. Er begann, an seinem Werk *History of Labour Conditions* zu arbeiten, das er für den Rest seines Lebens erweitern würde. Wenn er nicht schrieb, warb er um Mittel für Freedom Radio 29.8, einen Anti-Nazi-Radiosender, der nach Deutschland sendete und für den Albert Einstein, Ernest Hemingway und Thomas Mann Skripte schrieben, und half bei der Gründung des Freien Deutschen Kulturbunds, einer »deutschen, anti-nationalsozialistischen, anti-faschistischen, parteilosen Flüchtlingsorganisation, mit dem Ziel, die deutsche Kultur zu fördern«. Jürgen Kuczynski war unermüdlich und sehr ermüdend.

Heimlich schrieb Jürgen auch politische und wirtschaftliche Berichte für die Sowjetunion, die über die sowjetische Botschaft per Kurier nach Moskau gebracht wurden. Ein häufiger Besucher in Jürgens Haus war der sowjetische Presseattaché Anatoli Gromow (echter Name Gorski), in Wahrheit Chef des sowjetischen Geheimdienstes in Großbritannien, Deckname »Wadim«. Er schmeichelte Jürgen und erzählte ihm, seine Berichte würden in Moskau wegen ihrer »eiskalten Logik« geschätzt. Zwischen seiner Ankunft in Großbritannien und dem Fall Frankreichs unternahm Jürgen Reisen nach Paris »wann immer die Gesetze der Konspiration es erlaubten«, um Aufträge entgegenzunehmen und Informationen an die Komintern und die KPD-Führer im Exil weiterzugeben.

Jürgen Kuczynski war ein überzeugter Kommunist, der heimlich Informationen an Stalin schickte. Er wusste, dass seine Schwester etwas mit sowjetischer Spionage zu tun hatte, doch er wusste nicht, in welchem Ausmaß. Er glaubte, es sei seine Pflicht als Genosse, wertvolle Informationen an die Sowjetunion weiterzugeben. Ob ihn das schon zum Spion machte, ist eine Frage des Standpunktes.

Der britische Geheimdienst wusste nicht so genau, was er von den Kuczynskis halten sollte. Sie waren überzeugte Nazigegner, so viel war klar, doch sie waren auch Deutsche, Kommunisten und Juden, was sie in den Augen des MI5, einer Organisation mit einem nicht unbeträchtlichen Teil an Antisemiten, dreifach verdächtig machte. Der MI5 wusste von Jürgens kommunistischen Aktivitäten und seinen Fahrten nach Paris, doch sie wussten nichts von seinen Kontakten zum sowjetischen Geheimdienst.

Robert Kuczynski, Professor an der London School of Economics, erschien ihnen noch suspekter als sein Sohn. Von Brigitte wusste man, dass sie ein aktives Mitglied der CPGB (Ortsgruppe North London) war. Die Familie stand unter Beobachtung, doch als der Krieg mit Deutschland näher rückte, war der MI5 mehr damit beschäftigt, Nazispione auszugraben als eine Handvoll Sympathisanten des Kommunismus im grünen Hampstead.

Ursula machte sich sofort an die Arbeit. Auf Moskaus Geheiß kontaktierte sie Fred Uhlman, einen deutschen Rechtsanwalt, Schriftsteller und Maler, Kommunisten und Veteran des Spanischen Bürgerkrieges, den sie fragte, ob irgendwer seiner ehemaligen Genossen in der Internationalen Brigade vielleicht bereit wäre, »zu illegaler gefährlicher Arbeit nach Deutschland zu gehen«. Uhlman gab die Anfrage an Douglas Springhall weiter, einen Mitstreiter bei der Internationalen Brigade, der wiederum Fred Copeman kontaktierte, den ehemaligen Anführer des britischen Bataillons. Copeman empfahl einen jungen Freiwilligen, der gerade erst nach Großbritannien zurückgekehrt war.

Alexander Allan Foote ist eine der wichtigsten, aber nach wie vor auch eine der rätselhaftesten Figuren der modernen Spionage.

Der Sohn eines Geflügelbauern aus Yorkshire war zweiunddreißig, hatte helles, dünner werdendes Haar, das er von der hohen Stirn zurückkämmte, und stechende blaue Augen. Er verließ mit sechzehn die Schule, um in einer Autowerkstatt zu arbeiten, bevor er Kohlenhändler wurde und dann, wie er es selbst nannte, ein »rastloser Verkaufsleiter« für eine Hühnerfutter-Firma. Die »unbeirrbare Leidenschaft seines Vaters für die Hühnerzucht« teilte er nicht. Foote war eine seltsame Mischung: genussfreudig, abenteuerlustig, opportunistisch und charmant. Als Teenager hatte er an kommunistischen Diskussionsgruppen teilgenommen, doch erst bei Ausbruch des Spanienkrieges 1936 entwickelte er eine griffige, wenngleich oberflächliche politische Philosophie. »Der Bürgerkrieg in Spanien nun schien auf einmal die Lage ganz klar in Schwarz und Weiß zu veranschaulichen«, schrieb er. Die spanischen Nationalisten und ihre faschistischen Verbündeten versuchten, die Demokratie zu zerstören, und die Republikaner verteidigten sie mithilfe der Sowjetunion. »Das schien alles ganz einfach.«

Er trat zwar nicht in die Kommunistische Partei ein, beschrieb sich aber selbst als »eher ein Bolschie«.

Foote trat 1935 der Royal Air Force bei, desertierte jedoch am 23. Dezember 1936 »kurz vor dem Rauswurf« aus den Gosport Barracks, flüchtete nach London und machte sich dann mit mehreren hundert weiteren idealistischen, britischen, freiwilligen Kämpfern, von denen die meisten nicht zurückkehren würden, auf nach Spanien. Footes Motive waren nur teilweise politisch: Er hatte ein Mädchen geschwängert und sich entschieden, dass Spanien weniger gefährlich war als ihr zorniger Vater. Das Britische Bataillon, Teil der VI. Internationalen Brigade, das sich in Katalonien versammelte, bestand aus Briten, Iren und Koloniebewohnern, einer Handvoll Schweden und einem verirrten Äthiopier. Die meisten waren Kommunisten der einen oder anderen Schattierung. Sergeant Foote wurde zum Transportbeauftragten ernannt. Er blieb zwei Jahre in Spanien und avancierte irgendwann zum Offiziersburschen von Copeman, einem ehemaligen Schwergewichtsboxer der Royal Navy. Als Bataillonskommandant ließ Copeman viel zu wünschen übrig; einer seiner Männer beschrieb ihn als »mehr oder weniger verrückt«, er erteile jedem, »den er sah, irgendwelche belanglosen Befehle« und biete dann an, »ihnen das Gesicht einzuschlagen, wenn sie nicht gehorchten«. Nichtsdestotrotz sah Copeman in Foote mehr als nur einen weiteren wütenden jungen Mann, der für eine Sache sterben wollte. Im Herbst 1938 wurde Foote erlaubt, nach Großbritannien zurückzukehren und am 15. Communist Congress in der Birmingham Town Hall teilzunehmen, was er äußerst langweilig fand. Schon bald darauf wurde Foote zum Abendessen bei Copeman und seiner Frau Kitty zu Hause in Lewisham eingeladen.

»Springhall ist beauftragt worden, jemanden für einen Einsatz vorzuschlagen«, sagte Copeman, der kürzlich mit Kriegsverletzungen im Gesicht und am Hals aus Spanien zurückgekehrt war. »Wir […] sind der Ansicht, daß Du in den Rahmen passen würdest. Ich weiß über den Einsatz nichts, außer daß er sich im Auslande abspielen und sehr gefährlich sein wird.« Foote sagte sofort zu, ohne, wie er es ausdrückte »zu überhaupt zu wissen, für wen oder für welche Sache ich arbeiten sollte«. Copeman schrieb ihm eine Adresse in St. John's Wood auf.

Zu diesem Zeitpunkt war Ursula bereits Richtung Schweiz abgereist; am 24. September 1938 hatte sie Dover verlassen. Als Foote also an die grüne Tür in der Lawn Road klopfte, wurde diese nicht von Ursula geöffnet, sondern von Brigitte, inzwischen anglisiert Mrs. Bridget Lewis. Ursulas jüngere Schwester war zu einer Mitwisserin der sowjetischen Spionage geworden und wusste genau, was zu tun war, falls ein Mann namens Alexander Foote auftauchen sollte.

Foote saß, leicht nervös, in einem Chintz-Sessel, während eine »biedere Hausfrau mit einem leicht fremdländischen Akzent« ihn bei Tee und Keksen auf den Zahn fühlte. Die ganze Wohnung strahlte ehrbare Mittelschicht aus. Nach zehn Minuten war das Verhör vorüber. »Ich wurde von der Hausherrin in einer so geschäftmäßigen und unpersönlichen Art und Weise behandelt, als käme es ihr darauf an, ein Dienstmädchen einzustellen.«

Ihre nächsten Worte hätten direkt aus einem drittklassigen Spionageroman stammen können.

»Ich sollte mich außerhalb des Hauptpostamtes in Genf postieren [...]. Ich sollte ein weißes Halstuch tragen und in meiner rechten Hand einen Ledergürtel halten. Punkt zwölf Uhr mittags würde ich von einer Frau angesprochen werden, die ein Einkaufsnetz mit einem grünen Paket darin tragen würde; außerdem würde sie eine Orange in der Hand halten. [...] Die Frau sollte mich auf Englisch fragen, wo ich den Gürtel gekauft hätte, und ich sollte antworten, daß ich ihn in einem Eisenwarengeschäft in Paris gekauft habe. Dann sollte ich sie fragen, wo ich eine Orange wie die ihrige kaufen könne, und sie sollte sagen, daß ich ihre für einen englischen Penny haben könne.«

12
Der Maulwurfshügel

Ursula lebte in einer Schweizer Bilderbuchwelt. Der kleine Bauernhof in den Bergen oberhalb des Genfer Sees, unweit der Ortschaft Caux-sur-Montreux, war von einer majestätischen Landschaft umgeben. »Vor uns senkten sich die Wiesen bis zum Wald und der Wald bis zum Tal, und im Tal funkelten der See und das Band der Rhone«, schrieb sie. In der Ferne erhoben sich die prachtvollen Gipfel der französischen Alpen, und hinter dem Haus grenzten grüne Weiden an den Fuß des von Kiefern bewachsenen Kamms des Rocher de Naye. Der Bauer und seine Frau, die einen halben Kilometer entfernt lebten, waren ihre nächsten Nachbarn. Ein schmaler Pfad führte nach Caux, von wo sich eine Straße bis hinunter nach Montreux am See schlängelte. Nachts hörte man das leise Muhen der Kühe aus dem Stall im rückwärtigen Teil des Hauses. An den Abenden spielte Ursula mit Michael Mühle, während Nina ihrer Puppe die Haare kämmte und Ollo nähte und sang. Bei Sonnenuntergang stand Ursula am offenen Fenster und genoss die Ruhe. »Die Luft war kühl. [...] Ich kannte viele Länder, Städte, Dörfer, Wohnungen, Hotels und Pensionen; nie zuvor und niemals danach habe ich in einer so wunderbaren Landschaft gelebt.« Das Bauernhaus war im Schaufenster eines Genfer Maklers angeboten worden, und es fühlte sich an wie ein Zufluchtsort in einer Welt, die auseinanderbrach.

Der Ausdruck »Maulwurf« als Slang für Spion ist erst in den 1960er-Jahren entstanden, aber für heutige Ohren klingt der Name des Bauernhauses sehr passend: La Taupinière, der Maulwurfshügel.

Nachts, wenn alle schliefen, baute Ursula ihren Sender aus Teilen zusammen, die sie in Genf, Vevey und Lausanne gekauft hatte –

eine Taste, eine Antenne mit Bananensteckern und zwei schweren lexikongroßen Batterien – und versteckte ihn auf dem Heuboden. Unter dem tiefsten Fach des eingebauten Wäscheschranks befand sich ein von Brettern verschlossener Hohlraum, in dem gerade genug Platz war, um den zusammengebauten Sender zu verstauen. Sie bohrte zwei kleine Löcher in die Schrankwand und setzte zwei Kontakte ein, sodass sie den Sender benutzen konnte, ohne ihn aus dem Schrank zu nehmen. Wenn er nicht angeschlossen war, wurden die Löcher mit Holzstöpseln verschlossen, die wie Astlöcher aussahen. Das Versteck des Senders würde »einer oberflächlichen Hausdsuchung standhalten«, doch wenn »durch Anpeilen festgestellt [wurde], dass sich ein Sender im Haus befand, half das beste Versteck nicht mehr«, wusste sie.

Ursula schob das große Holzbett neben den Schrank, sodass sie »im Liegen die Berge sehen konnte«, und kommunizierte mit Moskau.

Am 29. September 1938, in einer klaren, kalten Nacht, ideal zum Funken, probierte Ursula ihren selbstgebauten Sender das erste Mal aus. Um 23 Uhr 20 hatte sie auf der Frequenz 6.1182 MHz eine gute Verbindung und morste ihr Rufzeichen und eine kurze Nachricht, ein halbes Dutzend »Gruppen«, die jeweils aus fünf Zahlen bestanden. Sie stellte sich die Nachricht wie eine Sternschnuppe vor. »Mit Lichtgeschwindigkeit sausten meine Zahlen über den Himmel, an dem der Mond nur halb zu sehen war, trafen ein, wo sie erwartet wurden, halfen den Genossen und stärkten sie.« Ungefähr 1500 Kilometer entfernt, in der Empfängerstation im Dymovka-Wald in der Nähe der polnisch-ukrainischen Grenze, empfing ein Funker der Roten Armee das Signal und schickte eine kurze Bestätigung zurück. Von Dymovka wurde die Nachricht, dass Sonjas Sender funktionierte, an die Zentrale weitergeleitet, auf den Tisch von Major Vera Poliakova, der Offizierin, die für die Spionage in der Schweiz zuständig war.

Erleichtert stand Ursula am offenen Fenster: »Ich […] stützte die Ellbogen auf den Sims und blickte hinaus. Selbst die Nachtluft roch nach Wald und Wiesen, und es war ganz still.«

Zum Schlafen zu sehr mit Adrenalin vollgepumpt, lag sie stundenlang wach, bevor sie ihr Transistorradio anschaltete und BBC einstellte, leise, um niemanden zu wecken. Nach den Nachrichten war an Schlaf nicht mehr zu denken. »Der britische Premierminister wurde bejubelt, weil er ›Frieden nach Europa brachte‹, nachdem er einen Vertrag mit Deutschland unterzeichnet hatte.« Das »Münchner Abkommen« gestattete Nazideutschland, das Sudetenland im Westen der Tschechoslowakei zu annektieren – im Tausch für ein Friedensversprechen, das schon bald gebrochen werden würde. Das Abkommen »ließ Hitlers Expansionswünsche zur Tat werden«, wie Ursula sich ausdrückte. Der Krieg rückte näher.

»Verprügeln müßte man den Verbrecher mit seinem eigenen Regenschirm«, verkündete Olga Muth, als Ursula ihr am nächsten Morgen von Neville Chamberlains Abkommen erzählte. »Und falls Hitler sich auch die Schweiz nehmen will, was wird dann aus uns?«

Es gab immer schlechtere Neuigkeiten. In Spanien nahm der »Münchner Verrat« den Republikanern die letzte Hoffnung auf eine antifaschistische Allianz und den letzten Kampfgeist. Francos Truppen rückten zügig vor, und der Sieg der Nationalisten in der Schlacht am Ebro markierte das Ende der Spanischen Republik und ihrer Truppe internationaler Kämpfer. »Wie gern wäre ich dort bei ihnen gewesen«, schrieb Ursula, »statt meine Front mit zwei Kindern, einer alten Frau und zwölf Kühen zu halten.« Die Welle des Faschismus breitete sich immer weiter auf allen Seiten aus. Mit Entsetzen las sie über die Ereignisse am 9. November, als die Nazis einen blutigen Amoklauf in Gang setzten, bekannt als Reichspogromnacht, in der jüdische Geschäfte und Synagogen zertrümmert sowie Juden verhaftet und ermordet worden waren. Die *Times* berichtete: »Kein ausländischer Propagandist, der es darauf anlegte, Deutschland in den Augen der Welt anzuschwärzen, wäre in der Lage, mit seiner Geschichte die niederträchtigen Angriffe und das Verprügeln und Verbrennen wehrloser und unschuldiger Menschen zu übertreffen, die gestern Schande über dieses Land gebracht haben.« Die Kuczynski-Bank, die von Roberts Vater gegründet worden war und die den Quell des familiären Reichtums darstellte, der ihr zurückliegendes Leben untermauert hatte, wurde über Nacht konfisziert und arisiert. Genau wie Ullstein, der jüdische Verlag, für den Ursula 1928 gearbeitet hatte. Fortan würde der Verlag am laufenden Band Hitlers Propaganda und *Das Reich* drucken, die Nazi-Zeitung.

Von ihrem Maulwurfshügel oben in den Schweizer Bergen schrieb Ursula an ihre Eltern in London: »Unsere Stimmung ist natürlich genau wie bei Euch unter dem Nullpunkt.«

Während Alexander Foote vor dem Genfer Hauptpostamt in der strahlenden Herbstsonne herumlungerte, sinnierte er trocken, dass anscheinend jede Schweizer Hausfrau sich zum Mittag eine Orange gekauft hatte. Er wusste nicht so genau, was er eigentlich in der Schweiz machte. Während der Zugfahrt hatte er sich gefragt, ob er in einen Schwarzmarkt-Schmuggel verwickelt war, und kam sich »wie Scarlet Pimpernell vor, der Gefangene aus Dachau befreien sollte«. Der Einsatz war offensichtlich geheim, illegal und passte zu seiner leicht linken politischen Einstellung, was für Foote in Ordnung war. Doch er kam sich ziemlich verdächtig vor, wie er so in einem weißen Schal, mit einem Ledergürtel in der Hand herumstand und mit fortschreitender Zeit jede vorbeigehende Frau beäugte. »[Ich] fühlte mich wie ein verlegener Narr und ein Esel, weil ich Gefahr lief, mich bestenfalls mutwillig in eine peinliche Situation und schlimmstenfalls wegen Belästigung von Frauenpersonen auf offener Straße mit den Schweizer Gesetzen in Konflikt zu bringen.« Die Turmuhr schlug gerade zwölf, als er sie entdeckte. »Schlank, mit guter Figur und noch besseren Beinen, das schwarze Haar zu einer unauffälligen Frisur gelegt, fiel sie in der Menge auf. Anfang dreißig, mochte sie wohl die Frau eines kleineren französischen Konsularbeamten gewesen sein. Ihre Handtasche enthielt ein grünes Päckchen, und sie hatte eine Orange in der Hand.«

»Entschuldigen Sie bitte«, sagte Ursula, »wo haben Sie diesen Gürtel gekauft?«

Über einem Kaffee in einem nahegelegenen Café taxierten sich die beiden. »Er war groß, etwas zu fleischig, hatte rötlichblondes Haar, helle Wimpern, helle Haut und blaue Augen. [...] Sein Akzent verriet Engländern den ›Bürger aus kleinen Kreisen‹, doch das würde in Deutschland keine Rolle spielen.« Sie sagte, er solle sie Sonja nennen, und erklärte, er würde von nun an bei jeglichem Austausch »Jim« sein. Foote fand sie anziehend. »Sie war ein sympathischer Mensch und eine lustige Gesellschafterin, und ich fand, daß mein erster Spionagekontakt gar nicht so unheildrohend war, wie ich ihn mir vorgestellt hatte. [...] Sie sprach Englisch mit einem leicht ausländischen Akzent und war meines Erachtens Russin oder Polin.«

Ursula nahm ihn eingehend unter die Lupe – »jedes Wort, den Tonfall, die Handbewegungen, den Gesichtsausdruck« – und stellte fest: »Er begriff leicht und stellte vernünftige Fragen.« Bereits nach einer Stunde hatte sie sich entschieden.

»Jim sollte in München leben, Augen und Ohren offenhalten, Bekanntschaften mit Nazis suchen.« Er sollte sich zum Thema Funktechnologie einlesen und sich die Grundlagen der Fotografie aneignen. Seine Hauptaufgabe in München bestünde darin, Beziehungen zu Arbeitern und Angestellten der Bayerischen Motorenwerke aufzubauen und zu pflegen, denn BMW baute nicht nur Autos, sondern auch Flugzeugmotoren für die Luftwaffe. Als Foote andeutete, dass er nichts über Deutschland wisse, antwortete sie brüsk: »Schlag ›München‹ in der öffentlichen Bücherei nach.« Nachdem er sich eingerichtet hätte, würde er seine Adresse Brigitte in London mitteilen, indem er ihr einen Roman schickte. Auf einer bestimmten Seite sollte er seine Adresse mit unsichtbarer Tinte aus Maisstärke und Wasser notieren. Wenn man eine Jodlösung über diese Seite strich, würde das Geschriebene zu lesen sein. Dann gab sie ihm 2000 Schweizer Franken »zur Bestreitung der Unkosten« und wies ihn an, sich in genau drei Monaten exakt um 12 Uhr mittags vor der Post in Lausanne wieder mit ihr zu treffen. Sie gab ihm noch einige einfache Ratschläge, wie man feststellte, ob man von jemandem verfolgt wurde. Schließlich bat sie ihn um eine Empfehlung. Das Britische Bataillon in Spanien war aufgelöst und seine 305 Überlebenden in die Heimat zurückgeschickt worden. Gab es jemanden unter seinen früheren Genossen, fragte sie Foote, der für einen ähnlichen Einsatz geeignet schien? Er dachte einen Moment nach und schlug dann einen Kommunistenfreund vor, mit dem er Seite an Seite in der Schlacht am Jarama gekämpft hatte und der sich den Ruf der Furchtlosigkeit erworben hatte. Dieser Mann, sagte Foote, sei »der einzige seiner alten Kameraden, der in der Lage wäre, allein einen riskanten Job zu erledigen«.

Ursula merkte sich den Namen: Len Beurton.

Alexander Foote bestieg mit leichtem Herzen und vollem Portemonnaie den Zug und hatte nicht die leiseste Ahnung, was die Zukunft für ihn bereithalten würde. Ihm war gesagt worden, ihn würde ein »schwieriger und gefährlicher Einsatz« erwarten, doch bezahlte Ferien in München waren nichts von beidem. Er war eindeutig in eine Form von Spionage verwickelt, doch er hatte keinen Dunst, für wen er spionieren würde, noch, was das Spionieren eigentlich beinhalten würde. Möglicherweise, dachte er, war Sonja Teil der Komintern, einer kommunistischen Organisation, von der er mal dunkel etwas gehört hatte. Wieder in Großbritannien, holte er seine Sachen von seiner Schwester in East Grinstead ab, stellte einen Antrag für ein deutsches Touristenvisum und stattete Mrs. Lewis einen weiteren Besuch in der Lawn Road ab, um etwas über »die Zustände in Deutschland« zu erfahren und um die geheimen Absprachen zu bestätigen, wie er seine Adresse übermitteln sollte. Brigitte war nicht länger barsch und distanziert. Sie trafen sich noch zweimal, zu, wie er es nannte, »gesellschaftlichen Anlässen«. In einem MI5-Bericht stand später: »Es ist möglich, dass F[oote] mit Brigitte einen Flirt hatte.«

In der Schweiz fing es in jenem Jahr früh an zu schneien, und der Schnee legte sich wie eine Decke über die Berge. »Die großartige Landschaft schien eigens als Kulisse für dieses Haus geschaffen«, schrieb Ursula. Jeden Tag fuhr der siebenjährige Michael auf Skiern hinunter nach Caux zur Schule. Sonntags nahmen sie den kleinen blauen Zug bis zur Endstation auf dem Berggipfel und fuhren dann auf Skiern fast zwei Kilometer zum Haus hinab. Nina und Ollo verbrachten die Nachmittage mit Rodeln. Ursula begann, sich unter die große Expat-Gemeinde in Genf zu mischen, wo Spione die Nähe zu Diplomaten, Journalisten und allerlei anderen Menschen suchten, die überhaupt nichts zu tun schienen. Wie immer freundete sich Ursula nicht nur mit Gleichgesinnten an, sondern auch mit Leuten, die ganz anderer Meinung waren als sie. Sie waren alle interessant: Robert Dell, der Korrespondent des Manchester *Guardian*, und sein Schwiegersohn David Belloch, der für die Internationale Arbeiterorganisation (ILO) arbeitete; eine ältere Jüdin namens Lillian Jakobi, die aus einer unglücklichen Ehe mit einem Rabbi geflohen war; Marie Ginsberg, Bibliothekarin beim Völkerbund. Das vorherrschende Gesprächsthema in Genf war internationale Diplomatie; Tratsch und Geheimnisse waren die Hauptwährung. In diesem seltsamen Kaleidoskop konnte man unmöglich sagen, wer für wen spionierte. Viele von Ursulas neuen Bekannten waren gut informiert und manchmal indiskret, was die sich verschlechternde Weltlage anging. Was immer sie erfuhr, gab sie nach Moskau weiter. »Horchte ich hinterhältig Menschen aus, die mir gut gesinnt waren?«, fragte sie sich. Ursula freundete sich außerdem mit der Frau des Bauern an, Frau Füssli, eine nette, erschöpfte Schweizerin mit vier Kindern, einem dominanten Mann und »freundlichen, braunen Augen«. Ihre Gespräche drehten sich eher darum, wie viel lieber Frau Füssli mit dem Bauern auf der anderen Seite des Tals verheiratet wäre, mit dem sie eine Affäre hatte.

Eines Frühlingsnachmittags stand Johann Patra auf der Türschwelle des Bauernhauses. Nach ihrem letzten Treffen in Moskau war er zurück nach China gegangen, um den Aufstand der Kommunisten zu unterstützen (ein glücklicher Umstand, der ihn vermutlich vor den Schlächtern Stalins geschützt hatte). Er hatte der Zentrale gerade einen kurzen Besuch abgestattet und war einmal mehr auf dem Weg zurück nach Shanghai. Er hatte herausgefunden, wo sie wohnte, und entschieden, unangekündigt bei Ursula vorbeizuschauen. Sie freute sich, ihn zu sehen, war jedoch betroffen, wie naiv er wirkte und wie wenig Interesse er an seiner temperamentvollen dreijährigen Tochter hatte. »Ich habe ihm das nicht übelgenommen«, schrieb sie, »aber verstehen konnte ich es nicht.« Vielleicht hatten sie einander nie wirklich verstanden. Ihre Liebesbeziehung kam ihr inzwischen vor wie ein ferner Traum.

Ollo war die allgegenwärtige Hilfe: Sie kochte, putzte, nähte und kümmerte sich um die kleine Nina, zu der sie eine tiefe Bindung aufgebaut hatte und die sie gelegentlich »mein Kind« nannte. Das Kindermädchen und Nina teilten sich ein Zimmer. Manchmal fragte Ursula sich, ob Ollo nicht ein wenig zu besessen von ihrer Tochter war. Michael gegenüber war sie sehr streng. Olga Muth wusste, dass Ursula oft bis spätabends arbeitete und Nachrichten über den Sender verschickte, der unten in ihrem Schrank versteckt war. Wenn Ursula von Schlafmangel erschöpft zum Frühstück hinunterkam, schickte Ollo sie wieder hoch. »Ich habe gesehen, daß Licht brennt. […] Bleib früh im Bett, ich halt die Kinder ruhig.« In jenen Tagen war ihre Komplizenschaft offener. Ursula diskutierte sogar mit ihr, was Ollo im Fall einer Polizeirazzia tun sollte. »Wenn etwas passiert, [...] hast du nichts gesehen und nichts gehört, und dabei bleibst du.«

Wie schon in Ursulas Kindheit gab es eine unausgesprochene, aber intensive Rivalität zwischen Kindermädchen und Mutter. Ollo hielt sich für die bessere Mutter und deutete sogar einmal an, dass Ursulas Spionage sich auf ihre mütterlichen Pflichten auswirke. Getroffen feuerte Ursula zurück: »Soll ich in den Ruhestand treten, weil ich sie habe, oder wegen der illegalen Arbeit auf die Kinder verzichten? Beides wäre mir unmöglich.« Ollo hatte einen Nerv getroffen. Wenn Ursula morsen oder sich mit jemandem treffen musste, hörte sie auf, die Kinder zu bemuttern, genau wie ihre eigene Mutter es getan hatte, wenngleich aus anderen Gründen, und überließ Ollo die Aufgabe. Sie vergötterte ihre Kinder, doch manchmal war es erleichternd, eine Pause vom Muttersein zu machen und wieder nur Spionin zu sein. Sie stellte ihre Arbeit nicht über ihre Kinder, doch sie war überzeugt, dass sie beides haben konnte, eine Familie und eine Karriere als Geheimagentin.

In jenem Winter richtete sich Foote in einer möblierten Wohnung in der Elisabethstraße 2 in München ein. Ein Universitätsstudent und SS-Offizier namens Eugen Lahr war bereit, ihm Deutschunterricht zu geben, und stellte Foote gern anderen Nazis vor. Wie befohlen, kaufte Foote einen Roman, schrieb seine Adresse in Geheimtinte hinein und schickte das Buch in die Lawn Road. Er vergaß jedoch den Hinweis, auf welcher Seite die Botschaft stand, sodass Brigitte »das ganze Buch in Jodlösung einweichen musste, um die Geheimschrift zu finden.« Dann entspannte er sich. Er gab sich als exzentrischer, wohlhabender britischer Tourist aus, der »über genügend Taschengeld verfügte und wenig zu tun hatte, außer daß er [...] sich die übrige Zeit dem Vergnügen hingab« – etwas, das er recht gut konnte.

Foote aß stets auswärts. Eines Tages landete er auf der Suche nach einem Mittagessen in der Osteria Bavaria in der Schellingstraße, die eine anständig aussehende Karte bot. Foote schaufelte sich gerade sein Essen rein, als »an der Eingangstür Hektik entstand und Hitler hereinkam«.

Rein zufällig hatte Foote sich entschieden, ausgerechnet im Lieblingsrestaurant des Führers zu Mittag zu essen, das von einem seiner früheren Kameraden aus dem Ersten Weltkrieg geführt wurde. Hitler aß immer im hinteren Nebenzimmer, das von den anderen Gästen durch eine dünne, holzvertäfelte Wand abgetrennt war, an der sich eine Garderobe befand. Üblicherweise kam er in Begleitung seines Adjutanten, Obergruppenführer Wilhelm Brückner, sowie weiterer Gefolgsleute. Wie viele Tyrannen war Hitler wählerisch, was das Essen anging, und bestellte immer das Gleiche: »Eier und Mayonnaise, Gemüse und Nudeln, Obstkompott oder einen rohen, geriebenen Apfel und Fachinger Wasser«, ein Mineralwasser, das von sich behauptete, Magenleiden zu heilen. Der Führer furzte häufig während des Essens. Niemand sagte etwas dagegen. Im März 1935 dinierte Hitler in der Osteria Bavaria mit zwei britischen Nazi-Sympathisanten, den Mitford-Schwestern Unity und Diana, die eine ein ziemlich durchgedrehter Hitler-Fan, die andere die Geliebte von Oswald Mosley, dem britischen Faschistenführer. Beim Essen bewunderte Diana Hitlers »graublaue Augen, die so dunkel sind, dass sie oft braun und opak wirken«. Ein Jahr später heiratete sie Mosley im Berliner Haus von Joseph Goebbels, in Anwesenheit Hitlers.

Amüsiert über so viel niederträchtige Gesellschaft, aß Foote nun regelmäßig in dem Restaurant und bemerkte, dass Hitler dort bis zu dreimal die Woche aß, wenn er in München war. »Diese Belanglosigkeit«, schrieb er, »sollte ein paar überraschende Folgen haben.«

Wie geplant, trafen sich Foote und Ursula draußen vor dem Postamt in Lausanne wieder. Sonja war weiterhin nur »mäßig auskunftsfreudig«, was seine Rolle anging, doch ihre finanzielle Großzügigkeit reichte, um jegliche Bedenken zu zerstreuen: Er stand jetzt auf der Gehaltsliste, erklärte sie, mit einem Lohn von 150 Dollar pro Monat plus Spesen, für den er im Gegenzug »gelegentlich politische Berichte über Deutschland« abliefern sollte. Interessanterweise würde er demnächst von einem »neuen Mitarbeiter« kontaktiert werden. Sie sollten gemeinsam »eine mögliche Sabotageoperation vorbereiten und sie vorläufig auf Eis legen, bis der Direktor die Durchführung genehmigen würde«.

Nicht viel schlauer, aber deutlich reicher kehrte Foote in ein München zurück, das »immer noch voll mit Touristen [war], die sich im Zwielicht des europäischen Friedens sonnten«, der nicht mehr lange anhalten sollte. »Unterhaltungen mit meinen SS-Freunden und das, was ich mit meinen eigenen Augen sah, überzeugten mich davon, daß es nur noch eine Frage der Zeit war, bis die Militärmaschine das Steuerruder übernehmen und das Land in den Krieg treiben würde.«

Rudi Hamburger kam in die Schweiz, um sich zu verabschieden. Nachdem er einen zweimonatigen Funkerkurs in Paris absolviert hatte, wollte er möglichst bald nach China zurückkehren und seine Arbeit als eigenständiger sowjetischer Kundschafter beginnen. Moskau hatte seinem Antrag schließlich zugestimmt: Er wurde angewiesen, sich von Marseille aus nach Shanghai einzuschiffen, begleitet von einem hochrangigen regionalen Geheimdienstoffizier der Roten Armee, der nach China zurückkehrte und dem Rudi unterstellt sein würde.

Der Offizier war Johann Patra.

Für beide Männer war diese Situation, gelinde gesagt, eigenartig. Johann würde mit dem Mann zusammenarbeiten, dem er Hörner aufgesetzt hatte. Rudi würde Befehle vom früheren Liebhaber seiner Frau annehmen, dem biologischen Vater des Kindes, von dem jeder annahm, dass es seins war. Die Zentrale war nicht besonders bekannt für ihre Feinfühligkeit, doch selbst der hartgesottene Umar Mamsurov hatte sich bemüßigt gefühlt, Hamburger zu fragen, ob er bereit sei, unter Patra zu arbeiten. Und, wie Ursula es ausdrückte, »[Rudi], in seiner menschlichen Großzügigkeit, schätzte [Johann] und stimmte zu.« Rudi war gelassen, oder er tat zumindest so: »Es gab zwischen uns keinen persönlichen Konflikt angesichts des zurückliegenden Zusammenlebens mit meiner Frau. Als Männer verstanden wir uns. Was hinter uns lag, war vorbei.«

Er war fest entschlossen, eine Szene zu vermeiden, und blieb nur ein paar Tage, doch der endgültige Abschied von seiner Familie war überaus schmerzhaft. Michael, der sehr an seinem Vater hing, erinnerte sich noch acht Jahrzehnte später mit unvermindertem Schmerz an den Moment der Trennung. »Ich weiß noch, wie er auf Wiedersehen gesagt hat und meinte, er würde bald zurückkommen. Meine Mutter sagte mir, er würde zurückkommen, doch er tat es nicht. Da war sie nicht ehrlich zu mir. An einem Tag war er da, am nächsten war er fort. Ich wartete und wartete.« Ollo war auch traurig über Rudis Abschied und war nicht bereit zu akzeptieren, dass die Ehe tatsächlich aus war.

Ursula begleitete ihn zum Bahnhof in Montreux. Rudi war ihre erste Liebe gewesen. Seit ihrem achtzehnten Lebensjahr waren sie Partner gewesen, in der Ehe, der Ideologie und bei der Spionage. Sie liebte ihn nicht mehr, doch dieser Abschied war wieder eine weitere Trennung. Sie hatte schon so viele Menschen verloren, die sie liebte. Sorge und Patra, ihre Freundinnen Agnes und Shushin sowie Grisha und zahllose andere Kollegen, Genossen, Freunde und Familien, vernichtet von Stalin oder Hitler. Ihr Leben schien aus schmerzhaften Abschieden an Bahnhöfen und Kais zu bestehen. Der loyale und starrköpfige Rudi war einer der wenigen Menschen, denen sie vollkommen vertraute, und nun ging auch er. Sie »stand am Bahnhof und sah dem kleinen Gebirgszug nach, bis er um die Kurve bog«.

Len Beurton stand am 15. Februar um genau 11 Uhr 50 vor dem Einheitspreisgeschäft in der Kleinstadt Vevey am Genfer See, hielt einen Apfel in der linken Hand und eine gefaltete Zeitung in der rechten, hielt Ausschau nach einer Frau, die ein Netz Orangen trug, und fragte sich, wie er eigentlich dort gelandet war. Die Wochen seit seiner Rückkehr aus Spanien waren voller Überraschungen gewesen: Eine Nachricht von seinem ehemaligen Kommandanten, der ihn bat, eine Nummer in Hampstead anzurufen; dann das Treffen mit einer piekfeinen Frau »mit einem leicht ausländischen Akzent«, die ihm Geld gab und ihm sagte, er solle in die Schweiz reisen, und ihn zwang, sich all die komplizierten Anordnungen zu merken, die etwas mit Obst, Zeitungen und einem merkwürdigen Kennwort zu tun hatten. Erst als Mrs. Lewis seinen ehemaligen Kameraden Alexander Foote erwähnte, war er beruhigt. Wenn Foote etwas damit zu tun hatte, war es vermutlich eine Art »internationaler Schwindel«. Es hörte sich alles recht anrüchig an. Doch das war Len egal. Irgendwie mochte er das Anrüchige, und Angst hatte er mit Sicherheit nicht. Len verstand nicht wirklich, was Furcht bedeutete.

Ursula beobachtete den gutaussehenden jungen Engländer von einem nahegelegenen Hauseingang aus. »Er war [...] fünfundzwanzig Jahre alt, hatte dichtes, braunes Haar, zusammengewachsene Augenbrauen und braun-grüne, klare Augen. Er war dünn, aber sportlich, kräftig und muskulös.« Len drehte sich um, sah, dass sie ihn beobachtete, und lächelte.

»Mögen Sie Eiscreme?«, fragte sie.

»Nein, Whiskey«, entgegnete er.

Während sie durch Vevey spazierten, erklärte Ursula, dass man ihn ihr für »gefährliche Arbeit in Deutschland« empfohlen hatte, »als Fortsetzung seines Kampfes auf spanischem Boden«. Als sie ihn warnte, dass die Aufgabe äußerst gefährlich werden könnte, »begann er zu strahlen«. Len sollte nach Großbritannien zurückkehren und dann nach Frankfurt reisen, die Heimatstadt des Industriegiganten I. G. Farben, ein lebenswichtiges Zahnrad in Deutschlands Kriegsmaschinerie. Dort sollte er sich selbst Deutsch beibringen. Er durfte niemandem erzählen, wohin er reiste. Wenn er sich in Frankfurt niedergelassen hatte, sollte Len seinen alten Freund Alexander Foote in München kontaktieren und auf Anweisungen warten. Der junge Mann stellte keine Fragen. Er wollte weder wissen, für welche Organisation er arbeitete, noch, wie lange er in Deutschland bleiben müsste. Er zeigte keinerlei Anzeichen von Besorgnis und zögerte nicht. Er steckte einfach das Geld, das sie ihm gegeben hatte, in die Tasche, schüttelte Ursulas Hand recht warmherzig, ohne ihr in die Augen zu sehen, und ging lächelnd davon.

Ursula war von diesem Engländer, der sieben Jahre jünger war als sie, fasziniert. »Teils schüchtern, teils aggressiv, machte er einen jungenhaften, unfertigen Eindruck.« Er schien ihr ein »sympathischer, bescheidener junger Mann« zu sein, aber »äußerst feinfühlig«.

Len Beurton konnte nicht aufhören, an die Frau zu denken, die er nun unter dem Namen Sonja kannte.

> Ich war fünfundzwanzig und meine Erfahrung in Sachen Liebe waren auf jungenhafte Schwärmereien für unerreichbare Filmstars beschränkt gewesen. Das erklärt vielleicht, warum meine spontane Reaktion auf Sonja meine Erinnerung an das, was bei unserem ersten Treffen gesagt wurde, etwas vernebelt. Ich nahm an, sie dächte, ich hätte mich noch nicht so ganz von der Bombardierung in Spanien erholt. Natürlich konnte sie nicht wissen, dass sie die Bombe war.

Len verliebte sich auf den ersten Blick in Ursula, die auf dem Bürgersteig vor einem Schweizer Supermarkt stand, ein Netz mit Orangen in der Hand.

Bis zu diesem Moment hatte Leon Charles Beurton nichts erlebt, was auch nur ansatzweise Liebe glich. Lens Leben begann 1914 in Barking, drei Wochen nachdem seine Eltern seinetwegen hatten heiraten müssen. Sein in Frankreich geborener Vater war ein Hotelkellner, der bei Ausbruch des Krieges zur französischen Armee ging und innerhalb weniger Wochen nach seiner Ankunft an der Front getötet wurde. Florence Beurton bezahlte einen verwitweten Eisenbahner namens Thomas Fenton dafür, dass er ihren sechsjährigen Sohn bei sich aufnahm. »Ich komme in den Ferien wieder«, sagte sie ihm. Jeden Morgen wachte er auf, »von neuem überzeugt, daß die Mutter heute bestimmt kommen werde«. Len sah seine Mutter nie wieder. Fenton hatte bereits zwei Söhne und ignorierte seinen Pflegesohn. »Es gab keine Zuneigung. Es war eine rein kommerzielle Transaktion«, schrieb Len später. Im Alter von vierzehn rannte er von zu Hause weg und arbeitete zunächst in der Landwirtschaft, dann als Lkw-Fahrer und schließlich als Automechaniker in London. An den Wochenenden lernte er bei der Freiwilligenarmee der British Army zu schießen, und während seiner Mittagspausen boxte er im Blackfriars-Boxring. »Von den Boxern mit den meisten blauen Flecken waren viele jüdisch«, schrieb er später. »Um seinen Schnitt zu machen, musste ein jüdischer Junge doppelt so hart im Nehmen sein wie die nicht-jüdischen Kämpfer. Ich entwickelte einen natürlichen Respekt für sie. Das war die Grundlage für meine empörte Wut, als Hitlers Antisemitismus zur offiziellen Doktrin wurde.«

Mit achtzehn fand er Arbeit in einem Steinbruch auf der Kanalinsel Jersey, wo er sich mit einem irisch-amerikanischen ehemaligen Seemann namens Moriarty anfreundete. Das war ein stämmiger Riese, mit guten Manieren, aber leidenschaftlichen politischen Ansichten, der Len an die radikalen Schriften Jack Londons heranführte und an die Legende von Joe Hill, dem amerikanischen Labour-Aktivisten, der 1915 hingerichtet worden war. »Moriarty brachte mir viel mehr bei, als Granit mit einem Sieben-Pfund-Hammer zu spalten. Die Revolution trat in mein Leben.«

Gemeinsam hörten sie Radio Moskau. »Wir sahen gemeinsam den Aufstieg des Faschismus und glaubten beide fest daran, dass die deutsche Arbeiterklasse die Sache mit Hitler regeln würde. Wir verfolgten die Entwicklung in Spanien und entschieden, dass der einzige Platz für einen Antifaschisten in den Internationalen Brigaden war.«

Beurton schloss sich im Januar 1937 dem Britischen Bataillon in Spanien an und zog drei Wochen später, am 12. Februar, an der Jarama-Front in den Kampf. Viele Jahre später schrieb er seine Erinnerungen an den Kampf am »Suicide Hill« auf, einen der blutigsten des Bürgerkrieges, an dem die Nationalisten versuchten, die Republikaner zu vertreiben, und internationale Truppen die Straße nach Madrid verteidigten.

> An jenem Morgen brach der Tag kalt und klar an. Die Welt erschien jung, genau wie wir, als das 600 Mann starke Bataillon die Hügelkette über dem Jarama hinaufkletterte. Als die Nacht hereinbrach, waren wir noch 300. Am 13ten Februar noch 225, einen Tag später noch 140 Kämpfer! In jener historischen Februarwoche wurde die faschistische Offensive zum Stehen gebracht. Die Lebenslinie Madrid-Valencia war gerettet. Das Bataillon begrub seine Toten. Noch niemand aus der britischen Arbeiterklasse war mit größeren Ehren gestorben. Wir hielten diese Front vier Monate lang.

Das Bataillon war die erste Familie, die Len je kennengelernt hatte, und innerhalb von drei Monaten, nachdem er von ihr adoptiert worden war, waren drei Viertel davon tot.

»Überempfindlich und verschlossen, hat [Len] Zeiten der Depression, in denen er sich von allen Menschen verraten fühlt. Er war am liebsten allein und wanderte in den Kampfpausen hinter den Linien durch die spanische Landschaft.« Doch er hatte eine sehr bemerkenswerte Eigenschaft: Er war gegen Angst immun. Er war, genau genommen, nicht mutig, sondern behielt in Momenten die Nerven, in denen andere starr vor Schreck waren. Auf dem Höhepunkt der Kämpfe wurde er von einem amerikanischen Psychologen interviewt, der sagte, er habe »bisher noch nie jemanden ohne physische Furcht getroffen«. Im Februar 1937 fuhr Len gerade mit Captain George Nathan auf dem Beifahrersitz einen Lastwagen, als das Fahrzeug direkt von einem Artilleriegeschoss getroffen wurde. Beurton stieg nicht nur unversehrt aus dem Wrack, sondern seltsam fröhlich. Er verlor zwei weitere Fahrzeuge bei Tieffliegerangriffen ohne eine Spur von Angst. »Bei dieser Gelegenheit konnte ich feststellen, dass mein Nervensystem auch unter Streß funktioniert«, schrieb er.

Im April 1939 nahm Len Beurton den Zug von Frankfurt nach München und klingelte an der Tür der Elisabethstraße 2. Foote war hocherfreut (und nicht sonderlich überrascht) festzustellen, dass der »neue Genosse«, den Sonja erwähnt hatte, sein alter Freund Len war. Er schlug vor, sie sollten in der Osteria Bavaria zu Mittag essen, um, wie er sich ausdrückte, »ein Auge auf Hitlers Gewohnheiten zu richten«. Und tatsächlich, kaum hatten die Engländer sich gesetzt, wurden sie gebeten, ihre Zigaretten auszumachen, da der Führer, der ein fanatischer Nichtraucher war, gleich eintreffen würde. Auch zwei Frauen hatten auf die Ankunft des Führers gewartet. Die eine war Unity Mitford, Hitlers britische Anhängerin, die andere seine Geliebte, Eva Braun. Sie konnten einander eindeutig nicht leiden. Hitler begrüßte seine beiden weiblichen Gäste, verbeugte sich, küsste jeder die Hand und ging dann unter lautem Applaus durch das Restaurant. »Als Hitler sich näherte, fuhr [Len] mit seiner Hand rasch und verstohlen in die Tasche – um ein Zigarettenetui herauszuziehen.« Foote war entsetzt. Unter Hitlers Entourage mussten sich durchaus ein paar abzugsfreudige Gestapo-Leute befunden haben, die bei jedem Anzeichen eines versuchten Attentats sofort das Feuer eröffnet hätten. »Nichts geschah.« Die Gorillas des Führers guckten gelangweilt, als Len seine Zigaretten herauszog, und Hitler verschwand wieder ins Nebenzimmer. Foote atmete auf und sinnierte: »Es ist ein Wunder, dass noch niemand versucht hat, ihn abzuknallen, wenn man den Mangel an Vorkehrungen bedenkt, der bei solchen informellen Anlässen herrschte.«

Sonja hatte Foote und Len aufgetragen, Sabotagemöglichkeiten innerhalb Nazideutschlands aufzutun, Ziele, die auf dramatische Weise zerstört werden könnten, um Deutschlands Aufrüstung zu behindern und die Aufmerksamkeit der internationalen Presse zu wecken. Len glaubte, dass er bereits das ideale Objekt entdeckt hatte. Seine freundlichen Vermieter hatte ihn mitgenommen, um sich das mächtige Passagier-Luftschiff »Graf Zeppelin« anzusehen. 1936 hatte Goebbels den Zeppelin auf eine Tour durch Deutschland geschickt, es wurden Propagandablätter abgeworfen und laute Marschmusik geschmettert. Das große Luftschiff war stillgelegt worden und stand nun zur Schau in einem riesigen Hangar auf dem Frankfurter Flughafen, als Symbol des deutschen wissenschaftlichen Fortschritts, militärischer Macht und des Nationalstolzes. Len schlug vor, sie sollten es in die Luft jagen.

Foote sagte ihm, er »solle nicht lächerlich sein«, doch je länger sie darüber diskutierten, desto machbarer erschien der Sabotageakt. Beurton beharrte: »Es wäre ganz einfach, eine Zeitbombe mit einem langsam wirkenden Zünder in einem Zigarettenpäckchen unter einen der Sitze zu legen und darauf zu warten, daß die Bombe im Verein mit dem Wasserstoff in der Zeppelinhülle das Übrige besorgen würde.« Er kehrte noch einmal zurück und untersuchte sorgfältig die Kissen und Vorhänge und die imprägnierte Segeltuchhülle. Wenn man in einer der Gondeln eine Brandbombe platzieren würde, ginge der ganze Zeppelin in die Luft wie ein gigantisches Feuerwerk.

Beim nächsten Treffen mit Ursula in Vevey erläuterte Foote ihr den Plan. »Sonja begeisterte sich sehr« und erklärte, dass man aus Zucker, Aluminiumpulver und Kohle eine sehr effektive Bombe bauen konnte. Einen halbwegs akkuraten Zeitzünder herzustellen, sei nicht schwierig und gebe den Saboteuren genug Zeit zu fliehen, bevor die Bombe losging. Sie lud Foote ein, am nächsten Morgen zu ihr nach Hause zu kommen »so daß wir die Mischung in Ruhe ausprobieren konnten« – eine schräge Art, die Detonation einer selbstgebauten Bombe zu beschreiben. Foote freute sich über die Einladung zu Sonja nach Hause. »Ich hatte das Gefühl, daß ich einen Schritt vorwärts in meiner Einführung in das

Agentennetz getan hatte.« Im angebauten Schuppen von La Taupinière mischten sie die Bombe und setzten den Zeitzünder ein. »Das ganze Ding passte in eine Zigarettenschachtel.« Dann platzierten sie die Brandbombe unter einem Sofakissen und gingen im Haus in Deckung. »Wie ich mir gedacht hatte, war das einzige Resultat eine Menge schwarzen Rauches und ein unheimlicher Gestank.« Wenn sie ein Baumwollkissen nicht in Brand stecken konnten, war es sehr unwahrscheinlich, dass es beim dicken Lederpolster des Zeppelins klappte.

Beim Abendessen kamen sie überein, dass der Plan vermutlich nicht durchführbar sei. Das Gespräch kam auf Footes Leben in München. Er erzählte ihr, wie er sich angewöhnt hatte, in der Osteria Bavaria zu essen, wo Hitler häufig mit seinen schlafmützigen Leibwächtern aß. »Was konnte also leichter sein, [...] als eine Zeitbombe in einer Aktentasche neben unsere Mäntel zu hängen [...], daß die Bombe Hitler und seine Begleitung, die gemütlich hinter der Bretterwand zu Mittag aßen, in die Ewigkeit befördern würde?«, hatte er nebenbei festgestellt.

Foote kehrte nach München zurück, und Ursula schickte direkt eine Nachricht nach Moskau und berichtete, dass Agent Jim eine »Möglichkeit, an Hitler heranzukommen und ihn zu vernichten«, vorgeschlagen hatte. Als Antwort kam zurück, »daß der Direktor sich für den Hitler-Bericht außerordentlich interessiert«; Foote solle »Hitlers Gewohnheiten, so gut [er] konnte, ermitteln«.

»Der Schnee schmolz«, schrieb Ursula, »der Frühling war von märchenhafter Schönheit.« Das warme Wetter brachte eine Flut von wilden Narzissen auf den Bergen hinter dem Haus hervor, und nicht weniger als drei Spione in den Maulwurfshügel.

Alexander Foote und Len Beurton reisten getrennt in die Schweiz und stiegen in Montreux in der Pension Elisabeth ab, mit Blick auf Bon Port am Genfer See. Am nächsten Tag, während Ollo und die Kinder »sich mühsam einen Weg durch das Meer von Blumen [bahnten], sie pflückten Arme voll«, saßen die drei

Verschwörer in Ursulas Küche und diskutierten, wie man Hitler umbringen könnte.

Foote war ausgesprochen alarmiert. »Als ich Sonja verließ, war mir nur gesagt worden, ganz allgemein ein Auge auf Hitlers Gewohnheiten zu richten, aber in den darauffolgenden zwei Monaten hatte sich der Gedanke in den Hirnen des Kremls zu einem [...] Plan für Hitlers Ermordung ausgewachsen, wobei [Len] und mir offensichtlich die Hauptrollen zugedacht waren.« Beurton war enthusiastisch. Eine alternative Methode zu dem beschriebenen Bombenattentat wäre, Hitler zu erschießen, wenn er durchs Restaurant ging, und zu hoffen, dass seine unaufmerksamen Leibwächter zu langsam waren, um einzugreifen. Das Problem bei dem zweiten Plan war nur, dass es einem Selbstmord gleichkam. Ursula und Beurton waren beide der Meinung, dass Hitler umzubringen nicht nur möglich, sondern eine moralische Notwendigkeit war. »Seine und meine Ansichten über die Nutzlosigkeit von Einzelterror deckten sich mit der Theorie unserer Partei. Das hinderte ihn und mich nicht, einige Menschen für so schädlich und bestialisch zu halten, daß wir bereit waren, in ihrem Fall die Theorie zu durchbrechen.« Foote war weniger begeistert. Auch er wollte Hitler gern tot sehen. Er wollte nur selbst nicht gern dabei sterben. Beurton mochte Angst fremd sein, Foote jedoch nicht.

Am nächsten Tag übten sie, Bomben zusammenzusetzen, und Ursula gab ihren Komplizen eine Einführungsstunde im Funken. »Wie unterschiedlich diese beiden Engländer waren«, dachte sie. Len war »intelligent, belesen und ein guter Beobachter«, aber er war »nicht so selbstsicher im Auftreten wie Jim«. Jim war »robust« und »schlau«, besaß »Findigkeit« und »Organisationstalent«, doch sie entdeckte auch einen »Anflug von Zynismus« und die Eigenart, »sich's ganz gerne wohl sein« zu lassen. Er schien seine Zeit in Deutschland etwas zu sehr zu genießen. Beurton wanderte gern allein durch die Berge, wohingegen Foote in dem Amüsierlokalen von Genf am glücklichsten war. »Der feinfühlige Len, der die Natur liebte und an meinen Kindern interessiert war, gefiel mir besser«, schrieb sie.

Franz Obermanns, ihr Assistent, der Ursula in Moskau vorgestellt worden war, traf einige Monate später als erwartet in der Schweiz ein. Während seiner Ausbildung hatte er eine Bombe zu früh gezündet und »war dabei durch das geschlossene Fenster geflogen. Das Glas hatte ihm das Kinn aufgeschnitten.«

Die Zentrale bestand darauf, dass er mit bandagiertem Gesicht in der Schweiz zu sehr auffallen würde, also hatte er seine Abreise verschoben, bis die Wunden verheilt waren. Ursula traf ihn in Bern und wies ihn an, sich in Fribourg in der Westschweiz ein Quartier zu suchen, einen Sender zu bauen, er sollte darauf achten, ob er überwacht wird, und ansonsten die Entwicklungen abwarten. Obermanns sah weiterhin nicht sehr vertrauenerweckend aus: Er war zwar enthusiastisch, aber: »Ein Illegaler mit einer feuerroten Narbe ist kein günstiger Anblick.« Und er war etwas ungeschickt.

Im Sommer 1939 hatte Ursula zwei funktionierende Sender, zwei Agenten, die in Deutschland integriert waren, in Obermanns einen bereitwilligen Assistenten und einen Plan, Hitler in die Luft zu jagen. Um die Operationen zu finanzieren, transferierte Moskau Geld, dessen Herkunft verschleiert wurde, auf ein Londoner Bankkonto, auf das sie nach Bedarf zugreifen konnte. Die Zentrale war zufrieden: Am Horizont zeichnete sich ein Krieg ab, und Major Sonjas Schweizer Netzwerk lief wie ein Uhrwerk.

Im März hatten deutsche Truppen Prag besetzt, im selben Monat, in dem Österreich von Nazideutschland annektiert wurde. Francos Nationalisten gewannen in Spanien die Oberhand. »Wird die Schweiz das nächste Land sein?« fragte sich Ursula. Viele Ausländer flohen aus Angst vor einer Invasion bereits aus dem Land. Die Nazis betrieben zwei separate Geheimdienste in der Schweiz: die Abwehr (den militärischen Nachrichtendienst) sowie Heinrich Himmlers Reichssicherheitshauptamt (RSHA), in dem der

Sicherheitsdienst (SD) – der Geheimdienst der SS – und die Sicherheitspolizei (Sipo) – bestehend aus Geheimer Staatspolizei (Gestapo) und Kriminalpolizei – zusammengefasst wurden. Deutsche Agentenjäger durchkämmten die Schweiz nach Feinden des Reiches. »In [...] Genf wimmelte es von Agenten vieler Länder, von besonderer Gefahr für uns waren die eingeschleusten Gestapomänner.« Schrieb Ursula. Ihr deutscher Pass, ausgestellt 1935 in Shanghai, würde im Mai 1940 ablaufen, und als Jüdin ohne Staatsangehörigkeit hatte sie kein Recht auf einen neuen. Ohne Pass und Aufenthaltserlaubnis konnte sie abgeschoben werden, was gleichbedeutend mit einem Todesurteil war. In Genf kursierten bereits entsetzliche Geschichten darüber, was mit den Juden in Deutschland geschah. Marie Ginsberg, die Bibliothekarin beim Völkerbund, war eine polnische Jüdin und in einem Untergrund-Netzwerk aktiv, das Juden mit falschen Pässen aus Deutschland schmuggelte. Sie bot ihre Hilfe an: Für 2000 Schweizer Franken könnte ein bolivianischer Diplomat in Bern Ursula einen bolivianischen Pass besorgen. Das bot einigen Schutz, aber nicht viel. Was Ursula benötigte, war eine legale Staatsangehörigkeit eines anderen Landes und einen echten Pass, um die Schweiz schnell verlassen zu können, falls die Nazis einmarschierten.

Eines Nachmittags kehrte Olga Muth mit einem beunruhigenden Gerücht zurück: »Juden mit abgelaufenem Paß [werden] an die deutsche Grenze gebracht.« Ursula versuchte die Gefahr herunterzuspielen. »Es gibt viele ohne Paß, das Abschieben kann sich nur um vereinzelte Fälle handeln.«

Ollo überzeugte das nicht. »Wenn sie etwas über deine Arbeit rausfinden, bist du dran. Was dir dann bei Hitler blüht, weißt du. Da bleibst du nicht am Leben.«

Doch dann kehrte die Farbe in das blasse Gesicht des deutschen Kindermädchens zurück.

»Eins schwör ich dir, die Kinder behalt ich bei mir, und wenn ich sie verstecken muß. Wenn man mich nach Deutschland zurückschickt, nehm ich sie mit. Mit ihren blauen Augen und blonden Haaren fallen sie niemandem auf. Mein Geld verdien ich allemal für uns drei. Nicht einen Tag brauchst du dich um sie zu sorgen. Sie werden's gut haben bei mir.«

Die Richtung, die das Gespräch genommen hatte, gefiel Ursula nicht, und sie zog barsch einen Schlussstrich darunter. »Noch lebe ich. Kann sein, meine Arbeit wird nicht entdeckt, kann sein, sie verhaften mich und liefern mich nicht aus.«

Olga Muth hatte eigentlich beruhigend wirken wollen. Doch an ihren Worten haftete eine seltsame Kälte. Das Kindermädchen hatte bereits einen Plan geschmiedet: Sollte Ursula sterben, würde sie die Kinder selbst adoptieren und in Nazideutschland aufziehen.

13
Eine zweckdienliche Ehe

Am 23. August 1939 unterzeichneten die Außenminister Deutschlands und der Sowjetunion in Moskau ein diplomatisches Abkommen – und Ursulas politisches Universum brach zusammen. Im Rahmen der Vereinbarung zwischen Joachim von Ribbentrop und Wjatscheslaw Molotow verpflichteten sich Nazideutschland und die Sowjetunion, die bis dahin Todfeinde gewesen waren, einander nicht anzugreifen. In einem dem Nichtangriffspakt beigefügten Geheimprotokoll vereinbarten sie gleichzeitig, Polen, Litauen, Lettland, Estland und Finnland in deutsche und sowjetische Einflussbereiche aufzuteilen. Das war Machtpolitik in ihrer zynischsten Form, ein Kalkül beider Seiten, dass sie im Moment mehr von einem Verzicht auf Krieg profitieren würden als von einem Konflikt. Hitler glaubte insgeheim, dass der Krieg mit der Sowjetunion »unausweichlich« war, und dafür würde er sorgen. Aber der Führer, dessen Ermordung Ursula noch vor kurzem mit der vollen Zustimmung der Roten Armee geplant hatte, war nicht länger der Feind.

Am Tag nach der Unterzeichnung des Molotow-Ribbentrop-Pakts erhielt Ursula eine Funknachricht von Major Wera Poljakowa aus der Zentrale: »Alle Aktivitäten gegen Deutschland einstellen. Alle Agenten abziehen und jeglichen Kontakt mit noch verbliebenen Agenten vor Ort abbrechen.«

Ursula war zutiefst geschockt. Ohne Vorwarnung hatte Moskau sämtliche Angriffsoperationen gegen das Regime ausgesetzt, das ihre Familie ins Exil gezwungen, die Kommunistische Partei Deutschlands zerstört und mit dem systematischen Abschlachten ihrer jüdischen Mitbürger begonnen hatte. Sie hatte ihr gesamtes Erwachsenenleben hindurch gegen den Faschismus gekämpft, in

Deutschland, China, der Mandschurei, Polen und nun der Schweiz; sie hatte wiederholt ihr Leben für die Sowjetunion riskiert; und nun machte der Kommunismus, den sie liebte, gemeinsame Sache mit dem Nazismus, dem Inbegriff von rassistischer Gewalt und Tod, den sie verabscheute.

Noch nie zuvor hatte Ursula in einer derartigen politischen Gewissenskrise gesteckt. Stalins Säuberung hatte die Brutalität im Kern des Regimes offenbart, doch sie hatte sich eingeredet, dass es das Ergebnis von »Fehlern« Einzelner gewesen sei. Der Hitler-Stalin-Pakt war ein Verrat. Seit Monaten hatten in Genf Gerüchte die Runde gemacht, dass es geheime Gespräche zwischen Deutschland und Moskau gebe, doch Ursula hatte das als »journalistischen Tratsch« abgetan. Während aller Prüfungen ihres jungen Lebens hatte sie der Glaube an die Unfehlbarkeit der Partei getragen, die von Moskau aus geleitet wurde. Mit der Zeit würde Ursula den Mythos nachbeten, dass der Nichtangriffspakt ein notwendiger, vorübergehender Waffenstillstand gewesen sei, der eine westliche kapitalistische Verschwörung verhinderte, um Nazideutschland und die UdSSR in einen Krieg der gegenseitigen Vernichtung zu locken. In Wahrheit wusste sie, ebenso wie die meisten intelligenten Kommunisten ihrer Zeit, dass Hitler das genaue Gegenteil von allem repräsentierte, woran sie glaubte; und dass Stalin aus Opportunitätsgründen entschieden hatte, mit ihm Frieden zu schließen. Sie war am Boden zerstört, zutiefst desillusioniert, und sie war nicht allein. Der Hitler-Stalin-Pakt wurde weltweit von kommunistischen Parteien mit Bestürzung aufgenommen, und von den Juden überall mit blankem Entsetzen. Er überraschte Deutschlands Verbündete, einschließlich Japan, und rüttelte seine Feinde wach: Zwei Tage später schloss Großbritannien ein Abkommen mit Frankreich zur Verteidigung Polens. Einen Tag darauf wurde die Schweizer Armee in Erwartung einer deutschen Invasion mobilisiert. Caux, in dem es normalerweise von Sommergästen wimmelte, wurde zu einer Geisterstadt, als die letzten Gäste flüchteten.

Sie mochte angesichts von Moskaus Pakt mit dem Teufel zwar untröstlich sein, doch Ursula blieb eine disziplinierte Offizierin der Roten Armee. Alexander Foote hielt sich gerade in Genf auf, als die Nachricht bekannt wurde. Ursula sagte ihm, er solle bleiben, wo er war, und Len Beurton mitteilen, dieser solle Deutschland unverzüglich verlassen und zu ihnen in die Schweiz kommen. Sie hütete sich, Moskau zu trotzen, doch in einer Nachricht an die Zentrale ließ sie ihren Kummer durchblicken und beantragte eine Versetzung von der Schweiz in die USA. Umgehend kam die streng abgefasste Antwort zurück: »In Amerika werden keine weiteren Agenten gebraucht.« Sonja solle auf ihrem Posten bleiben, Befehle abwarten und die Zeit sinnvoll nutzen, indem sie Foote und Beurton das Kurzwellenfunken beibrachte.

Am 1. September erfolgte der deutsche Überall auf Polen. Die Freistadt Danzig wurde »heim ins Reich« geholt, und ein Großteil des kommunistischen Untergrunds wurde über Nacht ausgelöscht. Karl Hoffman, der zarte, tuberkulöse Leiter der Gruppe, mit der Ursula gearbeitet hatte, wurde kurzerhand ermordet und sein Netzwerk liquidiert.

Len war in Bayern, als ihn Footes Anruf erreichte, »so schnell wie möglich aus Deutschland zu verschwinden«. Beurton überquerte die Grenze in die Schweiz am 3. September 1939.

An diesem Tag erklärte Großbritannien Deutschland den Krieg.

Foote und Beurton stiegen wieder in der Pension Elisabeth ab – sie waren die einzigen Gäste –, und das kleine Agententrio verschanzte sich in den Schweizer Bergen. Die Zentrale hüllte sich in verdächtiges Schweigen, »und so erhielten wir in der ersten Kriegswoche keinerlei Instruktionen«, schrieb Foote. Bislang hatte Ursula die Quelle ihrer Befehle nicht genauer spezifiziert, doch nun, da sie nicht mehr gegen den Faschismus kämpften, schuldete sie ihren Agenten eine ausführlichere Erklärung: Sie nannte ihnen ihren richtigen Namen, beschrieb ihre Arbeit in China und Polen und erklärte, dass sie Offizierin der Roten Armee sei. Der Befehl, keine Spionage mehr gegen Deutschland zu betreiben, kam direkt aus Moskau. Foote bemerkte leicht sarkastisch, dass all die Vorbereitungen für das Attentat auf Hitler »völlig umsonst« gewesen waren, aber er war nicht übermäßig beunruhigt, als er erfuhr, dass er ein Mitarbeiter des sowjetischen Militärgeheimdienstes war. Ursula versuchte angesichts des dramatischen Wandels der sowjetischen Politik, gelassen zu wirken, aber man merkte ihr an, dass sie angeekelt und bestürzt war.

Foote schrieb über ihre Reaktion auf den russisch-deutschen Pakt: »Seine Wirkung auf Sonja, die als Kommunistin der alten Garde während der letzten acht Jahre im Faschismus die Weltbedrohung Nr. 1 gesehen hatte, war natürlich verheerend. [...] Mit einem Schlage war dies jetzt alles anders, und sie, als gute Parteigenossin, mußte jetzt die Nazis als ihre Freunde und die Demokratien als mögliche Feinde betrachten. Solch eine Umkehrung ihrer Gedankenwelt war tatsächlich zu viel für sie.«

So begann die Periode eines seltsamen Schwebezustands. Ein paar Tage nach Kriegsausbruch schrieb Ursula an ihre Eltern in Großbritannien: »Jetzt ist es so weit. Man kann es noch gar nicht fassen. [...] Hier ist es einsam. [...] Merkwürdig, daß die Sonnenuntergänge noch immer so schön und friedlich sind.«

Jeden Tag kamen die beiden Männer zum Funkerunterricht herauf ins La Taupinière gewandert. Foote verbrachte seine Nachmittage mit Sonnenbaden und die Abende in den Genfer Bars, wo er mit der Schwester des rumänischen Außenministers anbandelte. Ursula und Len machten lange Spaziergänge durch die ländliche Gegend. Nach und nach öffnete sich der Engländer und schilderte, wie er als Kind verlassen worden war, seine Hinwendung zu radikaler Politik und seine Erfahrungen in Spanien. Lens merkwürdiges Leben hatte ihn »überempfindlich und introvertiert« gemacht, überlegte sie, doch als »schüchterner, stiller Mensch, intelligent, tapfer und von hoher Moral« hatte er auch etwas Besonderes an sich. Er blieb öfters zum Abendbrot und spielte mit den Kindern, bevor er in seine Pension zurückkehrte.

»Moskau ließ uns tatsächlich allein«, schrieb Foote. »Man brauchte uns im Augenblick nicht, und so hatte die Rote Armee das Netz stillgelegt, bis die Zeit kam, es wieder zu aktivieren. [...] Moskau hatte unsere Spionageflügel gestutzt.« Ursula erledigte ihre Arbeit nach Schema F und versorgte die Zentrale mit nichtssagenden Monatsberichten über die politische Lage, aber sie war, wie Foote feststellte, »von dem Zeitpunkt an nicht mehr mit dem Herzen bei der Sache«. Die Desillusionierung wurde noch verstärkt, als die Sowjetunion im November 1939 in Finnland einmarschierte, ein Akt der unverhohlen aggressiven territorialen Expansion. Franz Obermanns, Ursulas Nummer zwei, war gleichermaßen ernüchtert. »Schockiert und fassungslos redeten wir stundenlang«, schrieb sie. Die Schweizer hatten begonnen, Ausländer stichprobenartig zu überprüfen. Während einer ihrer Unterhaltungen mit Obermanns erschien ohne Vorwarnung ein Polizist an der Haustür, der von den Strapazen des Aufstiegs hoch zu La Taupinière keuchte. Ursula gab vor, der junge Mann mit dem vernarbten Gesicht sei einer ihrer Verehrer (der örtlichen Klatschbase war aufgefallen, dass die attraktive alleinstehende Frau auf dem Berg häufig Besuch von Männern erhielt), und der Polizist ging zufrieden weg, nachdem er Obermanns falsche Papiere überprüft und den Namen Eriki Noki notiert hatte.

Der Hitler-Stalin-Pakt hätte theoretisch sämtliche aktiven Spionageoperationen unterbinden sollen, hielt aber die Gestapo nicht davon ab, sowohl in Deutschland als auch jenseits der Grenzen Jagd auf kommunistische Spione und Staatsfeinde zu machen. Moskau hielt seine Unterstützung des Rests der kommunistischen Bewegung in Deutschland aufrecht. Ende Oktober erhielt Ursula den Auftrag, eine große Geldsumme von einem Kurier in Genf entgegenzunehmen und sie über die deutsche Grenze an Rosa Thälmann weiterzuleiten, die Frau des inhaftierten KPD-Führers

Ernst Thälmann. Das war ein bewundernswerter »Akt der Hilfe und Solidarität«, doch Ursula, Obermanns und die beiden Engländer konnten nicht nach Deutschland einreisen, ohne Gefahr zu laufen, sofort verhaftet zu werden. Ursula überlegte, ob sie versuchen sollte, die Reise mit Olga Muths deutschem Reisepass anzutreten. »Ging es schlecht aus, konnte sie sagen, ich hätte ihn ihr gestohlen.« Doch keine noch so gute Verkleidung konnte Ursula fünfzehn Zentimeter kleiner, fünfundzwanzig Jahre älter und aus ihren braunen Augen grüne machen. Ollo erklärte sich bereit, die Reise selbst anzutreten. Niemand würde das grauhaarige Kindermädchen verdächtigen, ein kommunistischer Geldkurier zu sein, und sie konnte so tun, als würde sie das Militärwaisenhaus besuchen, in dem sie aufgewachsen war. Ollos größte Sorge galt Nina. »Ich bin eine alte Frau, was soll schon passieren, wenn es schlecht ausgeht, aber die Trennung vom Kind, die würde ich nicht überleben.«

Um zwölf Uhr am folgenden Sonntag wartete Alexander Foote vor dem Eingang des Botanischen Gartens in Genf auf den Geldkurier. Wie angewiesen, hing ein zusammengerollter Regenschirm in seiner rechten Armbeuge, er trug einen dunkelblauen Filzhut, ein Paar Lederhandschuhe in der rechten Hand und eine Ausgabe der *Picture Post* in der linken. Die Übergabe dauerte weniger als eine Minute. Zurück in La Taupinière nahm Ursula die Rückseite ihrer alten Kleiderbürste ab, stopfte das gefaltete Geld fest hinein und versiegelte alles mit Klebstoff. Ollo, »unscheinbar, klein und mausgrau«, machte sich auf den Weg nach Deutschland. Wenn die Nazis herausfänden, was sie vorhatte, würde sie nicht mehr zurückkommen.

Rosa Thälmann war zunächst misstrauisch, als eine unbekannte Frau vor ihrer Wohnungstür erschien – es hätte eine Nazi-Falle sein können. Doch nachdem Ollo die Wohnung betreten hatte, überzeugte sie Thälmann davon, dass das Geld »materielle Hilfe für hungernde Familien« anderer Opfer des Nationalsozialismus sei. Am nächsten Tag übergab ihr Ollo in einem Berliner Park die Kleiderbürste in einer Tasche. Die beiden Frauen umarmten sich und weinten kurz. »Ich werde dir das nie vergessen«, sagte Rosa.

»Alles in Ordnung«, rief Ollo laut, als sie wieder den Pfad zum Maulwurfshügel hinauftrottete. Ursula war erleichtert, sie zu sehen, und zutiefst dankbar. Doch als das Kindermädchen ihre Dreijährige auf den Arm nahm und festhielt, konnte Ursula nicht umhin zu bemerken, dass sie »nur Augen für Nina hatte.«

Die Schweiz, einst ein Zufluchtsort, wurde zu einem Käfig. Die Jagd auf illegale Funkgeräte wurde intensiviert, und Ausländer wurden von der Schweiz verstärkt überwacht. Himmlers Spionagejäger verschärften ihre Verfolgung. »Soweit ich feststellen konnte, wurde ich nicht beobachtet«, schrieb Ursula. Doch wann immer sie den Sender einschaltete, fragte sie sich, ob es das letzte Mal sein würde. Die Schweizer Bankenaufsicht ergriff Maßnahmen gegen Auslandsgeschäfte, und das Geld aus Moskau versiegte. Ursula unterstützte inzwischen nicht nur ihre Familie und Ollo, sondern auch Foote, Beurton und Obermanns. Die Zentrale versprach, mehr Geld zu schicken. Doch es kam nichts an.

Eines Morgens erschien ein Beamter des Schweizer Sicherheitsdienstes unangemeldet und neugierig. Ursula parierte seine Fragen und sagte dann, sie »empfände es als Kränkung, daß man in der neutralen Schweiz den Deutschen, die Verfolgte Hitlers seien, mißtraute, statt die Energien auf deutsche Nazis, von denen es genügend in der Schweiz gebe, zu konzentrieren«: Der Besuch war beunruhigend. Len Beurton grub im Wald ein Loch, legte ein Brett darüber und deckte es mit Erde und Blättern ab, ein Versteck für den Sender, sollte es zu einem Notfall kommen.

Alexander Foote mochte Ursula zwar sehr, war aber doch etwas verblüfft, als sie ihn bat, sie zu heiraten.

Ihre Gründe hätten nicht weniger romantisch sein können. Wenn ihr deutscher Pass ablief, wäre sie, abgesehen von einem gefälschten bolivianischen Dokument, rechtlich ungeschützt. Doch als Frau eines Engländers hätte sie Anspruch auf die britische Staatsbürgerschaft und könnte auf dem Konsulat in Genf einen britischen Pass beantragen. Falls die Nazis in die Schweiz einmarschierten, könnte sie nach London fliehen und sich dem Rest ihrer Familie anschließen.

Die Zentrale stimmte dem Plan zu, und Foote nahm Ursulas Antrag an. »Es handelte sich lediglich um eine der zahlreichen ›mariages blancs‹, die damals in der Schweiz zwecks Beschaffung von Pässen geschlossen wurden«, schrieb er. Ursula versicherte ihm, »eine Scheidung war jederzeit wieder möglich«: Das einzige Problem war, dass sie nach wie vor mit Rudi verheiratet war, der sich irgendwo in China aufhielt. Foote war ein Opportunist, aber Bigamie kam für ihn nicht infrage. Wieder war die Lösung brutal einfach: Foote gab vor dem Schweizer Scheidungsgericht eine formelle Zeugenaussage ab und behauptete, dass Rudi Hamburger (Aufenthaltsort unbekannt) »mit einer von Sonjas Schwestern in einem Londoner Hotel Ehebruch begangen hatte«: Rudi hatte nichts dergleichen getan, während Foote hingegen möglicherweise mit Brigitte ein Verhältnis gehabt hatte. Jahre später machte Foote »überhaupt keinen Hehl aus dem Meineid, den er vor den Schweizer Gerichten begangen hatte«, aber die Ausflucht sollte Ursula noch einmal einholen. Am 26. Oktober 1939 wurde Ursulas Ehe aufgrund von Rudolf Hamburgers Ehebruch geschieden. Selten ist ein Scheidungsurteil ungerechtfertigter gewesen.

Anfang Dezember tauchte Franz Obermanns nicht zu einem verabredeten Treffen in Zürich auf; auch zum Ersatztreffen eine Woche später erschien er nicht. Ursula, die sich inzwischen ernsthafte Sorgen machte, rief, entgegen jeglicher Regel, bei ihm in Fribourg an. »Eine fremde Stimme sagte, er wohne nicht mehr dort.«

Es ist ein Rätsel, warum die Schweizer Polizei so lange brauchte, um zu erkennen, dass an Eriki Noki, einem Mann mit einer markanten Gesichtsnarbe, der mit einem in Kanada ausgestellten finnischen Pass reiste und der weder Finnisch noch Englisch sprach, etwas faul war. Bei einer Razzia in seiner Wohnung wurde »ein Wust von Senderteilen« gefunden, und Obermanns wurde verhaftet. Ursula wusste, dass sich irgendwo in den Akten ein Bericht befand, dass »Enoki« in La Taupinière gesehen worden war. An diesem Abend holte Len den Sender aus dem Schrank, wickelte die Einzelteile wasserfest ein und vergrub sie im Wald. Von nun an erforderte der Kontakt zu Moskau das vorherige Ausgraben und Zusammensetzen des Senders. Mit dem Funken im Bett war es vorbei.

Die Polizei fand schnell Obermanns wahre Identität heraus, und als die Gestapo erfuhr, dass sich der verurteilte kommunistische Agitator in Schweizer Haft befand, stellten sie einen Antrag auf sofortige Auslieferung. Dieser wurde jedoch abgelehnt, weil die Schweizer Behörden bereits wegen mutmaßlicher Passvergehen gegen ihn ermittelten. Der Spion hatte Glück im Unglück; Obermanns verbrachte den Rest des Krieges in einem verhältnismäßig bequemen Schweizer Internierungslager. »Die ganze Sache erschütterte Sonja zutiefst«, schrieb Foote.

In der Zwischenzeit gingen sich Foote und Beurton gegenseitig auf die Nerven. Abgesehen von ihren geteilten Erlebnissen in Spanien hatten sie wenig gemeinsam: Beurton war ernsthaft und nüchtern, während Foote sich häufig so verhielt, als befände er sich im Urlaub, und wurde im wahrsten Sinne des Wortes fett, während Europa in Flammen stand. Len beklagte sich über seinen Partner, der »ein Egoist war, der zu viel Wert auf sein privates Vergnügen legte«. Foote war zudem wankelmütig. Einige Wochen nach der Scheidung teilte er Ursula mit, dass er ihr ein »Geständnis« machen müsse: Er sei nach Spanien gegangen, um eine Frau nicht zu heiraten, die er in England geschwängert hatte. »Bei einer Heirat [mit Ursula] könne die Sache wieder aufgerührt werden«, also machte er einen Rückzieher. Das kam nicht nur äußerst ungelegen, sondern war auch ideologisch gesehen beunruhigend.

Wenn es stimmte, dann hatte Foote in Spanien eher aus niederen Beweggründen als aus politischer Überzeugung gekämpft. Und wenn es eine Lüge war, dann versuchte er, sich einem direkten Befehl der Roten Armee zu entziehen, und gefährdete damit Ursulas Sicherheit.

Doch Foote fragte gleich, »ob ich nicht lieber Len nehmen wolle«.

Mit Plan B konnte Ursula gut leben. Genau genommen sogar besser. Die Ehe mit einem der beiden Engländer gewährte ihr Zugang zu einem Pass, doch Len mochte sie lieber. Sie schlug Beurton diese Lösung vor und versicherte ihm, dass die Ehe rein *pro forma* sei. »Er könne volles Vertrauen haben, daß ich mich, sobald er es brauche, wieder scheiden lasse.«

Len erwiderte scharf, »er begreife den Sinn einer Ehe auf dem Papier auch ohne weitere Erklärungen meinerseits«. Aber er willigte dennoch ein.

Ursula »verstand nicht, warum er dies so ungewöhnlich aggressiv« vorgebracht habe. Seine Empfindlichkeit, was diese Scheinehe anging, berührte sie. Von diesem Moment an nahm ihre Freundschaft eine etwas andere Färbung an. Zunächst konnte sie den Finger nicht darauflegen. Dieser verschlossene junge Engländer war seltsam, doch diese Kombination aus Schüchternheit und Mut, Zärtlichkeit und Stärke wirkte auf sie anziehend. Die Schweizer mochten sie beobachten. Die Deutschen würden möglicherweise einmarschieren. Die Gestapo könnte sie alle umbringen, wenn sie sie fände. Doch die Anspannung und Gefahr schien ihn kaum zu berühren. An irgendeinem Punkt schlug er sogar vor, er könne für Deutschland spionieren, »um [die Nazis] aufs Kreuz zu legen«, eine Idee, die so mutig wie unbrauchbar war. Sie war gerührt von Lens zunehmend engerer Beziehung zu Michael und seiner »behutsamen Art, sich in den Jungen einzufühlen«.

Olga Muth war schockiert, als sie herausfand, dass Ursula nun mit Len Beurton verlobt war.

»Ich hab geglaubt, du arbeitest nur mit ihm«, protestierte sie. »Und jetzt wird er auch noch hier wohnen?«

Ursula legte ihrem Kindermädchen die Hände auf die Schultern. »Er ist ein guter Mensch. Zu den Kindern hat er Kontakt. Und diese Ehe ist wirklich sehr wichtig, weil ich dadurch endlich einen vernünftigen Paß bekomme.«

»Sind wir damit die Sorge los, daß sie dich zur Grenze bringen?«

Ursula nickte.

»Dann heiratest du ihn bloß deshalb – so eine Scheinehe?«

Ursula nickte wieder, etwas weniger überzeugend. »Der Paß spielt eine Rolle dabei.«

Ollo seufzte und setzte zu einer Tirade an, als würde sie ein kleines Mädchen ausschimpfen. »Das sieht dir ähnlich. Erst hast du einen Mann gehabt, einen besseren konnte es gar nicht geben. Plötzlich behauptest du, ihr habt euch auseinandergelebt, und vergräbst dich mit dem Kleinen in der hintersten Ecke von China. Wir waren alle wie vor den Kopf geschlagen. Deine Mutter und ich hatten denselben Verdacht, da steckt bei dir was Politisches dahinter. Das nächste, was wir hörten, du bekommst ein Kind. Den Kerl haben wir ja nie zu sehen bekommen, und nun – wieder ein Mann!«

Ursula war erschüttert. Ollo war schon immer unverblümt gewesen und mochte Rudi sehr. Doch die Reaktion des geliebten Kindermädchens hatte etwas Dunkleres, Gefährlicheres an sich. Olga Muth war nicht nur böse, sie schien Angst zu haben.

Die Nachricht, dass sich Frau Hamburger mit dem jüngeren der beiden Engländer verlobt hatte, verbreitete sich schnell in Caux, wie es in kleinen Gemeinden üblich ist. Obwohl sie die seltsamen Hintergründe der Verlobung nicht kannten, freute sich Frau Füssli, die Frau des Bauern, sehr für Ursula, genau wie Lillian Jakobi, die ältere Jüdin, die inzwischen eine enge Freundin geworden war.

Das verlobte Paar fand Gefallen am Skifahren. Ursula war inzwischen eine geübte Skiläuferin, doch Len stellte eine gefährliche Kombination aus großer Begeisterung, geringer Übung und absoluter Furchtlosigkeit dar. Eines Nachmittags nahmen sie die kleine Bahn und fuhren auf über zweitausend Meter hoch, fast bis zum Gipfel des Rocher de Naye. Der Blick übers Tal war spektakulär. Sie sausten die Abhänge hinunter – schnell, und in Lens Fall zu schnell. Auf einem steilen Stück verlor er die Kontrolle, raste in einen Eisblock und zerbrach beide Skier. Sie mussten zu Fuß durch den hohen Schnee den Abstieg bewältigen und hielten sich aneinander fest, um nicht auszurutschen. Beurton lachte den ganzen Weg hinunter. Ursula schrieb: »Auf dieser Skitour wurde bewußt, wie gern ich Len hatte.« Es gab keine romantische Erleuchtung und kein plötzliches Verlieben, sondern nur die schrittweise Erkenntnis, dass sie zu Len zwar gesagt hatte, er könne sich jederzeit wieder scheiden lassen, sie aber insgeheim hoffte, dass er das nie täte.

Beurton hatte noch nie ein Familienleben kennengelernt. »Sicher war es ein entscheidendes Erlebnis für ihn, Teil unserer Familie zu sein, Wärme und Fürsorge zu spüren und in einer heiteren, ausgeglichenen Atmosphäre zu leben. [...] Wir waren durch die Arbeit und die Gefahr verbundene Genossen. Wir dachten beide gleich über Menschen und Bücher. Wir erlebten jeden Tag bewusst die Schönheit der Landschaft. Lens Verständnis für die Kinder [...] war bewundernswert.«

Für ihre Heirat wählten sie ein politisch verheißungsvolles Datum: den 23. Februar, den Jahrestag der Gründung der Roten Armee, später bekannt als der »Tag des Verteidigers des Vaterlandes«. Die Feier war so schlicht, dass man sie kaum wahrnahm. Zwei billige Ringe aus dem Einheitspreisgeschäft in Vevey und ein paar Formalien auf dem Standesamt in Genf, mit einem der Mitarbeiter und dem Pförtner als Trauzeugen. Dann fuhren Mr. und Mrs. Beurton zurück nach La Taupinière, wo Ollo zum Mittagessen Eierkuchen für sie gebacken hatte.

Es gibt natürlich keine Aufzeichnungen darüber, wann diese arrangierte Ehe aufhörte, rein zweckmäßig, pro forma und *blanc* zu sein. Doch es ist durchaus möglich, dass sie genau an jenem Abend vollzogen wurde, im Maulwurfshügel, genau zweiundzwanzig Jahre nach der Geburtsstunde der Rote Armee.

Zufällig und auf Umwegen verliebte sich Ursula Kuczynski in Len Beurton. Die vierte und beständigste Liebe ihres Lebens kam durch eine illegale Spionageaktion und eine Scheinehe zustande.

Später debattierten sie darüber, wann genau ihre Liebesbeziehung angefangen hatte.

»Wann wußtest du eigentlich, daß du mich gern hattest?«, fragte sie.

»In Romanen würde man sagen, Liebe auf den ersten Blick. Gleich bei unserem ersten illegalen Treff in Vevey vor dem Einheitspreisgeschäft.«

»Daß es schon damals war, habe ich bis heute nicht geahnt.«

»Ich habe es mir auch lange nicht anmerken lassen«, sagte Len.

Doch auch Ursula hatte sich früher in Len verguckt, als sie zugab. In einem Brief an ihre Mutter, kurz nach ihrer Verlobung, erklärt sie, dass sie beabsichtige, diesen sieben Jahre jüngeren Engländer zu heiraten. »Ich liebe ihn«, fügte sie hinzu.

Viele Jahre später schrieb Len eine Einschätzung von Ursula als Frau, Geheimagentin und Revolutionärin.

> Stil, Eleganz, Zurückhaltung, Bescheidenheit und die Entschlusskraft, sich dem Feind zu widersetzen, gepaart damit, unter Stress die Nerven zu behalten. Man könnte durchaus behaupten, dass es unbescheiden ist, über seine Chefin und Frau in solchen Worten zu reden. Sonja beherrschte die Technik der Vertuschung, der Herstellung und des Einsatzes von Sprengstoff, Theorie und Praxis des Funkens und die Fähigkeit, es anderen beizubringen. Sie hat nie Ansprüche gestellt, die sie selbst nicht erfüllen könnte. Ihre Entschlossenheit zur Vernichtung des Faschismus war absolut. Doch dabei blieb sie feminin und war eine hingebungsvolle Mutter.

Wie viele erfolgreiche Ehen war auch diese nicht ganz einfach. Len warf seiner Frau manchmal vor, »diktatorisch« zu sein – was sie sein konnte, besonders wenn es um ihre professionelle Spionagetätigkeit ging. Er stellte nie infrage, dass er seine Vorgesetzte geheiratet hatte. Sie fand ihn empfindlich und anfällig für plötzliche, unerklärliche Stimmungswechsel.

»Meine Ungeduld mit seiner Umständlichkeit bei Dingen, die mir unwichtig schienen.« Doch Ursula schenkte Len Liebe, bedingungslose und uneingeschränkte Liebe, etwas, das er noch nie zuvor erfahren hatte. Viele Jahre lang hatte sie mit der Gefahr gelebt und mit dem Risiko geflirtet, während Angst ihr ständiger Begleiter war und sie manchmal blockierte. Was Len ihr zusätzlich zu einem Trauschein und seiner lebenslangen Loyalität gab, war ein Nebenprodukt seines eigenen, seltsamen Charakters: Er verlieh ihr etwas von seiner eigenen, stoischen Furchtlosigkeit.

Bei Richard Sorge fand sie Glamour und Risiko. Johann Patra, der Seemann aus der Arbeiterklasse, war wie ein Geschöpf aus einer anderen Welt, eifersüchtig und wetteifernd, ein unwiderstehlich romantischer Revolutionär. Doch Len war weder ihr Chef noch ihr Konkurrent. Er brauchte sie, wie noch nie jemand zuvor sie gebraucht hatte, und liebte sie auf eine schlichte, starke und bedingungslose Art. Ursula war nicht länger die eigensinnige Abenteurerin, sondern eine erwachsene verdeckte Ermittlerin und ausgebildete Geheimagentin mit zwei Kindern, einem Netzwerk von Spionen und einer schweren Last der Verantwortung. Sie lebte nicht länger für schnelle Motorräder oder politische Diskussionen, die sich bis in die Morgenstunden zogen; sie benötigte emotionalen und beruflichen Rückhalt. Sie wollte keinen weiteren Hitzkopf oder Sparringspartner. Sie wollte einen guten Ehemann. Und den bekam sie.

Einen Tag nach der Heirat beantragte Ursula einen britischen Pass, und der Konsul wandte sich schriftlich an das Passamt in London mit der Frage, ob er einen ausstellen sollte. Die Antwort kam am 28. März 1940: »Wir haben keine Unterlagen über Mrs. Ursula Beurton und nur eine mögliche Spur zu einem Ex-Mann, der nach Kommunist riecht. Angesichts dessen wüsste ich nicht, wie Sie die Ausstellung eines britischen Passes verweigern können.«

Der MI5 war da anderer Meinung.

Dem britischen Geheimdienst kam die Familie Kuczynski inzwischen zutiefst verdächtig vor, und sie waren dort besorgt, als sie hörten, dass sich noch ein weiteres Mitglied dieser Familie auf den Weg nach England machte. Die Angst vor der »Roten Gefahr« hatte mit dem Hitler-Stalin-Pakt zugenommen. Robert und Jürgen Kuczynski hatten beide die Parteilinie aus Moskau übernommen und den Krieg öffentlich als Konflikt zwischen Imperialisten verdammt, an dem die Kommunisten keinen Anteil hatten. Robert wurde vom MI5 als jemand beschrieben, der mit seiner »Anti-Kriegs-Haltung Schwarzseherei verbreite«. Die Familie war tief in den Freien Deutschen Kulturbund verwickelt, den der MI5 als »kommunistische Tarnorganisation« betrachtete.

Ende 1939 wurde Jürgen Kuczynski vor das Ausländertribunal geladen, eine Abteilung, die vom Innenministerium eingerichtet worden war, um zu entscheiden, welche der 70 000 deutschen und österreichischen »Ausländer aus Feindesland« in Großbritannien als potenzielle feindliche Agenten interniert werden sollten. Der MI5 lieferte Beweise, dass er ein Kommunist sei (etwas, woraus er keinen Hehl machte), und am 20. Januar 1940 wurde Jürgen im Seaton Camp, einem ehemaligen Ferienlager in Devon, interniert, gemeinsam mit 568 weiteren Internierten der »Kategorie A«, von denen die meisten Nazis waren. Robert gehörte zur »Kategorie C« und blieb zum Verdruss des MI5 auf freiem Fuß: »Jeder, auch der Richter, weiß, dass er ein echter Kommunist ist und überall vorgibt, gegen den imperialistischen Krieg zu sein.« Der MI5 misstraute auch Len Beurton, war bisher jedoch unsicher, ob seine Sympathien dem Nazismus oder dem Kommunismus galten. »Von Beurton weiß man, dass er eingehendes Interesse an Deutschland hat, eine Deutsche Grammatik und entsprechende Bücher gekauft hat und das Land angeblich im September 1939 besucht hat.« Er wurde als möglicher Staatsfeind auf die schwarze Liste des britischen Inlandsgeheimdienstes gesetzt.

Jürgen Kuczynskis Internierung führte zu einem Gerangel zwischen dem MI5, der ihn weggesperrt wissen wollte, und dem Innenministerium, das keinen Grund sah, ihn zu internieren. Zahlreiche Freunde mit guten Verbindungen setzten sich für Jürgens Freilassung ein und beharrten (fälschlicherweise) darauf, dass er komplett unschuldig sei. Der Chef der Labour Party, Clement Attlee, sprach Kuczynskis Internierung sogar im House of Commons an. Lilian Bowes Lyon, die Cousine der Königin, schrieb an Marguerite und bekundete ihr Mitgefühl zur Inhaftierung ihres Ehemannes. Sir Alexander Maxwell, der Unterstaatssekretär des Innenministeriums, wies darauf hin, dass Kommunist zu sein »an und für sich kein Grund zur Internierung sei«, und bestand darauf, dass »Jürgen Kuczynski entlassen werden sollte, falls der MI5 keine weiteren Informationen hätte als das, was in diesen Akten« stünde. Am 19. April 1940 wurde Jürgen Kuczynski mit einer Empfehlung des Lagerkommandanten entlassen, der ihn in den höchsten Tönen als »intellektuell sehr fähigen Mann der durch und durch guten Sorte« beschrieb. Der MI5 war stinksauer. Man hatte immer noch keine klare Vorstellung, wie tief Jürgen in den sowjetischen Geheimdienst verstrickt war, hielt ihn aber dennoch für eine »sehr gefährliche Person« – keinesfalls sollte seine Schwester die Staatsbürgerschaft erhalten.

Der MI5 versuchte, bei Ursulas Passantrag auf die Bremse zu treten. »Uns liegen inzwischen weitere Informationen zu Mrs. Ursula Beurton vor, und wir sind der festen Überzeugung, dass ihr kein britischer Pass ausgestellt werden sollte.« Als Antwort kam zurück: »Wir können jetzt wenig tun, da wir die Ausstellung eines Passes am 24. April genehmigt haben.«

Ursula holte ihr »kostbares Papier« im Konsulat am Quai Wilson 41 in Genf ab. Gerade noch rechtzeitig hatte sie sich die Mittel beschafft, um aus der Schweiz zu fliehen, falls die Nazis angriffen, was sie durchaus vorhatten.

Eine Woche nachdem Ursula die britische Staatsbürgerschaft angenommen hatte, startete Hitler seinen Blitzkrieg: Unter dem Codenamen »Danzig« strömten deutsche Truppen in einer unaufhaltsamen Panzerflut nach Norden und Westen. Dänemark, Norwegen, die Niederlande, Belgien und Luxemburg wurden überrannt. Am 14. Juni besetzten die Nazis Paris und ließen lediglich die südliche *Freie Zone* Frankreichs unter Pétains Vichy-Regime. Die deutschen Planungen für den Einmarsch in die Schweiz begannen an dem Tag, an dem Frankreich kapitulierte. Hitler verkündete: »Komme, was wolle, wir werden ihre Unverletzlichkeit und Neutralität respektieren.« Im Stillen bereitete er vor, das Land »heim ins Reich« zu holen, und meinte, die Schweizer seien »nichts als ein missratener Zweig unseres Volkes« und eine »Eiterbeule an Europa«.

Ursula drückte es so aus: »Die Schweiz war von Faschisten umzingelt; nur in Frankreich war noch eine einzige schmale Straße offen.«

Foote behauptete später, dass Ursula und Len zu sehr mit sich selbst beschäftigt waren, um den internationalen Ereignissen viel Aufmerksamkeit zu schenken. Das stimmte nicht, aber sie verhielten sich sicherlich »wie ein frisch verheiratetes Paar«, wanderten Hand in Hand durch die Schweizer Alpen und pflückten Narzissen. »Es war vollkommen eindeutig, dass es alles andere war als eine Scheinehe«, schrieb Foote, der ihre aufblühende Liebesbeziehung recht amüsant fand. Nicht so Olga Muth. Ihr war versichert worden, dass es sich nur um eine Ehe zum Schein handelte, obwohl man klar sah, dass es sich um eine echte Ehe handelte. Ollo fühlte eine intensive Restloyalität gegenüber Rudi, der keine Ahnung hatte, dass seine Frau sich von ihm hatte scheiden lassen, einen neuen Ehemann und eine neue Staatsangehörigkeit hatte.

Aber Rudolf Hamburger war damals kaum in der Lage, etwas dagegen zu unternehmen, da er in einem chinesischen Gefängnis gefoltert wurde.

14
Die Kindesentführerin

Emily Hahn, die Korrespondentin des *New Yorker* in China, war gerade in den Luftschutzbunker des Press Hostel in Chungking geflüchtet, als die Militärpolizei hereinplatzte und einen der anderen Gäste verhaftete. Der Mann zog eine Pistole und wurde nach einem kurzen Handgemenge entwaffnet, aber nicht bevor er versucht hatte, ein Stück Papier zu schlucken. Er wurde gefesselt und abgeführt. »Es war genau wie im Film«, schrieb Hahn.

»Mickey« Hahn hatte mit ihren fünfunddreißig Jahren schon eine Menge Dramen miterlebt: Als zigarrenrauchende Abenteurerin aus St. Louis, Missouri, hatte sie bei einem Stamm Pygmäen gelebt, war in einem Ford Model T als Mann verkleidet quer durch Amerika gefahren und allein durch Zentralafrika gelaufen. Sie kam ungefähr um die Zeit nach Shanghai, als Ursula die Stadt verließ, und wurde berühmt-berüchtigt dafür, dass sie Opium rauchte und Dinner-Partys in Begleitung von »Mr. Mills« besuchte, einem Gibbonaffen, den sie als Haustier hielt und in Windeln und einen maßgeschneiderten Smoking kleidete. Sie war mit Agnes Smedley befreundet, die Hahns Shanghaier Adresse als »Briefkasten« für Post nutzte, die nicht von der Polizei abgefangen werden sollten. Nach dem Ausbruch des Krieges zwischen Japan und China im Jahr 1937 zog Hahn mit einer Gruppe Journalistenkollegen nach Chungking, der Hauptstadt der chinesischen Regierung unter Chiang Kai-shek während des Krieges. Die Stadt wurde von japanischen Bombern verwüstet. Beim Klang der Sirenen quetschten sich die internationalen Gäste des Chungking Press Hostel, viele noch im Schlafanzug, in einen Bunker, der im Garten in einer Höhle eingerichtet worden war. Hier servierten die chinesischen Kellner Snacks und Cocktails, während es draußen Bomben regnete. Während einer dieser Zusammenkünfte wurde Emily Hahn Zeugin des Endes von Rudolf Hamburgers erster, kurzlebiger Mission als Spion.

Dabei hatte alles so vielversprechend begonnen. Am 20. April 1938 gingen Rudi und Johann Patra in Marseille an Bord der *Katori Maru*. Der Dampfer war vollgepackt mit Juden, die aus Europa nach Shanghai flohen, »einer der wenigen Orte auf der Welt, die ihnen noch offenstanden«, schrieb Hamburger. In Shanghai mietete er ein kleines Haus, während Patra sich ein Zimmer bei einer reichen Familie nahm. Die meisten Leute, die er und Ursula in den 1930ern gekannt hatten, waren bereits fort, doch zwei Mitglieder von Rudis unmittelbarer Familie lebten inzwischen in der Stadt: Sein jüngster Bruder Otto, ein Geschäftsmann, und sein verwitweter Vater Max. Es gab nur wenige Aufträge für Architekten, und so verbrachte er seine Zeit damit, von Patra darin unterwiesen zu werden, wie man Sender bediente und Sprengstoffe herstellte. Sie kamen gut miteinander aus. Ursula war selten Thema. Hamburger war begierig, endlich als Kundschafter anzufangen, und Moskau ließ sich immer noch Zeit, ihn einzusetzen. Schließlich, nachdem er beinahe ein Jahr lang Däumchen gedreht hatte, wurde er im Südwesten Chinas in Chungking stationiert, mit der vagen Anweisung, Expats als Informanten zu rekrutieren. Patra baute ihm einen Kurzwellensender, der in einem handelsüblichen Radio versteckt war, und sagte ihm, er solle »in Verbindung bleiben«. Rudi schiffte sich nach Hongkong ein und flog dann am 9. März 1940 weiter nach Chungking.

In der Ankunftshalle durchsuchte die chinesische Polizei sein Gepäck, konfiszierte das Radio und sagte Hamburger, er könne es sich in zwei Tagen wieder abholen. Ein fähigerer Agent wäre sofort geflohen. Stattdessen tat Hamburger, was ihm gesagt wurde. Als ihm das Radio »kommentarlos« zurückgegeben wurde, fragte er sich, wie die »inkompetenten« Chinesen den Sender hatten übersehen können, der im Inneren verborgen war. Recht spät wurde ihm klar, dass sie »sehr wohl wussten, dass sich im Inneren ein Spionagesender befand, und nun alarmiert waren«.

Internationale Krisen ziehen eine kuriose Gemeinde an, und Journalisten, Schriftsteller, Unternehmer und Spione kamen in Scharen ins Chungking Press Hostel. Hamburger war überrascht, auf Agnes Smedley zu treffen, deren Freundschaft in Ursulas Leben eine so zentrale Rolle gespielt hatte, und damit auch in seinem. Agnes setzte ihren donquichottischen Kreuzzug für den chinesischen Kommunismus fort, marschierte mit der chinesischen Roten Armee, interviewte ihre Führer (einschließlich Mao), schrieb für westliche Zeitungen kaum verhüllte Propaganda und verbrachte mehr Zeit an der vordersten Front des chinesischen Krieges als jeder andere Korrespondent, ob Mann oder Frau. Wo immer sie erschien, löste sie Ergebenheit und Irritation aus. Als sie nach einem weiteren Nervenzusammenbruch und mehr als einem Jahr im Kriegsgebiet im Chungking Press Hostel auftauchte, litt sie an Unterernährung, Malaria, Nesselsucht, Leberschäden und möglicherweise Typhus. Ihre Zehennägel und Zähne fielen aus, doch wie Hahn sie beschrieb, war sie immer noch eine markante Persönlichkeit und wirkte »in ihrem pfirsichfarbenen Satin-Nachthemd völlig fehl am Platz«. Rudi wusste, dass Agnes eine Spionin war, aber Smedley wusste fast mit Sicherheit nicht, dass der Ehemann ihrer alten Freundin nun selbst im Agentenspiel mitmischte.

Begierig, mit dem Kundschaften anzufangen, ging Rudi Hamburger los, um weitere Senderteile einzukaufen. All diese Käufe wurden eng vom chinesischen Geheimdienst überwacht. General Dai Li, der »Himmler Chinas«, leitete das National Investigation and Statistics Bureau, den Militärgeheimdienst, mit der Aufgabe, die Spione auszurotten. Rudi war leichte Beute.

Emily Hahn war der »*soi-disant* deutsche Flüchtling« bei seiner Ankunft im Hotel aufgefallen, sie machte aber einen Bogen um den baskenmützetragenden Architekten, da sie ihn »für einen dieser übertrieben teutonischen Künstler aus München hielt

[…] dem Klischee entsprach er jedenfalls perfekt«. In der Nacht des 21. April 1940 schwirrten die Gäste im Schutzbunker umher, »fröstelnd und gähnend«, während sie auf das Ende der Luftangriffe warteten, als ein Trupp chinesischer Soldaten hereinplatzte. Als er festgenommen wurde, protestierte Rudi, er »hätte nichts zu verbergen«, unterlief dann aber die Versicherung seiner eigenen Unschuld, indem er einen Revolver schwang, von dem er nicht wusste, wie man ihn bediente.

Hahn traute ihren Augen nicht:

Er kaute ein Stück Papier und versuchte, es herunterzuschlucken. Darauf stand ein Code, genau wie im Film. Alle waren entsetzt angesichts der Szene. »Bisher hatten wir ihn für einen echten Flüchtling gehalten […] Er schien über die Festnahme nicht überrascht zu sein oder sogar besonders empört. ›Darf ich mir kurz etwas anziehen, ja?‹, sagte er. Die Soldaten fesselten seine Hände mit einem Seil, und dann marschierten sie mit ihm hinaus, an uns allen vorbei, die wir da in einer Reihe, mit offenen Mündern, in unseren Pyjamas standen. Er sah keinen von uns an. Hinterher hörten wir alle möglichen Geschichten, von denen die plausibelste war, dass er nicht für die Nazis spioniert hatte, sondern für die chinesischen Roten.«

Eine Durchsuchung von Rudis Hotelzimmer förderte den Sender und andere belastende Dinge zutage. Nachdem man ihn eine Nacht lang in einer Holzhütte auf dem Polizeigelände eingesperrt hatte, begann das Verhör: »[Es] wurden wütende Fragen gestellt, welchem Land oder welcher Organisation ich angehöre, […] ohne Erfolg.« Rudi Hamburger mochte zwar ein hoffnungsloser Fall von Spion gewesen sein (»seine Naivität machte ihn vollkommen unbrauchbar für konspirative Aktivitäten«, wie sein Sohn sich ausdrückte), doch er war außergewöhnlich stur. Er weigerte sich, Fragen zu beantworten. »Nach etwa acht Tagen […] griff man zur Folter. Mir wurden die Arme auf dem Rücken zusammengebunden, und ich wurde mit einer Art Flaschenzug an den Armen etwa einen halben Meter über dem Boden hochgezogen.« Man ließ ihn dort baumelnd hängen, während sich die Sehnen in seinen Schultern langsam dehnten und schließlich rissen. »Ich fand mich in einer ziemlich schmerzhaften Position hängend«, schrieb Rudi mit typischem Understatement.

Nach einem vierwöchigen Verhör wurde er zwanzig Kilometer den Fluss Jialing Jiang hinauf zum Bai Mansion gebracht, einem großen Landhaus in der Region Geleshan, einem herrlichen Tal, das sich unterhalb einer Reihe von mit Kiefern bewaldeten Hügeln erstreckt. Das Herrenhaus war ein Konzentrationslager und Folterzentrum für politische Gefangene, »umgeben von Elektrozäunen und bewacht von bewaffneten Patrouillen, die Eindringlinge bei Sichtkontakt erschießen«. Die Einheimischen nannten es »Happy Valley«.

Im Herrenhaus wurden ungefähr fünfzig männliche Häftlinge festgehalten. Hamburger war der einzige Ausländer. Sein Zellengenosse war Wong Ping Fong, ein junger Mann, der Englisch sprach und behauptete, er sei festgenommen worden, weil er an einem illegalen Straßenprotest teilgenommen hatte. Er war ganz offensichtlich zu Hamburger in die Zelle gesteckt worden, um herauszufinden, für wen dieser arbeitete. Rudi behandelte den Polizeispitzel mit extremer Vorsicht, doch Wong kam zu seiner eigenen, korrekten Schlussfolgerung: »In Wirklichkeit bist du bestimmt ein Mitglied des amerikanischen oder sowjetischen Geheimdienstes«, verkündete er. Fünfzehn Minuten wurde Hamburger täglich gestattet, durch ein vergittertes Fenster des Herrenhauses hinauszusehen – dreißig bis vierzig Kilometer weit üppige, hügelige Landschaft –, bevor er wieder weggesperrt wurde; neben den vielen verschiedenen physischen Formen eine geschickte Art der mentalen Folter. Alle sechs Wochen wurde er einem Untersuchungsrichter vorgeführt, damit er ein Geständnis ablegte. Wie alle anderen Insassen bekam er Malaria. Bei einer kläglichen Gefängnisdiät aus

Reis begann er körperlich und psychisch zu verkümmern. »Wie lange können sie mich festhalten?«, fragte er sich. »Monate, Jahre? Das Land führt Krieg. Im Kriegszustand ist alles möglich.«

Im Juni 1940, kurz nach dem Fall Frankreichs, erhielt Ursula eine Nachricht aus Moskau, in der sie angewiesen wurde, mit »Albert«, einem Genossen in Genf, Kontakt aufzunehmen und ihm eine Reihe von Fragen zu stellen: »Arbeitet sein Büro noch, wie sieht es finanziell bei ihm aus, besteht die Möglichkeit, Nachrichten an die Zentrale über Italien zu vermitteln, oder braucht er einen Sendekontakt, kann er diese Kontakte aus eigener Kraft herstellen?« Die logische Schlussfolgerung war klar und sehr überraschend: Es musste einen weiteren sowjetischen Spionagering in der Schweiz geben, der von diesem mysteriösen Albert geleitet wurde. Wie angewiesen, warf sie einen Zettel in den Briefkasten des Hauses Rue de Lausanne 13, aus dem hervorging, dass sie einige Tage später wiederkommen würde.

Der Mann, der die Tür öffnete, »war untersetzt, neigte zur Fülle, [...] hatte dunkles Haar und dunkle Augen mit schwermütigem Ausdruck«. Mit seiner runden Brille, den dunkel geränderten Augen und der traurigen Miene ähnelte er einer korpulenten und leicht depressiven Eule. Sie wechselten das Losungswort. Der Mann nickte, führte sie in einen Arbeitsraum »voller Bücher und Landkarten [und einem] mit Zeitschriften und Zetteln übersäten Schreibtisch« und räumte ein paar Dinge weg, damit sie sich setzen konnte. Ursula fragte sich, ob er ein Gelehrter sei. Die Eule musterte ihre Besucherin: »Eine hochgewachsene, schlanke Frau [...]. Sie trug ein eng anliegendes Kleid und mochte etwa dreißig Jahre alt sein. Ihre Bewegungen waren weich und ein wenig träge.«

»Mein Deckname ist Sonja«, sagte Ursula mit einem Lächeln. »Ich habe vom Direktor die Weisung, mit Ihnen Verbindung aufzunehmen. Die Zentrale hat mir Ihren Namen und Ihre Anschrift gegeben und mich beauftragt, Sie aufzusuchen und mich zu erkundigen, wie es steht. [...] Anschließend muß ich dem Direktor berichten. Über mich werden Sie sicherlich noch weitere Anweisungen erhalten.«

»Albert« war Alexander »Sándor« Radó, ein jüdisch-ungarischer Kommunist und von Beruf ein »besessener Wissenschaftler auf dem Gebiet der Kartografie«. Außerdem war er Chef eines sowjetischen Spionagerings, der als *Rote Drei* bekannt werden sollte, das Herzstück eines breiteren Antinazispionagerings, dem Himmlers Spion-Jäger den Namen *Die Rote Kapelle* gaben. Als ehemaliger Kommissar in der ungarischen Roten Armee hatte Radó in Berlin Kartografie studiert, in Österreich einen Anti-Nazi-Propagandadienst geleitet und war dann 1933 nach Paris geflohen, wo er von den Nazis als »Staatsfeind Nummer 1« gelistet wurde. 1935 wurde er von der Vierten Abteilung in Moskau rekrutiert und bekam den unfassbar dummen Decknamen »Dora«, ein einfaches Anagramm von Radó. 1940 leitete der rundliche und unauffällige ungarische Geograf ein kartografisches Büro in Genf namens Geopress und lieferte europäischen Zeitungen Landkarten. Er war außerdem *Resident* – Leiter der sowjetischen Residentur in der Schweiz im Rang eines Generalmajors, der den wichtigsten Bereich der Roten Kapelle leitete: ein Netzwerk aus Spionen in Italien, Spanien und der Schweiz und, am wichtigsten, in Nazideutschland. Radó tippte seine Berichte, verkleinerte sie dann mithilfe der Steganografie auf »Mikropunkte« von der Größe eines i-Punktes, die dann in Bücher eingeklebt wurden, die er per Kurier nach Paris schickte, wo sie wieder vergrößert, chiffriert und dann von der französischen Außenstelle des sowjetischen Militärnachrichtendienstes nach Moskau gesendet wurden. Die Besetzung Nordfrankreichs durch die Nazis hatte diesen Kommunikationsweg jedoch blockiert. Wie Radó es ausdrückte: »Ich war nervös und wunderte mich darüber, daß die Zentrale schwieg. Es war doch Krieg, und wir waren ohne Verbindung.«

»Wichtige Nachrichten liegen nutzlos herum«, erklärte er Ursula. Theoretisch war die aktive Spionage gegen Deutschland unter dem Hitler-Stalin-Pakt ausgesetzt, doch Radós Gruppe sammelte weiter kritische Militärgeheimnisse. »Die Agentur Geopress war noch immer ein sicherer Unterschlupf, die örtlichen Behörden mißtrauten ihr nicht«, sagte er. »Was die Kundschaftertätigkeit betraf, so gingen von den Quellen regelmäßig Informationen ein, viel interessantes Material hatte sich angesammelt, das ich nicht an die Zentrale hatte weiterleiten können. Um den Sender benutzen zu können, benötigten wir zunächst qualifizierte Funker und eine geeignete Wohnung.«

»Ich wußte lange Zeit nur sehr wenig über Sonja«, schrieb Radó. »Ich hatte keine Ahnung, wo sie wohnte, wer ihre Mitarbeiter waren und welche Informationen sie sammelte. Die Regeln der Konspiration verboten mir, mich danach zu erkundigen. [...] Unsere beiden Gruppen arbeiteten völlig selbständig und isoliert voneinander, bis uns die Umstände veranlaßten, die Verbindung zwischen ihnen herzustellen.«

Ursula holte ihren Sender wieder aus dem Loch im Wald. Radó schrieb seine Berichte auf Seidenpapier und malte dann ein Kreidekreuz an eine Straßenecke in Genf. Ursula hielt an der Ecke Ausschau nach dem Zeichen, bevor sie das Päckchen aus dem »toten Briefkasten« holte, im Spionagejargon ein sicherer Platz, um eine Nachricht zu hinterlassen: eine kleine Einbuchtung unter dem Handlauf des Hauses gegenüber. Sie steckte das Papier in eine große Taschenlampe, die Len angepasst hatte, indem er eine der beiden Batterien herausgenommen, die Taschenlampe neu verkabelt und eine Birne mit geringerer Wattzahl eingesetzt hatte. Die Taschenlampe funktionierte noch, wenn auch ein wenig gedimmt, und verbarg dabei diverse Bögen Seidenpapier. Zurück in La Taupinière verschlüsselte sie die Berichte, morste sie nachts nach Moskau, entschlüsselte die Antworten und lieferte sie über einen anderen toten Briefkasten in Genf an Radó.

Radós Output war gewaltig; Ursula fühlte sich wieder nützlich.

»Mit so viel Arbeit hätte ich mich wohl gefühlt, wenn es weniger Sorgen gegeben hätte«, schrieb sie.

Die Schweiz war de facto vom restlichen Europa isoliert, und die Wirtschaft litt unter der Bedrohung durch eine deutsche Invasion. Die Schweiz warnte: Sollte ein einziger deutscher Soldat die Grenze überqueren, würde die Armee die wirtschaftliche Infrastruktur des Landes zerstören und sich in die Berge zurückziehen, um von dort einen Guerillakrieg zu führen. Radó schrieb: »Damals erzählte man sich den folgenden bitteren Witz: Die Schweiz ist das größte Gefängnis der Welt, dort halten Hitlers und Mussolinis Armeen vier Millionen Menschen von der übrigen Welt völlig abgeschnitten. In der Nähe von Genf gab es nur noch einen schmalen Korridor für Rad- und Autofahrer, durch den man in die von der Regierung Pétain verwaltete Zone Frankreichs gelangen konnte, die noch nicht besetzt war. Von dort aus konnte man über Spanien oder Portugal nach England oder Amerika weiterreisen. Doch es war abzusehen, daß eines schönen Tages auch dieser Korridor abgeriegelt würde.«

Ursulas andere Sorgen lagen noch näher an zu Hause. Das Verhalten von Olga Muth wurde immer unberechenbarer. Sie weigerte sich, von der kleinen Nina getrennt zu werden, sprach kaum mit Len und zankte sich unaufhörlich mit Michael. Ursula schrieb an ihre Eltern: »Sagt jemand etwas Freundliches über Micha, widerspricht Ollo sofort und beginnt über Nina zu reden.« Eines Nachmittags schwatzte Ursula in der Küche mit ihrer älteren Freundin Lillian Jakobi, während Ollo still in der Ecke saß und nähte. Lillian hatte gerade ein Visum für Großbritannien erhalten, wohin ihr Sohn bereits geflüchtet war. Sie würde die Schweiz bald verlassen und drängte Ursula, dasselbe zu tun: »Warum begreifst du nicht, daß du in einer Mausefalle sitzt, die sich schließt, wenn die Nazis kommen. Glaub ja nicht, die werden deine Papiere respektieren. Du mußt schon um der Kinder willen fort. In England bist du zehnmal sicherer, trotz des Krieges.«

Daraufhin sprang Ollo mit einem Schrei von ihrem Stuhl auf und rannte schluchzend nach oben. Ursula fand sie oben bleich und zitternd auf ihrem Bett liegend, wo sie die Decke anstarrte.

»Was ist los, bist du krank?«

»Ich bin nicht krank, aber ich versteh jetzt alles«, erwiderte sie.

»Wovon sprichst du?«

Ollo setzte sich auf und schlug mit der Hand gegen die Bettkante.

»Du hast mich für dumm verkauft, aber ich laß es nicht zu. Tu doch nicht so unschuldig, du hast alles geplant und geglaubt, ich merk nichts, bis es zu spät ist. Aber da hast du dich geirrt!«

»Ich weiß immer noch nicht, was du eigentlich meinst«, sagte Ursula, verwundert über diesen Ausbruch.

»Du weißt es ganz genau: Du hast einen neuen Paß gewollt, um mit den Kindern hier rauszukommen. Du willst mit ihnen und [Len] nach England gehen und mich allein hierlassen, ohne [Nina], denn ich kann ja als Deutsche nicht mit. Das ist der Dank, das ist der Dank!«

Ursula erklärte nachdrücklich und ruhig, dass sie nicht vorhabe, die Schweiz zu verlassen, und Ollos Hysterie legte sich langsam. Doch die Ängste des Kindermädchens waren nicht unbegründet: Wenn die Deutschen einmarschierten, würde die Familie mit ihren britischen Pässen fliehen, und sie würde man zurücklassen. Der Krieg könnte einen brutalen Keil zwischen Ollo und Ursula treiben, und das wussten sie beide. Ein paar Tage später nahm Ollo Ursula beiseite und erklärte, sie könne ohne Nina nicht mehr leben, und machte einen Vorschlag. Ursula könne nach England gehen und Nina bei ihr lassen. »Wäre das nicht besser? Sie brauche keinen Pfennig Geld, würde sich Schwielen an die Hände arbeiten und es dem Kind an nichts fehlen lassen. Wollte ich etwa [Nina] in England den deutschen Bomben aussetzen? Könnte ich es verantworten, die Kleine in diese Gefahr zu schleppen? Sind die Zeiten ruhiger geworden, wolle sie mir das Kind bringen.« Aus Ollos

Sicht war dieser Vorschlag absolut logisch. Ursula war mit ihrer Spionage und ihrem neuen Ehemann beschäftigt. Sie las ihren Kindern zwar vor und nahm sie mit auf lange Wanderungen und Skiausflüge, aber Ollo hielt sie für eine genauso schlechte Mutter wie Berta. Es war Ollo, die Nina die Kletten aus den Haaren bürstete, die ihre Kleinkindsprache teilte und sie mit deutschen Liedern in den Schlaf sang. Der neunjährige Micha lehnte sie ab, aber Nina war immer noch ihr Baby, und das würde sie nicht hergeben.

Plötzlich bekam Ursula schreckliche Angst. Die geliebte Ollo, seit so vielen Jahren der Fels der Familie, versuchte, ihr das Kind wegzunehmen.

Ursula ging nicht weiter auf diesen unerhörten Vorschlag ein. Stattdessen wechselte sie das Thema und schlug Ollo vor, in Urlaub zu fahren. »Ich such dir einen schönen Platz, und in ein paar Wochen kommst du zurück.«

»Nein, nein, nein«, blaffte Ollo. »Ich lasse mich nicht zwingen, von hier wegzugehen. Ich laß euch nicht aus den Augen; da könnt ihr sicher sein.«

Von da an herrschte auf dem Maulwurfshügel eine unheimliche Atmosphäre. Ollo aß nichts mehr, weinte viel, sprach kaum noch und strahlte eine »stille Verbitterung« aus. Nachts schloss sie die Tür ihres Zimmers ab, das sie immer noch mit Nina teilte, in der Angst, Ursula könnte ihr im Schlaf die Kleine wegnehmen und sich davonstehlen. Sie besorgte sich ein Fernglas (»Woher besaß sie es?«, fragte sich Ursula), und wann immer sie freihatte, saß sie auf der Anhöhe hinter dem Haus uns beobachtete sie. »Wenn ich mich mit [Len] allein unterhielt, versuchte sie, an der Tür zu lauschen.« Die Spionin wurde ausspioniert. Ollo begann, mithilfe von Dampf ihre Briefe zu öffnen.

Eines Nachmittags, als Ursula aus Genf zurückkehrte, nachdem sie eine frische Ladung von Radós Berichten von einem toten Briefkasten abgeholt hatte, fand sie einen Brief ihrer Eltern vor. Selbst wenn der Umschlag nicht so ungeschickt wieder zugeklebt worden wäre, hätte sie an Ollos wütender Miene sehen können, dass diese den Inhalt gelesen hatte. Ursula wurde darin angefleht, die Schweiz zu verlassen. »Bleibst du da, bis Hitler ins Land einfällt, bist du des Todes sicher. Hält dich dort die Stellung deines Mannes, den wir nicht kennen, schick uns wenigstens die Kinder. Aber wenn er Verständnis für die Lage hat, sorgt er dafür, daß auch du herkommst.« Für Ollo war dieser Brief die Bestätigung: Man würde sie demnächst verlassen und ihr »ihr« Kind nehmen.

Am nächsten Tag setzte Olga Muth einen Hut auf und kündigte an, zum Friseur gehen zu wollen. Stattdessen ging sie zum britischen Konsulat in Montreux. Wütend und entschlossen hatte sie einen eigenen Plan geschmiedet: Sie würde verhindern, dass Ursula mit Nina das Land verließ, indem sie den Briten verriet, dass ihre Arbeitgeberin eine kommunistische Spionin war.

Ursula stellte dies später als das Werk eines verwirrten Geistes dar, aber für Ollo selbst war ihr Plan absolut rational. Sie hatte jedes einzelne Kind der Familie Kuczynski geliebt, doch ihre Bindung an Nina war zusätzlich von Verzweiflung geprägt, von der Verliebtheit einer alternden, kinderlosen und verängstigten Frau, die internationalen Ereignissen ausgeliefert war, die sie kaum verstand. Ollo sah sich als Opfer eines grausamen Verrats. Sie hatte der Familie alles gegeben, und nun hatte Ursula einen Fluchtplan ausgeklügelt, der sie ausschloss. Sie würde der britischen Regierung erzählen, dass die frisch verheiratete Mrs. Leon Beurton eine Spionin war, die einzig und allein wegen der britischen Staatsbürgerschaft geheiratet hatte. Der König von England würde Ursula dann ihren Pass wegnehmen, und sie könnten alle zusammen weiter glücklich in der Schweiz leben. Nachdem sie den Briten das alles erklärt hatte, würde sie zum Friseur gehen und danach Lillian besuchen. Das war Ollos Plan. Er funktionierte nicht.

Olga Muth sprach nur ein paar Worte Englisch. Der Beamte im britischen Konsulat sprach Französisch, fast kein Deutsch und konnte nur sehr wenig Zeit entbehren. Bei so vielen Menschen, die Zuflucht in Großbritannien suchten, wurde das Konsulat mit Bitten und Anfragen, Gerüchten und Denunziationen nur so bombardiert, einige waren real, manche verzweifelt und manche einfach durchgedreht. Ollo gab dem Beamten ihren Namen und ihre Adresse und setzte dann zu einem ohrenbetäubenden Schwall von etwas an, von dem sie selbst annahm, es sei Englisch, das in Wirklichkeit jedoch Deutsch mit dem einen oder anderen Brocken Englisch war. So wie viele andere Menschen, die eine Fremdsprache nicht beherrschen, glaubte Ollo, dass die Lautstärke ihr beschränktes Vokabular kompensieren würde. »Aber wie es das Schicksal wollte, war ihr Englisch so schlecht, daß man im Konsulat nicht verstand, was sie sagte«, schrieb Foote später. Der Beamte stand in einer Atempause auf und bat sie sehr höflich zu gehen. Dann setzte er »ihren Namen auf die Liste der Verrückten, von denen das Konsulat tagtäglich heimgesucht wurde«.

Frustriert und überrascht von diesem Rückschlag, vertraute sich Ollo ihrem Friseur an (was schrägerweise Leute häufig tun) und fragte ihn, an welche Schweizer Stelle sie sich wenden solle, um ihre Arbeitgeberin zu denunzieren. Der Friseur, ein überzeugter Nazigegner, wollte nichts damit zu tun haben. Außerdem war er ihrer Meinung nach »absichtlich grob« mit ihrem Haar. Ollo brauchte einen englischsprechenden Mann, der den Briten in ihrem Namen die Situation erklären würde.

Sie kam »äußerst erregt und ganz verwirrt« bei Lillian Jakobi an, das Haar ganz durcheinander. Lillian bestand darauf, dass sie sich hinlegte und ein paar Baldriantropfen zur Beruhigung nahm.

»Du mußt mir helfen«, wiederholte sie immerfort, »du mußt mitkommen, du weißt, daß ich ohne [Nina] nicht leben kann. Bitte, komm mit, jetzt gleich.«

Lillian war verblüfft. Ollo redete weiter wirres Zeug.

»Sie wußte schon längere Zeit, daß wir aus der Schweiz fort wollten, selbst wenn wir auch so taten, als ob es nicht wahr wäre.

Wir seien niederträchtige Menschen, würden sie belügen und wollten sie im Stich lassen. Aber [Nina] gäbe sie nicht her.«

Ollo beschrieb, wie sie schon versucht hatte, den britischen Behörden zu erzählen, dass Ursula und Len »Kommunisten seien, die nachts heimlich einen Sender betrieben«. Sie habe es dem Konsulat gesagt, »damit England sie nicht reinläßt und sie hierbleiben müssen«.

Lillian war verblüfft, als sie erfuhr, dass Ursula eine Spionin war, doch entsetzt über Ollos Versuch, das den Behörden mitzuteilen.

»Um Gottes willen, was hast du angerichtet. Sie können jeden Augenblick verhaftet werden.«

Die Antwort des Kindermädchens war grausig: »Dann hab ich das Kind«, sagte sie und brach in Tränen aus.

Doch Ollo war zur falschen Person gegangen. Lillian ragte über der Frau auf ihrem Sofa empor und erteilte ihr eine grimmige Rüge: »Wenn dein Verstand wieder klar ist, wirst du nie mehr deines Lebens froh werden und immer unter der schrecklichen Schuld leiden, die du dir aufgeladen hast. Erkennst du denn nicht, was für einen Verrat du begehst? Kein anständiger Mensch wird dir verzeihen, wenn du diese Familie ins Unglück stürzt. Ich betrachte deinen Zustand als Krankheit und möchte dir helfen. Natürlich habe ich nichts von heimlichen Kommunisten geahnt, aber ich sag dir ehrlich, ich kann das nur bewundern.«

Sie sagte Ollo, sie solle nach Hause gehen und Ursula, die am darauffolgenden Tag in Montreux einkaufen gehen wollte, nichts von dem erzählen, was an diesem Tag geschehen war.

In dem Moment, als Ursula aus der Bahn stieg, kam Lillian und lenkte sie in einen nahegelegenen Park. »Es ist etwas Schreckliches passiert.«

Ursula war erstaunt, bleich und verängstigt. Wem hatte Ollo sich sonst noch anvertraut? Würde der Friseur zur Polizei gehen? Ollo wusste nichts von Radó, also war das Netzwerk im Augenblick sicher. Aber sie wusste, wer Alexander Foote war und wo er sich aufhielt. Selbst Rudi, wo immer er war, wäre in Gefahr, wenn Ollo den Nazis erzählte, was sie wusste.

Ursula war weder in die Fänge der chinesischen Geheimpolizei oder der britischen Behörden in Shanghai geraten noch der japanischen Kempeitai, des Schweizer oder des polnischen Geheimdienstes, des MI5 oder der Gestapo. Niemand hatte sie je verraten: Weder Shushin unter Folter noch Tumanyan und keiner von Stalins anderen Opfern. Selbst Rudi hatte ihre Geheimnisse bewahrt. Doch nun stand sie vor einer Katastrophe, nachdem sie von einer Frau denunziert wurde, die sie seit ihrem dritten Lebensjahr kannte und liebte.

»Alles, was wir mühsam aufgebaut hatten, drohte zusammenzubrechen. Wir mußten sofort handeln.«

Plötzlich durchfuhr sie ein entsetzlicher Gedanke. Ollo war am Vorabend erst spät nach Hause gekommen und hatte müde und angespannt gewirkt. Sie war direkt ins Bett gegangen und noch nicht wach, als Ursula an diesem Morgen den Maulwurfshügel verlassen hatte. Len würde draußen in den Bergen spazieren gehen. »Was hinderte [Ollo] daran, mit [Nina] das Land zu verlassen?« Sie könnte sogar schon auf ihrem Weg nach Deutschland sein. »Ich mußte sofort zurück.« Ursula nahm ein Taxi nach Caux, etwas, das sie noch nie zuvor getan hatte, und hastete die letzten Kilometer hoch zum Haus, während ihr quälende Gedanken durch den Kopf wirbelten. Wenn Ollo die Kleine genommen hatte, müsste sie die Polizei informieren, doch wenn die sie vor der Grenze aufhielt, würde sie ihnen alles erzählen. Und wieder mal stand ihre Geheimdiensttätigkeit mit ihrer Familie in direktem Konflikt. »Ich hatte das Recht, alles zu unternehmen, damit meine Tochter nicht ins Nazireich gebracht wurde und mir dadurch, vielleicht für immer, genommen wurde. [Aber] erfuhr die Polizei […] von uns, war die Arbeit, selbst wenn ich nicht verhaftet wurde, zu Ende. Gerade das durfte nicht geschehen.« Keuchend kam sie um die Kurve hinter dem Wäldchen und dort, weit hinten auf der Wiese, sah sie Nina und Michael fröhlich in der Sonne spielen. »Mir wurden die Knie weich, ich legte mich ins Gras, sah zum Himmel und blieb liegen, bis der Atem ruhiger ging.«

An jenem Abend, als es im Haus ganz still war, erzählte sie Len, was passiert war. Sie bauten den Sender auseinander, trugen ihn durch die Dunkelheit zu dem Loch im Wald und kletterten dann wieder ins Bett, »naß, schmutzig und müde«.

Am nächsten Morgen saßen sie draußen auf der Bank vor dem Haus und tranken im kühlen Herbstsonnenschein Kaffee, während die Kinder Fangen spielten. Ollo war in ihrem Zimmer. »Noch waren die Wiesen voller Blumen. [Nina] jauchzte vor Vergnügen, und [Micha] lachte über sie.«

Len drehte sich zu Ursula um. »Sie hat bereits mit zu vielen gesprochen. […] Umbringen müßte man sie, ehe sie dich und andere der Polizei ausliefert und [Nina] entführt«, sagte er.

15
Die glückliche Zeit

Ursula lag wach und fragte sich, ob sie ihr Kindermädchen töten sollte.

Len war fest entschlossen. »Im Spanischen Bürgerkrieg war er viele Male dem Tod durch den Feind begegnet.« Wenn Ollo nicht aufgehalten würde, könnte sie sie alle umbringen. »Würde sie zu den Schweizer Behörden gehen, oder würde sie sogar so weit gehen, die deutschen Faschisten zu kontaktieren?« Die Spionage ist ein tödliches Geschäft, das war Ursula wohl bewusst. »Ich musste in der Vergangenheit mehr als einmal mit dem Tod umgehen.« Doch die Vorstellung, Olga Muth zu »liquidieren«, unabhängig davon, welchen Verrat sie begangen hatte, war mehr, als sie ertragen konnte. »Wir waren keine Terroristen, ohne Mitgefühl oder grausam.« Und Ursula liebte sie. Sie rief sich Ollos liebevolle Art zu ihr als Kind in Erinnerung, ihre unerschütterliche Courage, als die Gestapo Schlachtensee durchsuchte, ihre stille Diskretion und ihren Mut, das Geld zu Rosa Thälmann nach Deutschland zu bringen. Sie hatte sich »großartig in die illegale Atmosphäre hineingefunden und mich wie selbstverständlich unterstützt.« Ursula gab sich selbst die Schuld an der entsetzlichen Situation. »Die Angst, uns zu verlieren, entsprang ihrer Liebe zum Kind und auch zu mir. Sie verdiente mein Verständnis, meine Geduld.« Ollo hatte für Ursula ihr Leben riskiert. Sie konnten sie nicht umbringen, und sie würde Moskau nicht die Gelegenheit geben, ihr dazu die Anweisung zu geben.

Im Verlauf einer langen, schlaflosen Nacht legte Ursula sich einen Plan zurecht: Sie würde die Kinder irgendwohin schmuggeln, außer Ollos Reichweite, heimlich eine Wohnung in Genf anmieten und dort den Sender aufbauen. Dann würde sie Olga

Muth entlassen und sie zurück nach Deutschland schicken. Danach würde sie Moskau erklären, was geschehen sei, und die Befehle abwarten. Nichts von alledem war jedoch möglich, wenn Ollo noch unter demselben Dach wohnte und jeden ihrer Schritte überwachte. Ursula diskutierte die Situation mit Alexander Foote, der Mitleid mit der »treuen, alten Seele« hatte, aber zustimmte, dass sie »einen Unsicherheitsfaktor« darstellte und die »treue Bedienstete jeden Tag eine erneute Denunziation versuchen könnte«.

Die Kinder bekamen den Stress mit und waren quengelig. Nach einem weiteren Streit mit ihrem Kindermädchen nannte Michael Ollo eine »Hexe«. Da gab sie ihm ein paar Ohrfeigen. Ursula explodierte. »Jetzt ist Schluß, mit dir kann kein Mensch mehr leben. Die ewige Heulerei, deine Halluzinationen, du machst uns alle mit verrückt. Und jetzt schlägst du auch noch den Jungen. Das ist das Letzte.« Widerstrebend willigte Ollo ein, zunächst zu der Bäuerin zu ziehen, bis die Atmosphäre wieder entspannter war. Als sie das Haus verließ, murmelte sie düster: »Ich laß euch nicht aus den Augen; da könnt ihr sicher sein.« Früh am nächsten Morgen hockte eine kleine Gestalt auf der Bank vor dem Bauernhaus der Füsslis, das Fernglas auf den Maulwurfshügel gerichtet. »Kam einer von uns aus der Tür, hob [sie] ein Fernglas. [...] Ging ich ins Dorf, drehte sie es in meine Richtung, bis ich verschwunden war.« Ein paar Tage später kam Frau Füssli, um bei den Kühen auszumisten, und nahm Ursula zur Seite: Ollo hatte ihr erzählt, dass Ursula eine Spionin sei. »Von Politik verstehe ich nichts«, sagte Frau Füssli, »aber daß der Krieg und Hitler Unglück bedeuten, weiß ich. [...] Ich bin empört, was sie getan hat und noch tun will.« Ollo studierte die Fahrpläne der Züge nach Deutschland und plante, zum deutschen Konsulat in Genf zu gehen. Die Bauersfrau versprach, Ursula zu alarmieren, sollte Ollo sich in die Stadt aufmachen. Nun spionierte Frau Füssli Ollo aus, die Ursula ausspionierte. Und ihnen lief die Zeit davon.

Les Rayons, ein Internat in einer abgelegenen Gegend oberhalb des Sees in der Nähe von Gland, erklärte sich kurzfristig bereit, Michael und Nina aufzunehmen, wobei die Kosten im Voraus bezahlt wurden. Die deutschen Besitzer schienen freundlich zu sein, und Ursula hatte das Gefühl, »dass sie die Kinder eine Weile dabehalten würden, sollten wir verhaftet werden«. Dann fand sie eine Zweizimmerwohnung zur Miete im Zentrum von Genf, ein Ort mit »kalten Mörtelwänden«, weit entfernt von dem »warmen, atmenden Holzhaus auf dem Hügel«. Der Gedanke, La Taupinière zu verlassen, war schmerzhaft. »Die Landschaft in den Bergen war Teil meines Lebens geworden. [...] Sie war meine tägliche Freude.«

»Ich werde einsam sein«, sagte Frau Füssli, als Ursula erklärte, dass sie abreisen würden. Die Bäuerin musste nicht fragen, weshalb.

In jener Nacht packten sie, und Len brachte das Gepäck sowie den ausgegrabenen Sender im Schutz der Nacht hinunter ins Dorf. Als Ursula im Morgengrauen die Kinder einpackte und den Pfad hinunter nach Caux ging, lag dichter Nebel über den Bergen. Len blieb zurück, bereit, Ollo aufzuhalten, sollte das Kindermädchen sie entdecken und versuchen, ihnen zu folgen. Sie tat es nicht. »Die kalten Herbstnebel waren uns gnädig«, schrieb Ursula. Die Trennung von den Kindern war eine Qual. »Für wie lange schickst du uns weg?«, fragte Michael am Tor des Kinderheims. Nina klammerte sich an Ursula und weinte. »Würde ich meine Kinder wiedersehen?«, fragte sich die Mutter. Der Augenblick brachte die glasklare Erinnerung daran zurück, als sie Michael das erste Mal in den Bergen der Tschechoslowakei zurückgelassen hatte: »Mutti, hierbleiben, bitte, bitte, Mutti, hierbleiben.« Als sie zum Bauernhaus zurückkehrte, hatte Ursula das, was sie »einen meiner seltenen verzweifelten Augenblicke« nannte, gefolgt von einem neuen Wutanfall. »Und all das nicht etwa wegen der Arbeit, da wäre man tapfer, sondern wegen einer verrückten alten

Frau. Ihretwegen das Heim verlassen, die Kinder weggeben, die revolutionäre Arbeit unterbrechen und vielleicht ins Gefängnis wandern.«

Gegen Mittag traf das Kindermädchen ein und fand Ursula im leeren Flur vor.

»Wo sind die Kinder?«, fragte sie. »Wo ist meine [Nina]?«

»Die Kinder sind in Sicherheit«, erwiderte Ursula. »Sie sind an einem Ort, wo du [Nina] nicht erreichen kannst, auch wenn mir etwas passiert. Tu, was du vorhast, du weißt, ich hab keine Angst um mich selbst.«

Ollos Gesicht wurde bleich, und sie brach auf dem Steinboden zusammen.

»Was wird jetzt aus dir, [Ollo]?«, fragte Ursula sanft, als sie den Kopf der alten Frau auf ihren Schoß legte.

»Mir ist alles egal.«

»Ich kann dir genug für ein halbes Jahr geben.«

»So viel hast du gar nicht.«

Ursula erklärte, dass sie ihre Brosche verkauft hatte, das letzte Stück von Wert, das sie besaß.

»Darf ich – darf ich dich zum Zug bringen?«, fragte Ollo.

»Du machst es dir nur unnötig schwer.«

»Erfüll mir diese letzte Bitte.«

Als Ursula in Caux den kleinen Zug bestieg, stand Olga Muth still weinend auf dem Bahnsteig. »Sie wußte, der Abschied war endgültig.« Und wieder ein abfahrender Zug, eine weitere Liebe, die aus Ursulas Leben gemeißelt wurde. Der Zug fuhr ab, und die kleine Frau trottete unbeholfen nebenher, stolperte und sagte etwas durch ihre Tränen hindurch. Ursula konnte sie nicht verstehen. Olga Muth, die liebende und loyale Verräterin, stand immer noch auf dem Bahnsteig, als der Zug um die Kurve und außer Sichtweite rumpelte.

Die Anweisung aus Moskau war eindeutig: Raus aus der Schweiz.

Die Denunziation durch Ollo bei den britischen Behörden hatte das Netzwerk kompromittiert. Franz Obermanns war immer noch im Gefängnis, und mindestens drei Personen außerhalb des Netzwerkes wussten von dessen Spionagetätigkeiten. Agent Sonja stellte jetzt eine Bürde dar, und das Risiko, enttarnt zu werden, war zu groß. Major Poljakowa wies Ursula an, den Sender an Foote zu übergeben, ihn an ihrer Stelle als Radós Funker einzusetzen und dann über Vichy-Frankreich, Spanien und Portugal nach Großbritannien zu reisen, wobei sie Len und die Kinder mitnehmen sollte.

Für Sándor Radó kam Ursulas bevorstehende Abreise fast einer »Fahnenflucht« gleich, aber der eulenhafte Spion war von ihrem Ersatzmann, dem Engländer »Jim«, beeindruckt. Foote wirkte auf Radó wie »ein Mann mit scharfem Verstand, starkem Willen und Sinn für Humor«, obwohl er »keinerlei politische Qualifikation besaß«, sei er eindeutig ein »gelehriger Schüler Sonjas«, »hervorragender Funker« und »außerordentlich tüchtig«. Ursula gab Moskaus Anweisungen weiter: Foote sollte für Radó einen weiteren Funker ausbilden, einen weiteren Sender bauen und nach Lausanne umziehen. Sie würde ein gut funktionierendes Netzwerk zurücklassen. Ende 1940 schrieb Radó: »So standen mir also noch vor dem Überfall auf die Sowjetunion zwei Funkgeräte und drei ausgebildete Funker zur Verfügung.«

Einer dieser Funker sollte, äußerst unwillig, Len Beurton sein. Ursula erhielt problemlos ein Visum zur Einreise nach Spanien, aber Lens Antrag wurde abgelehnt. Als ehemaliges Mitglied der Internationalen Brigaden stand sein Name auf einer Liste von Ausländern, die in Francos Spanien nicht erwünscht waren. Das spanische Konsulat weigerte sich strikt, ein Transitvisum auszustellen. Er saß in der Schweiz fest.

Ursula verstaute ihre Habseligkeiten in einem einzigen Koffer, holte die Kinder aus Les Rayons ab und verabschiedete sich von ihren wenigen in der Schweiz verbliebenen Freunden. »Abschied nehmen von Menschen, die man achtet und gernhat, fällt besonders schwer, wenn man damit rechnen muß, sie nicht wiederzusehen«, sinnierte sie. In einer letzten Nachricht an die Zentrale schlug Ursula eine Methode vor, mit dem sowjetischen Geheimdienst in Kontakt zu treten, sowie sie in Großbritannien angekommen war: »Wake Arms. Epping 1 & 15. GMT.3« Übersetzt hieß das: Treffen am Wake Arms Pub in der Nähe vom Epping Forest nördlich von London (einer Gaststätte, die häufig von dem Straßenräuber Dirk Turpin frequentiert wurde) am 1. und 15. jedes Monats um drei Uhr nachmittags Greenwich-Zeit. Moskau hatte jedoch einen anderen Treffpunkt im Sinn, eine Straßenecke südlich der Marble Arch in Central London. Die Zentrale schickte zudem ein neues Set von Codes und Sendezeiten, die sie an Foote weitergab.

Ursula sollte das britische Konsulat informieren, dass sie beabsichtige, nach Großbritannien auszureisen. Als der Konsul die Einwanderungsbehörde in London davon in Kenntnis setzte, schrillten dort eine Reihe von Alarmglocken.

Deutsche, die in das Vereinigte Königreich einreisten, wurden genau überwacht, und Ursula erfüllte so ziemlich jedes Verdachtskriterium auf ihrer Liste: Die Familie Kuczynski wurde bereits vom MI5 überwacht; sie war mit jemandem verheiratet gewesen, der »nach Kommunist riecht«; ihr kommunistischer Bruder Jürgen war als Sicherheitsrisiko interniert gewesen; ihr Vater war ein linker Intellektueller, der gegen den Krieg kämpfte; ihr neuer Ehemann war vermutlich ein Staatsfeind, der in Spanien gekämpft und kurz vor Kriegsausbruch Deutschland besucht hatte. Die Heirat mit Beurton schien für sich genommen schon dubios zu sein, da »sie eindeutig aus einer gänzlich anderen sozialen Schicht stammt«.

»Es sieht so aus, als würde die Familie umziehen, und wir sollten uns auf ihre Ankunft vorbereiten«, schloss der MI5. »Ziemlich offensichtlich handelt es sich dabei um eine Scheinehe, aber als britische Staatsbürgerin können wir sie nicht an einer Einreise hindern. Der Ehemann steht bereits auf der schwarzen Liste […], und es scheint das Beste zu sein, ihren Namen auch auf die schwarze Liste zu setzen, damit wir sie gut im Auge behalten.«

Am 11. Dezember 1940 wurde Ursula Beurton formal zu einer potenziellen Bedrohung für die britische Gesellschaft erklärt.

Eine Woche später begleitete Len Beurton sie und die Kinder im Morgengrauen zur Busstation in Genf und verstaute ihren Koffer oben auf dem Dachgepäckträger. »Len blieb am Straßenrand stehen«, als der Bus abfuhr, eine verlorene Gestalt im Schneematsch. Erst zehn Monate verheiratet, würden sie sich erst in zwei Jahren wiedersehen.

Am Weihnachtsabend traf die kleine Familie nach einer höllischen Reise schließlich in Portugal ein: achtundzwanzig Stunden im Bus nach Nîmes in Südfrankreich, eine unerklärte sechsstündige Verspätung; weitere zwölf Stunden zur franko-spanischen Grenze; weitere Wartezeiten, während beim Verlassen von Frankreich und der Einreise in Spanien die Papiere kontrolliert und das Gepäck durchsucht wurde; eine nächtliche Fahrt Richtung Süden durch das ländliche Spanien (»Helles Mondlicht, schlafende kleine Städte […] ein paar Hügel und links von uns das Mittelmeer«); um drei Uhr nachts Ankunft in Barcelona; im Zug nach Madrid und dann schließlich am 23. Dezember um 11 Uhr morgens in einem vollgepackten Zug nach Lissabon. Ein freundliches litauisches Ehepaar erlaubte den Kindern, in ihrem Bett zu schlafen, während Ursula die Nacht über auf dem Flur stand. Am Mittag hielt der Zug quietschend am Bahnhof Lissabon. Ursula suchte ihnen ein preiswertes Hotel und einen Arzt für Nina, die Fieber hatte, und eine Puppe und ein paar Bauklötze als Weihnachtsgeschenke und fiel dann erschöpft in ein hartes Bett.

Dann warteten sie. Entsprechend ihrer Bedeutung für das Kriegsgeschehen wurden den Menschen Passagen per Schiff oder Flugzeug nach Großbritannien zugeteilt, und Ursula und ihre

Kinder standen als drei weitere deutsche Juden, die vor Hitler flohen, irgendwo ganz unten auf der Liste. Nina erholte sich schnell. Ursula versuchte erfolglos, einen Platz für Len auf einem Schiff von Marseille nach Großbritannien zu bekommen (und so Spanien zu umschiffen). Bevor sie die Schweiz verlassen hatten, hatte sie den Rest des wenigen Geldes abgehoben, das sich noch auf dem Konto befand, und es wurde langsam knapp. Sie schickte zwei Telegramme an ihre Eltern, die kürzlich aus London nach Oxford gezogen waren, erhielt jedoch keine Antwort. In einem Brief vom 4. Januar (abgefangen vom MI5) schrieb sie: »Ich bin hier mit den Kindern in Lissabon nach einer sehr ermüdenden Reise. Wir werden mindestens noch drei Wochen warten müssen. Ich weiß nicht, wo wir anlanden werden [...], ich bin etwas ratlos, weil ich nichts von euch höre.«

Schließlich informierte man Ursula, dass sie mit der SS Avoceta nach Liverpool reisen würde.

Der MI5 las die Passagierliste und alarmierte die Einwanderungsbehörde in Liverpool: »Wenn sie ankommt, gebt uns bitte ihr Reiseziel durch, eine Beschreibung und den Zugabschnitt, in dem sie reist. Ich werde dann arrangieren, dass sie abgeholt wird.« Bevor Ursula einen Fuß auf britischen Boden gesetzt hatte, wurde sie bereits beschattet.

Am 14. Januar 1942 stach die SS Avoceta mit einem Konvoi von vierzehn Handelsschiffen, beladen mit Eisenerz, Holz und Obst, in See, begleitet von einer aus acht Schiffen bestehenden Eskorte der Royal Navy zum Schutz vor deutschen U-Booten. Die Avoceta, die unter dem Kommando des Konvoikommodores Admiral Sir Bertram Thesiger stand, war ein siebzehn Jahre alter, langsam fahrender, hundert Meter langer Passagierdampfer und ein verlockendes Ziel. Deutsche U-Boot-Kapitäne bezeichneten diese Zeit als *die glückliche Zeit*, da sie noch große Mengen britischer Schiffe im Atlantik bei geringen eigenen Verlusten versenken konnten. Für Ursula und die Kinder war die dreiwöchige Schiffspassage via Gibraltar alles andere als glücklich. Sie bildete einen krassen Gegensatz zu Ursulas letzter Seereise mit Johann Patra an Bord der Conte Verde. Die drei mussten sich in eine winzige Kabine quetschen, deren Bullauge verschlossen und abgedunkelt war. Die Kinder waren ununterbrochen seekrank. In Ursulas Kopf herrschte Chaos und Klaustrophobie. Würde Len je aus der Schweiz fliehen können? Was war Rudi zugestoßen? Die Regeln untersagten es ihr, ihn direkt in China zu kontaktieren, doch er hatte den Kindern gelegentlich Briefe und Postkarten geschickt. Vom Frühling 1940 an kamen keine mehr, und sie hatte seitdem auch nichts weiter von ihm gehört. Sein Schweigen war untypisch und bereitete ihr große Sorgen. Ursula sagte Michael nichts von ihren Ängsten. In Großbritannien würde sie in einem Land spionieren, das mit Deutschland im Krieg stand. »Welche spezielle Arbeit wird die Zentrale wünschen? Werde ich imstande sein, sie zu leisten? Und wenn niemand kommt?« Es herrschte schlechtes Wetter mit böigem Wind und hohem Wellengang. Die Besatzung war angespannt. Gereizt, unruhig und gelangweilt, rechnete Ursula mit dem Einschlag eines deutschen Torpedos.

Otto Hamburger war nervös. Er hatte seit fast einem Jahr nichts mehr von seinem Bruder gehört. Nachdem Rudi sich im Frühling 1940 auf den Weg nach Chungking gemacht hatte, war er einfach verschwunden. Als Otto den Koffer öffnete, den sein Bruder zurückgelassen hatte, stellte er fest, dass dieser »voller kommunistischer Schriften« war. Er befürchtete das Schlimmste. Doch dann, Anfang 1941, erhielt er einen Anruf von einem deutschen Geschäftspartner in Shanghai, Dieter Flatow, der vorschlug, sie sollten sich an einer Straßenecke auf halber Strecke zwischen ihren Büros treffen. Dieter erklärte, dass sein Bruder Gerhard ein Telegramm aus Chungking geschickt habe, das in *Rotwelsch* verfasst war, der halb geheimen Sprache, die von Dieben und anderen sozialen Randgruppen vor allem in Süddeutschland verwendet wird.

Es lautete: »H's Bruder als Späher in Kittchen. Soll weggeputzt werden.« Die Nachricht, für chinesische Behörden nichtssagend, hätte für Otto nicht klarer sein können. Er rief sofort Rudis kommunistischen Freund an, Johann Patra, der sich über Funk mit Moskau in Verbindung setzte.

Seit der Unterzeichnung des chinesisch-sowjetischen Nichtangriffspakts 1937 hatte sich die Beziehung zwischen den beiden Ländern verbessert. Moskau lieferte der Kuomintang-Regierung für deren andauernden Krieg mit Japan inzwischen substanzielle Militärhilfe. Im Januar 1941 verbesserten sich die Beziehungen weiter mit der Ankunft von General Wassili Tschuikow als Leiter der sowjetischen Militärmission in Chungking. Der spätere Sieger der Schlacht von Stalingrad war nun der ranghöchste ausländische Berater Chiang Kai-sheks und in der Lage, um einen Gefallen zu bitten.

Drei Wochen später wurde Rudi Hamburger aus seiner Zelle im Bai Mansion geholt und dem Untersuchungsrichter vorgeführt. Nach neun Monaten Gefangenschaft, halb verhungert und von Malaria heimgesucht, sah er aus wie ein Gespenst. Statt ein weiteres Mal zum Geständnis aufgefordert zu werden, wurde ihm mitgeteilt, dass er bald entlassen werde und nach Russland fliegen dürfe. »Es war eine Intervention seitens der Freunde«, schrieb Rudi. Seine Gefangenschaft im Happy Valley war zu Ende.

Anfang Februar traf Rudolf Hamburger in Moskau ein und wurde zu einer schwerbewachten Datscha in Kunzewo außerhalb der Stadt gebracht, ganz in der Nähe von Stalins persönlicher Residenz. »Sauber gehaltene Fahrwege wanden sich durch den locker bestandenen, von Birken durchsetzten Mischwald, in dem in gebührendem Abstand voneinander hübsche, geräumige Datschen lagen«, schrieb Rudi. »Der Empfang war enthusiastisch.« Der Gefängnisaufenthalt hatte seiner Begeisterung für die Spionage keinen Abbruch getan; wenn überhaupt, war er entschlossener denn je, in einem Job zu brillieren, für den er dermaßen ungeeignet war.

Die Datscha hatte eine große Bibliothek, und nach Monaten des Verzichts auf intellektuelle Stimulation badete er förmlich in kommunistischer Literatur. Einst ein Skeptiker, war Hamburger mittlerweile ein echter Gläubiger des Kommunismus. »Es ist die grösste geistige Tat von etwa 4 Männern [Marx, Engels, Lenin und Stalin] der letzten 50 Jahre«, erklärte er. Trotz des vollständigen Versagens seiner ersten Mission hatte die Zentrale neue Pläne für ihn. Rudi würde in der Türkei stationiert werden, dem großen Grenzland zwischen Ost und West und, wie alle neutralen Länder, einem Treibhaus für Spionage.

Am Nachmittag des 4. Februar 1941 legte die SS Avoceta in Liverpool an, und Ursula und die Kinder gingen müde und durchgefroren an Land, doch erleichtert, sich außerhalb der Reichweite deutscher U-Boote zu befinden. Die Vorahnung, die sie an Bord gespürt hatte, war völlig berechtigt. Einige Monate später erspähte der Kapitän des deutschen U-Boots U-203 die Avoceta durch sein Periskop und feuerte vier Torpedos in ihre Backbordseite. »Sie taumelte wie ein strauchelndes Pferd«, schrieb der Kapitän, und sank dann schnell, wobei sie 123 Passagiere und Besatzungsmitglieder, darunter zweiunddreißig Frauen und zwanzig Kinder, mit sich riss.

Der Einwanderungsbeamte John Pease holte Ursula aus der Schlange vor der Passkontrolle heraus. Die anderen Passagiere starrten sie an, als sie weggeführt wurden. »Nina begann zu weinen.« Es hagelte Fragen: »Wo ist Ihr Mann? […] Warum sind Sie nicht bei ihm geblieben? […] Wovon wollen Sie leben?« Nach zwei Stunden gab Pease den Kindern je einen Penny, reichte Ursula an Major Taylor vom MI5 weiter und tippte seinen Bericht.

> Mrs. Beurton ist Gegenstand des Falls No. 186 der Central Security War Black List. Sie reist weiter zu ihrem Vater, Professor Robert René Kuczynski, 78 Woodstock Road, Oxford. Als Grund, warum sie die Schweiz verlassen hat, gab sie an, Angst wegen ihrer Beziehung zu einer bekannten

Anti-Nazi-Familie zu haben – ihr Vater hat Deutschland vor etwa acht Jahren aus demselben Grund verlassen und hat nun einen Lehrstuhl an der London University als Experte für Bevölkerungsfragen. Mr. Beurton kann die Schweiz nicht verlassen, da er kein spanisches Visum erhalten kann.

Nun war Major Taylor an der Reihe, Ursula auf den Zahn zu fühlen. Sie war darauf trainiert worden, einem Verhör standzuhalten, und beantwortete höflich eine Frage nach der anderen. Aber Taylor war auch gut in seinem Job, und irgendetwas an Mrs. Beurton stimmte nicht. »Sie gab nur vage Auskünfte, wo sie sich aufgehalten hatte, und es war unmöglich, ihre Aussagen zu prüfen, da ihr Pass erst kürzlich ausgestellt worden war.« Ursula erzählte ihm, dass sie Len Beurton in der Schweiz kennengelernt hatte, wo er sich »von Tuberkulose erholte«, aber als Taylor sie drängte, genau zu beschreiben, wie und wann sie sich kennengelernt hatten, sagte sie, sie sei sich »nicht sicher« – merkwürdig für eine Frischvermählte, so etwas vergessen zu haben. »Sie konnte oder wollte noch nicht mal ein ungefähres Datum nennen. [...] Sie erzählte weiter, dass sich Beurton inzwischen von seiner Tuberkulose erholt hat und gehofft hatte, mit ihr nach England zurückkehren.« Was hatte Len unmittelbar vor Kriegsausbruch in Deutschland gemacht? Ihre Antwort – »ein erfolgloser Versuch, Geld zu beschaffen, das ihr gehörte und noch dort war« – klang wie eine Lüge. Nach zwei Stunden teilte Taylor ihr mit, dass sie gehen könne. Dann schickte er eine dringende Nachricht an das MI5-Hauptquartier: »Sie möchten vielleicht veranlassen, dass Mrs. Ursula Beurton unter Beobachtung gestellt wird.«

Ursula nahm sich ein Zimmer in einem billigen Hotel. Ein paar Stunden später wurde sie von Fliegeralarm-Sirenen geweckt und mit anderen Hotelgästen in den Keller gescheucht, als die Bomben der Luftwaffe auf die Liverpooler Docks niedergingen.

Sie waren obdachlos, bis auf ein paar Pennys praktisch mittellos und befanden sich während eines Bombenangriffs in einem Land, das Krieg führte. Ihr erster Ehemann war verschwunden. Ihr zweiter saß in der Schweiz fest. Ihr Kindermädchen befand sich in Nazideutschland und verriet wahrscheinlich ihre Geheimnisse an die Gestapo. Aber wenigstens lebte Ursula nicht mehr in der täglichen Angst, gefangen genommen, nach Deutschland deportiert und in die Todeslager gebracht zu werden. Als der Zug im Regen durch die ruhige englische Landschaft nach Süden fuhr, spürte sie, wie der aufgestaute Stress und die Angst langsam abzufallen begannen. Hierher konnten die Spion-Jäger der Nazis ihr nicht folgen.

Aber die britischen schon.

16
Barbarossa

Moskau hatte für das Treffen einen ausgesprochen ungeeigneten Ort gewählt – mitten im Londoner Rotlichtviertel.

Während Ursula in der zunehmenden Dunkelheit auf dem Shepherd Market herumbummelte, fühlte sie sich wie auf einem Präsentierteller. Immer mal wieder machte sich ein Mann aus den Schatten an sie heran, und sie musste ihn energisch zurückweisen. Die regulären Prostituierten wurden zunehmend argwöhnischer gegenüber dieser unauffällig gekleideten Frau, die fest entschlossen schien, sich dort herumzutreiben, gute Freier abzuweisen und das Geschäft zu schädigen.

Ursulas Anweisungen waren präzise: Um 19 Uhr 15 am ersten Tag des Monats sollte sie sich zu dieser Straßenecke östlich des Hyde Parks begeben, wo ein in der sowjetischen Botschaft stationierter Mitarbeiter des militärischen Geheimdienstes Kontakt zu ihr aufnehmen würde. Falls er nicht erschien, sollte sie am 15. wiederkommen. Drei Monate lang nahm sie alle zwei Wochen den Zug von Oxford und wartete zwischen Huren, Luden und Betrunkenen. Der Offizier tauchte nie auf. Als sie an einem Abend während der Verdunkelung unterwegs war, wurde Fliegeralarm ausgelöst, und sie musste von der Straße in einen U-Bahnhof, wo Tausende Londoner den Anweisungen Folge leisteten, ruhig zu bleiben und weiterzumachen. »Sie packen das Abendbrot aus ihren großen Bündeln, die Thermosflaschen mit Tee, ihr Strickzeug und die Zeitungen«, schrieb Ursula.

Die Stadt war angeschlagen, aber unbesiegt. »Gestern bin ich lange durch London gewandert«, schrieb sie an Len. »Die Ruinen der großen Geschäftshäuser machen mich weniger elend als eine kleine zerbombte Wohnung – die Wäsche hängt noch an einer Leine überm Küchenofen.« Statt die Einwohner der Stadt einzuschüchtern, hatten die Bombenangriffe der deutschen Luftwaffe die entgegengesetzte Wirkung: »Das Volk brachte die Opfer; es haßte Hitler und den Faschismus«, schrieb Ursula. Zum ersten Mal war sie stolz darauf, frischgebackene Britin zu sein, aber auch frustriert: Die Schlacht gegen den Faschismus tobte, und sie war Zuschauerin. Sie erwarb Bauteile für einen Sender und war zunehmend davon überzeugt, nie die Gelegenheit zu bekommen, sie zu benutzen. Etwas musste in Moskau passiert sein. Ihre Karriere als Spionin, so schien es, war vorbei. »Bald bestand kaum mehr Hoffnung, jemanden von der Zentrale zu treffen.«

Wie so viele Flüchtlingsfamilien im Großbritannien der Kriegszeit waren auch die Kuczynskis versprengt, verstört und insolvent. Da so viele vor den Bombenangriffen in Städte außerhalb Londons flüchteten, waren Mietwohnungen in Oxford rar: Eine Vermieterin bestand darauf, dass sie jeden Abend mit ihr Karten spielte und betete; eine andere warf sie nach wenigen Tagen hinaus, weil sie Ursulas »fremdländisches Aussehen nicht vertrüge«. Im Verlauf der nächsten vier Monate zogen sie und die Kinder viermal um. Die Polizei von Oxfordshire verfolgte ihre Bewegungen und erstattete dem MI5 Bericht: »Sie wohnt jetzt bei ihrer Schwester in der 97 Kingston Road«, notierte Detective Constable Charles Jevons. »Besuch erhält sie nur von ihrem Vater und dessen Frau. Kuczynski soll, wie es heißt, ausgeprägt kommunistische Ansichten vertreten.« Robert Kuczynski war im gesetzlichen Renteneintrittsalter aus dem Dienst an der LSE ausgeschieden. Trotz seines hohen akademischen Ansehens fand er kaum bezahlte Arbeit. »Er ist viel zu bescheiden und viel zu stolz, um ein guter Arbeitssuchender zu sein«, schrieb Ursula. Jürgen, Marguerite und ihre beiden kleinen Kinder lebten in einer viel zu kleinen Wohnung in Hampstead und mussten mit dem auskommen, was Jürgen mit Schreiben und dem Halten von Vorträgen verdienen konnte. Sein Empfang der jüngeren Schwester war deutlich verhalten. Alexander Foote behauptete später: »Jürgen war verärgert über Sonjas Einreise in das Vereinigte Königreich, […] da ihre Anwesenheit als russische Agentin die restliche Kuczynski-Familie in ihrer politischen Arbeit gefährden könnte.« Ohne Arbeit oder einen festen Wohnsitz, mit bescheidenen Besitztümern, ohne einen die Familie versorgenden Ehemann und ohne Geld von der Zentrale drohte ihr die Armut. »Ich lebte vom letzten Ersparten«, schrieb sie. »Meine Familie weihte ich nicht in die Geldsorgen ein. Niemand von ihnen besaß viel.« Im April 1941 fand sie schließlich in der Oxford Road 134 im Dorf Kidlington, fünf Meilen außerhalb von Oxford, einen möblierten Bungalow zur Miete. Der MI5 fing ihre Briefe ab. Sie erkannten allerdings weder das Muster ihrer Reisen nach London, noch, dass sie sich dabei immer an einer zwielichtigen Straßenecke aufhielt, bevor sie nach Oxford zurückkehrte.

Zum ersten Mal in ihrem Leben begann Ursula in eine Depression zu fallen. Ihre Briefe an Len waren von Einsamkeit und Sehnsucht geprägt. »Ich habe hier noch keine Freunde. […] So viel Kleinigkeiten, die du miterleben sollst … Bin heute mit dem Kinderwagen losgerast, um einen Sack Kohle zu holen. Hab gerade noch zur Zeit gehört, es gäbe welche. Das bedeutet das erste Bad seit Wochen.« Len arbeitete weiterhin als Funker für Sándor Radós *Rote Drei*, allerdings ohne große Begeisterung. Die Spanier weigerten sich immer noch, ihm ein Transitvisum auszustellen, und so saß er auf unbestimmte Zeit in der Schweiz fest. »Wie fest ich mit Deinem Kommen gerechnet habe«, schrieb sie. »Die hundert alltäglichen Dinge: ›Diesen Spaziergang müssen wir gemeinsam machen‹, ›Über dieses Buch werden wir zusammen sprechen‹ […]. Nun muß ich mich daran gewöhnen, daß solche Dinge nicht für uns da sind.« Sie zog ihre besten Kleider an, allein, für einen Mann, den sie nur wenige Monate als Ehemann gekannt hatte. »Habe ein neues Kleid, das erste, das Du nicht kennst: Rot mit kleinen weißen Punkten, weißem Gürtel und einem weißen Kragen.« Sie fragte sich, ob er sie wohl je in diesem Kleid sehen würde.

Ende Mai bummelte sie erneut zum Shepherd Market und wartete niedergeschlagen an der Straßenecke, wobei sie die feindseligen Blicke der Prostituierten nicht weiter beachtete. »Zu hoffen wagte ich kaum mehr.« Dann sah sie ihn, »einen hart aussehenden Mann – stämmig und mit schütter werdendem Haar, mit großer Nase und großen Ohren –, der sich offensichtlich in einem Kampf behaupten konnte«. Er betrachtete sie eingehend. »Ein Mann kam auf mich zu, nicht der erste in dieser verdammten Straße, aber diesmal war es der richtige.«

Nikolai Wladimirowitsch Aptekar, ein 32-jähriger ehemaliger Traktorfahrer aus Odessa, arbeitete als Chauffeur und Sekretär des Militärattachés in der sowjetischen Botschaft. Außerdem war er Offizier der Roten Armee mit dem Codenamen »Iris« und wichtiges Mitglied des in London zahlreich vertretenen sowjetischen Militärgeheimdienstes. Wie überall auf der Welt unterhielt Moskau auch im Vereinigten Königreich zwei verschiedene Arten von Spionen: »Legale« Geheimdienstler wie Aptekar, die unter diplomatischer Tarnung in der Botschaft arbeiteten, und »Illegale« wie Ursula, die als gewöhnliche Zivilisten im Land lebten und somit keinen diplomatischen Schutz genossen. Aptekar hatte die Fliegerschule in Leningrad absolviert und als Ingenieur in der Luftwaffe gedient, bevor er zum militärischen Geheimdienst abkommandiert und nach Großbritannien geschickt worden war. Er mochte zwar aussehen wie ein Preisboxer, aber Aptekar war ein hervorragender Geheimdienstoffizier mit guten Englischkenntnissen und einem soliden Grundwissen des Spionagehandwerks und der Militärtechnologie.

Er raunte das Codewort. Ursula antwortete mit einem anderen. Sie trennten sich sofort wieder und gingen in entgegengesetzte Richtungen. Ursula wurde ganz aufgeregt. »Ich eilte beschwingt zwei Straßen weiter, wo unser endgültiger Treffpunkt lag.«

Sie gab ihm den Namen Sergej. Seinen richtigen Namen erfuhr sie nie. Er brachte »Grüße und Glückwünsche von der Zentrale«, übergab mir einen Umschlag mit »genügend Geld, um aller finanziellen Sorgen ledig zu sein«, und entschuldigte sich, weil ein Verkehrsunfall ihn daran gehindert habe, früher zu kommen. »Die Zentrale wünscht Nachrichtenmaterial«, sagte er. Großbritannien war zwar kein Feind der Sowjetunion, aber ein Verbündeter war es bislang auch nicht. Moskau wartete begierig auf Informationen. »Welche Kontakte könnte ich aufnehmen? Zum Militär? Zu politischen Kreisen? Ich sollte versuchen, ein Nachrichtennetz aufzubauen. Wann könnte meine Funkstation arbeiten?«

Sie sagte Aptekar, sie könne ihren Sender innerhalb von vierundzwanzig Stunden aufgestellt und in Betrieb genommen haben.

Ursula war wieder im Rennen.

Kaum hatte sie den Funkkontakt zu Moskau wiederhergestellt, da veränderten Ereignisse mehr als tausend Meilen entfernt an der Westgrenze der Sowjetunion den Krieg und damit Ursulas Rolle darin.

Am 22. Juni 1941 überfiel Deutschland die Sowjetunion. Das Unternehmen Barbarossa war der größte Feldzug in der Geschichte der Kriegführung, fast drei Millionen deutsche Soldaten rückten auf einer über 2000 Kilometer breiten Front vor. Dies war Hitlers Vernichtungskrieg, die von langer Hand geplante Operation zur Liquidierung der jüdischen und slawischen Bevölkerungsgruppen im Westen der Sowjetunion, um »Lebensraum« für die Besiedlung durch Deutsche zu schaffen und den Bolschewismus zu vernichten. »Wir müssen nur die Tür auftreten, und das ganze verrottete Gebäude wird krachend zusammenbrechen«, verkündete der Führer. Millionen von Toten und vier Jahre brutale Kampfhandlungen sollten am Ende beweisen, dass er sich irrte. Sowjetische Spione, darunter Dr. Richard Sorge in Tokio und Sándor Radó in der Schweiz, hatten vor dem bevorstehenden Überfall gewarnt, aber Stalin lehnte es ab, ihnen zu glauben, da er überzeugt war, dass Hitler niemals einen Zweifrontenkrieg beginnen würde, solange sich Deutschland im Krieg mit England befand. Seine Befehlsempfänger hatten viel zu große Angst, um ihm die Wahrheit zu sagen.

Für Ursula, ihre Familie, ihren Mann, ihren Ex-Ehemann, frühere Liebhaber und Spionage-Kollegen veränderte der Ausbruch des Krieges an der Ostfront alles. England und die Sowjetunion waren jetzt Verbündete, denen sich binnen sechs Monaten die USA anschlossen – nach dem japanischen Überfall auf Pearl Harbor. Der Hitler-Stalin-Pakt, Anathema für so viele Kommunisten, wurde über Nacht zerschlagen.

Ursula war sowohl entsetzt als auch freudig erregt. Die deutschen Armeen rückten mit einer Reihe schneller Siege vor, besetzten weite Landstriche sowjetischen Hoheitsgebiets; alles sah danach aus, als könnte Moskau fallen und der Kommunismus selbst untergehen. Ursula beschrieb sich selbst als »erschüttert« von den Nachrichten des Überraschungsangriffs. Gleichzeitig war sie aber auch erleichtert, nicht länger so tun zu müssen, als unterstützte sie Stalins zynischen Pakt mit Hitler. Moskau hatte in dem Moment Kontakt zu ihr aufgenommen, als sich ihre Agententätigkeit wieder ganz auf die Vernichtung des Nazismus konzentrieren konnte. Jetzt war sie Kombattantin, nicht nur Beobachterin, und kämpfte an der Seite der Briten.

Am ersten Tag des Unternehmens Barbarossa hielt Winston Churchill eine der mitreißendsten Reden des Krieges, live ausgestrahlt von der BBC, in der er schwor, Hitler zu Lande, zu Wasser und in der Luft zu bekämpfen, »so lange, bis wir mit Gottes Hilfe die Welt gereinigt haben werden von seinem Schatten.« Jetzt stand England Schulter an Schulter mit Amerika und der Sowjetunion: »Die russische Gefahr ist unsere Gefahr und die Gefahr der Vereinigten Staaten, so wie die Sache eines jeden Russen, der für seinen Herd und sein Heim kämpft, die Sache der freien Menschen und freien Völker in allen Teilen der Welt ist.«

Über ihr Radio gebeugt lauschte Ursula aufmerksam Churchills aufgebrachter Rede und nannte sie »glänzend«. »Der Überfall Hitlers auf die Sowjetunion im Juni 1941 hatte in England eine starke Wirkung«, schrieb sie.

Im Anschluss an das Unternehmen Barbarossa antwortete Moskau mehrere Tage nicht auf ihre Nachrichten. Als sie dann schließlich Funkkontakt herstellen konnte, erfuhr Ursula, dass die Zentrale begierig auf Informationen über England war. Was dachten Politiker und Generäle wirklich? Wie ernst gemeint waren Churchills Worte? Würde England Russland helfen? Robert Kuczynski mit seiner breiten Palette an Freunden und Bekannten mit exzellenten Beziehungen war genau an der richtigen Stelle, um solche Fragen zu beantworten. Viele ihm persönlich bekannte, linksorientierte Wirtschaftswissenschaftler und Labour-Politiker waren unmittelbar an den Kriegsanstrengungen beteiligt. Ursula wählte diesen Augenblick, um ihren Vater als sowjetischen Spion anzuwerben. Der Professor war einverstanden, alles an Informationen zu liefern, was er sammeln konnte, in dem Wissen, dass sie diese irgendwie nach Moskau weiterleiten konnte; dass seine Tochter Geheimdienstoffizierin der Roten Armee war, wusste er nicht. Robert Kuczynski berichtete, dass »führende englische Politiker und Militärs mit einer Niederlage der Sowjetunion innerhalb von drei Monaten rechneten«.

Mit Ende des Hitler-Stalin-Pakts wechselte Jürgen Kuczynski seine Position über Nacht, attackierte den Krieg nicht länger als imperialistische Masche, sondern verteidigte ihn vielmehr als moralische Verpflichtung. MI5 beobachtete seinen Sinneswandel zustimmend und merkte an, dass der kommunistische Unruhestifter aufgehört hatte, »defätistische Propaganda unter Flüchtlingen zu verbreiten«, und »nun für die Kooperation mit den Kriegsanstrengungen der Alliierten und aktive Hilfe für die UdSSR plädiere.« Jürgen gab ebenfalls alles an Ursula weiter, was er finden konnte und was für Moskau nützlich oder von Interesse sein konnte. Obwohl er nie offiziell vom sowjetischen militärischen Geheimdienst angeworben worden war, hatte Jürgen Kuczynski jetzt einen eigenen Codenamen: »Karo«. 1941 abgefangene und erst lange nach Kriegsende entschlüsselte Funksprüche der Londoner Residentur (der nachrichtendienstlichen Abteilung in einer sowjetischen Botschaft) belegen das hohe Ansehen, das er bei Generalmajor Iwan Andrejewitsch Skljarow genoss, dem Chef des militärischen Nachrichtendienstes in London: »Ohne Zögern empfehle ich Jürgen Kuczynski. Er ist ein hervorragender Wissenschaftler, ein Jude und Wirtschaftswissenschaftler mit profunder marxistischer Überzeugung. Ich weiß, dass er absolut zuverlässig ist. Er kennt nicht nur Deutschland, sondern auch den restlichen Kontinent und England, und er wäre für uns wertvoller und vertrauenswürdiger als jeder andere, den ich kenne. [...] Er ist groß, schlank, finster, hässlich, hochintelligent und politisch sehr gefestigt.« Im Unterschied zu seinem Vater wusste Jürgen genau, wohin die Informationen gingen, die er Ursula zuspielte.

Sonjas Netzwerk, angefangen mit den eigenen Familienangehörigen, entwickelte sich sukzessive zu einem weitgespannten Netz von Informanten, die bewusst oder unbewusst eine breite Palette an für Moskau nützliche Informationen lieferten: in ökonomischer, politischer, technischer und militärischer Hinsicht. Bei Abendgesellschaften in Hampstead tauschten linksgerichtete englische Intellektuelle reichlich Klatsch und Geheimnisse aus, nicht wissend, dass alles über den einen oder anderen Kuczynski mithilfe von Ursulas Funkverbindung nach Moskau weitergeleitet wurde. »Nützliche Nachrichten« erhielt sie von Hans Kahle, einem deutschen Kommunisten und ehemaligen Kämpfer in den Internationalen Brigaden, der als Militärkorrespondent der amerikanischen Illustrierten *Time* und *Fortune* Zugang zu äußerst nützlichen Informationen besaß.

Ein Bericht der Londoner Residentur an Moskau, gesendet am 31. Juli 1941 und teilweise entschlüsselt in den 1960ern, vermerkte:

»IRIS hatte am 30. Juli Treffen mit SONJA [sic].« Die Mitteilung deutet an, dass Ursula jeden Tag nachts im Stundentakt Nachrichten nach Moskau sendete und zusätzliche Informationen unter Verwendung von Briefen beigefügten Mikrofotogrammen in der Größe von i-Punkten weiterleitete, die zur Abholung durch den sowjetischen Geheimdienst an konspirative Wohnungen im neutralen Spanien oder Portugal gesendet wurden. Die Zentrale zahlte ihr 58 Pfund pro Monat, rückdatiert auf ihre Ankunft in Liverpool, eine durchaus beträchtliche Summe in England während des Krieges. Jahre später rätselte MI5 immer noch über die Identität von Iris: »Wahrscheinlich wurde der englische Vorname IRIS als Deckname für eine Frau benutzt. Das russische Wort IRIS bedeutet entweder die Blume oder eine Art Sahnebonbon; als Deckname erscheint das Wort eher unwahrscheinlich.« Iris war natürlich Nikolai Aptekar, der stämmige sowjetische Geheimdienstoffizier, der es sicher amüsant gefunden hätte, mit einer Frau verwechselt oder nach einem Sahnebonbon benannt zu werden.

Alle vierzehn Tage nahm sie den Zug nach London, um sich mit »Sergej« zu treffen, allerdings nie zweimal am gleichen Ort, nie länger als fünfzehn Minuten und normalerweise in der Dunkelheit, vor der sie sich schon immer gefürchtet hatte. »In der verdunkelten Großstadt ohne Laternen oder den Lichterschein aus den Fenstern fürchtete ich mich. Es war kaum ein Mensch auf der Straße, und wer entlangkam, den sah man nicht. Ich stand im Stockfinstern und wartete nur darauf, daß jemand plötzlich mein Gesicht berühren oder mir die Kehle zudrücken würde. Hörte ich leise Schritte, hielt ich vor Angst den Atem an und war erleichtert, wenn diese Schritte ›unserem Mann‹ gehörten.«

MI5 behielt die Kuczynskis weiter im Auge. Eine Aktennotiz aus dem Februar 1941 vermerkte, dass »verschiedene Quellen« berichtet hätten, Jürgen Kuczynski stehe in direkter Verbindung mit dem sowjetischen Geheimdienst. Aber das anglo-sowjetische Bündnis hatte den Fokus des MI5 verschoben: Mit den Russen auf derselben Seite befasste sich der Geheimdienst weniger mit der Überwachung kommunistischer Subversiver und war mehr damit beschäftigt, Nazi-Agenten zu fangen. Die Überwachung der Kuczynskis ließ nach und wurde dann fast ganz eingestellt. Tatsächlich waren in England keine Nazi-Spione aktiv: Dank der Codeknacker in Bletchley Park wurde jeder einzelne abgefangen und entweder hingerichtet oder umgedreht. Sowjetische Spione hingegen gab es reichlich: die Cambridge Five – Kim Philby, Anthony Blunt, Donald Maclean, Guy Burgess und John Cairncross – und eine unauffällige Flüchtlings-Hausfrau in Oxfordshire: Agent Sonja, Augen und Ohren des sowjetischen Militärnachrichtendienstes in England.

Für Ursula war es kein Widerspruch, die Verbündeten Russlands zu unterstützen und sie gleichzeitig auszuspionieren. Das sah auch ihr erster Ehemann genauso.

Die neuen Anweisungen für Rudi Hamburger lauteten, auf dem Landweg über den Iran in die Türkei zu reisen, aber wie so oft in der Karriere dieses glücklosen Spions ging der Plan nicht auf. Er war bis Teheran gekommen, als die Karte des Krieges durch das Unternehmen Barbarossa neu gezeichnet wurde. Er bekam kein türkisches Visum. Am 25. August 1941 begannen Briten und Sowjets die Invasion des Iran zur Sicherung der Ölfelder gegen einen Zugriff durch die Deutschen. Teheran, bis dahin ein Nebenschauplatz des Krieges, wurde plötzlich von lebenswichtiger strategischer Bedeutung, vor allem seit die Amerikaner eingetroffen waren, um beim Aufbau der Infrastruktur zu helfen, die für die Aufrechterhaltung der Versorgung mit Treibstoff und anderen Nachschubgütern an die sowjetischen Truppen an der Ostfront erforderlich war. Hamburger schrieb: »Ich bekam die Anweisung, die Versuche eines Visums in die Türkei aufzugeben und mich auf Aufgaben im Iran zu konzentrieren« – Truppenbewegungen, Waffenlieferungen und militärische Aktivitäten der Briten und Amerikaner zu überwachen. Hamburger ließ sich in der iranischen Hauptstadt nieder und begann, mit der für ihn typischen Unbeholfenheit die Verbündeten der Sowjetunion auszuspionieren.

In der Schweiz erhielt Alexander Foote die erste Nachricht aus Moskau nach dem Unternehmen Barbarossa: »Faschistische Horden sind in die Heimat der Arbeiterklasse eingefallen. Wir rufen Sie auf, Ihre Aufgaben in Deutschland nach besten Kräften zu erfüllen. – Direktor.« Sándor Radó dehnte die Aktivitäten umgehend aus. Im Verlauf der nächsten zwei Jahre schickte Foote aus einer Wohnung in Lausanne Hunderte Nachrichten nach Moskau, fasste Informationen von Spionen in Nazideutschland zusammen, die einen erstaunlich detaillierten Einblick in die deutsche Militärplanung gewährten. Wie Foote es ausdrückte, verließen Moskaus Generäle »sich auf dieses Material beim Treffen kriegswichtiger Entscheidungen«.

Len Beurton hingegen verlor allmählich das Interesse an der Arbeit für die *Rote Drei* und zerstritt sich in der Folge mit Radó, der ihn nicht mehr bezahlte. »Len hatte nur einen Wunsch«, schrieb Foote. »Er wollte nach England zurück und Sonja wiedersehen.« Der bestechliche bolivianische Konsul, der bereits Ursulas falschen Pass ausgestellt hatte, erklärte sich gegen Zahlung weiterer 2000 Schweizer Franken bereit, dasselbe für Len zu tun. Das französische Konsulat durchschaute jedoch die Fälschung auf den Namen »Luis Carlos Bilboa« und lehnte es ab, ein französisches Transitvisum auszustellen. In England schaltete Ursula die International Brigades Association ein, um sich bei der Regierung für Lens Ausreise aus der Schweiz einzusetzen, und schrieb an die Labour-Abgeordnete Eleanor Rathbone, deren Engagement für deutsche Exilanten ihr den Spitznamen »Ministerin für Geflüchtete« eingebracht hatte. Sogar Außenminister Anthony Eden wurde auf Beurtons Notlage aufmerksam gemacht. Nichts schien zu funktionieren.

»Tatenlos, seine Frau vermissend, knapp bei Kasse, vom Pech verfolgt und von dem Wunsch beseelt, in das Vereinigte Königreich zurückzukehren« – kurz, Len fühlte sich miserabel. Doch das neue Bündnis zwischen England und der Sowjetunion bot einen unerwarteten Hoffnungsschimmer. Das britische Konsulat am Quai Wilson lag nur wenige hundert Meter von seiner Wohnung am Genfer See entfernt. Len schaute auf einen Schwatz vorbei.

Victor Farrell war für die Ausstellung von Pässen zuständig. Die Tatsache, dass er als Mitarbeiter des MI6 bereit war, verdienstvollen Geflüchteten Pässe auszustellen, war »eines der offensten ›Geheimnisse‹ in Genf«. Beurton bot Farrell an, ihm »nützliche Geheimdienstinformationen« zu liefern, wenn der MI6-Mann wiederum ihm helfen würde, nach England zurückzukehren. Welche Informationen Len genau an den MI6 weitergab, ist nicht bekannt, und die entsprechenden Passagen wurden in freigegebenen Dokumenten geschwärzt. Jedenfalls verriet er nichts über Ursulas Aktivitäten und seine eigene Arbeit für den sowjetischen Geheimdienst. Aber mit Sicherheit identifizierte er mindestens einen von Radós Agenten, nämlich einen beim Völkerbund akkreditierten chinesischen Journalisten namens L. T. Wang. Ein häufiger Gast in Wangs Haus war General Alexander von Falkenhausen, ehemaliger Militärberater von Chiang Kai-shek in China und von 1940 bis 1944 Befehlshaber der Militärverwaltung in Belgien und Nordfrankreich. Wang bespitzelte Falkenhausen und gab Informationen an Radó weiter. Len machte den chinesischen Journalisten mit Farrell bekannt, der Wang für »freundlich und unergründlich« hielt, aber mit der Zeit auch für eine ergiebige Informationsquelle. Da England und die Sowjetunion nun Verbündete waren, hatte Beurton keinerlei Bedenken, Wang an den MI6 weiterzugeben. Im Gegenzug erklärte sich Farrell bereit, Beurton einen gefälschten Pass zur Verfügung zu stellen.

In der neuen politischen Landschaft verschoben sich die Loyalitäten. Ursula und Rudi spionierten England, den Verbündeten Moskaus, aus, ein britischer Geheimdienstoffizier, Victor Farrell, benutzte sowjetische Agenten, um Nazis in der Schweiz auszuspionieren, Len, immer noch ein sowjetischer Geheimagent, half heimlich dem MI6, ohne dies Moskau mitzuteilen. Auch wenn sie alle im größeren Kampf gegen den Nationalsozialismus zusammenstanden, spionierten sich die Alliierten dennoch gegenseitig aus, wie es Alliierte immer tun.

Der Überfall Hitlers auf die Sowjetunion hatte noch eine weitere folgenschwere Auswirkung: Er trieb einen der wichtigsten Spione der Geschichte in Sonjas Netz.

Abb. 23: Oberst Gaik Lazarewitsch Tumanjan, Leiter des sowjetischen Militärgeheimdienstes in Asien und von 1933 bis 1938 Ursulas Vorgesetzter.

Abb. 24: General Jan Karlowitsch Bersin, Leiter des Vierten Direktorats, hingerichtet während Stalins Säuberungsaktion.

Abb. 25: Oberst Hadschi-Umar Mamsurow, bekannt als »Genosse Hadschi«, Ursulas sowjetischer Agentenführer ab 1938.

Abb. 26: Ursula ungefähr 1935: ein etwas unpassend aussehender Offizier der Roten Armee.

Abb. 27: Len Beurton 1933. Ursula schrieb: »Er war fünfundzwanzig Jahre alt, hatte dichtes, braunes Haar, zusammengewachsene Augenbrauen und braun-grüne, klare Augen.«

Abb. 28: Alexander Allan Foote, Veteran des Spanischen Bürgerkriegs und opportunistischer Spion.

Abb. 29: Alexander »Sándor« Radó, der jüdisch-ungarische Kartograf und Strippenzieher des Schweizer Spionagerings *Rote Drei*.

Abb. 30: La Taupinière, der Maulwurfshügel, Ursulas Zuhause in den Schweizer Bergen oberhalb des Genfer Sees.

Abb. 31: Ollo, hier mit Ursulas Geschwistern, Renate und Sabine.

Abb. 32: Nina, Ursulas Tochter von Johann Patra, im Alter von zwei Jahren. Ursula benutzte die Spielsachen der Kinder, um Senderteile zu schmuggeln.

Abb. 33: Rudi Hamburger 1939, kurz nach seiner Rekrutierung durch den sowjetischen Militärgeheimdienst.

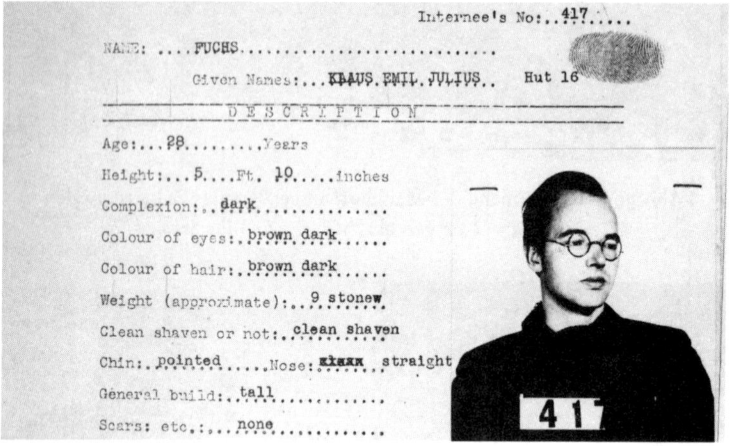

Internee's No: 417

NAME: FUCHS

Given Names: KLAUS EMIL JULIUS   Hut 16

DESCRIPTION

Age: 28 Years

Height: 5 Ft. 10 inches

Complexion: dark

Colour of eyes: brown dark

Colour of hair: brown dark

Weight (approximate): 9 stonew

Clean shaven or not: clean shaven

Chin: pointed   Nose: straight

General build: tall

Scars: etc.: none

Abb. 34: Klaus Fuchs: Der deutsche Physiker wurde 1940 zwischenzeitlich als »Feindlicher Ausländer« in einem kanadischen Gefangenenlager interniert. Später wurde er Ursulas Spion im Atomwaffenprogramm.

Abb. 35: Ursula in ihrem besten Kostüm, bevor sie nach London fuhr, um sich mit ihrem sowjetischen Agentenführer Nikolai Wladimirowitsch Aptekar, alias »Sergej«, zu treffen.

Abb. 36: Erich Henschke, alias »Karl Kastro«, der »Cutout« zwischen Ursula und ihren Spionen, angeworben vom OSS, Amerikas Militärgeheimdienst.

Abb. 37 und 38: Die »Hammer«-Spione Toni Ruh und Paul Lindner, die am 2. März 1945 mit dem Fallschirm in Berlin landeten.

Abb. 39: Die Eisenbahnbrücke über der Straße westlich von Great Rollright. An der ersten Kreuzung dahinter stand eine Reihe von Bäumen, im vierten auf der linken Seite befand sich der tote Briefkasten in einer hohlen Wurzel.

Abb. 40: The Firs, Great Rollright. »Unser erstes richtiges Heim«, schrieb Ursula.

Abb. 41: Ursula mit ihren Kindern im Garten von The Firs.

Abb. 42: Milicent Bagot, MI5-Veteranin und Kommunistenjägerin.

Abb. 43: William »Jim« Skardon, der legendäre Vernehmungsbeamte.

Abb. 44: Roger Hollis, der 1937 zum MI5 kam und 1959 bis zum Director General aufstieg.

Abb. 45: Melita Norwood, »Agent Hola«, die dienstälteste sowjetische Spionin auf britischem Boden.

Abb. 46: Ursula mit Offizieren des ostdeutschen Ministeriums der Staatssicherheit.

17
Weg in die Hölle

Klaus Fuchs orientierte sich in seinem Leben an zwei Regelwerken: zum einen an den unveränderlichen Gesetzen der Physik, mit deren Hilfe er zur Entfesselung einer neuen Wissenschaft von erschreckender Macht beitragen würde, und zum anderen an einer Reihe sozialpolitischer Gesetze, an die er nicht minder fest glaubte und die zum unausbleiblichen Triumph des Kommunismus führen würden. Die Kombination dieser beiden parallelen Ideenwelten, wissenschaftlich und ideologisch, löste bei Fuchs eine Kettenreaktion aus, die ihn von einem brillanten Physiker zum gefährlichsten Spion der Welt verwandelte. Im Jahr 1951 kam ein US-amerikanischer Kongressausschuss zu dem Schluss: »Fuchs allein hat die Sicherheit von mehr Menschen beeinflusst und größeren Schaden angerichtet als jeder andere Spion nicht nur in der Geschichte der Vereinigten Staaten, sondern in der Geschichte der Nationen.«

Dabei wollte er das gar nicht.

Fuchs wurde als drittes von vier Kindern eines lutherischen Pfarrers in Westdeutschland geboren. Sein Vater Emil war ein Mann mit großem Mut, unverblümten Ansichten und überragender moralischer Überzeugung, der seine Kinder lehrte, ohne Rücksicht auf die Konsequenzen den Geboten des eigenen Gewissens zu folgen. Vier Jahre jünger als Ursula, war Fuchs ebenfalls in den politischen und wirtschaftlichen Wirren der Weimarer Republik aufgewachsen. Wie die Kuczynskis bekannten sich auch die Fuchs-Kinder zum Kommunismus, traten der KPD bei und stürzten sich in die zunehmend gewalttätigen Studenten- und Straßenkämpfe der 1920er Jahre. Klaus trug den Spitznamen *Der rote Fuchs*. Als er nach einer Anti-Nazi-Versammlung nach Hause zurückkehrte, wurde er von Braunhemden überfallen, schwer verprügelt und mit eingeschlagenen Vorderzähnen in einen Fluss geworfen. Der junge Physiker studierte 1931 an der Universität Kiel, als sich seine Mutter umbrachte, indem sie Salzsäure trank. Sein Vater wurde zwei Jahre später verhaftet, weil er sich gegen Hitler ausgesprochen hatte. Sein Bruder wurde ins Gefängnis gesteckt und, genau wie seine jüngere Schwester, ins Exil getrieben, während seine ältere Schwester von den Nazis ständig belästigt wurde und schließlich Selbstmord beging, indem sie sich in Berlin vor einen Zug warf. Verständlicherweise war Klaus Fuchs davon überzeugt, dass der Faschismus seine Familie vernichtet hatte. Er sah die Politik so, wie er die Wissenschaft verstand, als Gleichung mit nur einer richtigen Lösung, eine Welt aus Schwarz und Weiß: »Es gab keine Halbtöne, […] man musste entweder Nazi sein oder Kommunist«, sagte er. Der Marxismus ersetzte die Religion, mit der er aufgewachsen war.

Fuchs, der bereits ein außerordentlich begabter Wissenschaftler war, schrieb sich im Alter von 22 Jahren am Kaiser-Wilhelm-Institut für Physik in Berlin ein, war allerdings inzwischen ein gebrandmarkter Mann, ein kommunistischer Agitator, der jeden Moment verhaftet werden konnte. Auf einer geheimen Sitzung drängte ihn die KPD-Führung, Deutschland zu verlassen, sein Studium im Ausland fortzusetzen und auf die Revolution zu warten, die Hitler mit Sicherheit vernichten würde. Im September 1933 traf Fuchs in Folkestone ein, »mit bleichem Gesicht, halb verhungert und mit einem Bündel schmutziger Wäsche in einem Stoffbeutel«.

Wie viele Akademiker, die vor dem Nationalsozialismus flohen, wurde auch Fuchs von der britischen Wissenschaftsgemeinde herzlich aufgenommen. Der Physiker Nevill Mott nahm ihn als Forschungsassistenten an der Universität Bristol auf, und 1937, nach seiner Promotion in Physik, wechselte Fuchs an die Universität Edinburgh, wo er unter einem anderen deutschen Flüchtling, dem angesehenen Physiker Max Born, arbeitete und das Verhalten von Elektronen und elektromagnetische Strahlung untersuchte. Eine oberflächliche Untersuchung des MI5 ergab, dass er kein Sicherheitsrisiko darstellte.

Fuchs war selbst für akademische Verhältnisse eigenbrötlerisch. Er verkehrte gelegentlich mit anderen Mitgliedern der deutschen Exilgemeinde und lernte Jürgen Kuczynski im Free German Club in London kennen. Aber er blieb eine weitgehend einzelgängerische, rätselhafte Figur, ein Kettenraucher und autodidaktischer Geiger, extrem pünktlich, gelegentlich betrunken, groß, kurzsichtig, schlaksig, mit »einem sensiblen und stets fragenden Gesicht und einer leicht verlorenen Ausstrahlung«. Ein Kollege verfasste einen Clerihew:

Fuchs
Looks
Like an ascetic
Theoretic

Fuchs, Klaus
sieht aus
wie ein asketischer
Theoretischer

Der junge Deutsche schien das »perfekte Exemplar eines zerstreuten Professors« zu sein. Er diskutierte nie über Politik oder etwas anderes als Physik. Die Leute fragten sich, was hinter der dicken, runden Brille wirklich vor sich ging, aber niemand zweifelte daran, am wenigsten Fuchs selbst, es hier mit einem bedeutenden angehenden Wissenschaftler zu tun zu haben. Von seinem Vater hatte er die rigide Auffassung von moralischer Rechtschaffenheit geerbt und bemerkte später: »Immer wieder muss es Menschen geben, die bewusst die Last der Schuld auf sich nehmen, weil sie die Situation klarer sehen als diejenigen, die die Macht besitzen.«

1939, am Vorabend des Krieges, beantragte Fuchs die britische

Staatsbürgerschaft, doch bevor ihm diese gewährt werden konnte, wurde er zusammen mit anderen deutschen *feindlichen Ausländern* zunächst auf der Isle of Man und dann in Kanada in einem Lager außerhalb von Quebec interniert. Er empfand keine Verbitterung über diese Behandlung und setzte aus der Ferne seine Zusammenarbeit mit Max Born fort, der sich für seine Freilassung einsetzte und behauptete, sein Kollege gehöre »zu der kleinen Spitzengruppe theoretischer Physiker in diesem Land«. Der beharrliche Einsatz machte sich bezahlt, am 11. Januar 1941, zwei Wochen nach seinem neunundzwanzigsten Geburtstag, landete Fuchs wieder in Liverpool, wo Ursula einen Monat später eintreffen sollte.

Am 3. April gab Jürgen Kuczynski in der 6 Lawn Road Flats in Hampstead eine Party, »zur Feier von Fuchs' Rückkehr in das Vereinigte Königreich«. Unter den Anwesenden befanden sich mehrere deutsche und britische Prominente, zahlreiche Kommunisten, einige Wissenschaftler und eine ganze Reihe von Spionen. Zu den Gästen zählten Brigitte Lewis, die als Sekretärin an der LSE arbeitete, und der deutsche Kommunist Hans Kahle, der sich während ihrer gemeinsamen Internierung in Kanada mit Fuchs angefreundet hatte. Kahle lieferte nicht nur Informationen an Ursula, sondern war auch »ein Talentsucher für die sowjetischen Geheimdienste«. Die Party für Fuchs könnte seine Idee gewesen sein. Die Getränke flossen reichlich, und der Ehrengast beteiligte sich ausgiebig. Irgendwann machte Jürgen »einen höflichen, intelligenten Mann mit perfektem Englisch [und einem] Interesse an der Wissenschaft« mit Fuchs bekannt, der sich als Alexander Johnson vorstellte. Ihre Unterhaltung drehte sich schon bald um »die Möglichkeiten der Atomenergie«. 1938 hatten deutsche Wissenschaftler entdeckt, dass bei der Spaltung von Uran sowohl Energie als auch Neutronen freigesetzt werden, die weitere Spaltungen ermöglichen und potenziell eine Kettenreaktion auslösen. Der dänische Atomtheoretiker Niels Bohr hatte gezeigt, dass das seltene Uranisotop 235U spaltbar ist, eine bahnbrechende Entdeckung, die die Aussicht auf eine neue Energiemaschine (einen Kernreaktor) mit, wie Fuchs es ausdrückte, »einer nachhaltigen Möglichkeit zur Energieerzeugung« bot. Am Ende des Abends erklärte sich Fuchs bereit, »für Johnson einen kurzen Bericht über die Möglichkeiten der Atomenergie« zu verfassen. Dann machte er sich auf den Weg in die Nacht und verpasste den Zug zurück nach Edinburgh.

»Johnson« war in Wirklichkeit Oberst Semjon Dawidowitsch Kremer, Offizier des sowjetischen Militärnachrichtendienstes mit dem Codenamen »Barch«.

Ein Jahr zuvor hatten zwei weitere im Exil lebende deutsche Physiker, die an der Universität Birmingham arbeiteten, nämlich Otto Frisch und Rudolf Peierls, eine geheime wissenschaftliche Denkschrift verfasst, die die Welt verändern und schließlich ihre Existenz gefährden würde. Das sogenannte Frisch-Peierls-Memorandum war ein furchterregender Sprung der Atomwissenschaft: Es war die erste praktische Darstellung zur Konstruktion einer Atomwaffe, einer »Super-Bombe«, welche die in den Atomkernen gespeicherte Energie nutzen und in einer Explosion bei »Temperaturen, die denen im Innern der Sonne vergleichbar sind«, freisetzen könnte. Die anfängliche Druckwelle »würde alles Leben in weitem Umkreis vernichten«, folgerten die Wissenschaftler, und die nachfolgende radioaktive Wolke würde viele weitere Menschen töten.

Peierls empfahl dringend die Entwicklung der Atombombe. »Während bislang noch keine Anhaltspunkte dafür vorliegen, dass die Deutschen die Möglichkeiten einer U-235-Bombe erkennen«, warnte er, »ist es durchaus möglich, dass sie es tun, und nach allem, was wir wissen, haben sie ihre Produktion womöglich bereits abgeschlossen.« Die britische Regierung richtete daraufhin eine streng geheime Arbeitsgruppe unter dem Kodenamen »MAUD-Kommission« ein, die die Machbarkeit des Baus einer solchen Waffe untersuchen sollte. Daraufhin wurde das Projekt

»Tube Alloys« (ein weiterer bewusst irreführender Deckname) ins Leben gerufen, ein Programm, an dem Dutzende Wissenschaftler an verschiedenen britischen Universitäten beteiligt waren, um die Bombe zu erforschen und zu entwickeln.

Am 10. Mai, einen Monat nach der Party in Hampstead, schrieb Peierls einen Brief an Fuchs, mit dem er ihn einlud, »sich an einer theoretischen Arbeit zu beteiligen, die äußerst komplexe mathematische Probleme« beinhaltet. Er fügte hinzu: »Art oder Zweck der Arbeit kann ich leider nicht mitteilen.« Die britische Regierung rechtfertigte später die Entscheidung, Fuchs für das Atomwaffenprojekt anzuwerben: »Für diese Forschung wurden die allerbesten Köpfe benötigt, und solche intellektuellen Fähigkeiten, wie sie Dr. Fuchs besitzt, sind in der Tat ausgesprochen selten. Er war als einer der besten theoretischen Physiker bekannt und hat sich auch als solcher erwiesen.« Im Wissen, dass Fuchs »in Deutschland ein aktives Mitglied der Kommunistischen Partei« gewesen war, erhob MI5 Bedenken, ob es klug sei, ihm die erforderliche Sicherheitsfreigabe zu erteilen, entschied jedoch am Ende, »ein solches damit eventuell verbundenes Risiko zu akzeptieren«. Fuchs vermutete, dass dieser geheime neue Job »mit Forschung zur Atomenergie in Verbindung« stehen könnte, aber erst nach seiner Ankunft in Birmingham und dem Einzug bei Peierls und seiner Frau erfuhr er die wahre Natur des Auftrags. Peierls hatte zu Recht vermutet, dass Fuchs »eine Gelegenheit begrüßen würde, an einem Projekt mitzuarbeiten, das Hitler zuvorkommen sollte«. Welchen Gebrauch Fuchs von dieser Mitwirkung machen würde, war Peierls nie in den Sinn gekommen. Im Juni begann Fuchs mit der Arbeit an der Atombombe. Wenige Tage später überfiel Hitler die Sowjetunion.

Nach außen hin ein weltfremder Intellektueller, blieb Fuchs heimlich ein überzeugter Kommunist und glühender Antifaschist. Wie Ursula war er empört über den Hitler-Stalin-Pakt, hatte dies aber »damit wegerklärt, dass Russland den Pakt nur unterzeichnet hatte, um Zeit zu gewinnen«. England beeilte sich nun, die mächtigste Waffe zu entwickeln, die die Welt je gesehen hatte, ohne Moskau zu informieren. Das erschien Fuchs unfair zu sein, eine Pflichtverletzung des neuen anglo-sowjetischen Bündnisses. Später schrieb er: »Ich habe mich nie als Spion gesehen. Ich konnte nur nicht verstehen, warum der Westen nicht bereit war, die Atombombe mit Moskau zu teilen. Ich war der Ansicht, dass etwas mit einem so ungeheuren Vernichtungspotential den Großmächten in gleichem Maße zugänglich sein musste.« Fuchs war erzogen worden, stets seinem Gewissen zu folgen, und in dem moralischen Schwarz-Weiß-Universum, in dem er lebte, war die Weitergabe von Informationen über die neue Waffe an Moskau kein Verrat an England, sondern vielmehr Ausdruck kommunistischer Solidarität sowie eine Gelegenheit, einen persönlichen Beitrag zur Vernichtung des Nazismus zu leisten. Die britischen Behörden verurteilten Fuchs' Handlungen später als »die egoistische und überzeugte Arroganz eines zutiefst mit sich selbst beschäftigten Geistes«, wohingegen sich Fuchs selbst als heimlichen Helden sah, wie das viele Spione tun. »Ich hatte volles Vertrauen in die russische Politik und habe von daher keine Sekunde gezögert.« Der deutsche Überfall auf die Sowjetunion veranlasste ihn, im Geheimen für die Sowjetunion zu arbeiten: »Ich stellte den Kontakt über ein anderes Mitglied der Kommunistischen Partei her.«

Der fragliche Genosse war Jürgen Kuczynski.

Im Sommer 1941 besuchte Fuchs Kuczynski in Hampstead und »informierte ihn in völlig allgemein gehaltenen Worten über die Art meiner Informationen«. In seinen Memoiren schrieb Jürgen: »Natürlich kam Klaus zu mir, da ich der politische Führer in England war.« Jürgen verstand nichts von Kernphysik, wusste aber die Gunst der Stunde zu nutzen. Umgehend setzte er sich mit Iwan Michailowitsch Maiski in Verbindung – sowjetischer Botschafter in England und persönlicher Freund Kuczynskis. Maiski befand sich in einer Bürofehde mit Anatoli Gorski, dem Residenten des

NKWD, und anstatt ihn zu alarmieren, gab er die Information an General Skljarow weiter, Chef des sowjetischen Militärnachrichtendienstes in London. Skljarow telegrafierte der Zentrale, die »ihn beauftragte, Fuchs zu rekrutieren«, eine Aufgabe, die er seinem Stellvertreter Oberst Semjon Kremer übertrug.

Kremer hatte als Kommandant eines Panzerkorps der Roten Armee gedient, bevor er zum militärischen Geheimdienst abgestellt und 1937 als Sekretär des sowjetischen Militärattachés nach Großbritannien geschickt wurde. Der MI5 stellte Kremer unter Beobachtung; er wurde dabei gesehen, wie er »die Charing Cross Road auf und ab spazierte, die aktuelle Ausgabe von *Jane's Fighting Ships* und jedes Buch über moderne Militärtaktik kaufte, das er in die Hände bekam.« Aber der MI5 überwachte ihn nicht am 8. August 1941, als Kremer »ein Privathaus südlich des Hyde Park« betrat. Wenige Minuten später trat Fuchs ein und klopfte an die Tür, die von »Alexander Johnson« geöffnet wurde, der Mann, den er auf der Party in der Lawn Road vier Monate zuvor kennengelernt hatte. Kremer sagte den Erkennungscode: »Grüße von Kuczynski.«

Zu diesem Zeitpunkt hatte Fuchs bereits zwei Monate mit Peierls gearbeitet, sich mit den Problemen der Gasdiffusion und mit Plänen für eine Anlage zur Herstellung von angereichertem Uran befasst, der kritischen Komponente einer Atomwaffe. Fuchs übergab Kremer sechs Seiten Notizen, in denen er zusammenfasste, was er über den Bau der Atombombe wusste, einschließlich der Kernaussagen des Frisch-Peierls-Memorandums und des Verfahrens der Urananreicherung. Es war die erste Tranche eines nachrichtendienstlichen Füllhorns.

»Warum haben Sie sich entschieden, diese Informationen der Sowjetunion zuzuspielen?«, fragte Kremer ihn.

»Die UdSSR sollte eine eigene Bombe besitzen«, erwiderte Fuchs und fügte hinzu, dass er keine Bezahlung wolle, und bat lediglich darum, dass diese Informationen »auf Stalins Schreibtisch gelegt« werden sollten.

Skljarow schickte diese Notizen mit der Diplomatenpost nach Moskau und sendete eine verschlüsselte Nachricht mit der Kennzeichnung »Dringend. Äußerst wichtig« an die Zentrale.

> BARCH führte ein Gespräch mit dem deutschen Physiker Klaus Fuchs, der einer Arbeitsgruppe an der Birmingham University angehört, die an den theoretischen Aspekten des Baus einer Uranbombe arbeitet. Unter der Annahme, dass bei einer Explosion mindestens ein Prozent der Atomkernenergie des Urans freigesetzt wird, entspricht eine Zehn-Kilogramm-Bombe etwa 1000 Tonnen Dynamit. BRION.

Moskau antwortete sofort: »Ergreifen Sie alle Maßnahmen, um Informationen über die Uranbombe zu erhalten.« Fuchs erhielt den Decknamen »Otto«.

Der sowjetische Militärnachrichtendienst hatte erst kurz zuvor einen neuen Namen und einen neuen Chef erhalten. Auf Befehl Stalins hieß das Vierte Direktorat jetzt *Glawnoje Raswedywatelnoje Uprawlenije* (Hauptverwaltung für Aufklärung) oder kurz GRU. Der neue Chef des Militärnachrichtendienstes, General Alexej Pawlowitsch Panfilow, äußerte seine Einschätzung des aus England kommenden Materials. Falls die neue Waffe funktionierte, »würde das die Menschheit auf den Weg in die Hölle« bringen.

Im Lauf der folgenden sechs Monate lieferte Fuchs eine Fülle wissenschaftlicher Geheimnisse an Kremer, rund 200 Seiten mit Informationen aus dem Herzen des britischen Atomwaffenprogramms. Gewöhnlich trafen sie sich an Wochenenden an einer Bushaltestelle, stiegen in denselben Bus und setzten sich schweigend nebeneinander ins Oberdeck. Fuchs stieg als Erster aus, ließ ein Päckchen auf seinem Platz liegen. Manchmal nahmen sie auch zusammen ein Taxi und erledigten ihre Geschäfte im Fond. Fuchs hatte nur wenig Ahnung vom Spionagehandwerk. In völliger Verletzung der Grundsätze der *konspiratsija* rief er Kremer mehrfach auf seinem Bürotelefon an, und einer russischen Quelle zufolge erschien er einmal sogar ohne Vorwarnung mit »vierzig Seiten Notizen« in der sowjetischen Botschaft. Kremers Verständnis des

Spionage-Protokolls war nicht viel besser. Er sah ständig über seine Schulter, suchte nach jemandem, der sie womöglich beschatten könnte – eine todsichere Methode, um Verdacht zu erregen. »Er irritierte Fuchs, indem er auf langen Fahrten in Londoner Taxis und regelmäßiges Hakenschlagen bestand, um potenzielle Verfolger abzuschütteln.«

Kremer hatte wenig Verständnis für die Informationen, die er sammelte; lieber hätte er in einem Panzer gesessen und gekämpft, als sich mit diesem verschrobenen jungen Wissenschaftler auf dem Oberdeck Londoner Busse zu treffen. Viel später nannte Fuchs Jürgen Kuczynskis Wohnung »meine geheime Residenz«, womit er andeutete, regelmäßiger Besucher in der Lawn Road gewesen zu sein. Die sowjetische Botschaft wurde observiert und ihre Telefone abgehört; die Kuczynskis standen unter Beobachtung; Kremer war ein bekannter sowjetischer Geheimdienstoffizier. Der MI5 hatte zahlreiche Gelegenheiten zu erkennen, was vor sich ging, und nutzte keine einzige.

Nach einem Treffen mit Fuchs erinnerte sich Kremer: »Er gab mir einen großen Notizblock von etwa 40 mal 20 Zentimeter Größe, der mit Formeln und Gleichungen gefüllt war. Er sagte zu mir: ›Hier drin ist alles, was Ihre Wissenschaftler wissen müssen, um die Herstellung von Kernwaffen auf die Beine zu stellen.‹ Das ganze Material wurde nach Moskau geschickt, und zurück kam die Anweisung, auf keinen Fall den Kontakt zu Fuchs zu verlieren. Aber wie üblich kein Wort darüber, wie nützlich das Material war.«

Das Material war nicht einfach nur nützlich, es war von unschätzbarem Wert. Im August 1941 übergab ein anderer Spion der Sowjetunion, der britische Regierungsbeamte John Cairncross, seinem Führungsoffizier eine Kopie des Berichts der MAUD-Kommission, in dem die Ziele des Nuklearwaffenprogramms umrissen wurden. Fuchs gab detailliert den Stand in der Entwicklung der Bombe wieder, Schritt für Schritt: die Entwürfe einer Diffusionsanlage, Schätzungen bezüglich der kritischen Masse von waffenfähigem Uranium 235, die Messung der Kernspaltung und die zunehmende britische Kooperation mit amerikanischen Atomwissenschaftlern. Ende 1941 war Fuchs Mitverfasser von zwei wichtigen Abhandlungen über die Trennung der Isotope von U 235 – und reichte die Erkenntnisse an Kremer weiter.

Im Sommer 1942 verschwand Kremer so plötzlich aus Fuchs' Leben, wie er darin aufgetaucht war, ohne jede Vorwarnung oder Erklärung. Der sowjetische Offizier kehrte unvermittelt nach Moskau zurück und übernahm wieder das Kommando einer Panzerbrigade an der Ostfront, wo er zweimal verwundet und schließlich zum Generalmajor befördert wurde. Seltsamerweise trafen weder Kremer noch Moskau irgendwelche Vorkehrungen, den Kontakt zu Klaus Fuchs aufrechtzuerhalten. Der Grund für diese rätselhafte Unterbrechung ist nie angemessen aufgeklärt worden. Kremer brannte förmlich darauf, zur konventionellen Kriegsführung zurückzukehren, und verstand sich nicht sonderlich gut mit seinen Kollegen in der Botschaft. Durchaus möglich, dass er eingeschnappt einfach das Handtuch geschmissen hatte. Was auch immer der Grund gewesen sein mochte, Fuchs wurde in einem entscheidenden Augenblick sich selbst überlassen, ohne Führungsoffizier. Er und Peierls hatten gerade einen wichtigen Durchbruch bei der Berechnung der für die Herstellung von angereichertem Uran nötigen Zeit erzielt, und er wollte Moskau davon berichten. Wieder einmal wandte er sich an Jürgen Kuczynski, der diesmal entschied, die Botschaft zu übergehen. Stattdessen informierte er seine Schwester.

Bei einem Familientreffen im Juli in Hampstead nahm Jürgen Ursula beiseite und erzählte ihr, »ein Physiker namens F. hat den Kontakt zu einem Vertreter der für militärische Belange zuständigen Abteilung der sowjetischen Botschaft verloren, der sich selbst ›Johnson‹ nannte«. Noch am selben Abend schickte sie von Kidlington aus eine Nachricht nach Moskau und bat um Anweisungen. Möglicherweise erkannte die Zentrale, nur ganz knapp einer Katastrophe historischen Ausmaßes entgangen zu sein, und antwortete: »Kontakt mit Otto aufnehmen.«

Wie es sich ergab, hatte Ursula bereits über einen Freund der Familie mit Atomgeheimnissen zu tun.

Melita Norwoods Spionagekarriere begann 1937. Als Tochter eines lettischen Vaters und einer britischen Mutter war Letty Sirnis in Bournemouth aufgewachsen und schloss sich der Kommunistischen Partei im Alter von fünfundzwanzig Jahren an. Nach dem frühen Tod ihres Vaters zog die Familie nach Hendon um. Ihre Schwester hatte bei Robert Kuczynski an der LSE studiert, und ihre Mutter Gertrude half der Familie Kuczynski, ihren ersten festen Wohnsitz in der Lawn Road zu finden. 1932 fand Letty eine Anstellung als Sekretärin bei der British Non-Ferrous Metals Research Association (BNFMRA), einem halbstaatlichen Unternehmen, das metallurgische Forschung betrieb. Fünf Jahre später rekrutierte der NKWD sie als Informantin. Sie heiratete einen kommunistischen Mathematiklehrer, Hilary Norwood, und zog in eine Doppelhaushälfte in Bexleyheath, wo sie Kinder aufzog, pazifistische Literatur las und Marmelade einkochte. Nach den Säuberungen war der Geheimdienst knapp an Personal, und sie wurde zum sowjetischen Militärnachrichtendienst versetzt. Melita Norwood, Deckname »Hola«, könnte die dienstälteste sowjetische Agentin auf britischem Boden gewesen sein, aber sie war auch über viele Jahre die langweiligste. Das änderte sich 1942 mit Einrichtung des britischen Atomwaffenprogramms. Ein Großteil der Forschung über die Eigenschaften bestimmter Metalle einschließlich Uran wurde von der BNFMRA durchgeführt, und plötzlich hatte Norwood, »die perfekte Sekretärin« nach Ansicht ihres Chefs, Zugang zu einigen sehr wertvollen Geheimnissen. Im August 1941 wurde Churchill der erste Staatsmann, der ein Atomwaffenprogramm genehmigte, und innerhalb von Wochen lieferte

Norwood den ersten Schwung Informationen an den sowjetischen Geheimdienst, eine Abhandlung über das Verhalten von Uran bei hohen Temperaturen. Von da an riss der stete Strom streng geheimer Nachrichten über das Atomprojekt nicht ab, Norwood ergänzte, bestätigte und erweiterte in manchen Fällen den Schwall der von Fuchs gelieferten Informationen. Ihr Beweggrund ähnelte auf bemerkenswerte Weise dem seinem – »Ich wollte, dass sich Russland auf Augenhöhe mit dem Westen befand« –, genau wie ihr Selbstverständnis und ihre Selbsttäuschung: »Ich habe mich nie als Spionin verstanden.« *The Times* berichtete später: »Sie entfernte Akten über Tube Alloys aus dem Safe ihres Vorgesetzten, fotografierte sie mit einer Mikro-Kamera und gab die Filme an ihren sowjetischen Controller weiter, mit dem sie sich inkognito in den Vororten von Südost-London traf.« Der Controller war Ursula Beurton.

Da die Norwoods schon seit langem mit den Kuczynskis befreundet waren, hatten die beiden Frauen immer eine gute Tarnung, wenn sie sich treffen wollten, und konnten dies »sogar bei dem anderen zu Hause« machen.

Die Zentrale war zunehmend auf Agent Sonja angewiesen, »unseren illegalen Residenten in England«, deren hochwertige Informationen nicht allein von einzelnen Informanten wie Norwood kamen, sondern indirekt auch aus den oberen Rängen des britischen Establishments. Der Labour-Politiker Sir Stafford Cripps war ein enger Freund von Robert Kuczynski und zuverlässiges Mitglied von Churchills Kriegskabinett. 1942, frisch zurück nach zwei Jahren als britischer Botschafter in Moskau, war er über die englisch-sowjetischen Beziehungen besonders gut informiert und in wichtige Staatsgeheimnisse eingeweiht. Bei seinem akademischen deutschen Freund war er außerdem äußerst unvorsichtig. Kuczynski berichtete seiner Tochter, was er von Stafford Cripps und anderen erfuhr, und sie schickte dann alles nach Moskau.

In ihrem anderen, ihrem Parallel-Leben wurde Ursula schnell

eine britische Hausfrau. Die Kinder gewöhnten sich mühelos in ihre neue Umgebung ein. Michael besuchte die örtliche Grundschule in Kidlington. In seinem kurzen Leben hatte er bereits Deutsch, Chinesisch, Polnisch und Französisch gelernt. Jetzt lernte er fast über Nacht Englisch mit einem Oxfordshire-Akzent. Wenn Ursula außer Haus war, wurde Nina von Nachbarn versorgt. Dorfbewohner können neugierig und aufdringlich sein, aber bei so vielen Ausländern, die aufs Land drängten, unter ihnen auch viele Flüchtlinge, schenkte niemand einer alleinerziehenden Mutter, die friedlich an der Oxford Road wohnte, besondere Aufmerksamkeit. Ihr Englisch war so gut und ihr Akzent so leicht, dass die meisten Menschen gar nicht ahnten, dass sie Deutsche war, und sie stattdessen für eine Britin oder schlimmstenfalls für eine Französin hielten. Das einzige Problem aus Sicht der Einheimischen war ihr Name. »Beurton« klang verdächtig ausländisch, was der Name natürlich auch war. Also nannte man sie »Mrs. Burton« und weigerte sich, sie irgendwie anders anzusprechen. In gewisser Weise war das ein Zeichen, akzeptiert zu sein.

Die beiden Seiten von Ursulas Leben, das Häusliche und die Agententätigkeit, das Öffentliche und das Geheime, verschmolzen auf eine noch nie dagewesene Weise. Als Mrs. Burton aus der Nummer 124 hatte sie einen festen Wohnsitz, zufriedene Kinder, freundliche Nachbarn und wurde von ihrer Familie unterstützt; als Agentin Sonja hatte sie eine Kamera zur Herstellung von Mikropunkten, ein Netz von Unteragenten, einen hilfsbereiten und wertschätzenden sowjetischen Agentenführer und im Schlafzimmerschrank einen Sender. Außerdem bekam sie ihren Ehemann und Agentenkollegen zurück.

Am 30. Juli 1942 landete die Maschine aus Lissabon auf dem Poole Airport, und ein großer, schlanker Mann mit britischem Pass, der ihn als John William Miller auswies, kam die Treppe hinunter aufs Rollfeld. Victor Farrell vom MI6 hatte Wort gehalten und Len Beurton mit allem ausgestattet, was er zur Flucht benötigte; seine Reise von Genf nach Großbritannien hatte sich am Ende als bemerkenswert leicht herausgestellt. Die Schweizer, französischen, spanischen und portugiesischen Behörden hatten Mr. Miller ohne Einwände durchgewinkt; die Briten hingegen nicht. Auf dem Poole wurde sein Gepäck gründlich durchsucht, und Len wurde einem noch strengeren Verhör unterworfen als dem, das Ursula erlebt hatte.

Len Beurton gab unbekümmert zu, dass der britische Reisepass gefälscht war, genau wie ein zweiter bolivianischer Pass auf den Namen Luis Carlos Bilboa, der in seinem Koffer gefunden wurde. Der Rest seiner Aussage war ein ausgeklügeltes Lügengespinst. Er behauptete, 1939 nach Deutschland gegangen zu sein, »um den Verkauf einiger Immobilien zu versuchen, die einem Herrn Rudolf [sic] Kuczynski gehören, seit Hitlers Machtergreifung im Exil und jetzt Professor für Demographie an der London University«; er sagte, er habe die Schweiz verlassen, weil »die Dinge ein wenig aus dem Ruder zu laufen schienen«. Auf die Frage, wie er drei Jahre lang ohne eine Arbeit finanziell überlebt hatte, behauptete Len, »er habe 20 000 Pfund von französischen Verwandten geerbt«, als er vor dem Krieg in Jersey gearbeitet hatte, und seitdem von dem Geld gelebt.

Die Behörden ahnten, dass an dieser Geschichte etwas faul war. Len erwähnte nicht die Tuberkulose, die ihn, laut Ursula, überhaupt erst veranlasst hatte, in die Schweiz zu gehen; sein Vater war ein mittelloser französischer Kellner, weswegen es unwahrscheinlich erschien, dass seine Verwandten 20 000 Pfund zusammengetragen hatten, ganz zu schweigen davon, dass sie das Geld kaum einem entfernten englischen Cousin hinterlassen hätten; er zeigte ein ausgeprägt »ausweichendes Verhalten bei der Beantwortung der ihm gestellten Fragen«. Wie genau er in den Besitz seiner falschen Pässe gekommen war, verlangte weitere Nachforschungen. »Der Vernehmungsbeamte räumt ein, nicht in der Lage zu sein, sich eine eindeutige Meinung über Beurton machen zu können […], er verhält sich recht misstrauisch, wann immer er mit dem Vertreter eines Staatsorgans (insbesondere des Militärs) konfrontiert wird, denen gegenüber er eine tief verwurzelte Abneigung und Misstrauen zu empfinden scheint.« Len befand sich bereits auf der schwarzen Liste wegen Sicherheitsbedenken, und seine Antworten legten nahe, dass er dort auch bleiben sollte. Er wurde erst entlassen, nachdem der MI5 dafür gesorgt hatte, dass er das Land nicht verlassen konnte: »Würden Sie die Passbehörde bitten, ohne vorherige Rücksprache mit uns Leon Beurton keine Ausreisegenehmigung zu erteilen?« Angesichts des tiefsitzenden Sexismus der damaligen Zeit sah der MI5 bei einem Paar im Mann die größte potenzielle Bedrohung, wo doch der eigentliche Verdacht seiner Frau hätte gelten müssen.

Ursula und Len hatten sich seit 1940 nicht gesehen. Ihre Wiedervereinigung war voller Freude und leidenschaftlich. Len staunte, wie groß die Kinder in seiner Abwesenheit geworden waren, über Ninas perfektes Kleinkind-Englisch und Michaels aufkeimendes Interesse für Kricket. Er sah die Kinder als seine eigenen an. Das Familienleben nahm fast wieder seinen gewohnten Lauf, nur dass die spektakuläre Alpenlandschaft gegen die grüne, hügelige Landschaft des ländlichen Oxfordshire ausgetauscht worden war. Bei langen Spaziergängen auf dem Land nahe Kidlington erzählte Ursula von ihrer fortgesetzten Spionagetätigkeit für die Sowjetunion. Sie zeigte Len den in ihrem Schlafzimmer versteckten Sender. Sie führte nicht alle Einzelheiten ihrer klandestinen Arbeit auf, und Len fragte nicht nach. Selbst in ihrer Ehe arbeitete Ursula auf der Basis des Need-to-know-Prinzips, und es gab vieles, was Len immer noch nicht wissen musste.

Drei Tage nach Lens Landung in Großbritannien traf ein Brief der britischen Regierung ein, mit dem die Rückzahlung der Kosten seiner Repatriierung aus Spanien im Jahr 1936 gefordert wurde. Die Rechnung sendete eine klare Nachricht. »Es sagte uns, dass die Behörden Lens Rückkehr zur Kenntnis genommen hatten.«

Len schrieb: »Wir haben unter einem Verdacht angefangen, und so ist es geblieben.«

Bei seiner Ankunft in Poole hatte Len angegeben, er sei nach England gekommen, »um wieder bei seiner Frau zusammen zu sein und sich zum [Militär-] Dienst zu melden«. Nachdem das erste Ziel erreicht war, fühlte er sich nun verpflichtet, das zweite zu erfüllen: Len meldete sich freiwillig zur Royal Air Force.

Während er auf seine Einberufungspapiere wartete, studierte Michael die Kunst, einen Ball mit Effet zu werfen, Nina lernte zu zählen, und Ursula musste, wie alle Hausfrauen Englands, mit dürftigen Kriegsrationen (mit etwas finanzieller Unterstützung durch die Sowjetunion) haushalten, kümmerte sich um die Kinder und plauderte über den Gartenzaun mit den Nachbarn über den Fortgang des Krieges. Allem äußeren Anschein nach war es eine ganz normale Familie, glücklich darüber, wieder zusammen zu sein. Nur dass Ursula alle paar Wochen diese Familie verließ, auf ihr Fahrrad stieg und heimlich zu einem anderen Teil des ländlichen Englands radelte, um dort mit einem anderen Mann Arm in Arm über die Felder zu spazieren.

18
Atomspione

Im Spätsommer 1942 saßen ein Mann und eine Frau, zwei Flüchtlinge aus Nazideutschland, in einem Café gegenüber dem Bahnhof Snow Hill in Birmingham und waren in ein Gespräch vertieft. Ein Lauscher hätte nichts Ungewöhnliches mitbekommen. Sie plauderten über Bücher, Filme und den Krieg, zunächst auf Deutsch, dann wechselten sie zu Englisch, das beide fließend sprachen. Sie verabredeten ein weiteres Treffen in einem Monat.

Als sie aufstanden, um zu gehen, übergab der Mann ihr eine umfangreiche Akte, die fünfundachtzig Seiten an Dokumenten umfasste, die letzten Berichte des Tube-Alloys-Projekts und das gefährlichste Geheimnis der Welt.

»Es war angenehm, sich mit einem so feinfühligen, klugen Genossen und Wissenschaftler zu unterhalten«, schrieb Ursula über dieses erste folgenreiche Treffen mit Klaus Fuchs. »Mir fiel schon bei diesem ersten Mal auf, wie ruhig, überlegt, taktvoll und gebildet er war.« Tatsächlich war Fuchs in einem Zustand akuter Angst zu diesem Treffen erschienen, wurde aber durch die »beruhigende Art« der Frau, die sich ihm als Sonja vorstellte, besänftigt. Kremer war unnahbar und geschäftsmäßig gewesen, jetzt hatte Fuchs das Gefühl, dass er eine Person vor sich hatte, mit der er über »seine Gefühle sprechen« konnte.

Der Birminghamer Bahnhof war zu öffentlich für regelmäßige Agentenrendezvous. Aus dem Fenster des Zuges auf dem Nachhauseweg entdeckte Ursula einen geeigneteren Ort.

Der ruhige Marktflecken Banbury auf halber Strecke zwischen Oxford und Birmingham war dafür bekannt, nahezu völlig unscheinbar zu sein. Ein altes Kinderlied berichtet von dem einzigen nennenswerten Ereignis, das sich dort je zugetragen hat.

Ride a cock-horse to Banbury Cross,
To see a fine lady upon a white horse;
Rings on her fingers and bells on her toes,
And she shall have music wherever she goes.

Aufs Steckenpferd, hopp! Nach Banbury Cross
Dort siehst du ne Lady auf schneeweißem Ross
Hat Ringlein am Finger und Glöcklein am Zeh
Das klingelt und bimmelt hindurch die Allee.

In den darauffolgenden acht Jahrhunderten war nur wenig passiert, was die schläfrige Ruhe dieser kleinen Stadt gestört hätte, weswegen sie wiederum für Ursulas Zwecke geradezu ideal war.

Einen Monat später traf sie Fuchs in der Nähe des Bahnhofs von Banbury, und sie spazierten in Übereinstimmung mit »dem altbewährten Liebespaar-Prinzip Arm in Arm« aufs Land hinaus, wie bei einem heimlichen Stelldichein. Die erste Aufgabe bestand darin, einen toten Briefkasten zu vereinbaren, ein geheimes Versteck, um dort Nachrichten zu hinterlassen und zukünftige Treffen zu vereinbaren. Ein Weg führte über leere Wiesen zu einem abgelegenen Waldstück, das von der Straße aus nicht einzusehen war. Ursula hatte einen kleinen Spaten mitgebracht und grub im Unterholz zwischen den Wurzeln eines Baumes ein Loch. »Klaus stand daneben und sah mir durch seine Brille zu.« Er bot ihr keine Hilfe an, sondern verfolgte alles nur mit äußerster Konzentration, als würde er ein Experiment beobachten. »Ich fand das ganz in Ordnung, weil ich viel praktischer als er war. Einmal sah ich zu ihm auf und dachte: Oh, du großer Professor!«

Das nächste Jahr über nahm Ursula alle paar Wochen an einem Wochenendmorgen einen Zug nach Banbury und hinterließ eine handschriftliche Nachricht in dem toten Briefkasten, in der sie mitteilte, wann und wo sie sich an diesem Nachmittag treffen sollten. Fuchs nahm den Nachmittagszug aus Birmingham. Ihre Treffen fanden immer »in der Umgebung von Banbury« statt, nie zweimal am gleichen Ort, und keines dauerte länger als eine halbe

Stunde. »Die ländliche Umgebung und die Möglichkeit, sich dort freier zu bewegen, halfen uns, die Gegend besser im Auge zu haben«, schrieb sie. Und es war »weniger verdächtig, wenn wir spazierengingen, als dass wir uns gleich wieder trennten«. Außerdem fühlte sie sich in seiner Gesellschaft wohl.

Fuchs wusste nichts von Ursulas Vorgeschichte und Erfahrungen, und sie verstand wenig von Kernphysik, aber sie teilten eine Vergangenheit, eine Ideologie und ein Geheimnis. »wie kostbar ein solches Treffen mit einem deutschen Genossen war, kann keiner ermessen, der nicht in einer solchen Isolierung und Bedrängnis gelebt hat«, schrieb sie später. »Das gemeinsame, gefährliche Handeln schuf eine große Nähe und Verbundenheit.« Fuchs wirkte weltabgewandt, realitätsfern, einsam in seinem Doppelspiel. Eine Bindung zwischen ihnen bildete sich schnell.

Ursula behauptete, Fuchs sei nicht bewusst gewesen, dass »das Mädchen aus Banbury« (wie er sie später beschrieb) die Schwester des Genossen Jürgen Kuczynski war. Er hütete sich, sie nach ihrem richtigen Namen zu fragen oder danach, wo sie wohnte. Jürgen hatte sie zwar zusammengebracht, aber die Geschwister sprachen nie über Fuchs. »So gut ich mich mit meinem Bruder verstand, wahrten wir doch die Regeln der Illegalität.« Ursula erkannte zu diesem Zeitpunkt noch nicht die historische Bedeutung der Informationen, die sie an die Zentrale übermittelte. Aber Moskaus Reaktion – enthusiastisch, dankbar und zunehmend fordernder – ließen in ihr keinen Zweifel daran aufkommen, dass sie den größten Fisch ihrer Karriere an der Angel hatte. Der sowjetische Militärgeheimdienst hatte es nicht mit Schmeicheleien, aber die Reaktionen auf ihre Nachrichten waren überschwänglicher als alles, was sie bisher erhalten hatte: »Wichtig«, »sehr wertvoll«.

Die Weitergabe wissenschaftlicher Geheimnisse durch Fuchs an die Sowjetunion zwischen 1941 und 1943 stellte eine der umfangreichsten Spionageausbeuten der Geschichte dar: rund 570 Seiten kopierter Berichte, Berechnungen, Zeichnungen, Formeln und Diagramme, Entwürfe für die Anreicherung von Uran, eine Schritt-für-Schritt-Anleitung der rasanten Entwicklung der Atomwaffe. Ein großer Teil dieses Materials war zu komplex und fachspezifisch, um chiffriert und per Funk gesendet werden zu können, daher übergab Ursula die Dokumente bei einem »Streichkontakt« – eine heimlich-verstohlene Übergabe, die für einen zufälligen Beobachter nicht erkennbar war – an »Sergej«. Wenn Ursula dringende Informationen oder umfangreiche Akten weitergeben musste, informierte sie Aptekar mithilfe eines zuvor vereinbarten »Signal-Ortes«: »Ich fuhr nach London, ließ zu vorgegebener Zeit an einer bestimmten Stelle ein kleines Stück Kreide fallen und trat darauf.« Zwei Tage später würde sie dann mit dem Fahrrad zu dem Treffpunkt fahren, einer Nebenstraße sechs Meilen hinter der Kreuzung der A40 von Oxford nach Cheltenham und der A34. Aptekar würde von London mit dem Wagen des Militärattachés fahren und für eine schnelle Übergabe zu einer verabredeten Zeit am Abholort ankommen. Bei einem dieser Treffen überreichte der sowjetische Offizier ihr eine neue Minox-Kamera, um Mikropunkte herzustellen und Dokumente zu kopieren, dazu einen kleinen, aber leistungsstarken Sender, der gerade mal fünfzehn auf zwanzig Zentimeter maß, ein Sechstel der Größe ihres selbstgebauten Senders und leicht zu verstecken. Sie zerlegte ihre eigene Ausrüstung, hielt sie aber »für Notfälle« in Reserve.

Fuchs war in die geheimsten Abläufe des Atomprojekts eingeweiht und hielt nichts zurück. Im ersten Jahr verfassten er und Peierls gemeinsam nicht weniger als elf Berichte, darunter grundlegende Abhandlungen über Isotopentrennung und Berechnungen zur Zerstörungskraft der Bombe. Laut seinem letzten Biographen »erhielt Moskau über ein Jahr lang via Fuchs und Sonja Nachricht über quasi alle wissenschaftlichen Daten, die im Rahmen des Tube-Alloys-Projekts produziert wurden«. Der GRU hatte lange gebraucht, um Fuchs' Wert anzuerkennen; mit Sonja als Führungsoffizierin erhielt der Fall höchste Priorität, und das

Kernwaffenprojekt erhielt einen sowjetischen Codenamen, der die wachsende Aufregung in Moskau widerspiegelte: »Enormos.« Fuchs' Forderung, dass seine Informationen direkt auf Stalins Schreibtisch landen sollten, wurde voll entsprochen. Fuchs und Sonja befanden sich nun fest im Visier des sowjetischen Führers, was, wie jeder, der diesem unberechenbaren Mörder nahestand, bestätigen konnte, nicht unbedingt ein angenehmer Aufenthaltsort war.

Im April 1942 legte der sowjetische Außenminister Molotow eine Akte der Geheimdienstberichte (mehrheitlich aus dem Vereinigten Königreich) an, die diese neue Superwaffe beschrieben, und gab sie sodann dem Minister für die chemische Industrie zusammen mit einem Befehl Stalins, weiter zu eruieren, was diesbezüglich unternommen werden sollte. Die Wissenschaftler rieten dazu, dass die Sowjetunion so schnell wie möglich ein eigenes Programm zum Bau einer Atombombe auflegen sollte. Bis Ende des Jahres hatte das Staatliche Verteidigungskomitee die Gründung eines Labors zur Entwicklung einer Uranbombe unter Igor Kurtschatow genehmigt; Kurtschatow war Leiter des Physikalisch-Technischen Instituts an der Leningrader Akademie der Wissenschaften. Im Februar 1943 begannen sowjetische Atombombenwissenschaftler ernsthaft an einem Problem zu arbeiten, das dank der Flut an geheimem Material, das von Klaus Fuchs und Ursula Kuczynski geliefert wurde, bereits zum Teil gelöst war.

Die britischen Entdeckungen in der Atomphysik wurden legaler und offizieller, aber nicht weniger im Geheimen an die USA weitergereicht. Im Oktober 1941 hatte Präsident Roosevelt eine Nachricht an Winston Churchill geschickt, in der er einen Austausch über die Atomforschung vorschlug. Amerikas Kriegseintritt zwei Monate später gab dieser Zusammenarbeit neuen Auftrieb. Allerdings wurde schnell klar, dass Amerika sich im Rennen der Entwicklung der Bombe an die Spitze setzte, und so verlagerte sich der Schwerpunkt der Atomwaffenforschung (und auch der finanziellen Investitionen) auf die andere Seite des Atlantiks. Das amerikanische Manhattan-Projekt, mit Großbritannien und Kanada als Juniorpartner, sollte schließlich Tube Alloys schlucken, über 130 000 Menschen beschäftigen und die erste Nuklearwaffe der Welt bauen.

Amerika und Großbritannien arbeiteten gemeinsam an der Bombe, mit erstaunlichem wissenschaftlichen Tempo und unter strengster Geheimhaltung. Keiner von beiden half oder informierte ihren Hauptverbündeten, die Sowjetunion. Aber Moskau erhielt diese Hilfe insgeheim dennoch, und zwar durch seine Spione. Stalin wusste nicht nur alles über die Bombe, er wusste zudem, dass England und Amerika nicht wussten, dass er es wusste (das ist das Kapital der Geheimdienste). Und er verlangte, dass seine Agenten noch mehr herausfinden sollten.

Im Herbst 1942 zogen Ursula, Len und die Kinder wieder um, diesmal in eine Wohnung, die einem der angesehensten Juristen Großbritanniens gehörte, einer Säule des englischen Judentums und mit Abstand dem Letzten, der verdächtigt werden könnte, einen sowjetischen Spion in seinem Hinterhof zu beherbergen. Richter Neville Laski, der kurz zuvor als Präsident des Board of Deputies of British Jews – die bedeutendste repräsentative Körperschaft der britischen Judenheit – in den Ruhestand getreten war, lebte in einer großen Regency-Villa in Summertown, einem grünen nördlichen Vorort von Oxford. Laski war ein entschiedener Patriot. Nach München hatte er erklärt: »Zuallererst liegt die vornehme Pflicht der britischen Juden in ihrer strikten und unerschütterlichen Loyalität zu ihrer Nationalität.« Laskis Bruder Harold war ein linksgerichteter Politologe, Professor für Politikwissenschaft an der LSE und Freund von Robert Kuczynski. Als Neville Laski und seine Frau Phina, auch bekannt als Sissie, erfuhren, dass Ursulas Mietvertrag in Kidlington bald auslief, boten sie an, das »Avenue Cottage« zu mieten, eine bezaubernde Vierzimmer-Remise hinter dem Hauptgebäude mit einer Wendeltreppe und einem eigenen Eingang unter der Adresse 50a George Street (heute Middle Way). »[Es war] ein mehrere Generationen altes Gebäude«, schrieb Ursula, »mit kleinem, grasbewachsenem Hinterhof und vielen Schuppen, das aus dem Rahmen aller übrigen recht spießigen Häuser dieser kleinen Straße fiel.«

Am Tag des Einzugs stattete Ursula Mrs. Laski einen spätvormittäglichen Besuch ab. Sissie »lag wie in einem Film über reiche Leute im Spitzennachthemd im Bett und nahm ihr Frühstück vom silberglänzenden Tablett zu sich.« Ziemlich verlegen angesichts dieses Spektakels bat Ursula ihre neue Vermieterin »um die Erlaubnis, eine Antenne von unserem Haus zu ihrem Schuppen ziehen zu dürfen«. Ursula und Len versteckten den kleinen Sender in einem Hohlraum hinter einem Stein in einer mit Moos bewachsenen dicken Gartenmauer.

Klaus Fuchs war Ursulas wichtigste Quelle für Geheiminformationen, aber er war nicht die einzige. Im Verlauf eines Jahres hatte sich das Sonja-Netzwerk auf mindestens ein Dutzend Spione erweitert und lieferte eine Fülle an Informationen: militärischer, politischer und wissenschaftlicher Natur. Melita Norwood kopierte in aller Stille jedes einzelne bedeutungsvolle Dokument der British Non-Ferrous Metals Research Association, die eine zunehmende Rolle in der Nuklearforschung spielte; Jürgen und Robert Kuczynski saugten unermüdlich Informationen und Klatsch auf; Hans Kahle lieferte mindestens einmal im Monat Berichte ab. Im Jahr 1942 rekrutierte Ursula einen neuen englischen Agenten, einen Offizier der technischen Abteilung der RAF, der, angetrieben von seinem »Ärger darüber, wie wenig England das Versprechen hielt, die Sowjetunion mit einer zweiten Front aktiv im Kampf gegen Hitler zu unterstützen«, Einzelheiten der militärischen Flugzeugentwicklung lieferte, darunter auch den Auslösemechanismus, der eingesetzt wurde, um die 1000-Pfund-Bomben freizugeben, die von den Lancaster-Bombern transportiert wurden. Sie gab ihm den Codenamen »James«. »Er verschaffte uns exakte Daten,

Gewichts- und Größenangaben, Tragfähigkeit, besondere Charakteristiken und sogar abgepauste Zeichnungen von Maschinen, die noch gar nicht geflogen waren.« James, der ehemalige Schweißer und kommunistische Sympathisant, »nahm kein Geld von uns, er fühlte sich nicht als ›Spion‹«, obwohl er zweifelsohne genau das war.

All diese Informationen mussten zu Berichten zusammengefasst, verschlüsselt und nach Moskau geschickt werden. Ende 1942 sendete Ursula zwei- bis dreimal pro Woche. Der kleine Michael wunderte sich, warum seine Mutter nachmittags häufig schlief: Sie war oftmals erschöpft, nachdem sie einen Großteil der Nacht durchgearbeitet hatte.

Zu Beginn des Krieges wurde der Radio Security Service gegründet, um »illegale Übertragungen« innerhalb des Vereinigten Königreichs zu orten. Hauptsächlich sollten so Nazi-Agenten enttarnt werden, die Funksprüche nach Deutschland sendeten, aber ab 1943 fingen die »Secret Listeners« ebenfalls »umfangreiche Pakete russischen Funkverkehrs« ab. Die unbearbeiteten Morsecodes wurden zur Entschlüsselung nach Bletchley Park geschickt. Im Gegensatz zu den Deutschen mit ihrem knackbaren Enigma-Code benutzte der sowjetische Geheimdienst ein System der One-Time-Pads, das als sehr sicher galt. Der britische Nachrichtendienst mochte ja nicht in der Lage sein, den sowjetischen Funkverkehr zu lesen, aber man war fest entschlossen, ihn zu unterbinden: Sobald ein illegales Funkgerät geortet wurde, wurden mit hochentwickelten Peilgeräten ausgestattete Funkortungswagen losgeschickt, um die verdächtige Gegend zu durchkämmen.

»Amateurfunk war untersagt, irgendwann mußte mit der Entdeckung meines Senders gerechnet werden«, schrieb Ursula. Auf Befehl Moskaus lernten sie und Len einen neuen Funker an, »Tom«, einen Monteur in der Cowley-Autofabrik, der im Ernstfall übernehmen konnte. Tom war Kommunist und glaubte, er unterstütze unmittelbar den antifaschistischen Kampf, indem er der Sowjetunion half, dem Verbündeten Englands.

Diese Einstellung war in England während des Krieges immer wieder anzutreffen, besonders in den informellen Netzwerken von Sympathisanten der Kommunisten. Len erwies sich als erfolgreicher Anwerber neuer Spione. »Meine Vergangenheit als Mitglied der Internationalen Brigade hatte ihre positiven Seiten«, schrieb er. »Es öffnete mir Türen in den progressiven und liberalen Kreisen. Die fundamentale antifaschistische Einstellung der Leute, verstärkt durch Görings Bombenterror und die gewaltige Bewunderung für die allein kämpfende Sowjetunion, erleichterte unsere Aufgabe sehr. Bei der Kontaktaufnahme war eine sorgfältige Beurteilung des Charakters immer wesentlich.« Einer derjenigen, die er anwarb, war »ein alter Bekannter«, der mit ihm in Spanien gekämpft hatte. Ursula versuchte später, die Identität dieses Mannes zu verschleiern, indem sie ihn vage als einen »Chemiker« umschrieb.

Lens Rekrut war höchstwahrscheinlich der exzentrische marxistische Wissenschaftler J. B. S. Haldane, Professor für Biometrie am University College, London, der während des Bürgerkrieges dreimal nach Spanien gegangen war, um für die republikanische Sache zu kämpfen, wo er sich mit Len Beurton anfreundete. 1941 arbeitete Haldane am streng geheimen Unterwasser-Forschungsinstitut der Marine in Gosport. »Wir erhielten von ihm neben Nachrichten über Panzerlandemittel ein wichtiges Instrument, das in U-Booten für Radargeräte benutzt wurde«, schrieb Ursula. Nach Empfang dieses Gegenstandes eilte sie mit einem Stück Kreide in der Tasche nach London. Zwei Tage später wartete Sergej bereits am verabredeten Treffpunkt westlich von Oxford, als Ursula auf ihrem alten Fahrrad mit einem wichtigen experimentellen militärischen Instrument in ihrer Fahrradtasche eintraf. Sie schrieb: »Damals war Radar noch etwas Neues, und die Zentrale war sehr interessiert daran.«

Als sie von einem Trip nach London zurückkehrte, fand Ursula einen strahlenden Len vor, und auch die Kinder waren noch wach und total aufgedreht. Sie solle die Augen schließen, sagten sie ihr und führten sie dann zu dem Morrisonshelter im Garten: Dort stand, geschmückt mit Flaggen, ein brandneues Fahrrad. Das alte, verkündete Len, sei »lebensgefährlich«, wohingegen das neue Fahrrad ihr »auch für illegale Treffs zustatten« kam. Len war ein eher zurückhaltender Mann. Ursula war gerührt von einem Geschenk, das zum Teil Liebesbeweis, zum Teil Spionagewerkzeug war.

Im Vorfrühling 1943, während der Krieg tobte und ihr Spionagenetzwerk auf vollen Touren lief, entdeckte Ursula zu ihrer Freude, dass sie mit sechsunddreißig Jahren wieder schwanger war. Es waren einige Überredungskünste nötig, um Len zu überzeugen, dass sie ein Baby bekommen sollten. Er konnte jederzeit zum Militärdienst einberufen werden und hätte sie dann mit drei kleinen Kindern und einem wachsenden Spionagenetz alleinlassen müssen. Aber Ursula war hartnäckig. »Bevor er sich in Gefahr begab, wollte ich ein Kind von ihm. [...] Ich bestand darauf, als Ende 1942 die Einkreisung der deutschen Armee bei Stalingrad begann und sich der Sieg an dieser wichtigen Front abzeichnete.« Wie könnte man einen russischen Sieg besser feiern als mit einem dritten Kind? Außerdem bedeuteten »Säuglinge eine gute Legalisierung«. Je mehr Kinder sie hatte, desto weniger würde man sie verdächtigen. Wie bei allen großen Entscheidungen in ihrem Leben waren auch diesmal das Professionelle, das Politische und das Persönliche miteinander verwoben.

Ursula informierte die Zentrale nicht darüber, dass sie ein weiteres Kind bekam. In einer stahlharten, von Männern geleiteten Bürokratie wie der GRU, in der nur wenige Frauen arbeiteten, gab es nichts, was einem Mutterschaftsurlaub gleichkam, und selbst wenn, hätte Ursula dankend abgelehnt. Während das Baby heranwuchs, wuchs auch ihr Arbeitspensum.

Auf Druck Stalins brachte die Zentrale ihren besten Agenten jetzt ernsthaft ins Schwitzen. Laut einem GRU-Bericht war Fuchs in der Lage, Plastilinabdrücke verschiedener Schlüssel des Forschungszentrums in Birmingham anzufertigen, die dann über Ursula an Wladimir Barkowski weitergereicht wurden, den Chef des wissenschaftlichen und technischen Nachrichtendienstes in der Londoner Residentur. »Mithilfe von Nachschlüsseln, von Barkowski persönlich angefertigt, kam [Fuchs] an eine Menge geheimer Dokumente sowohl aus seinem eigenen Safe wie auch aus den Safes seiner Kollegen.« Barkowski war der Nachfolger Aptekars als der neue »Sergej«, fungierte als Verbindungsmann zwischen Ursula und den »legalen« Geheimagenten in der sowjetischen Botschaft: Er berichtete nach Moskau, dass Fuchs (jetzt mit dem Codenamen »Rest« und später dann »Charles«) »mit Freude für uns arbeitet, aber [...] schon die kleinste Andeutung einer finanziellen Entschädigung zurückweist«. Manchmal drohte die Flut an Informationen von Fuchs Ursula zu überwältigen. Bei einem ihrer Treffen überreichte er ihr »ein dickes Buch mit Blaupausen, sicher über hundert Seiten stark, mit der Bitte um schnelle Weitergabe«. Das machte eine weitere Tour nach London, ein weiteres Kreidezeichen und ein weiteres Treffen auf einer einsamen Landstraße erforderlich.

Im Juni 1943 gab Stalin Molotow eine Liste mit zwölf Fragen über das Atombombenprojekt und verlangte schnelle Antworten. Der russische Außenminister reichte die Liste an den Direktor der GRU weiter, Generalleutnant Iwan Iljitschew, der umgehend ein Telegramm an die Londoner Residentur schickte, zu Händen von Sonja. Am 28. Juni traf Ursula sich in Banbury mit Fuchs und gab ihm Stalins »zwölf dringende Forderungen«. Sie spionierten jetzt entlang einer Einkaufsliste, die der Sowjetführer persönlich aufgesetzt hatte. Fuchs erstellte pflichtgemäß eine umfassende Zusammenstellung aller Informationen, die er bislang geliefert hatte, sowie von allem, was er über das Tube-Alloys-Projekt wusste, ein bemerkenswertes Zeugnis seiner wissenschaftlichen Fähigkeiten und zugleich, falls er den Briten in die Hände fallen sollte, der erdrückendste Beweis seiner Schuld.

Rund 3500 Meilen entfernt in Teheran spielte Rudolf Hamburger die Rolle des Spions mit ebenso viel Nachdruck wie seine Ex-Frau und absolut ohne deren Erfolg. Seine Unfähigkeit wäre vielleicht witzig gewesen, hätte sie sich nicht letztendlich als tragisch herausgestellt und hätte sie nicht Auswirkungen auf Ursulas Leben gehabt, die niemand vorhersehen konnte. Hamburgers Mission im Iran hatte durchaus gut begonnen. Nachdem er den Auftrag bekommen hatte, ein neues Gebäude für das persische Finanzministerium zu entwerfen, machte er sich beharrlich daran, Informationen über die von den Briten und Amerikanern gebaute Straßen- und Eisenbahninfrastruktur zu sammeln, über die die Sowjetarmeen an der Ostfront mit Nachschub versorgt werden sollten. Da Stalin seinen Verbündeten immer misstraute, verlangte er, dass seine Spione in Erfahrung brachten, ob die Zunahme an britischen und amerikanischen Truppen so nahe an der sowjetischen Grenze womöglich unheilvollere Absichten ankündigte. »Meine Aufgabe«, schrieb Rudi, »war die Beobachtung all dieser Pläne und Bewegungen, Feststellung der Anzahl von Truppeneinheiten und welcher Gattungen, die vor allem im Süden, im Erdölzentrum, unter dem Deckmantel des Transportwesens hereingeschleust und dort konzentriert wurden.« Die Moskauer Zentrale stattete ihn mit einem sperrigen Funksender in einer Aluminiumkiste aus, die er an ein Seil hängte und im nicht mehr genutzten Kamin seiner Mietwohnung versteckte. Über ein Jahr lang lieferte der Architekt-Spion eine geringe Menge minderwertiger Informationen, die er zum großen Teil von bei den Alliierten beschäftigten Einheimischen erhalten hatte. In dem trockenen Klima Teherans traten die Schübe von Malaria, die er sich in einem chinesischen Gefängnis zugezogen hatte, weniger häufig auf. Er sparte sogar etwas Geld, das er über eine amerikanische Bank an Ursula schickte. Ein Brief von Rudi erreichte das Avenue Cottage kurz vor Weihnachten 1942 nach einer langwierigen Reise durch das Kriegspostwesen. Der elfjährige Michael war ganz aufgeregt, stellte sich den

Tag vor, an dem der Vater sein Versprechen einlöste und zurückkehrte. »Ich rechnete immer damit, dass er auftauchte, wie ja auch schon früher. Ich habe ihn wirklich geliebt.«

Rudi Hamburgers Leben in Teheran war einsam, aber exotisch und mit Architektur und Spionage auch extrem arbeitsreich. Sein Kommunismus spiegelte den Eifer des Konvertiten. Er war beinahe glücklich. Und dann ging wie immer alles schief.

Ruhollah Karubian war ein armenischer Iraner, der als Privatsekretär und Übersetzer des amerikanischen Leiters der Eisenbahnen arbeitete. Eines Nachmittags beim Tee fragte Hamburger unverblümt, ob Karubian ihm Geheiminformationen verkaufe, und verkündete, »er sei Russe und wolle alles über britische Truppen und militärische Anlagen in Erfahrung bringen«. Rudi bot »eine großzügige Bezahlung« an »für alles, was die amerikanische Außenpolitik im Nahen Osten betrifft«. Karubian meldete diesen verblüffend plumpen Vorstoß umgehend seinem Chef, der daraufhin den militärischen Sicherheitsdienst der Amerikaner informierte. Ein Mikrofon wurde in Karubians Wohnzimmer installiert, und als Hamburger das nächste Mal zum Tee kam, versteckte sich ein mit Kopfhörern ausgestatteter Stenograf im angrenzenden Zimmer und machte Notizen. Wie vom amerikanischen Nachrichtendienst instruiert, täuschte Karubian Interesse an Hamburgers Angebot vor und fragte nach Einzelheiten. »Hamburger weigerte sich beharrlich, die Namen der Leute preiszugeben, für die er arbeitete.« Allerdings bot er einen Vortrag über internationale Politik an. »Hitler muss besiegt werden, aber das wird unsere Arbeit niemals beenden. Wissen Sie, Karubian, heute sind England, Amerika und Russland Verbündete, aber wenn der Krieg erst mal vorbei ist, sind sie vielleicht wieder Feinde. Meine Gruppe möchte alles an Informationen, was sie bekommen können. Wir wollen die neue Ordnung nach dem Krieg zu Ende führen. Wir müssen die Antworten auf alle Beweggründe der Alliierten kennen.« Das genügte dem Lauscher. Am 19. April wurde Rudolf Hamburger von der amerikanischen Militärpolizei verhaftet. Bei einer Durchsuchung seiner Wohnung wurden 2000 US-Dollar in Reiseschecks und ein gefälschter honduranischer Pass gefunden, nicht aber das Funkgerät im Kamin. »Hamburger gab zu, in flagranti erwischt worden zu sein, und war bereit, die Konsequenzen zu tragen, aber er würde auf gar keinen Fall seine Partner verraten.« Nach einer Woche in amerikanischer Haft wurde er den britischen Behörden im Iran übergeben.

Colonel Joe Spencer vom Defence Security Office wusste, dass er einen Spion an der Hand hatte, aber ein Spion welcher Art, war noch unklar. Hamburger war offensichtlich »sehr intelligent und umgänglich«, aber der deutsche Architekt »lehnte es rundweg ab, Fragen zu beantworten«, und schien »vollkommen unbeeindruckt auf Drohungen und rauere Befragung« zu reagieren. Spencer ließ ihn schmoren.

Rudi Hamburger war ein zu ehrlicher Mann und ein zu hoffnungsloser Spion, um seine Geheimnisse lange zu bewahren. Ohne Lesestoff und Gesellschaft wurde er zuerst immer niedergeschlagener und schließlich gesprächiger. Spencer versorgte ihn in der altbewährten Manier kluger Gefängniswärter mit Zeitschriften, Zigaretten und angenehmer Gesellschaft. Je mehr Wochen verstrichen, umso gewichtigere Andeutungen ließ Rudi fallen. »Er behauptete, nicht gegen die Alliierten zu arbeiten, sondern lediglich Informationen für seine ›Gruppe‹ gesammelt zu haben, über die er sich entschieden nicht weiter auslassen wollte. Er war ziemlich zuversichtlich, dass sich seine ›Gruppe‹ letztendlich für ihn einsetzen würde. Er hoffte, sie werde ihm einen guten Job als Bauingenieur geben, andernfalls würde er nach China zurückkehren.«

Im August gab er schließlich zu, für einen »Alliierten« zu arbeiten.

Spencer lachte: »Es gibt fünfundzwanzig Vereinte Nationen, Sie können nicht von mir erwarten, dass ich herumziehe und jeden einzelnen frage.«

»Ich gebe Ihnen einen Tipp«, sagte Hamburger. »Welcher Alliierte außer den Engländern und Amerikanern interessiert sich für das Thema Transport in Persien?«

Am nächsten Tag, nach viermonatiger Haft, packte Rudi aus: »Er gab zu, dass er seit langem berufsmäßiger Agent der Russen war und bleiben würde. Seine Aufgabe, behauptete er, sei das Sammeln politischer Informationen über die Pläne der Alliierten, speziell von Offizieren der Armee. Er gab zu, dass er das Gespräch mit Karubian vermasselt hatte.« Rudi schlug Spencer vor, er solle doch die sowjetischen Behörden anrufen, um seine Geschichte zu überprüfen. »Aber versprechen Sie, nicht zu erwähnen, dass ich diesen Vorschlag gemacht habe, denn meine Zukunft hängt davon ab.«

Spencer setzte sich mit dem sowjetischen Militärattaché in Verbindung, der drei Tage später bestätigte, dass »Hamburger für die Russen arbeite, und er bat um seine Auslieferung«.

Soweit es Colonel Spencer betraf, war die Sache damit erledigt. »Wir übergaben ihn den Russen mitten in der Nacht auf einer entlegenen Straße, das Ganze hatte was von der geheimnisvollen Atmosphäre des dramatischsten Spionagefilms. Es war ein ganz simpler Fall – die Ergreifung eines alliierten Agenten aufgrund seiner eigenen Dummheit und seine anschließende unkomplizierte Entsorgung.« Rudi glaubte auch, die Zukunft sei unkompliziert. »Hamburger schien recht zuversichtlich, dass die Russen ihm nichts antun würden, wenn er ihnen übergeben wurde. Er sagte, er werde weiterhin als Agent arbeiten, allerdings wahrscheinlich woanders.«

Die Briten und Amerikaner hatten nun eine sehr umfangreiche Akte über Rudi Hamburger und den Beweis, dass Ursula Kuczynskis erster Mann ein selbsterklärter sowjetischer Spion war. Ursula und Rudi mochten geschieden sein und Tausende Meilen voneinander getrennt leben, aber ihre Geschichten und ihre Schicksale waren immer noch untrennbar miteinander verbunden. Als Spion stellte er lediglich für seine Frau eine gewisse Gefahr dar.

Rudolf Hamburger wurde Ende August nach Moskau geflogen, er war überzeugt, dass er, wenn schon nicht wie ein Held empfangen, doch zumindest ein freundliches, mitfühlendes Schulterklopfen und einen neuen Auftrag erhalten würde. Wie schon zuvor, als »die Freunde« ihn aus einem chinesischen Gefängnis geholt hatten, würde die Zentrale ihm wahrscheinlich wieder zuerst eine angenehme Erholungskur gewähren, bevor er in einen neuen Einsatz geschickt wurde. Denn immerhin hatte er ja über die Jahre ein bemerkenswertes Maß an Beharrlichkeit, Engagement und Loyalität bewiesen. Rudi dachte, dass er durchaus befördert werden könnte.

Er hätte sich nicht mehr irren können.

Aus der Perspektive der sowjetischen Paranoia war Rudolf Hamburger nicht einfach nur unfähig, sondern zudem höchst verdächtig.

Zwei Tage nach seiner Ankunft in Moskau wurde er unter der Anklage, für den amerikanischen oder britischen Geheimdienst zu arbeiten, verhaftet und in »Untersuchungshaft« genommen, ein Euphemismus für Gefangenschaft und Vernehmungen auf unbestimmte Zeit und ohne Gerichtsverfahren. Er war den Briten zu leicht entkommen. »Die Umstände der Entlassung Hamburgers aus der Haft in Iran erwecken den Verdacht seiner Anwerbung durch einen ausländischen Geheimdienst.« Nach der perversen Logik der kommunistischen Strafverfolgung bestätigten Rudis Unschuldsbeteuerungen lediglich seine Schuld. »Du hast dich von unseren Feinden kaufen lassen und bist hergeschickt, um für sie als Spion zu arbeiten«, insistierte der Vernehmungsbeamte. »Ja, ein Spion bist du geworden. […] Komm, komm, du dreckiger Spion, gesteh' endlich, dass sie dich herübergekauft haben. Ein Spion bist du geworden, ein Spion – gesteh' endlich, dass du einer bist.« Seine Bitte um einen Anwalt wurde ignoriert. »Von Hunger und Aufregung geschwächt, möchte man 24 Stunden schlafen. Schlafen und an nichts mehr denken«, schrieb er. »Das Essen ist elend. […] Hunger ist eine furchtbare Folter.« Sein Gesundheitszustand verschlechterte sich rapide. In wenigen Monaten verlor er »etwa 20 kg Gewicht«.

Es gab kein ordentliches Gerichtsverfahren, lediglich ein Urteil: Rudolf Hamburger war ein »sozialgefährliches Element«, das sich nach Paragraf 58 des Strafgesetzbuches politischer Verbrechen schuldig gemacht hatte, und wurde zu fünf Jahren Gefängnis verurteilt. Die Zentrale griff nicht ein. Der Erfolg seiner Ex-Frau als sowjetische Geheimdienstoffizierin galt nichts. »Für sie ist mein Fall als Ausländer natürlich klar: feindlicher Spion. […] Sie stempeln mich zu ihrem potentiellen Gegner, zum Verräter, der ins Zuchthaus gehört. Das ist schwerer zu ertragen als die Gefängniszelle, der Hunger, der Zustand vollkommener Rechtlosigkeit.« Wie so viele andere wurde er von dem riesigen Schlund des russischen Gulag verschluckt, ein weiterer unschuldiger Feind des Volkes. Rudolf Hamburgers Abstieg in die Hölle hatte begonnen.

Etwa zur Zeit von Rudis Verhaftung erhielt Ursula Beurton ihre Beförderung zum Oberst, womit sie die einzige Frau war, die im sowjetischen militärischen Nachrichtendienst so weit aufstieg. Sie wurde über ihre Beförderung nicht unterrichtet. Die Beziehung zwischen Agent und Agentenführer basierte wie alle Beziehungen in der Spionage auf dem Need-to-know-Prinzip: Moskau entschied, dass Sonja nicht wissen musste, welchen Dienstgrad sie erworben hatte, und auch nicht, dass der Vater ihres erstgeborenen Kindes nun ein Gefangener des Regimes war, dem sie diente.

»Mrs. Burton«, wohnhaft Avenue Cottage, Summertown, verbrachte den Winter 1942 mit Fahrradtouren um Oxford auf ihrem neuen Rad, holte Kriegsrationen ab, kümmerte sich um ihre Kinder und ihren Mann, verfolgte den Kriegsverlauf. Sie war höflich, bescheiden und harmlos, eine ganz normale Hausfrau, die im Gemüsebeet hinter dem Haus »Gartenbau für den Sieg« betrieb. Während sie auf ihr Baby wartete, nähte sie einen neuen Sitzbezug für ihr Fahrrad, »Gänseblümchen auf grünem Grund«. Sie kam mit ihren Nachbarn gut aus und nahm gelegentlich im Haupthaus ihren Tee mit Sissie Laski. Nina besuchte den Kindergarten in Summertown und schloss sich den Pfadfinderinnen an. Ursulas deutscher Akzent verschwand zusehends. Sie entwickelte eine aufrichtige Verbundenheit zu den Briten und bewunderte ihren beharrlichen Glauben an die Gewissheit, am Ende immer zu siegen. Wie alle Ideologen sah sie den Krieg durch das Prisma der eigenen Politik. »Das englische Volk sympathisierte mit der Sowjetunion.«

Ursulas vier Schwestern würden jeweils einen Engländer heiraten und sich im Vereinigten Königreich niederlassen. Berta sehnte sich nach ihrem früheren Leben in Deutschland, akzeptierte aber, dass England nun ihr dauerhaftes Zuhause war. Ursulas geliebte Tante Alice, Roberts Schwester, und ihr Mann, der Gynäkologe Georg Dorpalen, klammerten sich bis zum Ende an Berlin. Im September 1942 schrieb Alice an ihre treue deutsche Haushälterin Gertrud: »Die Zeit ist gekommen, Abschied zu nehmen und Ihnen aus tiefstem Herzen für ihre Freundschaft und Hilfsbereitschaft zu danken, die sie uns in schwierigen Zeiten entgegengebracht haben. [...] Mein Mann ist wunderbar ruhig, und wir sind bereit, unserem schweren Schicksal zu begegnen. Wenn wir es nur überleben.« Drei Tage späte wurden die Dorpalens abgeholt und ins Konzentrationslager Theresienstadt geschickt, wo sie ermordet wurden. Ursula bewunderte Onkel Georgs Tapferkeit, musste sich aber dennoch fragen: »War es ebenfalls mutig, bei Hitlers Machtübernahme nicht den Rat meines Vaters zu befolgen, sondern in seiner deutschen Heimat zu bleiben, die er liebte?«

Trotz wachsender patriotischer Gefühle für ihre Wahlheimat spionierte Ursula ohne Protest oder Zweifel Großbritannien aus. Len, der zunehmend ungeduldiger auf seinen Einberufungsbefehl wartete, war bereit, für England zu kämpfen, während er gleichzeitig für die Sowjetunion spionierte. Sie sahen keinen Interessenkonflikt. Partei und Revolution standen an erster Stelle, und indem sie den Kommunismus verteidigte, glaubte Ursula, England zu helfen, ungeachtet dessen, ob England sich so helfen lassen wollte. Jahre später behauptete sie beharrlich: »Wir hätten jeder Andeutung vehement widersprochen, dass wir oder die mit uns zusammenarbeitenden [englischen] Genossen Großbritannien verrieten.« Sie mochte sich selbst nicht als Verräterin ihrer Wahlheimat sehen, aber genau so hätten es die meisten Briten betrachtet; und etwas an ihrem defensiven Tonfall spiegelt auch ihr eigenes Unbehagen wider. Wie immer schloss sie leicht Freundschaften. Aber sie täuschte und betrog jeden Einzelnen. Ursula hielt es für möglich, sowohl sowjetische Spionin als auch loyale Britin sein zu können. Der MI5 war anderer Meinung.

Mrs. Burton, wohnhaft Avenue Cottage, trank Tee mit den Nachbarn, schloss sich deren Klagen über die Mangelversorgung an und stimmte zu, dass der Krieg bald zu Ende sein müsse. Nina malte einen riesigen Union Jack und hängte ihn ins Fenster. Michael und seine Freunde veranstalteten Scheingefechte, bei denen die Briten immer die »Vandalen besiegten«. Ursula investierte einen kleineren Betrag bei dem *National Savings Movement*, um einen Beitrag zur Finanzierung der Kriegsanstrengungen zu leisten.

Unterdessen leitete Oberst Kuczynski von der Roten Armee das größte Spionagenetzwerk in Großbritannien; Geschlecht, Mutterschaft, Schwangerschaft und ein offensichtlich langweiliges Alltagsleben bildeten zusammen die perfekte Tarnung. Männer glaubten schlicht und einfach nicht, dass eine Hausfrau, die ein Frühstück aus Eipulver zubereitete, die Kinder in die Schule schickte und dann mit dem Fahrrad hinaus aufs Land radelte, in der Lage sein könnte, wichtige Spionage zu betreiben. Dieses Vorurteil nutzte Ursula skrupellos aus.

Nur eine Frau hätte Ursulas Maskerade durchschauen können. In der Spionageabwehr des MI5 gab es nur eine einzige Frau.

Und sie war Ursula auf der Spur.

19
Milicent vom MI5

Miss Milicent Bagot war eine jener Engländerinnen, die Ausländern, Kindern und Bankdirektoren Angst und Schrecken einjagen und tendenziell als »respekteinflößend« bezeichnet werden – eine Umschreibung für unverheiratet, humorlos und leicht furchterregend. Als eine der wenigen Frauen im MI5 und die erste, die einen höheren Dienstgrad erreichte, war sie hochintelligent, passioniert, professionell und, wenn die Situation es verlangte, unglaublich grob. Sie trug eine strenge Brille und konnte Dummköpfe nicht ertragen. Tatsächlich wurden Dummköpfe nur selten im Zweifel darüber gelassen, was sie waren. Bagot war die Tochter eines Londoner Anwalts und wurde bis zum Alter von zwölf Jahren von einer französischen Gouvernante erzogen, kam dann auf die Putney High School und studierte schließlich Altphilologie an der Lady Margaret Hall in Oxford. Im Alter von zweiundzwanzig Jahren ging sie 1929 als Angestellte auf Probe zur Scotland Yard Special Branch in die Abteilung für Staatsschutz. Als diese Abteilung dann 1931 zum MI5 wechselte, ging Bagot mit und begann eine lebenslange Geheimdienstkarriere. Sie wohnte bei ihrer Nanny in Putney. Sie trug im Haus einen Hut. Jeden Donnerstagnachmittag, Krieg hin oder her, verließ sie um 16:45 Uhr das Büro, um im Bach Choir zu singen (sie sang Alt und häufig *fortissimo*). »Prinzipienreiterin und eine schwierige Kollegin mit robusten Ansichten« lautete das Urteil eines Kollegen. »Sie war fordernd und anspruchsvoll und verbarg ihre Gefühle nicht, wenn sie es mit Menschen zu tun hatte, die intellektuell weniger begabt waren als sie selbst.« Im Büro kannte man Bagot als »Millie«, allerdings nur, wenn sie nicht in Hörweite war. Der abtrünnige MI5-Offizier Peter Wright schrieb: »Sie hatte einen kleinen Stich, verfügte jedoch über ein außergewöhnliches Gedächtnis für Fakten und Akten.« Ihre Kollegen mochten ja in Deckung gehen, wenn Milicent mit lauter Stimme den Korridor herunterkam, aber keiner bezweifelte ihre Fähigkeiten. Selbst der FBI-Direktor J. Edgar Hoover, weder ein Bewunderer des MI5 noch von Frauen, schrieb ihr ein persönliches Dankschreiben. Obwohl sie einen völlig anderen Charakter hatte, war sie Ursulas Gegenstück und Doppelgängerin: hochqualifiziert, völlig in ihrer Arbeit aufgehend, von Männern nicht eingeschüchtert und in ihren antikommunistischen Überzeugungen so fest wie Ursula in ihren kommunistischen. Als Vorbild für Connie Sachs, die exzentrische und obsessive Jungfer in den Romanen von John le Carré, sollte Bagot schließlich literarische Unsterblichkeit erlangen.

Niemand in Großbritannien wusste mehr über die innere Bedrohung durch den Kommunismus als Milicent Bagot.

1941 richtete der MI5 die »F Division« ein, spezialisiert auf die Bekämpfung subversiver Aktivitäten. Die antikommunistische Abteilung F2C wurde theoretisch von Hugh Shillito, einem altgedienten Offizier geleitet, aber es handelte sich lediglich um »eine vage Aufsichtsfunktion, da man es für besser hielt, zumindest nominell einem Mann die Leitung zu übertragen«. Es war jedoch keine Frage, dass Milicent in der Kommunistenjäger-Abteilung die Hosen anhatte. »Miss Bagot ist eine außergewöhnliche Persönlichkeit. Sie arbeitet bereits seit über zwanzig Jahren am Problem des Kommunismus und verfügt über ein absolut enzyklopädisches Wissen das Themas betreffend. [… Sie ist] das wertvollste Mitglied der ganzen Abteilung.« Diese überschwängliche Beurteilung kam vom Gesamtchef der F Division und Bagots unmittelbarem Vorgesetzten: Roger Hollis, ehemaliger Manager eines Tabakunternehmens, der sich etwa zur gleichen Zeit wie Ursula in den 1920er Jahren in kommunistischen Kreisen in Shanghai herumgetrieben hatte. Die gegensätzlichen Rollen, die Milicent Bagot und Roger Hollis im Fall Sonja spielten, sollten Anlass zu einer der längsten und schädlichsten Verschwörungstheorien der britischen Geschichte geben.

Milicent Bagot verfolgte die Familie Kuczynski vom Augenblick ihrer Ankunft in Großbritannien an. Sie sprach sich entschieden gegen die Entlassung von Jürgen Kuczynski aus der Internierung aus. »Uns liegen umfangreiche Erkenntnisse über diesen Mann vor, die darauf hindeuten, dass er sich aktiv an anti-britischer Propaganda beteiligt, allerdings stoßen wir auf Schwierigkeiten, das Innenministerium davon zu überzeugen«, schrieb sie an den MI6. Die Akten der F Division beschrieben Jürgen als »einen extremen und fanatisch pro Stalin eingestellten Kommunisten. Einer von Moskaus brillantesten und gefährlichsten Propagandisten. Es wird behauptet, dass er als Illegaler mit dem sowjetischen Geheimdienst in Verbindung steht.« Als Ursula Kuczynski einen britischen Pass beantragte, war es Bagot, die darauf hinwies, dass es Akten über sie und ihren Vater gebe und dass die Ehe mit Len Beurton nahezu sicher ein Schwindel sei, um die britische Staatsbürgerschaft zu erhalten. Sie alarmierte die Polizei in Oxford, als die Kuczynskis sich 1941 dort niederließen, und untersuchte erneut die Briefe, die Ursula zwischen 1938 und 1941 aus der Schweiz an ihre Familie geschrieben hatte, die abgefangen und fotografiert worden waren.

Milicent, so hieß es, »konnte eine Ratte auf zwanzig Schritt Entfernung riechen«, und bei den Kuczynskis hatte sie die Witterung von einem ganzen Nest aufgenommen. Bagot hatte Ursula Beurton ganz klar im Visier, aber Len war der Mann im Haus und damit qua Vermutung die größere Bedrohung, womit er am meisten Verdacht erregte.

Nur wenige Wochen nach Einzug der Beurtons in das Avenue Cottage klopfte ein Polizist an ihre Tür und lud Len freundlich ein, »wann immer es ihm am besten passte«, zu einem Treffen mit »Sicherheitsbeauftragten« nach London zu kommen. Len war unbekümmert. Nachdem er in Genf an den britischen Geheimdienst herangetreten war, rechnete er bereits mit irgendeiner Form der Kontaktaufnahme und vielleicht sogar einem Arbeitsangebot. Ein Beamter des MI5, Desmond Vesey, und Arnold Baker vom MI6 warteten in Zimmer 055 des Kriegsministeriums (wo der MI5 seine auswärtigen Sitzungen abhielt), als Len am 18. September 1942 eintraf. »Es gibt Merkwürdigkeiten an Beurtons Geschichte«, vermerkte MI5: Ursulas Behauptung, ihr Mann sei zur Genesung in der Schweiz gewesen, während er selbst nichts davon erwähnte, jemals an Tuberkulose erkrankt gewesen zu sein, seine Behauptung, einen größeren Geldbetrag in bar von französischen Verwandten geerbt zu haben, seine Antipathie gegenüber Verantwortung tragenden Persönlichkeiten und schließlich seine »verdächtige Art«. Die beiden Beamten bombardierten ihn mit Fragen, aber nach einigen Stunden wurde Len gesagt, er könne nach Hause zurückkehren. »Im Großen und Ganzen hinterließ Beurton einen guten Eindruck«, schrieb Vesey.

Milicent Bagot und ihre Jäger waren nicht bereit, es dabei zu belassen. Am nächsten Tag erhielten sie die Genehmigung, die Post der Beurtons abzufangen, weil »dieser Mann vor kurzem aus der Schweiz zurückgekehrt ist, wo er mutmaßlich in Verbindung zu Agenten einer ausländischen Macht gestanden hat«, schrieb Hugh Shillito, Bagots nomineller Chef und *de facto*-Stellvertreter. »Meines Erachtens legte die Geschichte viele interessante Möglichkeiten nahe. Beurton kann im Auftrag der UdSSR gegen Deutschland von der Schweiz aus in der Spionage tätig gewesen sein. Es ist bekannt, dass die Russen die Internationalen Brigaden für die Rekrutierung von Geheimagenten genutzt haben.«

MI5 schickte ein Memo an den Sicherheitsoffizier in Oxford: »Veranlassen Sie bitte, dass die Polizei diskrete Nachforschungen anstellt, [...] ob Beurton reist, wann und wohin, welche Freunde er hat und womit er seine Zeit verbringt.« Die Polizei erstattete pflichtgemäß Bericht, dass »das Haus ziemlich abgelegen liegt und sie nur wenig Kontakt zu Nachbarn habe. [...] Sie scheinen recht komfortabel zu wohnen und 4½ Guineen wöchentlich an Miete zu zahlen« – eine beträchtliche Summe, da keiner von ihnen Arbeit hatte oder über irgendeine bekannte Einkommensquelle verfügte. Detective Inspector Arthur Rolf von der Thames Valley Police bemerkte jedoch eine auffällige Besonderheit des Avenue Cottage: »Sie besitzen eine ziemlich große Funkanlage und haben kürzlich einen speziellen Mast für die Antenne aufstellen lassen.« Diese wichtige Information wurde im Januar 1943 an MI5 gemeldet, zu einer Zeit, als Ursula von Klaus Fuchs mit zahlreichen Informationen versorgt wurde und mindestens zweimal wöchentlich nach Moskau funkte. Überdies hatten die Abhörspezialisten nach Angaben eines leitenden Beamten des Radio Security Service einen illegalen Radiosender in der Gegend von Oxford ausfindig gemacht. In einem Vermerk in der MI5-Akte der Beurtons heißt es unumwunden: »Am interessantesten scheint jedoch zu sein, dass [sie] eine große Radioanlage besitzen, und man sollte meinen, dass dies eine nähere Untersuchung wert ist.«

Aber Roger Hollis, Chef der F Section und Milicent Bagots unmittelbarer Vorgesetzter, glaubte nicht, dass der Antennenmast einer Nachforschung wert sei. Auch ging er weiteren Hinweisen nicht nach, dass das Leben im Avenue Cottage nicht war, was es zu sein schien. Hollis versäumte es ebenfalls oder lehnte es ab, gegen Klaus Fuchs zu ermitteln. Wieder und wieder ließ Hollis aus heutiger Sicht offensichtliche Spuren, die direkt zu Ursula hätten führen müssen, im Sande verlaufen.

Die Theorie, dass Roger Hollis ein sowjetischer Spion war, von Richard Sorge in Shanghai angeworben und in den britischen Geheimdienst eingeschleust, wurde 1981 zum ersten Mal öffentlich geäußert, hält sich seitdem und weigert sich trotz wiederholter offizieller Dementis zu verschwinden. Nachdem Hollis 1937 zum MI5 gekommen war, wurde er kontinuierlich befördert, bis er schließlich 1956 Director General wurde, eine Position, die er bis zu seiner Pensionierung neun Jahre später behielt. Seine Ankläger behaupten, dass Hollis' hohe Position es ihm erlaubte, zahlreiche Sowjetspione in Großbritannien zu schützen, unter anderem auch Ursula, die bewusst die Verschwörungstheorie schürte. Im späteren Leben bestritt sie, Hollis aus Shanghai zu kennen, fragte sich aber: »War es möglich, dass es jemandem im MI5 gab, der zur gleichen Zeit wie wir für die Sowjetunion arbeitete und uns beschützt hatte?« Bis zum heutigen Tag weist der MI5 diese Möglichkeit kategorisch zurück, und auf seiner Website wird beharrlich behauptet, dass die Beschuldigungen gegen Hollis »untersucht und für unbegründet befunden wurden«.

Dennoch ist das Muster von Hollis' Handeln – oder besser gesagt: Nicht-Handeln – hinsichtlich Ursula Beurton, Jürgen Kuczynski und Klaus Fuchs mehr als sonderbar. Als Milicent Bagot sich 1940 dafür starkmachte, Jürgen nicht aus der Internierung zu entlassen, äußerte Hollis, dass er »keinen Augenblick glaubte, dass Kuczynski ein Agent der OGPU [sowjetischer Geheimdienst] sei«, eine vom Leiter des MI5 unterstützte Ansicht, mit der Begründung, dass Hollis »Kuczynski persönlich kennt«. (Die genaue Art dieser persönlichen Verbindung wurde nie festgestellt.) Laut dem Autor und Journalisten Chapman Pincher (Hollis' unermüdlichem Ankläger) wurden die Kuczynskis ausgelassen, als die amerikanische Botschaft den MI5 bat, eine Liste ausländischer Kommunisten im Vereinigten Königreich zusammenzustellen. Hollis war gleichermaßen nicht bereit, Nachforschungen gegen Fuchs durchzuführen. »Miss Bagot scheint unverzüglich die Aufmerksamkeit auf den Fall Fuchs gelenkt zu haben«, schreibt Fuchs' letzter Biograf, aber Hollis sah die potenzielle Bedrohung, die er darstellte, »außerordentlich gelassen«. Es mag kein Zufall sein, dass Hollis mit Neville Laski befreundet war, in dessen Cottage Ursula mit einer großen Funkantenne über dem Kopf wohnte.

Paul Monk, Nachfolger des verstorbenen Chapman Pincher als Chefankläger in der Saga, schreibt, dass Hollis als Leiter der F Division die Bemühungen von Bagots Abteilung, gegen Ursula Beurton, ihren Ehemann, ihre Familie und ihren wichtigsten Agenten Klaus Fuchs zu ermitteln, immer wieder behindert hat: »Bagot war bereits 1940 SONIA [sic] auf der Spur. [...] Es war Hollis, der ihre Vorschläge, SONIA mit Misstrauen zu behandeln und unter Beobachtung zu halten, abwürgte. [...] Bagot war angesichts der bekannten Vorgeschichte von SONIA misstrauisch, wurde aber von Hollis abgewimmelt.«

Es gibt nur zwei Möglichkeiten, Hollis' Verhalten zu interpretieren: Entweder war er ein Verräter oder ein Narr. Um sich fast dreißig Jahre lang innerhalb des MI5 zu verstecken, während er eine ganze Reihe sowjetischer Spione schützte und seine eigenen Spuren verwischte, hätte es eines Spions von seltener intellektueller Gewandtheit bedurft. Niemand hätte Roger Hollis auf diese Weise beschrieben. Er war ein schwerfälliger, ein wenig behäbiger Bürokrat mit dem Ideenreichtum eines Omeletts. Lügen ist einfach. Ein ganzes Bündel von Lügen, Vertuschungen und Ablenkungen über Jahre hinweg aufrechtzuerhalten und sich an sie alle zu erinnern, ist außerordentlich schwierig. Selbst Kim Philby mit seinem außergewöhnlichen Talent zur Täuschung hinterließ Spuren, die ihn am Ende entlarvten. Hollis verfügte einfach nicht über diese Art von Fähigkeiten. Die Beweislage spricht derzeit dafür, dass Hollis nicht verräterisch, sondern inkompetent war. Er war tatsächlich ziemlich dumm.

In Ursulas MI5-Akte befindet sich eine Notiz, geschrieben von Hollis in Beantwortung einer FBI-Anfrage, die perfekt seine Haltung zusammenfasst: »Mrs. Burton scheint ihre Zeit ihren Kindern und häuslichen Angelegenheiten zu widmen. [...] Sie ist in keinem politischen Zusammenhang aufgefallen.« Wie so viele andere konnte Hollis Ursula nicht als das erkennen, was sie wirklich war, denn sie war eine Frau.

Am 19. August 1943 unterzeichneten Churchill und Roosevelt das »Quebec Agreement«, eine geheime Abmachung über die Zusammenarbeit beim Bau der Atombombe. Die USA und Großbritannien vereinbarten weiterhin, die Technologie nicht gegeneinander oder ohne gegenseitiges Einvernehmen gegen einen Dritten einzusetzen sowie Stalin nicht darüber zu unterrichten, was sie machten. Dieses gewaltige Industrieprojekt würde den Bau von Atomreaktoren, Gasdiffusionsanlagen (zur Urananreicherung) und eine massive Zuführung an amerikanischem Kapital und amerikanischer Expertise erfordern. Britische Wissenschaftler würden sich am Manhattan-Projekt beteiligen, allerdings nur als Juniorpartner. Aus Sicherheitsgründen und um das Projekt außerhalb der Reichweite deutscher Bomber zu halten, würde das Programm in die Vereinigten Staaten umziehen – und Klaus Fuchs würde mitgehen. Von zentraler Bedeutung für das anglo-amerikanische Abkommen war die Entscheidung, sämtliche Aspekte des Atombombenprojekts vor der Sowjetunion geheim zu halten – ein weiterer Beleg dafür, dass die Alliierten zwar auf der gleichen Seite stehen mochten, aber historisch gesehen sehr unterschiedliche Wege gingen.

Manche behaupten, dass Moskau gerade mal sechzehn Tage später von dem geheimen Quebec Agreement erfuhr – von Ursula. Der russische Geheimdienstautor Wladimir Lota schreibt unter Berufung auf Quellen, »die für andere Forscher nicht zugänglich sind«: »Am 4. September übermittelte U. Kuczynski der Zentrale Informationen über die Ergebnisse der Konferenz in Quebec.«

Das Quebec Agreement war ein streng gehütetes Geheimnis, und wie Ursula davon Kenntnis erhalten hat (falls das so war), bleibt bis heute ein Rätsel. Fuchs wusste nahezu sicher nicht davon. Vielleicht kam dieser Brocken waffenfähiger Information über einen von Jürgen oder Robert Kuczynskis Kontakten in der britischen Politik. Es ist aber ebenso gut möglich, dass die Behauptung, Ursula habe diese Informationen weitergeleitet, falsch ist und erst lange nach den Ereignissen als Propaganda ausgebrütet wurde, um sie und die GRU in einem möglichst guten Licht dastehen zu lassen. Ursula selbst hat nicht behauptet, dass sie den wesentlichen Inhalt des Quebec Agreement am 4. September weitergegeben hat. Kurz nach diesem Datum jedoch quälte sich die im achten Monat schwangere Ursula durch ein schweres Unwetter nach London, um »Sergej« (wahrscheinlich Barkowskij) zu treffen. »Er überbrachte mir das Lob des Direktors für eine Nachricht, die ich ihm zuvor gegeben hatte«, schrieb sie. Der Direktor hatte gesagt: »Wenn wir fünf Sonjas in England besäßen, wäre der Krieg früher zu Ende.« Es ist möglich, dass das (für GRU-Verhältnisse überschwängliche) Lob eine Reaktion auf einen Bericht von Ursula war, in dem sie Moskau darüber informierte, dass Großbritannien und die USA nun offiziell hinter dem Rücken der Sowjetunion zusammenarbeiteten, um die Bombe zu bauen.

Ursula kaufte gerade Lebensmittel in Summertown, als die Wehen einsetzten. Um drei Uhr nachmittags schenkte sie im Radcliffe Infirmary in Oxford einem Jungen das Leben, drei Wochen zu früh. Um fünf Uhr setzte sie sich im Bett auf und schrieb ihrer Mutter: »Um 12 Uhr 45 war ich noch einkaufen, und jetzt ist das Kind bereits zwei Stunden alt. Das zeigt Dir, ich habe es leicht gehabt.« Len befand sich bei einem weiteren Treffen mit dem sowjetischen Geheimdienst in London und traf am späten Abend in der Klinik ein. Mehrere Minuten betrachtete er den winzigen Säugling in Ursulas Armen und sagte dann: »So glücklich habe ich dich noch nie gesehen. Du siehst aus wie zwei Sonjas.«

Peter Beurton kam am 8. September 1943 auf die Welt. Einige Tage zuvor hatte seine Mutter vielleicht ein Geheimnis an die Sowjetunion weitergereicht, das den Beginn des Kalten Krieges markierte; sein Vater hatte den Tag bei einem illegalen Treffen mit ihrem russischen Agentenführer verbracht, und als er die Mutter seines Kindes ein paar Stunden nach der Geburt sah, sprach er sie mit ihrem Decknamen an. Wenige Stunden später war seine Mutter wieder bei der Arbeit und betrieb Spionage wie gehabt.

Ansonsten war Peters Geburt vollkommen normal.

Klaus Fuchs war einer der siebzehn aus Großbritannien kommenden Wissenschaftler, die am Manhattan-Projekt arbeiteten. Er war von Anfang an an der britischen Atomwaffenforschung beteiligt gewesen, und Peierls bestand darauf, seinen begabten Kollegen mitzunehmen. Bevor die Wissenschaftler nach Amerika aufbrechen konnten, verlangte General Leslie Groves, der Leiter des Manhattan-Projekts, »Zusicherungen, dass alle ordnungsgemäß überprüft und für unbedenklich erklärt worden waren«. Eine Routine-Zuverlässigkeitsprüfung von Fuchs ergab, er sei »kultiviert, moralisch unbedenklich und ein typischer Gelehrter. [...] Zu vertieft in Forschung, um Zeit für politische Angelegenheiten zu haben.« Hollis winkte die Formalitäten durch, sodass Fuchs im Juli 1942 die britische Staatsbürgerschaft erhielt – »es gibt keine Einwände gegen diesen Antrag«. Als eingebürgerter Brite hatte Fuchs nun einen Rechtsanspruch auf eine Ausreisegenehmigung und ein Nichteinwanderungsvisum für die USA. Der einzige Einspruch kam von der unermüdlichen Milicent Bagot, die eine lapidare Notiz verfasste, mit der sie sich beschwerte, nicht darüber informiert worden zu sein, dass Fuchs nun Brite war: »Wir wussten, dass sich seine Einbürgerung in Bearbeitung befand, aber [nicht, dass] sie eine vollendete Tatsache war.«

Es fiel Ursula Beurton zu, dafür zu sorgen, dass Fuchs in Amerika weiterhin in der Lage sein würde, Moskau kontinuierlich mit Atomgeheimnissen zu versorgen, jetzt aus dem Herzen des Manhattan-Projekts. Fuchs würde zunächst an der Columbia University in New York arbeiten, und Ursula erhielt von der Zentrale die Anweisung, einen Treffpunkt in der Stadt zu finden und Fuchs mit einer Reihe von Signalen, Zeitangaben und einem Passwort zu versorgen, um den Kontakt mit dem sowjetischen Geheimdienst dort zu erleichtern. Ursula griff auf ihre Jugenderinnerungen zurück: Als Treffpunkt schlug sie das Henry Street Settlement vor, das von Lillian Wald geführte Wohnheim für Einwanderer, in dem sie 1928 als 21-jährige Buchhändlerin gewohnt hatte.

Als sich der Tag von Fuchs' Abreise näherte, schickte die Zentrale eine Nachricht: »Sonja. Habe dein Telegramm bezüglich der Abreise von Otto nach Amerika erhalten. Orte und Bedingungen des Treffens in New York sind in Ordnung. Bedanke dich bitte bei Otto für seine Hilfe und gib ihm 50 Pfund als Geschenk. Richte ihm aus, daß wir glauben, dass seine Zusammenarbeit mit uns an einem neuen Ort genauso fruchtbar sein wird wie in England.«

Fuchs würde fast ohne Unterbrechung weiter spionieren – aber in einem anderen Land, mit einem neuen Agentenführer und für eine andere Abteilung des sowjetischen Geheimdienstes.

Der Konkurrenzkampf zwischen den zivilen und militärischen Spionen Russlands war erbittert und ist es immer noch. Das *Volkskommissariat für innere Angelegenheiten* (NKWD) hatte sich zum *Volkskommissariat für Staatssicherheit* (NKGB) weiterentwickelt und sollte schon bald zum *Komitee für Staatssicherheit* (KGB) werden, zur größten und gefürchtetsten Geheimdienstbürokratie der Welt, teils Spionage betreibender Apparat, teils Sicherheitsbehörde, teils Geheimpolizei. Theoretisch lag die Militärspionage ausschließlich in der Zuständigkeit der *Hauptverwaltung für Aufklärung* (GRU), tatsächlich aber akzeptierte der KGB unter Wsewolod Merkulow, einem Angehörigen von Stalins »georgischer Mafia«, keine Beschränkungen seiner Macht. Merkulow war einer der ersten Kalten Krieger mit einer besonderen Antipathie gegenüber dem kapitalistischen Großbritannien. »Früher oder später wird es zum Krach zwischen dem kommunistischen Bären und der westlichen Bulldogge kommen«, verkündete er. »Die Zeit wird kommen, wenn wir Sowjets unsere Pferde an der Themse tränken werden!«

Der KGB unterhielt ein ausgedehntes Agentennetzwerk im Vereinigten Königreich, und 1943 identifizierte es Fuchs als potenzielle Zielperson für eine Anwerbung, nur um dann zu erfahren, dass er bereits seit fast zwei Jahren Agent der GRU war. Der KGB stand nicht gern im Schatten seines militärischen Gegenstücks, und im August 1943, vier Monate nach Ernennung Merkulows zum Volkskommissar für Staatssicherheit, griff man nach der Macht. Die für die GRU arbeitenden »Atomspione« wurden ohne Ausnahme dem KGB unterstellt. Enormos, die Operation zur Infiltration des Manhattan-Projekts, stand unter Merkulows Kontrolle. Auch wenn Fuchs es nicht wusste, war er jetzt ein Spion des KGB.

Am 5. Februar 1944 stand Klaus Fuchs an der Ecke gegenüber dem Henry Street Settlement in der Lower East Side von Manhattan, in der einen Hand ein grünes Buch und einen Tennisball in der anderen, genau wie Sonja ihn instruiert hatte. Punkt vier Uhr nachmittags erschien ein stämmiger Mann, der Handschuhe trug und ein zweites Paar in der linken Hand hielt. Nach einer Minute überquerte er die Straße, ging zu Fuchs und fragte: »Können Sie mir sagen, wie ich nach Chinatown komme?«

»Ich glaube, Chinatown schließt um fünf Uhr«, erwiderte Fuchs wie abgesprochen.

Der Mann stellte sich als »Raymond« vor. Sein wirklicher Name war Harry Gold, und er war Chemiker, Kommunist und sowjetischer Spion, Ursulas Nachfolger auf der anderen Seite des Atlantiks. Sie gingen zusammen zur U-Bahn und nahmen eine Bahn in den Norden der Stadt, fuhren dann mit dem Taxi zu Manny Wolf's Restaurant an der Third Avenue. Später berichtete Gold an den KGB: »Er ist ungefähr einsfünfundsiebzig groß, dünn, hat einen hellen Teint und war zunächst sehr reserviert. [...] Offensichtlich hat er bereits mit unseren Leuten gearbeitet, und er ist sich völlig bewusst, was er tut.« Ursulas Wahl des Treffpunktes war »ideal«, schrieb Gold, und »erfreulich unbelebt«, ein Ort, an dem »sich niemand etwas dabei denken würde, dass zwei Leute aufeinander zugehen und sich unterhalten« – auch dann nicht, wenn einer von ihnen einen Tennisball in der Hand hielt und der andere vier Handschuhe.

Und so begann die nächste Etappe von Fuchs' Spionage-Odyssee, während der er Augenzeuge des Tests der ersten Atombomben in der Wüste von New Mexico wurde und das Geheimnis ihrer Konstruktion nach Moskau liefern würde. Bevor die Zentrale ihn dem KGB überließ, erstellte man eine Beurteilung des Falles: »Während seiner Zeit beim Nachrichtendienst der Roten Armee übermittelte Fuchs wichtiges Material mit theoretischen Berechnungen zur Spaltung des Uranatoms und zum Bau einer Atombombe. [...] Insgesamt wurden von Fuchs in der Zeit von 1941 bis 1943 mehr als 570 Blatt wertvollen Materials übermittelt.«

Fuchs war nicht mehr in Ursulas Händen. Aber er war nicht aus ihrem Leben verschwunden. Der deutsche Wissenschaftler hatte während ihrer Zusammenarbeit nur wenig über das »Mädchen aus Banbury« erfahren, aber was er wusste, reichte aus, um sie zu vernichten. Der Atomspion war Oberst Sonjas größter Triumph und ihre potenzielle Nemesis, eine nicht detonierte Bombe mit Verzögerungszünder.

20
Operation Hammer

Ende Juni 1944 erhielt Ursula eine Nachricht von Jürgen, in der er sie bat, dringend nach London zu kommen. Während Bruder und Schwester durch den Hampstead Heath spazierten, erklärte Jürgen, dass er gerade einen unerwarteten Besuch von einem jungen amerikanischen Geheimdienstoffizier erhalten habe, der ihn um seine Hilfe bei der Rekrutierung von Spionen bat, die mit Fallschirm über Nazideutschland abspringen sollten. Die Amerikaner suchten ganz speziell im Londoner Exil lebende Deutsche, die gegen Hitler waren und bereit sein konnten, im Auftrag der Amerikaner nachrichtendienstliche Operationen im Dritten Reich durchzuführen. »Kennen Sie jemanden, der dafür infrage käme?«, hatte der ernste junge Amerikaner gefragt. Jürgen kannte natürlich etliche Leute, die infrage kamen. Und seine Schwester ebenfalls. Zurück in Oxford, schickte Ursula sofort eine Nachricht an die Zentrale.

Lieutenant Joseph Gould von der US Army war Pressesprecher in der Filmindustrie, Gewerkschaftsorganisator und ein Neuling beim amerikanischen militärischen Nachrichtendienst. Der ungestüme 29-jährige New Yorker war enthusiastisch, patriotisch und extrem fantasievoll, mit einem ausgeprägten Sinn für das Dramatische. Gould war der Regisseur seines eigenen, sich entwickelnden Spionagefilms. Seine Geheimdienstberichte lesen sich wie Hollywood-Drehbücher.

Bei Kriegseintritt Amerikas verpflichtete Gould sich beim Nachrichtendienst der US Army und wurde unmittelbar nach dem D-Day mit einem speziellen Auftrag nach Großbritannien geschickt.

Das Office of Strategic Services (OSS), Vorläufer der CIA, war im Jahr 1942 gegründet worden, um die militärische Agententätigkeit hinter feindlichen Linien zu koordinieren. Innerhalb des OSS gab es die Secret Intelligence Unit, und in dieser war die Labor Branch angesiedelt, die die geheimen Untergrundorganisationen der europäischen Gewerkschaften für die Nachrichtenbeschaffung nutzte. Hitler hatte versucht, die deutsche Arbeiterbewegung zu zerschlagen, doch einige gut organisierte Gewerkschaftsgruppen hatten überlebt und bildeten einen Kern eines klandestinen Widerstands gegen den Faschismus. Während sich die Alliierten dem Dritten Reich von Osten und Westen näherten, brannten die amerikanischen Geheimdienste auf strategische Informationen über die militärische und industrielle Produktion des Reiches. Arbeiter befanden sich in einer einzigartigen Position, genau das zu liefern. »Wir können uns den Hass von Mitgliedern der europäischen Arbeiterbewegung auf Hitler zunutze machen«, schrieb Arthur Goldberg, der New Yorker Anwalt und zukünftige Richter am Obersten Gerichtshof, der die Labor Branch leitete. Tausende verfolgte deutsche Gewerkschafter waren ins Ausland geflohen, und viele hatten sich in Großbritannien niedergelassen. Wenn es gelänge, einige dieser im Exil lebenden Flüchtlinge als Spione nach Deutschland zurückzuschleusen, könnten sie Kontakte zu den regimekritischen Gewerkschaftergruppen herstellen, ein gebrauchsfertiges Spionagenetzwerk zu bilden, und somit Zugang zu wichtigen Informationen über die deutsche Verteidigung, die industrielle und militärische Produktion, die Politik und die Moral der Zivilbevölkerung erhalten.

So entstand der OSS-Plan mit dem Codenamen »Faust«: Ein Team von »guten« Deutschen sollte im Vereinigten Königreich angeworben und ausgebildet, mit neuester Kommunikationstechnik ausgestattet und dann mit dem Fallschirm über Deutschland abgesetzt werden, wo sie sich unter die Bevölkerung mischen, Kontakt zur Arbeiterbewegung herstellen und mit der Übermittlung von Informationen beginnen sollten, auf deren Grundlage der letzte Akt des Krieges optimal durchgeführt würde. Es würde nicht einfach sein, Leute zu finden, die bereit waren, »ohne Empfangskomitees, konspirative Wohnungen oder Freunde« mit dem Fallschirm über Hitlerdeutschland abzuspringen, aber mit seiner Kompetenz als Gewerkschafter und seiner überschäumenden Energie war Joe Gould genau der richtige Mann, es zu versuchen.

Gould traf am 13. Juni 1944 in London ein und machte sich sofort an die Arbeit, die Besetzung für Faust zu rekrutieren. Einer Eingebung folgend begab er sich in ein auf ausländische Bücher spezialisiertes Antiquariat in der New Bond Street, einen bekannten Treffpunkt für Emigranten. Morris Abbey, der Inhaber, »fand sofort Gefallen« an dem »rundgesichtigen, bebrillten jungen Leutnant«, der sein Geschäft betrat und verkündete – fast als ob er eine Reihe seltener Bücher bestellen wollte –, dass er Deutsche sammelte, die gegen die Nazis waren. Der Buchhändler berichtete Gould, einer seiner Stammkunden sei ein führender Vertreter der auslandsdeutschen Gemeinde und Gründungsmitglied der Free German League of Culture in Great Britain (Freier Deutscher Kulturbund, FDKB), eines Ablegers der antifaschistischen Freien Deutschen Bewegung (auch: Bewegung Freies Deutschland) – eines losen Zusammenschlusses im Exil Lebender, die in Opposition zu Hitler standen. Abbey gab ihm die Telefonnummer von Dr. Jürgen Kuczynski. Wenige Tage später traf sich Gould in Hampstead mit einem »schlanken Mann mittleren Alters« und erläuterte, dass er »Freiwillige suche, die imstande wären, als Agenten außerordentlich heikle und gefährliche Unternehmungen innerhalb Deutschlands durchzuführen«. Kaum war der aufgeregte junge Amerikaner wieder fort, da kontaktierte Jürgen seine Schwester.

In der Faust-Sage ist der Held Faust bereit, für sein Streben nach irdischem Wissen seine Seele herzugeben. Fausts Wunsch geht in Erfüllung, indem er einen Pakt mit dem Teufel schließt.

Das höchste Ziel eines jeden Chefs eines jeden Spionagerings ist es, einen Agenten in den gegnerischen Geheimdienst einzuschleusen. Die Sowjets hatten dies beim MI6 mit Kim Philby und beim MI5 mit Anthony Blunt erfolgreich getan. Hier bot sich Ursula die Gelegenheit, nicht nur einen, sondern gleich mehrere ihrer eigenen Agenten in streng geheimer Mission in den amerikanischen Geheimdienst einzuschleusen. Auf Anweisung Moskaus erstellte sie eine Liste zuverlässiger deutscher Kommunisten in Großbritannien, die bereit sein könnten, einerseits als Spione für die Amerikaner zu arbeiten, andererseits aber auch jedes Fitzelchen an Information an die Zentrale weiterzugeben. Die Faust-Spione wären Agenten des amerikanischen Geheimdienstes, die Nazi-Deutschland ausspionieren, in Wirklichkeit jedoch Doppelagenten, die für Ursula Kuczynski von der Roten Armee arbeiteten.

Im Spionagejargon ist ein »Cutout« ein Mittelsmann, der zwischen einem Agenten und seinem Agentenführer steht und sicherstellt, dass ein Agent, sollte er festgenommen werden, seinen Führer nicht identifizieren und so das gesamte Netzwerk gefährden kann. Moskau ermahnte Ursula, »auf der Hut« zu sein und jemanden zu finden, der als Verbindungsmann zwischen ihr und den Faust-Spionen fungierte. Sie wandte sich an ihren alten Bekannten Erich Henschke, jenen Genossen, der ihr 1929 bei der Gründung der Marxistischen Arbeiter-Leihbücherei geholfen und in einem nach Taubenscheiße riechenden Berliner Keller kommunistische Literatur verkauft hatte. Nachdem Henschke vor der Gestapo aus Deutschland geflüchtet war, hatte er eine militärische Ausbildung in der Sowjetunion absolviert und sich dann als Freiwilliger für den Kampf im Spanischen Bürgerkrieg gemeldet. Henschke war schon immer ein Schläger und ein strenger Verfechter von Parteidisziplin gewesen; neben seiner Schusswaffe trug er ein großes Megafon bei sich, mit dem er seine Genossen zum Kampf aufstachelte. 1939 reiste er mit gefälschtem französischen Ausweis und unter dem Decknamen »Karl Kastro« in Großbritannien ein. Er arbeitete nun in der Wall's Ice Cream Factory in Acton und erledigte Büroarbeiten für die International Brigade Association. Für Ursula war Henschke »ein langsam denkender Mensch, dem es schwerfiel, Entschlüsse zu fassen«, aber er »war sehr zuverlässig und pflichtbewusst« und kannte jeden in der deutschen Gemeinschaft. Henschke war der ideale »Cutout«.

Ursula wies ihren Bruder an, Henschke Gould vorzustellen. Sie verstanden sich glänzend, und der junge New Yorker bot Karl Kastro sofort einen Job an: ein Monatsgehalt von fünf Pfund als Gegenleistung für seine Hilfe bei der Rekrutierung von Agenten für die Operation Faust.

Ursula gab Henschke eine Liste mit dreißig potenziellen Rekruten, vor allem frühere deutsche Gewerkschafter, die über die Tschechoslowakei nach Großbritannien geflüchtet waren. Sie hatte die Namen zusammen mit Biografien und Fotos bereits zur Genehmigung an Moskau weitergeleitet. »[Ich tat] keinen Schritt ohne die Zentrale«, schrieb sie.

Im August 1944 hielt Gould in einem Pub in Hampstead sein erstes Treffen mit vier Deutschen ab, die den Kern der »Faust«-Operation bilden sollten. Paul Lindner war ein 33-jähriger Dreher aus Berlin und Organisator des Deutschen Metallarbeiter-Verbands, dessen eigentlich gutes Aussehen durch die Narben in seinem Gesicht und eingeschlagene Zähne ruiniert war, eine Erinnerung an die brutalen Prügel, die er von Nazis bezogen hatte. Die Gestapo dicht auf den Fersen, war er in die Tschechoslowakei geflüchtet und hatte 1939 Großbritannien erreicht, wo er eine Engländerin kennenlernte und heiratete und sich dann in London niederließ. Ein enger Freund Lindners war der Lithograf Anton »Toni« Ruh, der in seiner illegalen Berliner Druckerei Anti-Nazi-Flugblätter und gefälschte Pässe für flüchtende Juden hergestellt hatte, bis auch er fliehen und sich mithilfe des tschechischen Untergrunds nach London durchschlagen musste. Kurt Gruber war ein Bergmann aus dem Ruhrgebiet, Adolph Buchholz ein Metallarbeiter aus Berlin-Spandau. Jeder dieser Männer war in der Gewerkschaftsbewegung und im antifaschistischen Widerstand aktiv gewesen. Alle waren eingefleischte, von Ursula sorgfältig ausgewählte Kommunisten. Henschke hatte ihnen erklärt, dass sie zwar vordergründig für die Amerikaner arbeiteten, aber letztendlich für Moskau. Wie Ursula es ausdrückte: »Diese Genossen wußten, daß ihr Einsatz von der Sowjetunion genehmigt war.«

Die Deutschen, die »in ihren billigen Anzügen und Krawatten sich irgendwie fehl am Platz zu fühlen schienen«, hörten aufmerksam zu, während Gould erklärte, dass er Männer suche, die über verschiedenen Teilen Deutschlands mit dem Fallschirm abspringen und dann dem amerikanischen Geheimdienst Informationen über die Zustände im Reich schicken sollten. »[Er] erkundigte sich nach ihrem Hintergrund, welche Städte sie kannten, was für Kontakte sie besaßen und wer in Deutschland bereit sein könnte, ihnen Unterschlupf zu gewähren.« Im Rahmen eines förmlichen Arbeitsvertrags mit der US-Regierung sollte jeder Freiwillige 331 US-Dollar pro Monat auf ein Konto bei der Chase National Bank überwiesen bekommen. Ihren Familien würde eine Entschädigung gezahlt, falls sie nicht zurückkehrten. Die Deutschen nickten eifrig, tranken aus und baten um ein wenig Bedenkzeit. Ein paar Tage später teilte Henschke Gould mit, dass die Männer bereit seien, sich freiwillig zu melden; er sagte nicht, dass der Befehl dazu direkt von Ursula und der GRU kam. Aus den anderen Kandidaten wählte Gould drei weitere Freiwillige aus. Die gesamte Operation wurde in fünf eigenständige Missionen aufgeteilt, und jede erhielt, mit der bei der Namensgebung in Geheimdienstkreisen üblichen Selbstironie, einen passenden Codenamen: »Hammer«, »Chisel« (Meißel), »Pickaxe« (Spitzhacke), »Mallet« (Fäustel) und »Buzzsaw« (Kreissäge). Alle zusammen waren die »Operation Tool« (Operation Werkzeug).

Die frischgebackenen Rekruten verrieten nicht, dass sie Mitglieder der KPD waren. Inwieweit Gould über ihre politische Einstellung informiert war, bleibt unklar. Er wusste bestimmt, dass die Männer in seinem Werkzeugkasten Linke waren, aber ebenso sicher wusste er nicht, dass sie insgeheim für Moskau arbeiteten. Lindner spekulierte später, dass Gould auch ein kommunistischer Sympathisant gewesen sein könnte: »Man könnte meinen, dass er ein amerikanischer Genosse ist«, schrieb er. Aber Gould war kein Kommunist. Er interessierte sich nicht für die politischen Ansichten seiner Rekruten. Diese »freien Deutschen« verfügten eindeutig über den nötigen Mumm und die gewerkschaftlichen Verbindungen, um die ihnen zugeteilten Rollen zu spielen, und das genügte Joe Gould.

Die Vorbereitungen für die Operation Tool begannen sofort. Auf dem Ringway Airfield in der Nähe von Manchester absolvierten die Deutschen eine intensive Fallschirmspringerausbildung. In einer geheimen Agentenschule in Ruislip erhielten sie falsche Namen, Identitäten und Legenden und wurden einem harten Konditionstraining unterzogen. Sie lernten zu schießen und wie man mit einem Messer lautlos tötet. Jeder Rekrut würde so nahe wie möglich an seiner Heimatstadt abspringen, um besser untertauchen zu können. In einem Lagerhaus an der Brook Street wurde Zivilkleidung gelagert, die von neuangekommenen deutschen Flüchtlingen beschlagnahmt worden war; hier wählten die Männer ihre Kostüme für den bevorstehenden Auftritt. »Der gemeinsame Nenner war, dass alle Artikel – die Anzüge, Hemden, Krawatten, Gürtelschnallen, Manschettenknöpfe, Krawattennadeln, Schnürsenkel – in Deutschland hergestellt waren.« Ein einziges britisches Fabrikat konnte den Tod bedeuten. In Deutschland hergestelltes Gepäck, Zigaretten, Rasierapparate, Zahncreme und Brillen wurden im neutralen Schweden eingekauft und im diplomatischen Gepäck des Außenministeriums nach London befördert. Der Meisterfälscher des OSS, Bob Work, ein Absolvent des Chicago Art Institute, produzierte einen Satz falscher deutscher Pässe, Reisegenehmigungen und Legitimationspapiere, die von den Originalen nicht zu unterscheiden waren. Die Männer waren seit Jahren nicht in Deutschland gewesen, daher wurden sie unauffällig in deutsche Kriegsgefangenenlager eingeschleust, um über die Lage im Land auf den neuesten Stand gebracht zu werden und wieder ein Gefühl dafür zu bekommen, unter Landsleuten zu leben. Was sie dort erfuhren, war besorgniserregend: Die meisten deutschen Kriegsgefangenen klammerten sich beharrlich an den Glauben, dass Hitler am Ende siegen werde, obwohl manche meinten, er hätte mit der Ausrottung der Juden bis zum Sieg warten sollen, denn der Völkermord habe »die Juden der USA und Englands in eine Front gegen uns gebracht«. Die Ausbildung in Ruislip folgte einem strengen Stundenplan: »Montags Taktik-Unterricht, mittwochs wie man sich gegenüber SS-Patrouillen verhielt, kartografische Schulung freitags.«

Die wichtigste Schulung jedoch betraf den neuesten amerikanischen Durchbruch in der Kommunikationstechnik: ein tragbares Funksprechgerät, das zum ersten Mal einen Boden-Luft-Funkverkehr ermöglichte. Das Gerät, ein Vorläufer des Mobiltelefons, war in den RCA-Elektroniklabors in New York entworfen worden, bevor es von De Witt R. Goddard und Lieutenant Commander Stephen H. Simpson für das OSS weiterentwickelt und verbessert wurde. Es sollte später als Walkie-Talkie bekannt werden, aber zum Zeitpunkt seiner Erfindung bekam dieses zukunftsweisende Gerät einen sperrigeren und kuriosen Namen: das »Joan-Eleanor-System«. »Joan« war der Name des Handsenders im Besitz des Agenten im Einsatz, fünfzehn Zentimeter lang und drei Pfund schwer, mit einer faltbaren Antenne; »Eleanor« war das größere Sende-Empfangsgerät in einem Flugzeug, das zu einer im Voraus vereinbarten Zeit über einen bestimmten Ort flog. Goddards Frau hieß Eleanor, und Joan, Major im Women's Army Corps, war Simpsons Freundin. Das Joan-Eleanor-System (J-E) arbeitete mit Frequenzen über 250 MHz und damit deutlich oberhalb des Frequenzbereichs, der von den Deutschen abgehört werden konnte. Dieser Prototyp eines UKW-Funkgeräts ermöglichte es den Nutzern, bis zu zwanzig Minuten in normaler Sprache zu kommunizieren, ohne dass Morsecode, Verschlüsselung und eine komplexe Funkerausbildung, wie Ursula sie absolviert hatte, erforderlich waren. Die Worte des Agenten am Boden wurden von einem Bediener, der sich in einem speziellen, mit Sauerstoff versorgten Abteil im Rumpf eines umgebauten Hochgeschwindigkeitsbombers vom Typ De Havilland Mosquito befand, der in einer Höhe von über 7000 Metern und damit außerhalb der Reichweite der deutschen Artillerie flog, aufgefangen und auf einem Drahttongerät gespeichert. Ein Nachrichtendienstoffizier an Bord des kreisenden Flugzeugs konnte direkt mit dem Agenten unten kommunizieren. Als Kommunikationssystem hinter den feindlichen Linien war das J-E völlig neuartig, vom Feind nicht aufzuspüren, leicht zu bedienen und so geheim, dass die entsprechenden Unterlagen erst 1976 freigegeben wurden. In der Ausbildungsstätte in Ruislip lernten die deutschen Freiwilligen den Umgang mit »Joan«, während die Besatzungen des auf dem Stützpunkt RAF Watton stationierten 25. Bombergeschwaders in der Handhabung von »Eleanor« unter dem Codenamen »Redstocking« geschult wurden. Das Rufzeichen von Joan zu Eleanor wäre »Heinz«, das entsprechende Rufzeichen von Eleanor zu Joan »Vic«. Spezielle von der BBC ausgestrahlte zahlencodierte Nachrichten teilten den Agenten in Deutschland mit, wann sie Sendungen machen sollten und wann und wo Abwürfe von Hilfsgütern zu erwarten waren: Das Signal, dass bald eine Sendung mit verschlüsselten, für die einzelnen Tool-Operationen wichtigen Informationen bevorstand, war die Übertragung von »Frühlingsrauschen«, dem populären Solo-Klavierstück des norwegischen Komponisten Christian Sinding.

Am 22. November führte Simpson die erste Einsatzerprobung des Systems durch, indem er erfolgreich die Übertragungen eines OSS-Agenten mit dem Codenamen »Bobbie« aufzeichnete, während die Maschine in über 9000 Metern Höhe über dem von Nazis besetzten Holland kreiste.

Washington war begeistert von den Fortschritten der Operation. Und Moskau ebenfalls.

In regelmäßigen Abständen traf sich jeder der deutschen Freiwilligen mit Henschke in Hampstead. Paul Lindner beschrieb, wie er als GRU-Agent »eingeschworen« wurde. »Ab dem heutigen Tag«, deklarierte Henschke bei einem Pint in der Wells Tavern, »darfst du nicht vergessen, dass du für unsere sowjetischen Freunde arbeitest, und du musst alle Fragen so betrachten, als stündest du unter dem Befehl der Roten Armee.« Toni Ruh wurde auf die gleiche förmliche Art verpflichtet und übermittelte alles, was er erfuhr, »bis ins kleinste Detail« dem Cutout: »Wir mussten dem Genossen Henschke über alle Methoden Bericht erstatten, die in der Schule angewandt wurden, auch über die Ausbildung im Fallschirmspringen, über verschiedene Arbeitseinsätze, über unsere Arbeit in den Kriegsgefangenenlagern und ebenfalls über Einzelheiten zu diesem [J-E] Apparat, was wir dann auch laufend taten.« Henschke gab diese Information an Ursula weiter, die sie nach Moskau übermittelte. Die Tool-Spione begegneten nie der Frau, die diese Berichte abschickte und alle Fäden in der Hand hielt, ihre geheime Spionagechefin.

Durch Ursula wusste die Zentrale fast genauso viel über die Tool-Operationen wie das OSS und erheblich mehr als MI6: Moskau erfuhr die Tarnidentitäten der Spione, alles über ihre gefälschten Papiere und ihre Kleidung, ihre Ausrüstung und die geplanten Zeiten für die Übertragungen. Die Rote Armee wusste, wo und wann die Spione abspringen würden, ihre Verbindungen in den Widerstand gegen die Nazis und die wirkliche Bedeutung von Redstocking, Hammer und Kreissäge; sie kannten sogar das numerische Codesystem und die Klaviermusik, die die BBC senden würde, um die Agenten vor Ort auf anstehende Anweisungen aufmerksam zu machen. Vor dem Hintergrund des sich abzeichnenden Kalten Krieges erfuhr man hier von innen, wie die Amerikaner Geheimoperationen organisierten und wie die OSS ihre Mitarbeiter ausbildete. Der interessanteste Aspekt der Operation war für Moskau jedoch das Joan-Eleanor-System. Russland verfügte über keine vergleichbare Technologie. Ursulas Spione konnten sie der GRU in den Schoß fallen lassen.

»Ich sandte [die Informationen] an die Zentrale und erhielt ihre Zustimmung«, schrieb Ursula. Amerika stand im Begriff, die letzte große Geheimdienstoperation des Krieges zu starten, und die Russen hatten, was niemand im OSS wusste, einen geheimen Platz in der ersten Reihe.

Gould war von den Tool-Rekruten beeindruckt, und wie jeder Chef in einem Spionagering hatte er eine starke persönliche Beziehung zu seinen Agenten, ganz besonders zu Paul Lindner und Toni Ruh, dem Zweimann-Team der Operation Hammer, die nach Berlin und damit ins Herz des Reiches gehen sollten. Gould fragte sich, ob er »in beruflicher Hinsicht die Sünde beging, eine zu enge Beziehung zu diesen Männern aufzubauen«. Er stellte detaillierte Beschreibungen von beiden zusammen. Paul Lindner: »Gesicht eckig, klein. Hautfarbe üblicherweise blaß. Je besser [er] sich fühlte, um so öfter würde er gefragt, ob er krank sei. [...] Erkennungszeichen: Rote Narbe rechts von der Nase und unter dem linken Auge als Andenken an einen Schlagring der Nazis [...], auch eine Bajonettnarbe auf der rechten Gesäßbacke von der Behandlung durch die SA im Jahre 1933.« Dann war da Toni Ruh, »ein großer Mann mit schon ergrautem Haar; er wirkte ruhig, solide«.

»Ein wohl ausgewogenes Team«, schrieb Gould. Die beiden Hauptdarsteller der Hammer-Produktion waren für ihre jeweiligen Rollen ideal besetzt, sinnierte Gould, vollkommen ahnungslos, dass sie einem ganz anderen Drehbuch folgten, und ein unsichtbarer Inspizient führte aus den Kulissen heraus die Regie. Die Zentrale wies Ursula an, sich auf die Tool-Missionen zu konzentrieren und alles Nötige zu tun, um das Joan-Eleanor-System in die Hände zu bekommen.

Innerhalb des MI5 witterte nur Milicent Bagot, was wirklich vor sich ging, allerdings nur einen schwachen Hauch davon. Der unermüdliche Spürhund der Abteilung F2C war nicht in die Operationen des OSS eingeweiht, hatte aber Erich Henschke beziehungsweise Karl Kastro schon seit längerer Zeit im Auge. Im September 1943 stellte sie fest, dass dieser Mann, »obwohl er zweifellos zeitlebens ein Kommunist mit festen marxistischen Überzeugungen war, bisher keine Schwierigkeiten gemacht hat. [...] Er scheint ein ruhiges Leben zu führen.« Ihre Einschätzung wurde ein Jahr später korrigiert, als ein MI5-Spion innerhalb der Freien Deutschen Bewegung berichtete, dass Kastro nicht der unschuldige Speiseeishersteller war, für den er sich ausgab: »Kastro stand mit dem Kreis um Thälmann in Verbindung [und] erhielt in der UdSSR eine militärische Ausbildung und gehörte dem paramilitärischen Verband der Kommunistischen Partei an [dem Rotfrontkämpferbund].« Sie schickte eine Warnmeldung an den MI6: »Kastro ist angeblich ein Pseudonym. [...] [Er] wurde als ›brutaler und gewalttätiger Typ‹ beschrieben.« Milicent Bagot stellte Karl Kastro unter Beobachtung. Sie traute ihm nicht und hatte Ursula schon lange im Verdacht: Wenn sie die beiden zusammen erwischte, wäre das Spiel aus.

Während Gould keinen Grund sah, die Loyalität seiner Rekruten infrage zu stellen, wehte bereits der frostige Hauch des Kalten Krieges durch Teile des alliierten Kriegsapparats. Der MI5 betrachtete den Freien Deutschen Kulturbund als kommunistische Tarnorganisation. Der OSS-Offizier William Casey, der für die Abteilung Geheimdienst zuständige beinharte Jurist, der unter Reagan die CIA leiten sollte, befürchtete, dass einige der für diese hochsensible Mission rekrutierten Personen Kommunisten sein könnten. Caseys Bedenken brachten ihn in Konflikt mit Arthur Goldberg von der Labor Branch, der darauf hinwies, dass das OSS ausdrücklich »irreguläre Kräfte« rekrutieren sollte, darunter vermutlich auch Menschen mit »irregulären Ansichten«. Der Streit wurde an Generalmajor William »Wild Bill« Donovan weitergegeben, den Gründer und Leiter des OSS.

Donovan war ein Mann, der den Kampf liebte: Er hatte Pancho

Villa in Mexiko, die Deutschen im Ersten Weltkrieg, J. Edgar Hoover beim FBI und als New Yorker Bezirksstaatsanwalt die Alkoholschmuggler während der Prohibition bekämpft. Er hatte sein OSS nach dem Vorbild des MI6 aufgebaut. Donovan war ein Haudegen, eher Pirat als Politiker. »Wenn er aufgeregt war, schnaubte er wie ein Rennpferd«, und die Missionen der Operation Tool passten perfekt zu seinem »mutigen, edlen, übermütigen, fröhlichen, manchmal haarsträubenden Streben nach Action und Hinterlist«. Wie Gould kümmerte ihn die politische Einstellung der Agenten einen Dreck, und er merkte an, dass er »Stalin auf die Gehaltsliste des OSS setzen würde, wenn es helfen würde, Hitler zu besiegen«. Er hatte natürlich keine Ahnung, dass Stalins Agenten bereits auf der Gehaltsliste der Operation Tool standen. Donovan überstimmte Casey. Die Operation wurde fortgesetzt.

Die gleiche rigorose (oder naive) Einstellung beeinflusste die amerikanische Entscheidung, einen der prominentesten deutschen Kommunisten in Großbritannien für ein streng geheimes Projekt von entscheidender Bedeutung einzustellen. Im November 1944, als das Ende des Krieges bereits absehbar war, ordnete der US-Kriegsminister die Schaffung eines neuen Ausschusses an, der den wirtschaftlichen Schaden bewerten sollte, der Deutschland durch die alliierten Bombenangriffe zugefügt wurde, und der darüber berichten sollte, inwieweit dieser die militärische, industrielle und landwirtschaftliche Produktion beeinträchtigte. Die United States Strategic Bombing Survey (USSBS) erfüllte diese Aufgabe auf verschiedene Weise: Luftüberwachung, Medienberichte und sogar die Ernährung der Zivilbevölkerung boten Hinweise auf die Wirksamkeit der Zerstörungen; durch die sorgfältige Überwachung der Seriennummern zerstörter Panzer und Flugzeuge konnte sie das Volumen der Rüstungsproduktion einschätzen; die Fahrpläne der Güterzüge waren ein weiterer Indikator für den Zustand der Wirtschaft. Unter den Mitarbeitern der USSBS befanden sich einige brillante Köpfe, darunter Richard Ruggles, ein zukünftiger Wirtschaftsprofessor in Harvard, und der berühmte liberale Wirtschaftswissenschaftler John Kenneth Galbraith. Am dringendsten benötigte das Untersuchungsteam jedoch jemanden, der die deutsche Wirtschaft aus erster Hand kannte und einen detaillierten, statistischen Einblick in Hitlers Rüstungsindustrie und weitere Kernbereiche der NS-Produktion geben konnte. In London gab es nur einen solchen Deutschen.

Jürgen Kuczynski hatte gerade den letzten Band seiner *Geschichte der Arbeitsverhältnisse* veröffentlicht, eine detaillierte Analyse der deutschen Wirtschaft seit 1933. Im September erhielt er einen Brief, in dem er in die amerikanische Botschaft eingeladen wurde, wo man ihm eine Stelle bei der USSBS, ein hohes Gehalt, eine schicke amerikanische Uniform und den Rang eines Lieutenant Colonel (Oberstleutnants) anbot. Er bat um »Bedenkzeit«. Zeit, die er natürlich nutzte, um Ursula darauf aufmerksam zu machen, die umgehend die Zentrale informierte: »Die Antwort kam schnell. Sie waren interessiert.« Bruder und Schwester waren nun beide Oberst, wenn auch in verschiedenen Armeen.

Die Tool-Agenten waren semi-geheime Kommunisten. Jürgen Kuczynski hingegen war ein extrem öffentlicher Kommunist. Selbst Roger Hollis, der Leiter der Anti-Subversionsabteilung des MI5, der die von Kuczynski ausgehende Bedrohung stets heruntergespielt hatte, sah sich veranlasst, eine Warnung herauszugeben: »Diejenigen, die seine Dienste in Anspruch nehmen, sollten sich darüber im Klaren sein, dass seine Schlussfolgerungen zu den wirtschaftlichen Bedingungen in Deutschland von seinen politischen Überzeugungen beeinflusst sein können.«

Die USSBS stellte am Ende 208 Bände mit Analysen zusammen, in denen die »entscheidende« Auswirkung der strategischen Bombenangriffe der Alliierten ausführlich beschrieben wurde. Nur fünf Mitarbeiter der Studie, darunter Jürgen, hatten Zugang zu den vollständigen Berichten, die an Roosevelt, Churchill und die Generäle Eisenhower und Donovan weitergeleitet wurden. Und an Stalin. Die Zentrale versicherte Ursula persönlich, dass diese nachrichtendienstliche »Beute«, die das klarstmögliche Bild vom wirtschaftlichen Niedergang Deutschlands bot, direkt an den »Oberbefehlshaber der Sowjetarmee, J.W. Stalin« weitergeleitet werde.

Während der Krieg auf sein blutiges Ende hin beschleunigte, wurde Ursula in einen aufreibenden Strudel aus Spionage, Kindererziehung und Hausarbeit hineingezogen: An jedem beliebigen Tag konnten Informationen von ihrem Vater, ihrem Bruder, »Tom«, »dem Chemiker« und anderen Mitgliedern ihres Netzwerks sowie den Tool-Missionen hereinkommen, die gesammelt und koordiniert werden mussten, während sie die Wäsche aufhängte, den Abwasch machte und sich abmühte, das häusliche Schiff im Avenue Cottage über Wasser zu halten. Melita Norwood lieferte einen kontinuierlichen Strom an Informationen von der British Non-Ferrous Metals Research Association, die jetzt an der Herstellung eines Plutoniumreaktors für das Atombombenprojekt beteiligt war. In einem Brief, den er seiner persönlichen Assistentin Miss Norwood diktierte, versicherte G.L. Bailey der Regierung, dass sein Team sich an die »strengste Geheimhaltung halten [und] Vorkehrungen ergreifen werde, um sicherzustellen, dass sich keine unbefugte Person Informationen verschafft«. Letty tippte auch die Protokolle der Tube-Alloys-Sitzungen und fertigte eine zusätzliche Durchschrift für Sonja an.

Michael war ein wissbegieriger und intelligenter Teenager. Wie lange noch, so fragte sich Ursula, konnte sie das »nächtliche Senden« vor ihm verbergen? Schweren Herzens schickte sie ihn auf ein Internat in Eastbourne und redete sich ein, es sei das Beste für den Jungen. Michael hatte immer noch Sehnsucht nach seinem Vater. »Im Laufe der Jahre begriff ich allmählich, dass er nicht mehr zurückkommen würde. Ich vermisste ihn furchtbar. Meine Mutter sprach fast nie über ihn.« Wenn Ursula nach London reiste, um »Sergej« zu treffen, musste sie einen Babysitter für die jüngeren Kinder finden. Ihre Mutter sprang gelegentlich ein, aber im

September erkrankte Berta an einer Lungenentzündung. »Unter allen Umständen solltest Du so lange im Krankenhaus bleiben, wie es die Ärzte für richtig halten«, schrieb Ursula. In den Nächten, in denen sie nach Moskau sendete, arbeitete sie bis in die frühen Morgenstunden und fragte sich, ob wohl Funkpeilwagen in der Nähe umherstreiften. Jedes Stück Papier, das sie zum Codieren und Decodieren benutzte, verbrannte sie im Kamin. Um die Belastung zu verringern, schickte sie die sechsjährige Nina in ein Internat in der Nähe von Epping Forest. Nach wenigen Wochen hatte das Kind eine lebensgefährliche Bauchfellentzündung und wurde in großer Eile ins Krankenhaus gebracht. Drei Tage und Nächte saß Ursula an ihrem Bett, quälte sich mit Schuldgefühlen. Schließlich brachte sie ihre Tochter nach Hause. »[Ich] schwor mir, sie nie wieder fortzugeben.«

Len war nicht da, um die Doppelbelastung von Elternschaft und Spionagetätigkeit zu teilen, da er zu guter Letzt zur RAF-Ausbildung einberufen worden war. Wann immer sie es einrichten konnte, fuhr Ursula die fünfundzwanzig Meilen mit dem Fahrrad, um den angehenden Flieger Beurton in seiner Kaserne zu besuchen, aber er war mürrisch und wirkte gelangweilt. »Sich […] nur zweimal im Monat zu sehen, ist nicht schön, wenn man sich gern hat«, schrieb sie. Er wurde sowohl für die Ausbildung zum Piloten als auch, ironischerweise, für die zum Funker abgelehnt. Auch sein Antrag auf Versetzung zu einer Kampfeinheit wurde abgelehnt. Hinter den Kulissen blockierte der MI5 unauffällig jede seiner Bewerbungen. Milicent Bagot und ihr Team hatten nicht vor, Beurton aus dem Land zu lassen. »Von Len etwas betrübte Briefe«, schrieb Ursula an ihre Mutter. Diese verdrossenen Briefe wurden auch vom MI5 gelesen. »Ich veranlasse, dass er unter Beobachtung gehalten wird«, schrieb Shillito und fügte hinzu, dass die Überwachung diskret sein würde. »Ich möchte nicht, dass irgendetwas unternommen wird, was Beurton vermuten lassen könnte, dass sein Fall nicht auf normale Weise gehandhabt wird.«

In optimistischen Momenten tröstete Ursula sich damit, dass die Rote Armee immer weiter auf Berlin vorrückte, die Revolution siegen und ein kommunistisches Deutschland aus den Ruinen auferstehen würde. In ihren eher düsteren Stunden jedoch, wenn das Baby weinte und der Berg an Funkarbeit unüberwindbar erschien, fragte sie sich, ob der Krieg je enden würde. Ursula war jetzt eine alleinerziehende Mutter und eine alleinarbeitende Spionin. Wie immer, wenn es ihr schlecht ging, zog sie sich in sich selbst zurück, weil sie nicht wollte, dass andere auch nur die geringste Spur von Niedergeschlagenheit oder von der Belastung durch ihr geheimes Leben sehen konnten. Sie vertraute sich niemandem an. Ihre Angewohnheit, alles zu verschleiern, erstreckte sich auch auf ihre eigenen Gefühle. In ihren dunkelsten Momenten beklagte sie sich über die Auswirkungen des seltsamen Lebens, für das sie sich entschieden hatte, auf ihre Kinder, ganz besonders auf Michael, der in seinen ersten Lebensjahren von einem Land zum anderen gezogen, von einer Sprache zur anderen gewechselt war, entlang einer Abfolge von Männern, die nicht sein Vater waren. »Er hätte eine andere Mutter haben sollen«, schrieb sie. »Er hätte seine Kindheit an einem einzigen Ort verbringen sollen, mit einem Vater, der abends nach Hause kommt, und einer Mutter, die immer für ihn da ist.«

Wie jeder gute Kommunist glaubte Ursula an Jahrestage. Am 7. November, dem Jahrestag der Oktoberrevolution, ließ sie die Kinder bei einer Nachbarin und reiste nach London, um »Sergej« zu treffen, der ihr Jubiläumsgrüße des GRU-Direktors überbrachte. Sie hätte eine rote Rose gekauft, aber im Großbritannien der Kriegszeit gab es keine zu kaufen. Ursula kehrte ins kalte und einsame Avenue Cottage zurück. »Ich konnte mit niemandem sonst den Tag festlich begehen und dachte viel an die Vergangenheit.«

Es war fast zwei Jahre her, seit sie das letzte Mal von Rudi Hamburger gehört hatte. Sie traute sich nicht, in Moskau nachzufragen, was aus ihm geworden war, und die Zentrale hätte es ihr auch nicht gesagt. Sie befürchtete, er könnte tot sein, verheimlichte ihre Ängste allerdings vor Michael und den anderen Kindern. Noch länger hatte sie keine Nachricht mehr von Johann Patra erhalten. Agnes Smedley war wieder in Amerika, lebte in einer Schriftstellerkolonie im Norden New Yorks und propagierte weiterhin energisch den chinesischen Kommunismus. Ursula hatte immer noch keine Ahnung, was aus Shushin, Grisha und Tumanyan geworden war. Alexander Foote und Sándor Radó spionierten vermutlich immer noch in der Schweiz, sofern sie nicht bereits erwischt worden waren. Von Richard Sorge blieb ihr nur ein einziges zerfleddertes Foto.

Auf der anderen Seite der Welt wartete der Mann, der Ursula angeworben hatte, in der Todeszelle des Tokioter Sugamo-Gefängnisses auf den Henker.

Richard Sorges Spionagenetzwerk in Japan hatte wahre Wunder vollbracht. Sorge gab sich als leidenschaftlicher Nazi aus, der sich durch Tokio hurte und soff, und schaffte es damit sowohl in die deutsche Botschaft als auch in das Kabinett des japanischen Premierministers, wo er jeweils die intimsten Geheimnisse herausziehen konnte. 1941 konnte er Moskau beruhigen, dass Japan weder willens noch in der Lage war, in Sibirien einzumarschieren, wodurch lebenswichtige sowjetische Streitkräfte für die Verteidigung Moskaus verfügbar gemacht wurden. Zwei Tage vor Beginn des Unternehmens Barbarossa hatte er eine Nachricht an die Zentrale geschickt, in der er warnte, dass »ein Krieg zwischen Deutschland und der UdSSR unvermeidlich ist«. Aber Stalin, undankbar und misstrauisch, hatte Sorges Bericht über einen unmittelbar bevorstehenden deutschen Angriff als falschen Alarm abgetan.

Als die Deutschen zu vermuten begannen, Sorge könne für die andere Seite arbeiten, erhielt der Polizeiattaché und Sonderbeauftragte des SD an der deutschen Botschaft in Tokio, der ausgesprochen bösartige SS-Standartenführer Josef Meisinger, ein selbst für Nazi-Verhältnisse besonders übles Monster, den Auftrag zu ermitteln. Sorge gelang es jedoch schnell, die Bedrohung zu neutralisieren, indem er mit Meisinger ausschweifende Touren durch das Tokioter Nachtleben unternahm.

Die zufällige Verhaftung eines unbedeutenden Agenten seines Netzwerks beendete Sorges erstaunliche Glückssträhne. Er wurde verhaftet und unter Folter zu einem Geständnis gezwungen. Die Japaner boten an, ihn gegen einen ihrer russischen Spione auszutauschen, doch Moskau lehnte ab und dementierte, dass er ein sowjetischer Agent sei. Es hieß, dass Stalin nicht wollte, dass seine Zurückweisung der absolut zutreffenden Warnungen Sorges bekannt wurde. In Russland wurde Sorges Frau Katja als angebliche deutsche Spionin verhaftet und in den Gulag geschickt, wo sie ums Leben kam. Sein wichtigster Informant, der japanische Journalist Hotsumi Ozaki, wurde ebenfalls verhaftet.

Nach zwei Jahren im Sugamo-Gefängnis wurde Sorge schließlich der Spionage schuldig befunden und zum Tod durch den Strang verurteilt. Der japanische Staatsanwalt, der für die Todesstrafe plädiert hatte, erklärte: »Ich bin noch nie einem so großartigen Mann wie ihm begegnet.«

Sorge wurde am 7. November 1944 gehängt. Seine letzten Worte, die er in fließendem Japanisch sprach, während seine Hände und Füße gefesselt waren und die Schlinge bereits um seinen Hals lag, lauteten: »Die Rote Armee!« – »Die Internationale Kommunistische Partei!« – »Die Kommunistische Partei der Sowjetunion!«

Während seines langen und brutalen Verhörs hatte Sorge den Japanern vieles über seine Laufbahn als Spion erzählt, was der Wahrheit entsprach, und manches, was nicht stimmte.

Der große Spion wurde wiederholt über sein Shanghaier Netzwerk in den 1920er Jahren, einschließlich seiner weiblichen Spione, ins Kreuzverhör genommen. Sorge war sich nicht bewusst, wie erfolgreich Ursula geworden war, aber er wusste, dass sie, falls sie noch am Leben wäre, gegen die Achsenmächte spionieren würde und in Gefahr schwebte. »Frauen sind für die Spionagearbeit absolut ungeeignet«, verkündete er seinen Peinigern. »Sie besitzen keinerlei Verständnis für politische oder andere Angelegenheiten und sind überhaupt eine sehr schlechte Informationsquelle.« Dies war natürlich das genaue Gegenteil der Wahrheit. Zu Sorges Netzwerk hatten zahlreiche Frauen gehört, darunter zuvorderst Ursula. Er belog die japanischen Verhörspezialisten, um die Aufmerksamkeit von der von ihm protegierten Spionin und Nachrichtenoffizierin abzulenken und sie zu schützen.

Sorge, der treuloseste aller Liebhaber, war auf seine Art loyal bis zum Schluss.

Joe Gould verbrachte den ersten Weihnachtstag mit den anderen Tool-Spionen in Lindners Haus. Alle betranken sich und sangen deutsche Weihnachtslieder. Goulds Sohn beschrieb dies später als einen Augenblick des »gegenseitigen Respekts zwischen einem jüdischen Offizier der US Army und seinen sieben deutschen Rekruten, die ein gemeinsames Ziel teilten«. Nur dass sie, während der Zweite Weltkrieg in den Kalten Krieg überging, auf unterschiedlichen Seiten standen.

Wenige Wochen später bat Gould Erich Henschke, ihn bei einem Abstecher nach Paris zu begleiten. In der befreiten französischen Hauptstadt war nun das Komitee Freies Deutschland beheimatet, und Gould wollte mit Henschkes Hilfe »Adressen von Antifaschisten in Deutschland« sammeln, bei denen seine Agenten Unterschlupf suchen könnten. Gemeinsam besuchten sie das Hauptquartier von Freies Deutschland sowie eine Gruppe namens Amicale de Volontaires de l'Espagne Républicaine (Freundeskreis der Freiwilligen aus dem republikanischen Spanien). »Er brachte alle Adressen mit, die sie brauchten«, ohne zu wissen, dass seine Liste mit zuverlässigen deutschen Anti-Nazi-Kontakten vorab von der sowjetischen Zentrale abgesegnet worden war. Der Nachrichtendienst der Roten Armee beobachtete die Tool-Missionen nicht nur, sondern leitete sie zugleich über Ursula und Henschke.

Und Milicent Bagot beobachtete sie.

Kurz nach Henschkes Rückkehr nach London schickte Bagot ein Memo an den Leiter der für die Sowjetunion zuständigen Abteilung des MI6, in dem sie ausführlich ihre Verdachtsmomente gegen Karl Kastro beschrieb und um Unterstützung bat, mehr über die Leute in Erfahrung zu bringen, die dieser bekannte Kommunist in Paris getroffen hatte, insbesondere die Veteranen der Internationalen Brigaden. »Liegen Ihnen Informationen über diese französische Organisation vor?«, schrieb Bagot an Kim Philby.

1945 war Philby bereits seit zehn Jahren sowjetischer Agent und seit fünf Jahren Offizier des MI6. Als effizienter und hilfsbereiter Mann hatte er im britischen Geheimdienst schnell Karriere gemacht, während er gleichzeitig Unmengen höchst schädigender Informationen an seine Agentenführer beim KGB weitergab. Er war außerordentlich geschickt darin, jeder Operation, die kommunistische oder sowjetische Interessen hätte gefährden können, unbemerkt einen Strich durch die Rechnung zu machen. Philbys Antwort auf Bagots Anfrage war absolut nicht hilfreich: »Gegenwärtig liegen uns keine Informationen über die Amicale des Volontaires de l'Espagne Républicaine vor.«

Die letzte Gelegenheit, die sowjetische Infiltration der Tool-Missionen aufzudecken, war vertan.

Eine Woche später war die Operation Hammer angelaufen.

21
Frühlingsrauschen

Bis dahin hatte Ursula immer auf ausländischem Boden gegen den Faschismus gekämpft. Einem Einsatz innerhalb Nazideutschlands war sie bisher nur bei dem gescheiterten Attentat auf Hitler näher gekommen. Als sich der Krieg nun seinem Ende näherte, drangen ihre Spione ins Herz des Reiches vor.

Am 1. März 1945 um 21 Uhr trafen Joe Gould und die Hammer-Agenten auf dem Flugfeld RAF Watton in Norfolk ein. Paul Lindner und Toni Ruh trugen Rucksäcke mit 14 000 Reichsmark, Lebensmittelmarken, Lebensmittelkonzentraten, Gasmasken, unsichtbarer Tinte, zwei Diamanten sowie Kaffee und 1400 amerikanischen Zigaretten zum Tausch auf dem Schwarzmarkt. In den Taschen hatten sie die von Bob Work fachmännisch gefälschten Papiere, die sie als Ewald Engelke aus Frankfurt und Anton Vesely, einen deutschsprachigen Tschechen, auswiesen, beide hochqualifizierte Arbeiter in kriegsrelevanten Branchen und daher vom Militärdienst freigestellt. In Lindners Brieftasche befand sich ein gefälschter Mitgliedsausweis der NSDAP. Jeder Mann war außerdem mit einer .32er-Pistole bewaffnet, um sich gegen eine Festnahme zu verteidigen, sowie einer Giftkapsel, falls dies nicht gelingen sollte.

Ohne Goulds Wissen führten sie ebenfalls Anweisungen von Oberst Ursula Kuczynski mit: Genaue, auswendig gelernte Befehle, wie, wo und wann sie Kontakt mit dem sowjetischen Geheimdienst in Deutschland aufnehmen konnten. Die GRU plante seinerseits, Agenten in das bombenzerstörte Berlin einzuschleusen, und der Krieg entwickelte sich so schnell, dass die sowjetischen Streitkräfte die Hauptstadt bereits innerhalb weniger Wochen erreichen konnten. Über Henschke teilte Ursula jedem von ihnen ein spezielles Kennwort zu, das sie als Agenten des sowjetischen

Nachrichtendienstes auswies. Sobald der Kontakt zu sowjetischen Streitkräften hergestellt war, sollten sie »keine weiteren Befehle des OSS mehr befolgen und stattdessen für den Rest der Operation Hammer nur noch Anweisungen der Roten Armee befolgen«.

Auf dem Flugplatz stand eine amerikanische A-26, ein leichter Bomber, dessen Bombenschacht für die beiden Fallschirmspringer modifiziert worden war. Gould war nervös: »Nur die mutigsten und geschicktesten Männer konnten die Operation Hammer sicher und präzise zu ihrem Zielpunkt bringen: 47 Kilometer von Berlin entfernt und zweihundert Meter über dem Boden.« In einem Schuppen auf dem Flugplatz zogen sich die beiden Agenten Overalls aus Segeltuch über ihre Zivilkleidung und legten die Fallschirme an. Gould reichte ihnen seinen Flachmann mit Brandy; jeder der Deutschen nahm einen tiefen Schluck.

Gould hatte das beunruhigende Gefühl, »eine Filmszene zu erleben«. Beide Männer waren verheiratet und hatten kleine Kinder, und »die Dramatik des Augenblicks schien auf ihre Kosten zu gehen«. Dennoch ist seine Schilderung der nachfolgenden Szene äußerst filmisch.

> Es nieselte, und durch den dunklen Bodennebel war das einzige deutlich sichtbare Objekt das hohe, riesige, kantige Heck der A-26 etwa fünfzig Meter entfernt. Paul und Toni rauchten, die Männer unterhielten sich leise. Drei Minuten vor Mitternacht öffnete Commander Simpson die Tür und gab das Zeichen. Im nächsten Moment standen wir im Propellerwirbel der A-26, die nun bereit und dröhnend auf der Landebahn wartete. Wir sahen das rötliche Licht, das aus dem Bombenschacht fiel, als wir, uns gegen den starken Abstrahl der Propeller stemmend, zum Flugzeug marschierten. Wir gingen zu den Türen und hievten Paul und Toni auf ihre Sitze. Es war zu laut, um zu reden, und es war auch nicht der richtige Zeitpunkt. Wir hoben auf der Runway stehend die Arme und schüttelten den beiden die Hand. Jetzt war die Nacht absolut klar. Plötzlich sahen wir, wie sich die A-26 in Bewegung setzte, und dann raste sie auch schon die Startbahn hinunter. Sie war fast außer Sichtweite, bevor wir sahen, wie sie schnell aufstieg und dann nach Nordosten abdrehte.

Lieutenant Robert Walker, der Pilot, hielt im Tiefflug über Deutschland eine konstante Geschwindigkeit von 300 Meilen pro Stunde. »Er flog die Maschine auf der Seite, drehte sie und ging immer wieder in Querlage, um das feindliche Radar durcheinanderzubringen.« Um 20 Uhr 05 erreichten sie den Absprungpunkt bei Altfriesack nordwestlich von Berlin. Die Sicht war gut, vereinzelt gab es Wolken, und der Mond schien hell. Walker öffnete den Bombenschacht, Mishko Derr, der den Absprung überwachende Soldat, klopfte den beiden Fallschirmspringern auf den Rücken, und Paul Lindner und Toni Ruh sprangen hinaus in die Dunkelheit.

Die beiden deutschen Spione landeten auf einem Feld und vergruben Overalls, Fallschirme, Waffen und Joan, ihr Sende- und Empfangsgerät. (Zwei Jahrzehnte zuvor hatte Ursula nicht weit weg mit einer Gruppe junger Kommunisten auf einem Heuboden gesessen und sich ausgemalt, wie ein kommunistisches Deutschland wohl aussehen mochte.) Um halb sieben morgens ruckelten die beiden Agenten in einem Zug nach Berlin, nur zwei weitere erschöpfte Pendler in Kriegszeiten. Im Morgengrauen erreichten sie die Stadt. Frieda Lindner schlief noch, als ihr Sohn im Stadtteil Neukölln leise gegen das nach vorne gehende Fenster seines Elternhauses klopfte. Sie hatte Paul seit seiner Flucht aus Deutschland im Jahre 1935 nicht mehr gesehen, als die Gestapo hinter ihm her war. »Ich wusste, dass du eines Tages nach Hause kommen würdest, um gegen die Nazis zu kämpfen«, sagte sie.

Am nächsten Tag zogen Ursulas Spione von einem Luftschutzbunker zum anderen durch die zerstörte Stadt und begannen, Informationen zu sammeln: Bombenschäden, Verteidigungsanlagen, Munitionsdepots, Truppenstationierungen, die Moral der Zivilbevölkerung und vor allem die Fähigkeit Deutschlands, seine militärische und zivile Industrie unter dem heftigsten Bombardement, das die Welt je gesehen hatte, aufrechtzuerhalten. Die Bomben der Alliierten hatten weite Teile Berlins in Schutt und Asche gelegt. Die Rote Armee bereitete sich keine sechzig Kilometer östlich der Stadt auf den letzten Sturmangriff auf Hitlers Hauptstadt vor. Und doch funktionierte die Stadt noch, ein lebender Toter, zerschmettert, aber verbissen. In seinem Bunker gab Hitler weiterhin Befehle für die Verteidigung Berlins, während das »Tausendjährige Reich« in einer letzten Blutorgie völlig vernichtet wurde. Goebbels' Agitatoren beschmierten noch immer die Wände: »Jeder Deutsche verteidigt seine Hauptstadt. Wir werden die roten Horden an den Mauern unseres Berlins aufhalten.« Lindner und Ruh stellten überrascht fest, dass etwa zwei Drittel der Berliner Industrie noch in Betrieb waren, das Eisenbahnnetz funktionierte, und es gab noch Strom. Die beiden Spione nahmen das alles begierig auf wie Undercover-Touristen. Eine Woche nach Ankunft kehrten sie zum Absprungpunkt zurück, um ihre Waffen und die Funkausrüstung zu holen. Dann machten sie es sich in Frau Lindners Wohnzimmer gemütlich, um BBC zu hören und auf die Melodie von Sindings *Frühlingsrauschen* zu warten.

In Oxford wartete unterdessen Ursula auf Neuigkeiten, und ihre Besorgnis nahm stetig zu. Wie alle Chefs eines Spionagerings empfand sie eine fast elterliche Verantwortung für die Männer, die sie rekrutiert, über Henschke instruiert und dann in eine lebensgefährliche Operation geschickt hatte. Sergej hatte versprochen, sie zu alarmieren, falls die Agenten Kontakt mit der Roten Armee in Berlin aufnahmen. Jede Woche rief sie Henschke von der Telefonzelle in Summertown aus an, um sich zu erkundigen, ob Gould irgendwelche Informationen über das Schicksal der Männer erhalten hatte. Es gab nichts Neues. Die BBC lieferte nur die allgemeinsten Informationen über den Vormarsch auf Berlin. Um sich abzulenken, schrieb Ursula lange Briefe an Len, in denen sie die kleinen alltäglichen Dinge ihres Lebens beschrieb: Peters ständig wachsender Wortschatz und sein starker englischer Akzent, Ninas Faszination für Tiere und Michaels schulische Fortschritte in Eastbourne. Sie nähte ein neues Kleid für Nina. »Eines der guten Dinge am Nähen«, dachte sie, »ist, dass man dabei denken kann.« Ihre Gedanken kehrten immer wieder zu einem Bild von zwei Männern zurück, die in das Inferno von Berlin hinabschwebten.

Am 11. März, hoch über der deutschen Hauptstadt, bereitete der Funker Lieutenant Calhoun Ancrum von der US Air Force seine Eleanor auf ihr erstes Gespräch mit Joan vor. Bevor er in den beengten kleinen Raum des Bombers Mosquito PR Mk XVI stieg, hatte Ancrum eine nicht blähende Mahlzeit bestehend aus Steak, Toast, Tomatenscheiben und Grapefruit zu sich genommen. In einer Höhe von über 7500 Metern konnten Blähungen quälende Krämpfe auslösen. Bei den Tool-Einsätzen wurde nichts dem Zufall überlassen – das Verdauungssystem der Flugzeugbesatzung inbegriffen. An den Geräten waren Sprengladungen befestigt. Sollte das Flugzeug über Deutschland notlanden müssen, würde die Technik zerstört. Joan-Eleanor durfte dem Feind nicht in die Hände fallen. Um 21 Uhr schaltete Ancrum das kombinierte Sende- und Empfangsgerät ein.

»Bist du das, Heinz?«

Paul Lindners Stimme schwebte aus einem Weizenfeld außerhalb von Berlin acht Kilometer zu ihm herauf.

»Bist du das, Vic?«

»Verstehst du mich, Heinz?«

»Ich verstehe dich nicht, Vic …«

Der Dialog wurde der Bedeutung des Augenblicks nicht gerecht, aber das über UKW-Funk geführte Gespräch mit all seinem Knistern und Knacken war ein technologischer Meilenstein: Zum ersten Mal konnten die westlichen Alliierten direkt mit ihren Spionen tief im Inneren Nazideutschlands sprechen. In den folgenden sechs Wochen beschrieben die Hammer-Agenten in den von codierten BBC-Nachrichten diktierten Abständen, was sie gesehen und aufgedeckt hatten, vieles davon aus den gewerkschaftlichen Widerstandsnetzen im Untergrund: die Verteidigungsanlagen Berlins, das Straßen- und Schienennetz, Truppenbewegungen und die Standorte der noch produzierenden Munitionsfabriken einschließlich einer großen Panzerfabrik – quasi ein Einkaufszettel mit lukrativen Zielen für die Bomber. Am 29. März meldeten sie, dass das riesige Kraftwerk Klingenberg noch in Betrieb war. Bei einer nächtlichen Erkundung eines Rangierbahnhofs am Stadtrand zählten sie sechsundzwanzig Güter- und achtzehn Personenzüge – leichte Beute für die alliierten Bomber.

Bill Casey im Londoner OSS-Hauptquartier war außer sich vor Freude. Das Hammer-Team hatte »einen großen Durchbruch erzielt [...] einschließlich wichtiger Luftzieldaten über ein noch funktionierendes Kraftwerk, das Schlüsselbetriebe mit dem benötigten Strom versorgte, sowie Details über ein wichtiges Berliner Transportnetz mitsamt den Schlüsselstellen, an denen alliierte Bomben es unterbrechen könnten«. Die Sowjets rückten schnell vor, und die Spione beeilten sich, alle Informationen zu liefern, die die Verteidigung Berlins vor dem finalen Angriff schwächen könnten. Lindner erschien an dem von Ursula festgelegten Treffpunkt in der Erwartung, den versprochenen GRU-Agenten zu treffen, der den vorrückenden sowjetischen Truppen vorausgeschickt worden war, aber es erschien niemand.

Michael kam in den Osterferien nach Hause. Ursula war Jüdin, Deutsche und Atheistin, aber auf Drängen ihres Sohnes erklärte sie sich bereit, den Kindern ein traditionelles englisches Osterlunch zu kochen, soweit es die Lebensmittelrationierungen in Kriegszeiten zuließen: Hals vom Hammel, den sie beim Metzger erbettelt hatte, Kartoffeln und Kohl aus dem kleinen Beet, das sie in Laskis Garten angelegt hatte. Während das Essen unter Michaels wachsamen Augen kochte, ging sie zu Fuß nach Summertown und rief, wie an jedem Sonntag, Erich Henschke an. Sein Tonfall verriet, was passiert war, noch bevor er den Codesatz sagte, auf den sie gewartet hatte. Die Hammer-Spione waren drin und hatten Kontakt aufgenommen. Das bedeutete, dass das Joan-Eleanor-System sich schon bald in Händen der Sowjets befinden konnte. Ihre Spione waren sicher oder doch so sicher, wie sie es in einer belagerten Stadt sein konnten.

Das Osterlunch im Avenue Cottage war in diesem Jahr ein höchst erfreuliches Ereignis. Michael aß sechs Karfreitagsbrötchen.

Am gleichen Ostersonntag, dem 1. April 1945, machten sich Lindner und Ruh auf den Weg zu einer abgelegenen Gegend im Nordwesten Berlins, um einen geplanten Abwurf von Lebensmitteln und anderen Vorräten einzusammeln. Um die Stadt herum gruben sich deutsche Truppen zu einer letzten Verteidigungslinie ein: zusammengewürfelte Einheiten von Wehrmacht und Waffen-SS, aber auch alte Männer und minderjährige Jungs der Hitlerjugend. Unerwartet fanden sich die Spione inmitten der Panzerdivision Hermann Göring wieder, die Richtung Norden auf dem Weg zum Endkampf war. Ein junger Leutnant auf einem Motorrad, übereifrig und misstrauisch, verlangte ihre Papiere. Lindner zeigte die gefälschten Ausweise, die sie als Ewald Engelke und Anton Vesely identifizierten, und erklärte, dass sie auf dem Rückweg in die Stadt seien, um sich den loyalen Verteidigern anzuschließen. Der skeptische Offizier befahl ihnen, die Rucksäcke zu leeren. Der Joan-Sendeempfänger lag ganz unten in Ruhs Rucksack, versteckt unter schmutzigen Kleidungsstücken. Umständlich und so langsam wie möglich begann er, ihn auszuräumen, Socke für Socke, dabei auf Tschechisch vor sich hinbrummend. Paul zuckte die Achseln und machte eine Bemerkung über diesen »bescheuerten Tschechen, der kein Deutsch verstand«. Linder entsicherte die .32er in seiner Jackentasche. Entnervt wegen der Verzögerung winkte der Lieutenant sie weiter – eine Entscheidung, die ihnen das Leben rettete und seines wahrscheinlich auch. »Ich hätte ihn liebend gern abgeknallt«, bemerkte Lindner später.

Am 16. April begannen die Sowjets mit der Schlussoffensive gegen das eingekesselte Berlin. Die Streitkräfte der westlichen Alliierten waren aus dem Rennen um Berlin ausgestiegen. Man hatte sich bereits darauf verständigt, dass die Stadt nach Ende der Kämpfe in vier Besatzungszonen aufgeteilt werden sollte, und General Eisenhower entschied, die Ehre der Einnahme von Hitlers Hauptstadt den Sowjets zu überlassen. Die Luftangriffe der Alliierten wurden eingestellt, als sowjetische Truppen in die Stadt eindrangen, und die Rote Armee übernahm das Bombardement, wobei mehr Sprengstoff auf Berlin niederging als die gesamte Bombentonnage, die bereits von den Westalliierten abgeworfenen worden war.

Die Schlacht um Berlin erreichte einen Höhepunkt. Als die Hammer-Spione am 21. April versuchten, mit dem Joan-Eleanor-Gerät Kontakt aufzunehmen, wurden sie von den aus Süden vorrückenden sowjetischen Truppen fast überrannt, die die deutschen Verteidiger, Straße für Straße, zurückdrängten. Am folgenden Tag erhielt Lindner mittels einer weiteren BBC-Nachricht die Anweisung, in das von den Sowjets gehaltene Gebiet vorzudringen, während Ruh in Berlin blieb. Tausende Berliner versuchten, aus der Stadt zu fliehen, und wurden zurückgedrängt; es gelang Lindner nicht, den Verteidigungsring zu durchbrechen.

Am selben Nachmittag kam es zu einer der letzten Schlachten des Zweiten Weltkrieges, als die Deutschen versuchten, Treptow im Südosten gegen einen heftigen sowjetischen Angriff zu verteidigen. Lindner, Ruh und Lindners Vater gerieten in die Kämpfe und schlossen sich mit zurückgelassenen Waffen dem Angriff auf die deutschen Linien an. Sowjetische Soldaten hielten sie irrtümlich für eingefleischte Anhänger des Regimes und eröffneten das Feuer auf das Trio, bevor sie erkannten, dass es sich um Anti-Nazi-Partisanen handelte. Sowjetische Soldaten strömten nach Berlin, und ein Rachefeldzug aus Vergewaltigung, Mord und Zerstörung war in vollem Gange. Die Operation Hammer war vorbei, zumindest ihre amerikanische Variante.

In dieser Nacht machten sich Lindner und Ruh auf den Weg

durch die verwüstete Stadt in den Ortsteil Wartenberg zu einer Adresse, die ihnen Henschke einen Monat zuvor gegeben hatte. Walli Schmidt war zusammen mit Ursula Mitglied im Kommunistischen Jugendverband gewesen, und sie hatten über die Jahre hinweg Kontakt gehalten. Ursula wusste, dass Walli ein engagiertes Parteimitglied war. Im Februar hatte sie über das Untergrundnetz der Arbeiterbewegung eine Nachricht erhalten, sie solle sich bereithalten. Es war drei Uhr nachts, als Ruh (der Schmidt in den 1920er Jahren ebenfalls gekannt hatte) vorsichtig an ihre Tür klopfte. Walli öffnete sie einen Spalt, und Ruh flüsterte das Codewort: »Sonja.« In Wallis dunklem und verlassenem Schrebergarten hinter dem Haus, zwischen einem Pflaumenbaum und dem Hühnerstall, vergruben sie sorgfältig den Joan-Sendeempfänger.

Eine der letzten Nachrichten vom OSS beauftragte Lindner und Ruh, »Hitlers Aufenthaltsort« in Erfahrung zu bringen, in der Absicht, den Führer mit einem chirurgischen Bombenangriff zu töten. Was nicht mehr nötig war. Am 22. April, nachdem man ihm mitgeteilt hatte, dass seine Befehle zu einem Gegenangriff nicht ausgeführt worden waren, erlitt Hitler einen Nervenzusammenbruch. Eine Woche später, die sowjetischen Streitkräfte waren nur noch fünfhundert Meter vom Führerbunker entfernt, erschoss er sich selbst.

Am Tag von Hitlers tränenreichem Zusammenbruch näherten sich Lindner und Ruh einem Panzerverband der Roten Armee, der nach Neukölln rollte, erklärten, dass sie Agenten des sowjetischen militärischen Geheimdienstes seien, und wurden daraufhin zu einem Hauptmann Martow gebracht.

Lindner und Ruh schilderten später, dass Martow sich geweigert hatte, ihre Geschichte zu glauben, und nachdem er Codebücher des OSS in ihren Rucksäcken gefunden hatte, damit drohte, sie verhaften und als feindliche Agenten erschießen zu lassen. Als sie dann schließlich der 69th Infantry Division in der Nähe von Leipzig übergeben wurden, behaupteten sie, zwei Monate in sowjetischer Gefangenschaft verbracht zu haben. Dies entsprach natürlich nicht der Wahrheit. In Stalins Armee hätte es nur ein Verrückter versäumt, ihre Behauptung, GRU-Agenten zu sein, zu überprüfen, und schon eine sehr schnelle Untersuchung hätte ergeben, dass Lindner und Ruh die Wahrheit sagten. Viel wahrscheinlicher ist, dass sie nach Nennung des speziellen GRU-Kennworts, das Ursula ihnen gegeben hatte, ins Hauptquartier des Nachrichtendienstes gebracht und dort eingehend über sämtliche Aspekte ihrer Mission, und dabei insbesondere das J-E-System, befragt wurden.

Innerhalb weniger Tage nach der sowjetischen Besetzung Berlins erschien ein Offizier der Roten Armee in Walli Schmidts Haus in Wartenberg: Zusammen exhumierten sie Joan aus dem Loch zwischen Pflaumenbaum und Hühnerstall. Mit bürokratischer Akribie stellte der Offizier Walli eine Quittung für eine Hälfte eines revolutionären neuen Kommunikationssystems aus. Die Zentrale schickte eine verschlüsselte Nachricht an Agent Sonja in Großbritannien, die besagte, dass die Abholung abgeschlossen worden sei.

Am 2. Mai 1945 erklärte der Kommandant der Berliner Verteidigungskräfte gegenüber General Wassili Tschuikow die bedingungslose Kapitulation; demselben Soldaten also, der 1941 als sowjetischer Militärattaché in Chungking geholfen hatte, Rudi Hamburger aus einem chinesischen Gefängnis zu holen. Der Krieg in Europa war vorüber.

Lindner und Ruh waren die Glücklichen in der Tool-Geschichte. Die A-26 der Chisel-Mission ins Ruhrgebiet stürzte in der Nacht des 19. März in der Nähe von Schwege ab, wobei sämtliche Personen an Bord ums Leben kamen. Werner Fischer (Buzzsaw) landete am 7. April erfolgreich in der Nähe von Leipzig; sein Auftrag bestand darin, Informationen über deutsche Truppenbewegungen und die Zustände in britischen Kriegsgefangenenlagern einschließlich Colditz zu melden. Er wurde sofort von Soldaten der Roten Armee umzingelt, die bereits weiter vorgedrungen waren, als dem OSS klar war. Fischer hatte falsche Papiere, nach denen er Ernst Lauterbach war, Sonderermittler der Gestapo. Er protestierte, beteuerte, ein deutscher Kommunist zu sein, der einen geheimdienstlichen Auftrag habe. Die ungläubigen Soldaten erschossen ihn auf der Stelle und warfen seine Leiche in einen Graben. Die einzige andere Operation außer Hammer, die ihr Ziel erreichte, war Pickaxe, deren beide Agenten in Landshut in der Nähe von München landeten. Laut Bill Casey »übermittelten die Agenten bei nicht weniger als neun Joan-Eleanor-Reports enorme Mengen an Informationen über Eisenbahn- und Straßenverkehr, Fernmeldeeinrichtungen sowie Truppenbewegungen an wartende Mosquitos«.

Lindner und Ruh erklärten, den Anweisungen der GRU folgend, den Amerikanern, dass sie unbedingt zurück nach England wollten, um ihre Arbeit für den amerikanischen Geheimdienst fortzusetzen. Ein OSS-Offizier namens Henry Sutton unterzog sie allerdings einer Nachbesprechung, die »scharf und nicht ganz freundlich« war. Ihr »Eifer, nach England zurückzukommen«, kam ihm »irgendwie nicht ganz richtig« vor. Diese Männer waren höchstwahrscheinlich Kommunisten und hatten beträchtliche Zeit in den Händen der Sowjets verbracht, bevor sie wieder entlassen wurden. »Wie sollte Sutton sicher sein, dass sie keine Doppelagenten geworden waren?« Gould mochte wegen ihrer politischen Einstellungen nicht besorgt gewesen sein, Sutton jedoch war es definitiv: »Aufgrund der politischen Vergangenheit dieser Männer bestehen ernsthafte Zweifel, inwieweit sie sich in unsere Operationen im Nachkriegsdeutschland einfügen können.« Als der Zweite Weltkrieg endete und der Kalte Krieg begann, wandelte sich die Toleranz gegenüber dem Kommunismus zu tiefsitzendem Misstrauen, die zweckdienliche Allianz während des Krieges wich danach einer wachsenden Gegnerschaft.

Dennoch entließ der OSS die Hammer-Agenten im August 1945 mit einer Lobeshymne der Dankbarkeit »für die heroische und äußerst wertvolle Arbeit, die Sie für uns geleistet haben. Während der Kampfhandlungen sind Sie ruhig und effizient geblieben und haben eine bemerkenswerte Fähigkeit bewiesen, alle Möglichkeiten zur Erfüllung Ihrer schwierigen Aufgabe auszuschöpfen. Der erfolgreiche Abschluss Ihrer Mission war für die Streitkräfte der Alliierten von sehr hohem Wert und trug wesentlich zur Niederlage des Feindes bei.« Das OSS klopfte sich selbst kräftig auf die Schulter: »Die Verbindung mit den Agenten-Teams mittels der J-E-Geräte wurde zu einem kritischen Zeitpunkt des Angriffs auf Deutschland hergestellt und erfolgreich aufrechterhalten. Entscheidende Informationen über die Lage in Berlin, die Einteilung der Truppen im Berliner Raum und die verbleibenden Ziele für Bombenangriffe wurden gewonnen. [...] Es wurden äußerst wichtige nachrichtendienstliche Erkenntnisse erlangt.«

Die Nachricht vom Fall Berlins wurde in ganz Großbritannien mit unbändiger Freude aufgenommen, und nirgendwo mehr als im Avenue Cottage, Oxford.

Ursula hatte die Fortschritte der Tool-Missionen dank der Informationen verfolgen können, die von Gould an Henschke gingen. Die Hammer-Agenten hatten überlebt, obwohl mehrere der anderen Rekruten umgekommen waren. Sie hatte einen wesentlichen Beitrag zur Befreiung ihrer Heimatstadt vom Fluch des Nationalsozialismus geleistet. Und am allerwichtigsten: Sie hatte eine Operation koordiniert, die den Sowjets eine nagelneue amerikanische Militärtechnologie zugespielt hatte. Sie half Russland, die Bombe zu bauen, und sie half ihnen, das Walkie-Talkie zu bauen. Nicht einmal Len wusste, was sie getan hatte. Ihre Feier war eine geheime, private Feier.

Die Laskis organisierten ein Straßenfest zum VE Day (Tag der Befreiung) am 8. Mai. »In den Straßen wurden Tische aneinandergestellt und gedeckt«, schrieb Ursula. Die Anwohner legten ihre knappen Rationen zusammen, um aus Anlass des Sieges Kuchen zu backen. Es gab Toasts mit Limonade und Bier, und die Straße war mit selbstgemachten Wimpeln geschmückt. Ursula hatte sich ihren britischen Nachbarn nie näher oder mehr im Einklang mit der nationalen Stimmung gefühlt. Sie backte einen großen Victoria-Sponge-Cake, den Nina rot, weiß und blau dekorierte. »Ich freute mich mit allen anderen über die siegreiche Beendigung des Krieges.«

Und doch: Als Offizierin der Roten Armee war sie bereits auf dem Weg in eine neue Schlacht. Sie stand im Strudel der Geschichte. Vor dem Krieg hatte sie gegen Faschisten und Antikommunisten, Chinesen, Japaner und Deutsche spioniert, während des Krieges hatte sie sowohl gegen die Nazis als auch gegen die Alliierten spioniert, und im Anschluss daran und von nun an würde sie gegen den Westen spionieren, die neuen Feinde in einem Kalten Krieg. Auf einem Foto der Siegesfeier in der Nachbarschaft von Summertown ist eine strahlende Ursula zu sehen, die den Sturz Hitlers glücklich feiert. Ein Mann trägt eine Armeeuniform. Ein anderer hebt zwei Finger zum V für Victory, das Siegeszeichen. Doch hinter dem Bild der gemeinsamen Erleichterung, des Triumphs und des Optimismus verbarg sich eine ideologische Divergenz, die bald in einen neuen Konflikt ausbrechen sollte. »Jeder hoffte auf eine bessere Welt«, schrieb sie. »Alle erhofften eine bessere Welt, aber hier schieden sich unsere Vorstellungen.«

Zwei Monate später zündeten die Wissenschaftler des Manhattan-Projekts in der abgelegenen Wüste von New Mexico in einem Test mit dem Codenamen »Trinity« die erste Atombombe mit einer Sprengkraft von 21 Kilotonnen TNT. Zu den Wissenschaftlern, die den großen Atompilz am Morgenhimmel beobachteten, gehörte Klaus Fuchs, einer der Hauptarchitekten der stärksten Waffe, die je von Menschenhand entwickelt worden war. Im August 1944 war er ins Zentrum des Manhattan-Projekts nach Los Alamos umgezogen, das ein Wissenschaftler als den »Campus einer riesigen Universität« beschrieb, »deren Fakultätsangehörige viele der hervorragendsten Wissenschaftler der westlichen Welt waren, die sich zusammengefunden hatten, um herauszufinden, wie man Hitler im Wettlauf um den Bau einer Atombombe schlagen könnte«. In der Abteilung für Theoretische Physik arbeitete er unter Hans Bethe, der Fuchs für »einen der wertvollsten Männer in meiner Abteilung« und »einen der besten theoretischen Physiker, die wir hatten« hielt.

Über den KGB-Mitarbeiter Harry Gold hatte Fuchs jede noch so kleine wissenschaftliche Information an Moskau weitergegeben: Sie trafen sich in Queens, vor dem Metropolitan Museum of Art in New York und in Cambridge, Massachusetts. Fuchs erzählte Gold nicht nur von den Fortschritten bei der Entwicklung von »Atom«-Bomben mit Uran und Plutonium als spaltbarem Material, sondern auch von der Fahrt aufnehmenden Forschung zu einer noch leistungsfähigeren Wasserstoffbombe. Im Juni 1945 wartete Gold auf einer Bank in der Innenstadt von Santa Fe, als Fuchs mit seinem »klapprigen alten Zweisitzer« vorgefahren kam und ihm eine vollständige Beschreibung der Plutoniumbombe übergab, die wenige Wochen später in der Wüste getestet werden würde. Die Sowjets waren begeistert, »praktisch die Blaupause der Trinity-Vorrichtung« zu erhalten.

Auf der Potsdamer Konferenz am 24. Juli unterrichtete Präsident Harry S. Truman Josef Stalin darüber, dass Amerika eine »neuartige Waffe mit außergewöhnlicher Zerstörungskraft« gebaut habe. Stalin zeigte sich kaum überrascht – was für sich genommen kaum überraschend war, da er längst über alles bestens informiert war.

Zwei Wochen später warf die US Air Force über der japanischen Stadt Hiroshima eine Atombombe ab, und drei Tage später eine zweite über Nagasaki. Der Krieg im Pazifik war vorbei, und der Kalte Krieg begann ernsthaft.

Vier Jahre lang waren Ursulas Nachbarn und Freunde in Großbritannien ihre Verbündeten gewesen; über die unbeweglichen Kampflinien des neuen Konflikts hinweg waren sie nun ihre Feinde.

22
Great Rollright

Great Rollright ist ein malerischer ländlicher Flecken umgeben von Ackerland im Herzen der Cotswolds im Norden von Oxfordshire. Im Jahr 1945 gab es dort ein Pub aus dem 18. Jahrhundert, das Unicorn, ein Postamt, eine mittelalterliche Kirche und 243 Einwohner, zumeist Bauernfamilien, die seit Generationen dort ansässig waren. Die Züge der Banbury-Cheltenham-Linie hielten zweimal täglich am Bahnhof Rollright Halt. Great Rollright ist ein großartiger Name für ein Dorf, das alles andere war als groß: Es war charmant, abgelegen und äußerst ruhig. Eine Woche nach dem VE Day zogen Ursula und die Kinder in »The Firs« am Rand des Dorfes ein, ein Haus aus honigfarbenem Cotswold-Stein mit vier Schlafzimmern, zwei Schuppen und einer Außentoilette. Das Haus hatte weder Strom noch Telefon, und warmes Wasser gab es auch nicht. Im Mai war es zugig und im Dezember bitterkalt. Aber um die Eingangstür herum wuchsen Rosen in Hülle und Fülle, und die »sanften Cotswold-Hügel« erstreckten sich direkt hinter dem Haus. Ursula liebte es auf den ersten Blick.

Von allen Orten, an denen sie schon gelebt und spioniert hatte, von China über Polen bis zur Schweiz, lag ihr dieses »zweihundertfünfzig Jahre alte Haus mit den dicken Holzbalken, den niedrigen Stuben, umgeben von Hof, Scheune und verwildertem Garten« am meisten am Herzen. Es war, so schrieb sie, »unser erstes richtiges Heim.« Das Avenue Cottage war zu klein geworden für ihre heranwachsenden Kinder. Hier jedoch gab es reichlich Platz, die Miete war niedrig und der große abschließbare Keller ideal, um illegale Funkgeräte zu verstecken. Die Nachbarn waren freundlich und überhaupt nicht neugierig. Michael kehrte in den Ferien aus Eastbourne zurück, Nina, schick in ihrer neuen Schuluniform, fuhr mit dem Bus zur County Grammar School in Chipping Norton und Peter besuchte den Dorfkindergarten, der von der Pfarrersfrau geleitet wurde. Ursula legte ein Gemüsebeet an, baute einen Hühnerstall im Garten und schaffte schließlich ein junges Schwein an. Eine streunende Katze zog ein und blieb. Nina taufte sie auf den Namen Penny.

Wie in vielen englischen Dörfern drehte sich auch in Great Rollright das Leben um das Pub, die Kirche aus dem zwölften Jahrhundert, den Kricketclub, den lokalen Klatsch und Tratsch, die Ernte und das jährliche Volksfest. Die Familie wurde ohne großes Tamtam empfangen und schnell in das Dorfleben integriert. Als Ursula sich mit der Frau eines benachbarten Bauern anfreundete, einer Mrs. Malton, begann sie Wurzeln zu schlagen. Zwar blieb sie eine überzeugte marxistische Atheistin, aber die Familie verpasste nur selten den Gottesdienst. Die achtjährige Nina nahm den Anglikanismus mit kindlichem Eifer an. »Bei der Predigt saß ich in der ersten Reihe, hörte zu und glaubte [dem Pfarrer] jedes Wort.« Sie beschloss, Nonne zu werden. Dann überlegte sie es sich anders und entschied sich für den Beruf der Kampfpilotin. Die Glöckner von St. Andrew's kamen häufig nach dem Sonntagsgottesdienst zum Tee. Die von Ursula gebackenen Scones waren ausgesprochen gut. Wie schon mit Frau Füssli in der Schweiz verbrachte Ursula lange Stunden am Küchenfeuer, um mit Mrs. Malton über die kleinen alltäglichen Dinge des Landlebens zu plaudern: die Hühner, das Wetter, die Kinder. Sie erstand einige gebrauchte Möbel und hängte die chinesischen Bilder auf, die sie aus Shanghai mitgebracht hatte. »Merkwürdig, wie wunderbar die Zeichnungen auf Seide in das alte Bauernhaus passten.« Sie machte mit den Kindern einen Ausflug nach Stratford-upon-Avon. Die Kinder »durften schwelgen. Viermal Brausepulvergetränk, dreimal Eiswaffeln, zweimal durch ganz Woolworth.« Ursula bestand darauf, dass sie auch Shakespeares Geburtshaus besuchten.

Im Herzen Englands wurde Ursula zu einer Engländerin, allerdings ohne ihren englischen Ehemann. Lens Antrag auf Versetzung von der RAF zum Heer wurde unerwartet bewilligt, und zu seiner Überraschung wurde Beurton zu den Coldstream Guards einberufen (»eins der feudalsten Regimenter Englands«, bemerkte Ursula ironisch). Er wurde nach Deutschland versetzt und sollte erst einundzwanzig Monate später entlassen werden. Der MI5 warnte Beurtons befehlshabenden Offizier, ihn im Auge zu behalten: »Seine Akte ist eigentümlich, und es ist durchaus möglich, dass er ein sowjetischer Agent ist beziehungsweise gewesen ist. [...] [Es ist] nicht erwünscht, dass er in Deutschland oder an einem anderen Ort, an dem er mit Russen in Kontakt kommen könnte, als Dolmetscher eingesetzt wird.« Len hatte die meiste Zeit des vorangegangenen Jahres in Kasernen der RAF verbracht. Jetzt war er in einem fremden Land. »So bleib ich allein«, schrieb Ursula, »aber ich hatte meine Arbeit.«

Melita Norwoods Geheimnisse aus der British Non-Ferrous Metals Association flossen ungehindert weiter. Jürgen, der von der Strategic Bombing Survey entlassen worden war, bereitete sich auf seine Rückkehr nach Ost-Berlin vor, wo Kommunisten unter sowjetischer Kontrolle die Deutsche Demokratische Republik (DDR) gründen würden. Er und sein Vater blieben jedoch gewinnbringend in das politische Leben Großbritanniens eingebunden. »James«, der RAF-Offizier, lieferte weiterhin technische Informationen. Der Sender war ständig in Betrieb. Keiner der Dorfbewohner bemerkte die ungewöhnlichen Arbeitszeiten von Mrs. Burton, wohl aber ihre Tochter: »Wir Kinder mussten täglich im Haushalt und im Garten helfen, dabei kamen wir erst um vier aus der Schule. [...] Manchmal schlief meine Mutter um diese Zeit. Das taten andere Mütter im Dorf nicht, und ich dachte: *Mich* schickt sie Unkraut jäten, und *sie* will schlafen.« Toni Ruh, der ehemalige Hammer-Spion, fand nach seiner Rückkehr nach Großbritannien Arbeit bei einem Rüstungsunternehmen. Anfang 1946 übergab er Erich Henschke den Prototyp eines Flugzeugteils, »ein spezielles

Instrument zum Schießen in Kampfflugzeugen«. Ursula verstaute den Gegenstand in Peters Kinderwagen, fuhr damit in den Wald bei Great Rollright und vergrub ihn. Zu ihrer Verlegenheit konnte sie sich, als sie es holen wollte, nicht mehr an die Stelle erinnern – ihr erster Fehler in zwanzig Jahren Spionagetätigkeit. Aber in jeder anderen Hinsicht war sie eine vorbildliche Spionin. Ihr Funkgerät funktionierte gut, ebenso wie das System zur Kontaktaufnahme und Weitergabe von Informationen an die GRU; die Zahlungen des Nachrichtendienstes der Roten Armee erfolgten regelmäßig und in ausreichender Höhe. Ursulas Spionagenetz lief reibungslos.

Und dann hörte alles abrupt auf.

Im Herbst 1946 fuhr Ursula zu einem Routinetreff mit dem aktuellen »Sergej« nach London. Der GRU-Offizier tauchte nicht auf. Zunächst war sie nicht beunruhigt. »Wir hatten eine Sondervereinbarung, fall der Kontakt verlorenging.« Einige Meilen westlich von Great Rollright überquerte die Banbury and Cheltenham Direct Railway die Straße zwischen Banbury und Oxford. Hinter der ersten Kreuzung nach dem Übergang stand eine Reihe von Bäumen; der vierte auf der linken Seite hatte eine hohle Wurzel. Das war der tote Briefkasten, an dem für den Fall eines verpassten Rendezvous Nachrichten und Geld für Ursula an einem bestimmten Tag des Monats hinterlegt werden würden. Eine Woche nach dem verpassten Rendezvous radelte Ursula unter der Eisenbahnbrücke hindurch, stellte ihr Fahrrad ab und griff, nachdem sie sich vergewissert hatte, von niemandem beobachtet zu werden, in das Loch. Der tote Briefkasten war leer. Auch im folgenden Monat war er leer. Und in dem darauf. War das Netz in Gefahr? Wenn Moskau die Kommunikation abbrach, sollte sie gemäß den Regeln nicht versuchen, die Verbindung per Funk wiederherzustellen, solange sie nicht dazu aufgefordert wurde. Nach zwei Monaten ohne Nachricht war Ursula ernsthaft beunruhigt, ihr ging das Geld aus, und sie wurde nervös. »So viele Jahre hatte ich für diese Arbeit gelebt, nun waren die Tage leer.« Aus Angst, jemand könnte ihre Bewegungsmuster bemerken, fuhr sie jeden Monat mit dem Fahrrad zu einem offenen Straßenabschnitt und griff in irgendeine hohle Baumwurzel. Die Zentrale hatte den Kontakt völlig abgebrochen. »Sicher gab es Gründe für das Verhalten der Zentrale«, sagte sie sich.

Es gab allerdings einen Grund, aber es war kein guter.

Die GRU, die mächtige militärische Nachrichten sammelnde Maschine der Sowjetunion, hatte schlicht und einfach den falschen Baum erwischt.

Statt Nachrichten unter der vierten Platane nach der *Kreuzung* zu hinterlassen, deponierte der GRU-Kurier alles am vierten Baum nach der *Brücke* – der durch einen unglücklichen Zufall ebenfalls an der Wurzel hohl war. Einer dieser menschlichen Fehler, zu denen es in der Spionage genauso kommt wie in jedem anderen Beruf, dennoch: Die GRU hatte Mist gebaut. Aber die Zentrale war nicht weniger verwirrt als Ursula. »Aus unbekannten Gründen holte Sonja nicht mehr in der vereinbarten Zeitspanne das Geld aus dem toten Briefkasten, woraufhin wir es wieder herausnahmen«, heißt es in einem Bericht. Soweit es die Zentrale betraf, hatte Agent Sonja den Kontakt abgebrochen, was nur eines bedeuten konnte: Der Security Service, der britische Inlandsgeheimdienst MI5, musste ihr auf den Fersen sein. Was auch der Fall war.

Ursulas Vergangenheit holte sie auf drei verschiedenen Wegen und über drei verschiedene Männer ein. Rudi Hamburger, Alexander Foote und Klaus Fuchs: ihr Ex-Ehemann, ihr ehemaliger Mitarbeiter und ihr bester Spion.

Am 25. März 1946 schickte der US Legal Attaché und Vertreter des FBI in London John Cimperman einen Brief an Roger Hollis vom MI5: »Bitte beachten Sie die frühere Korrespondenz bezüglich Rudolf Albert Hamburger, geständiger Sowjetagent mit unbekanntem Aufenthaltsort seit seiner Ausreise aus dem Iran am 22. Mai 1943. Ich wäre Ihnen dankbar, wenn Sie Vorkehrungen für ein Gespräch mit Ursula Hamburger Beurton treffen könnten, der früheren Ehefrau von Hamburger, um den derzeitigen Aufenthaltsort von Rudolf zu ermitteln.« Das FBI ermittelte aktiv gegen jeden, der kommunistische Verbindungen hatte. Rudis Bruder Viktor, inzwischen Dozent an der Universität von Chicago, war daher eine verdächtige Person.

Die Amerikaner interessierten sich plötzlich für den sowjetischen Spion und seine Ex-Frau.

Rudi Hamburgers aktueller Aufenthaltsort war so weit von den sanft hügeligen Cotswolds entfernt, wie man es sich nur vorstellen kann: Er befand sich im Arbeitslager Karaganda, einem riesigen Gulag, der sich über 36 000 Quadratkilometer kasachische Steppe erstreckte. Hier schuftete ein Heer von Häftlingen in fünfzig Kohlebergwerken, in einer so unwirtlichen Landschaft, dass das Lager seine mit Maschinengewehren bewaffneten Wachen kaum benötigte. Wer zu fliehen versuchte, starb schnell in der eisigen Wildnis.

»Jeden Morgen erscheint es mir von neuem unvorstellbar, wie ich hierher gelangt bin«, schrieb Rudi.

Hamburgers Hölle hatte im Arbeitslager Saratow an der Wolga begonnen, achthundert Kilometer südlich von Moskau, am Beginn einer fünfjährigen Strafe wegen »politischer Verbrechen«.

»Das bin ich geworden«, schrieb er. »Hochverräter, Terrorist, Staatsfeind.« Saratow war ein Holzfällerlager, eine von Sklavenarbeitern betriebene Strafkolonie, und kam der stalinistischen Vorstellung einer Hölle auf Erden schon ziemlich nahe. Die Häftlinge trugen alle die gleiche Gefängniskleidung, bestehend aus Wams und gesteppter schwarzer Baumwollmütze, eine Uniform, die Konformität erzwingen sollte, aber nicht ausreichte, um die beißende Kälte abzuhalten. Ihre Nahrung bestand aus grobem Schwarzbrot und wässriger Suppe: »In der Suppenschüssel schwimmen Mohrrübenteilchen, Fischstückchen, Fischgerippe, Gräten und eklige Fischköpfe, die einen mit toten Augen anstarren.« Nach sechs Monaten Gefangenschaft wog Rudi keine fünfzig Kilo. Es gab keine Bücher, keine Zeitungen, kein Radio und keine Kommunikation mit der Außenwelt. Zu Rudis Mitgefangenen gehörten Berufsverbrecher, die das Lager mit Angst, Gewalt und Erpressung tyrannisierten, aber auch politische Gefangene wie er selbst, die »58er« – »sozialgefährliche Elemente«, die nach Artikel 58 verurteilt worden waren: Studenten, die es gewagt hatten, Meinungsfreiheit zu fordern, ein Ehepaar, das den Krieg kritisierte, der ihren einzigen Sohn getötet hatte, ein Mann, der von einem deutschen Flugzeug abgeworfene Nazipropaganda aufgehoben und aufbewahrt hatte.

»Ruhe und Disziplin bewahren«, ermahnte Rudi sich. »Die Zunge hüten. Du lebst im Lande der unumschränkten Diktatur. Schweig, schweig.«

Langeweile und Hunger nagten an seiner Seele: »Auf der nackten Bretterpritsche liegend, bist du wie ein gefoltertes Tier, das stumpf sein bitteres Schicksal erwartet.« Er versuchte, seine frühere Existenz und die Dinge, die er einst geliebt hatte, zu vergessen. »Gelingen muss es, auf den Luxus von Gefühlen zu verzichten, gar nicht zu reden von ästhetischer Schönheit, die, verkörpert in Kunst, Architektur, Musik, Bestandteil meines Lebens war.«

Eine Gruppe amerikanischer Militäringenieure besuchte Saratow, um im Rahmen eines Kriegshilfsprogramms den Bau einer Chemiefabrik zu beaufsichtigen. Eine freundliche Sekretärin bot Rudi eine amerikanische Illustrierte an. »Endlich wieder in einer mir geläufigen Sprache etwas lesen dürfen, ganz gleich was, um mich abzulenken und herauszureißen aus verzweifelten Gedanken und Grübeleien.« Einige Wochen später wurde die Zeitschrift beschlagnahmt und er beschuldigt, antisowjetische Propaganda ins Lager gebracht zu haben. Ein zweiter Prozess begann. »Der Richter eröffnet die Sitzung. Er bedient sich des scharfen, schneidenden Tons, den ich aus meinem preußischen Vaterland kenne, er soll Furcht einflößen, den Angeklagten von vornherein in die Position des schuldhaften Verbrechers drängen und jeden Versuch von Widerstand ersticken.« Rudis Strafe wurde um weitere acht Jahre verlängert, und er wurde in Einzelhaft gesteckt. »Angekleidet […] liege ich im Dunkel der Zelle, wo kaum ein Unterschied zwischen Tag und Nacht ist, dahinvegetierend wie ein Tier, und starre gegen die Decke. […] Der angekleidete, ausgezehrte Körper ist eine Brutstätte für Läuse. […] Entschließe ich mich, wenn es etwas heller in der Zelle ist, aufzustehen, dann kratze ich mit dem Löffelstiel Grundrisse von Häusern in die Eiskristallschicht der Wand, von Häusern irgendwo in einem Traumland […]. Aber meistens liege ich in vollkommener Lethargie zwischen den Matratzen.«

Die Nachricht vom Fall Berlins erreichte das Gulag, und Rudi protokollierte den Augenblick: »Der Posten auf dem Wachturm in seinem langen Mantel ist gut gelaunt. […] Lachend ruft er herunter: ›Der Krieg ist vorbei – Faschisti kapuuht‹, und wirft beide Arme in die Luft vor Freude. Ein heißer Strom überwältigt mich. Zu Ende das Völkermorden, der Hitler-Faschismus am Boden, Friede. Und plötzlich erscheint mir mein eigenes Schicksal klein neben diesem ungeheurem Ereignis. Aber wie bitter, es an dieser Stelle zu erleben.«

Rudi hat alles verloren, bis auf seine Hartnäckigkeit. Hungernd, frierend, verlaust, völlig abgearbeitet, zu Unrecht verurteilt von einem herzlosen kommunistischen Regime, hielt er an der Ideologie fest, die er auf Ursulas Drängen übernommen hatte. »Die jahrzehntelangen revolutionären Erschütterungen und der Krieg haben eine Generation heldenhafter Männer und Frauen hervorgebracht, die eine neue Gesellschaft aufbauen«, schrieb er. Und später: »Den Blick zu den Sternen kann uns keine GULAG mit keinem Stacheldraht versperren.«

1945 wurde er nach Karaganda verlegt, um dort an Entwurf und Bau neuer Kasernen zu arbeiten. »Trotz des Lebens in der öden Steppe ist dieses Lager leichter zu ertragen als das frühere«, schrieb er. Wenigstens konnte er seine Fähigkeiten als Architekt ausüben, obwohl der Bau von Reihen identischer Holzhütten weit entfernt war von den Art-déco-Bauten, die er in Shanghai errichtet hatte. Er dachte oft an Ursula und an Michael, den Sohn, von dem er befürchtete, ihn nie wiederzusehen. »Hier in dieser Steppe, unerreichbar für jeden, der dir lieb ist, wirst du acht Jahre deines Lebens lassen. Hinter Stacheldraht. Acht Jahre, und dann? Wenn du bis dahin nicht verreckt bist, wohin dann?«

Der MI5 war verwirrt und auch ein wenig verärgert von dem neuerlichen Interesse des FBI an Ursula Beurton und ihrem Ex-Mann, dem sowjetischen Spion, der vor seinem Verschwinden nach Moskau zurückgeschickt worden war. »Das FBI ist außergewöhnlich hartnäckig, was diesen Fall betrifft, und ich vermute, sie haben aktuellere Informationen über Hamburger als wir«, schrieb John Marriott vom MI5. Den Amerikanern war bereits ein Jahr zuvor mitgeteilt worden, dass Mrs. Beurton über jeden Verdacht erhaben sei, da sie sich »anscheinend vollkommen ihren Kindern und ihren häuslichen Angelegenheiten widmet«. Doch jetzt war Cimperman zurück und verlangte vom MI5, sie zu vernehmen und in Erfahrung zu bringen, wo ihr Ex-Mann steckte. »Es gibt keinen guten Grund für die Annahme, dass die Dame seine Frage beantworten kann«, schrieb Marriott. Er teilte Cimperman mit: »Diese Dame ist bekannt dafür, dass sie mit dem Kommunismus sympathisiert, und ich würde zögern, sie in einer solchen Angelegenheit zu vernehmen. Obwohl unsere Nachforschungen über ihren jetzigen Ehemann keinerlei Beweise erbrachten, die den Verdacht, den wir gegen ihn hegten, erhärteten, besteht dieser Verdacht weiterhin, und wir sind keineswegs sicher, dass er kein sowjetischer Agent ist.« Die Vernehmung von Ursula Beurton hätte ihren Ehemann, der eben erst aus dem Kriegsdienst entlassen worden war und jetzt in einer Kunststofffabrik arbeitete, darauf aufmerksam machen können, dass der MI5 ihn verdächtigte. Die ausschließliche Konzentration auf den Mann verdeckte einmal mehr die Frau und den wichtigeren Spion.

Trotzdem verfasste Marriott eine Nachricht an Kim Philby beim MI6: »Sie werden sich erinnern, dass Rudolf Hamburger ein sowjetischer Agent war, der im Mai 1943 im Iran zunächst von den Amerikanern und dann von den Briten festgenommen und anschließend von letzteren an die sowjetischen Behörden zurückgegeben wurde. Das FBI hat uns nun gebeten, Ursula Beurton zu befragen (die, wie Sie sich erinnern werden, früher die Ehefrau von Hamburger war). Aus einer Vielzahl von Gründen sehe ich mich nicht in der Lage, dieser Bitte nachzukommen. Ich frage mich, ob Sie mir Informationen über den derzeitigen Aufenthaltsort von Rudolf Hamburger geben können?«

Philby, der Topspion des KGB im Vereinigten Königreich, war über den Fall Ursula Beurton bestens informiert. Ob er auch wusste, dass sie ebenfalls Spionin für die Sowjets war, und sie absichtlich schützte, ist nicht bekannt. Philbys Antwort war äußerst höflich und völlig obstruktiv. »Mit Bedauern« teilte er dem MI5 mit, dass der MI6 »keinerlei Erkenntnisse über den derzeitigen Aufenthaltsort von Hamburger« habe.

Am 2. August 1947 betrat ein Engländer die Gesandtschaft im britischen Sektor von Berlin und erklärte der verdutzten Empfangsdame, er sei ein sowjetischer Spion und wolle überlaufen.

Alexander Foote hatte mindestens vier verschiedene Leben unter ebenso vielen verschiedenen Namen geführt, seit er sich im Dezember 1940 in der Schweiz von Ursula verabschiedet hatte. Als Dreh- und Angelpunkt des Netzwerks der *Roten Drei* von Sándor Radó übermittelte er zwei Jahre lang massenhaft militärische Informationen an die Zentrale, wobei er bisweilen zwanzig Stunden am Tag ver- und entschlüsselte und, wie er es ausdrückte, »ein Leben wie ein Mönch« führte. Die Schweizer Behörden wussten, dass irgendwo in Lausanne ein illegaler Funksender in Betrieb war. Das wusste auch die deutsche Abwehr. Der eine oder andere musste ihn am Ende erwischen. Am 20. November 1943 um 1 Uhr 15 nahm Foote gerade eine Nachricht aus Moskau an, als er ein »splitterndes Krachen« hörte und eine Axt durch seine Wohnungstür schlug. Er hatte gerade noch Zeit, sein Funkgerät zu zerstören und seine Notizen mit Feuerzeugbenzin in einem für diesen Zweck bereitgehaltenen Messingaschenbecher zu verbrennen, bevor sich der Raum mit bewaffneten Schweizer Polizisten füllte. »Ich hatte [...] mit einer derartigen Aktion gerechnet und in den letzten Wochen alle Unterlagen, Geldabrechnungen usw. vernichtet, so daß für die Polizei nicht viel übrig geblieben war, außer einem Haufen verkohlter Asche und einem beschädigten Funkgerät.« Foote wurde verhaftet und ins Prison du Bois-Mermet gebracht. Sein Verhör verlief bemerkenswert zivilisiert. »Es wäre sinnlos, wenn Sie Ihre Tätigkeit leugnen wollten, Foote«, sagte Inspektor Pasche vom Schweizer Geheimdienst, während sie in Footes Zelle gemeinsam eine Flasche Scotch leerten. »Er fügte hinzu, nichts deute darauf hin, daß ich gegen Schweizer Interessen tätig gewesen sei, und soweit es ihn persönlich betreffe, sei er mir günstig gestimmt, da ich gegen Deutschland gearbeitet habe – das einzige Land in der Welt, das die Schweizer Unabhängigkeit bedrohe.« Dann sagte er: »Sie brauchen jetzt nur noch ein umfassendes Geständnis abzulegen, und Sie werden sofort entlassen werden.« Foote erwiderte ebenfalls wohlgesittet, er werde gar nichts gestehen, und wenn Pasche recht habe und er freigelassen werde, würden die Sowjets annehmen, er habe sie verraten, und ihn in der Folge töten. »Ich verlangte deshalb, hinter Schloß und Riegel zu bleiben.« Foote genoss seine Zeit im Gefängnis. »Zum ersten Mal seit Jahren konnte ich mich richtig ausruhen. [...] Ich wurde nicht wieder belästigt, sondern in Ruhe gelassen, so daß ich [...] mich allmählich durch die Gefängnisbibliothek hindurcharbeiten konnte.«

Nach seiner Entlassung im September 1944 machte sich Foote auf den Weg nach Paris, nahm Kontakt mit der sowjetischen Militärmission auf und schickte eine Nachricht an die Zentrale. Ein paar Wochen später erhielt er einen falschen sowjetischen Pass auf den Namen Alfred Fjodorowitsch Lapidus und die Anweisung, das erste sowjetische Flugzeug zu besteigen, das das befreite Paris in Richtung Moskau verließ. Einer seiner Mitreisenden war Sándor Radó, der rundliche Drahtzieher der *Roten Drei*, der sich seiner Festnahme in der Schweiz entzogen und nach Paris durchgeschlagen hatte. Ein weiterer Passagier war Gawriil Iljitsch Mjasnikow, ein altgedienter Bolschewik, der an der Ermordung des Großfürsten Michail Alexandrowitsch von Russland beteiligt gewesen war, dem ersten jener Mitglieder des Hauses Romanow, die in den Folgemonaten ermordet wurden. Nachdem er sich mit Lenin überworfen hatte, war Mjasnikow nach Frankreich ins Exil gegangen und kehrte auf Einladung der sowjetischen Botschaft in die Sowjetunion zurück. Foote hielt ihn für »einen nicht unsympathischen alten Grobian [...]. Er hatte einen scharfen Verstand und trug viel dazu bei, uns die Reise zu verkürzen.«

Als das Flugzeug am 6. Januar 1945 um 9 Uhr morgens abhob, war Foote nachdenklich und beunruhigt. Sein Bekenntnis zum Kommunismus war nie mehr als eine oberflächliche Angelegenheit gewesen. »Die Haltung der Zentrale hatte mich ja schon vor längerer Zeit enttäuscht und unglücklich gemacht«, aber er empfand immer noch eine Art Restverpflichtung. »Vorsätzlich die Arbeit zu verlassen, wäre in meinen Augen gleichbedeutend mit Fahnenflucht angesichts des Feindes gewesen.« Außerdem schuldeten ihm seine Agentenführer noch etwas für seine harte Arbeit. Falls sie ihm glaubten.

Bei einem Zwischenstopp in Kairo teilten sich Foote und Radó ein Zimmer im Hotel Luna Park. Der ungarische Kartograf wirkte bedrückter als sonst: »In der ersten Nacht sprach er kaum ein Wort und lehnte es ab, mit mir einen letzten Bummel durch Kairo zu machen.« Irgendwann während der Nacht verschwand Radó und ließ Hut, Mantel und Gepäck zurück – »stumme Zeugen eines Spions, der die Nerven verlor«, bemerkte Foote. Einer der größten kommunistischen Spione der Kriegszeit vertraute nicht darauf, dass Stalin seine Loyalität erwiderte, und das durchaus mit gutem Grund.

Das Flugzeug landete am 17. Januar in Moskau. Mjasnikow prahlte, der sowjetische Außenminister Molotow werde eine offizielle Limousine schicken, um ihn abzuholen. Tatsächlich wartete ein Wagen, aber »die grimmigen Gesichter der Begleitmannschaft« ließen Foote vermuten, dass der Empfang nicht ganz so herzlich ausfallen würde, wie der alte Bolschewik es erwartete. Mjasnikow wurde auf der Stelle verhaftet. Zehn Monate später wurde er ermordet.

Footes Empfangskomitee war erheblich attraktiver: Major Wera Poljakowa von der Roten Armee, die Englisch sprechende Offizierin, die von Moskau aus das Schweizer Netzwerk während des gesamten Krieges geleitet hatte. Mit ihren dunklen Haaren »muß sie in ihrer Jugend eine augesprochene Schönheit gewesen sein«, sinnierte Foote. Man brachte ihn zu einem modernen Mietshaus, führte ihn in eine Zweizimmerwohnung und stellte ihn einem stämmigen Mann namens Iwan vor: »Dolmetscher, Begleiter, Wache, alles in einer Person.« Die Befragung begann am nächsten Morgen und war nicht freundlich. »Aus dem Ton der Fragen ging klar hervor, daß die Zentrale mich als *agent provocateur*, der durch die Briten eingeschleust war, betrachtete.« Tagelang und dann wochenlang überschüttete Poljakowa ihn mit Fragen, manchmal persönlich, manchmal schriftlich, detailliert und sich überlappend, ein Geflecht verwirrender und sich widersprechender Fragen, darauf ausgelegt, ihn aufs Glatteis zu führen. Sándor Radó, sagte sie ihm, sei ein Krimineller, der in der Schweiz Gelder veruntreut habe. Die GRU würde ihn zurückholen. Nachdem ihm die britische Botschaft in Kairo politisches Asyl verwehrt hatte, beging Radó einen Selbstmordversuch, der allerdings scheiterte. Im August 1945 wurde er an Russland ausgeliefert und wegen Spionage zu zehn Jahren Arbeitslager verurteilt.

»Sehr bald wird es keinen Ort in der Welt mehr geben, wo sich jemand vor der Zentrale verbergen kann«, sagte Poljakowa zu Foote, eine Warnung, »welches Schicksal ich zu erwarten hätte, falls ich desertierte«. Statt also mit ihm zu flirten, bot Poljakowa an, Foote wieder hineinzuziehen, und drohte, ihn zu töten, falls er versuchte überzulaufen.

Foote erhielt den neuen Decknamen Alexander Alexandrowitsch Dimoff, und man sagte ihm, er könne die Stadt erkunden, solange Iwan ihn begleitete. Bei einem ihrer Ausflüge wurden sie von einem Milizsoldaten angehalten, der ihre Papiere sehen wollte. Iwan sagte dem Mann, er solle sich mit seinem Vorgesetzten in Verbindung setzen. Kurz darauf tauchte ein KGB-Offizier auf, anderthalb Meter groß mit einem dunkelvioletten Veilchen, und begann loszubrüllen. Poljakowa hatte ihnen gesagt, keine Fragen zu beantworten, und als der kleine Mann wütend verlangte, Foote solle sich ausweisen, blickte dieser von oben auf den tobenden Beamtenzwerg hinab und sagte langsam und präzise, er solle sich verpissen. Der kleine KGB-Mann kritzelte etwas in sein Notizbuch. Der Zwischenfall wurde durch einen einzigen Telefonanruf geklärt, und Foote und sein Aufpasser kehrten in die Wohnung zurück, allerdings hinterließ der Zwischenfall ein dauerhaftes Missverständnis: Wann immer Foote zu einem Spaziergang das Haus verließ, wurde er von dem Milizsoldaten herzlich als »Genosse Verpiss dich« begrüßt.

Nach sechs Wochen täglicher Verhöre erschien Major Poljakowa erneut und in Begleitung eines ranghöheren Offiziers, der perfekt Englisch sprach und eine völlig unpassende knallbunte Krawatte trug. »Er war Anfang vierzig, intelligent und intellektuell. [...] Ein erstklassiger Vernehmer.« Es handelte sich um niemand anderes als den Direktor der GRU, der gekommen war, um Foote persönlich in die Mangel zu nehmen. Die Vernehmung dauerte bis in die frühen Morgenstunden und wurde am nächsten Tag fortgesetzt. Foote hatte das Gefühl, als ginge es um sein Leben. Schließlich erhob sich der General und schlug ihm auf den Rücken. »Er erklärte, [es] gäbe nichts, was mir zur Last gelegt werden könne, [...] ich sei völlig entlastet, und er dankte mir für meinen Einsatz in der Schweiz.« Wann, fragte Foote, könne er denn seine Arbeit zum Ruhm der Sowjetunion wiederaufnehmen? Der Direktor reagierte ausweichend. »Ich müsse in der Sowjetunion abwarten, bis sich die Lage beruhigt und die Abwehrdienste der anderen Mächte mich vergessen hätten.« Die ganze Tortur war niederschmetternd gewesen, aber Foote hatte das Gefühl, dass die Gefahr gebannt war. »Als wir schieden, war er, glaube ich, von meiner glühenden Begeisterung für die Sache im allgemeinen und den sowjetischen Geheimdienst im besonderen überzeugt. Das war genau der Eindruck, den ich hervorrufen wollte.«

Doch der vermittelte Eindruck entsprach nicht der Realität. Selbst die geringe Begeisterung, die Foote einst für den Kommunismus gehegt hatte, verflüchtigte sich angesichts der harten Realitäten des Lebens in Sowjetrussland. »Ich war entschlossen, die Sowjetunion so bald wie möglich zu verlassen und in eine Welt zurückzukehren, wo Freiheit mehr als nur eine Propagandaphrase war. Der einzige für mich gangbare Weg, lebendig aus Rußland herauszukommen, war der, Begeisterung für irgendeinen Spionageeinsatz zu heucheln und mich in Moskau als guter Kommunist zu gebärden, bis ich anderswo eingesetzt würde, worauf ich mich dann so schnell wie möglich dem Zugriff der Zentrale entziehen wollte.« Es sollte noch ein weiteres Jahr vergehen, bis sich die Gelegenheit bot. Im Frühjahr 1947 beauftragte die GRU Foote, nach Berlin zu reisen und sich dort als »Albert Müller« auszugeben, deutscher Soldat mit englischer Mutter (daher sein Akzent), der bei Stalingrad in russische Kriegsgefangenschaft geraten war und nun nach Deutschland zurückwollte. Sobald er deutsche Ausweispapiere erhalten hätte, sollte er nach Argentinien reisen. Dort sollte er sich dann als eingefleischter Faschist ausgeben, den Kreis hochrangiger geflüchteter Nazis infiltrieren und schließlich Südamerika als Sprungbrett nutzen, um ein neues Spionagenetz in den USA aufzubauen. Das Netzwerk der Zentrale in den Staaten sei nach Enttarnung mehrerer Agenten »in erheblichen Schwierigkeiten. [...] Die Zentrale war fest entschlossen, das Netz von Grund auf neu aufzubauen.« Foote würde der Architekt sein.

Ende Februar, unter dem Decknamen »Granatow« reisend, flog Foote nach Berlin. »Sofern ich nicht noch im letzten Moment alles vermasselte«, schrieb er, »schien alles danach auszusehen, daß ich mich schon sehr bald endgültig von der Zentrale befreien könnte.« An einem Sommernachmittag des Jahres 1947 zeigte Albert Müller seinen Ausweis den Wachtposten am Übergang zwischen sowjetischem und britischem Sektor in Berlin und ging auf geradem Weg zum britischen Geheimdienst. Zwei Tage später war er mit einer MI6-Begleitung zurück in London.

Alexander Foote erzählte dem MI6 alles. Er schilderte, wie er als junger Kämpfer bei seiner Rückkehr aus Spanien in London angeworben und in die Schweiz geschickt worden sei; er führte aus, dass Ursula Kuczynski, »Agent Sonja«, ihn und Len Beurton in drahtlosen Operationen und Bombenbau ausgebildet hatte; er enthüllte ihre abgebrochenen Pläne, Hitler zu töten und den Zeppelin in die Luft zu jagen, und er beschrieb, wie Ursulas Kindermädchen um Haaresbreite das Netzwerk zerstört hätte. Er beschrieb detailliert die Funktionsweise von Sándor Radós Netzwerk, seine eigene Festnahme und Freilassung durch die Schweizer Behörden sowie die Ereignisse, die ihn von Lausanne über Paris und Moskau nach Berlin und schließlich nach London geführt hatten. Aus seinem Versteck in einem sicheren Haus mit der Adresse 19 Rugby Mansions, W14, lieferte der Spion dem MI6 genau belegt die erste detaillierte Beschreibung des sowjetischen Nachrichtendienstes in der Schweiz während des Krieges. Foote demonstrierte eine »unerschütterliche Gelassenheit« und maßloses Selbstbewusstsein. »Er hält sich offenbar für einen erstklassigen Agenten«, schrieb der MI6. Auf die Frage, warum er die Seiten gewechselt habe, erklärte Foote, die »Unfreiheit« in Russland habe ihn desillusioniert, und er habe sich gegen seine früheren Herren gewandt, »weil er das Gefühl hatte, dass sie Krieg beginnen würden«. Der Vernehmungsbeamte war skeptisch: »Ich bezweifle, dass Foote überhaupt irgendwelche politischen Grundwerte besitzt.« Foote ließ durchblicken, dass er an einem Job beim britischen Geheimdienst interessiert sei, vielleicht als Doppelagent. »Die Russen vertrauen mir vollständig, sie wissen, dass ich nahezu alles machen kann, und das ist auch so.« MI6 war beeindruckt. »Foote hat nicht die Nerven verloren und ist ganz sicher auch nicht auf der Flucht«, aber er war zu unberechenbar, um ihn als Doppelagent einsetzen zu können. »Es besteht die Möglichkeit, dass ein Mann von Footes Charakter und Position sich der Kriminalität zuwendet. [...] Es ist vielleicht das Beste, ihn sich selbst zu überlassen.«

Alexander Foote hatte dem MI6 die Wahrheit gesagt, allerdings nicht die ganze. Ursula Kuczynski, behauptete er beharrlich, habe sich schon vor langer Zeit aus dem Spionagegeschäft zurückgezogen.

Er schilderte, wie empört Ursula gewesen war über den Nichtangriffspakt zwischen Nazideutschland und der Sowjetunion und Stalins Invasion in Finnland, was der Wahrheit entsprach, und er behauptete, dass sie in der Folge sämtliche Verbindungen zu Moskau gekappt habe, was nicht stimmte. Ihre Abreise nach England, sagte er, sei das Ende ihrer Spionagelaufbahn gewesen. Er äußerte sich vage über einige »verbleibende Verbindungen zu Russland«, bestand aber darauf, dass sie von an 1941 nicht mehr aktiv gewesen sei. »Sie war dankbar, wieder in der seriösen Versenkung verschwinden zu können«, behauptete Foote. »Moskau war ebenfalls dankbar, sie gehen zu lassen. Ich glaube nicht, dass sie seit dieser Zeit irgendeine Verbindung zu einem russischen Spionagenetz hatte.« Foote wusste, dass dies eine glatte Lüge war. Er war durchaus bereit, dem MI6 alles über die sowjetische Spionage zu erzählen, aber er war nicht bereit, seine alte Freundin zu verraten. Und seine Anstrengungen, sie zu schützen, endeten damit nicht.

Der deutsche Kommunist Fred Uhlman hatte eine Rolle bei Footes Anwerbung im Jahr 1938 gespielt, als er Ursula mit seinen früheren Kameraden aus dem Spanischen Bürgerkrieg in Kontakt gebracht hatte. Neun Jahre später öffnete er die Tür seiner Wohnung in Hampstead. »Vor ihm stand ein schlotternder Mensch, den er nicht sofort erkannte und für einen Bettler oder Kranken hielt.« Es war sein alter Genosse, Footie. »Er weigerte sich, hereinzukommen, zitterte und stammelte unzusammenhängend: ›Len und Sonja. Große Gefahr. Nicht arbeiten. Alles vernichten.‹ Dann rannte er davon.« Uhlman schickte Ursula eine eilige Nachricht, in der er diesen merkwürdigen Besuch beschrieb.

Footes fieberhafte Worte bedeuteten für Uhlman wenig, für Ursula jedoch bedeuteten sie eine Katastrophe. Ihr früherer Mitstreiter musste die Seiten gewechselt haben. Zweifellos hatte er alles über ihre Arbeit in der Schweiz verraten, aber aus einem Rest an Loyalität und aufgrund einer »Art englisch-bürgerlichen ›Anstandsbegriffs‹ […] riskierte er die heimliche Warnung, noch bevor die Sicherheitsbeamten Zeit hatten, uns zu besuchen«. Er hatte sie nicht verraten. Das taten Ursulas Agenten nie. Aber er hatte die britischen Spionagejäger fast bis an ihre Tür gebracht.

Innerhalb der GRU löste das Verschwinden von Foote Bestürzung und Schuldzuweisungen aus. Major Poljakowa wurde sofort entlassen und verschwand anschließend. Sämtliche Geheimdienstkontakte von Foote, allen voran Ursula, waren jetzt gefährdet. Die Zentrale hatte versehentlich bereits den Kontakt zu ihr abgebrochen. Diesmal erfolgte der Verbindungsabbruch absichtlich. Sonja war auf sich allein gestellt.

Ursula wartete darauf, dass der MI5 auftauchte. Lange musste sie nicht warten.

Milicent Bagots langgehegter Verdacht wurde bestätigt: Ursula Beurton war eine Sowjetspionin – oder war es zumindest gewesen. Sie ging noch einmal die Briefe durch, die Ursula aus der Schweiz an ihre Familie geschickt hatte. Einer davon, den sie 1940 an ihre Schwägerin Marguerite geschrieben hatte, sah bei näherer Betrachtung ausgesprochen verdächtig aus. »Außer Stricken (und das ist keine meiner Stärken) darf man hier nicht viel tun«, hatte Ursula geschrieben. »Als ich aber einen Aufruf las, sich für die Blutübertragung bereitzuhalten, meldete ich mich. Ich wurde untersucht und man stellte fest, daß ich sehr nützliches Blut habe, das für verschiedene Blutgruppen geeignet ist.« Bagot argwöhnte, dass der Brief eine geheime Botschaft enthielt: »Blutübertragung« stehe für »Funkübertragungen«, und die Erwähnung »verschiedener Blutgruppen« wurde interpretiert als versteckter Hinweis darauf, dass Ursula andere zu Funkern ausbildete. Der MI5 gelangte zu dem Schluss: »Kryptische Passagen scheinen auf geheime politische Aktivitäten zu verweisen.«

Ein bislang für Bagots Vorgesetzte nur mäßig interessantes Thema war plötzlich brandaktuell. Der Fall wurde Milicent entzogen, und Sir Percy Sillitoe, der neue Generaldirektor des MI5 und frühere Polizeichef, übernahm die Leitung. Briefe von und nach The Firs wurden abgefangen und genauestens untersucht, die Telefone von Ursulas Geschwistern wurden angezapft, Ursulas Kontoauszüge wurden nach verdächtigen Geldbewegungen durchkämmt. Len arbeitete inzwischen als Maschinenschlosser bei der Northern Aluminium Company in Banbury, wo der MI5 einen Informanten hatte, einen ehemaligen Polizisten namens Richard Kerley. Als Len an seinem Arbeitsplatz war, öffnete Kerley in der Personalgarderobe Lens Aktentasche und berichtete, dass sie »verschiedene Bücher und Flugblätter mit kommunistischer Propaganda« enthielt. Diskrete Nachforschungen vor Ort ergaben nichts Ungewöhnliches an ihrem Verhalten, und manche im MI5 fragten sich, woher Ursula überhaupt die Zeit zum Spionieren haben sollte, wo sie doch »mit ihren häuslichen Pflichten alle Hände voll zu tun hatte.«

Eine direkte Observation von The Firs war nicht realisierbar, da jeder Fremde, der in einem abgelegenen kleinen Dorf wie Great Rollright auftauchte, sofort bemerkt worden wäre. Der örtliche Polizist wurde angewiesen, die Beurtons besonders im Auge zu behalten, und der Polizeipräsident der Grafschaft Oxfordshire, Lieutenant Colonel Herman Rutherford, wurde im Stillen über den Fall informiert: »Wir hoffen, vermittels Ihrer Beobachtungen und unserer Ermittlungen etwas mehr über deren Aktivitäten in Erfahrung zu bringen, um entscheiden zu können, ob sie sich derzeit nachrichtendienstlich betätigen oder nicht.« Lieutenant Colonel Rutherford bekundete »großes Interesse« an dem Fall. Das war eine Untertreibung. Rutherford war völlig überdreht. Die Aussicht, eine kommunistische Spionin in Great Rollright auszuheben, war schlichtweg aufregend, und der Polizeipräsident wollte sie höchstpersönlich verhaften.

Es war keine Zeit zu verlieren. »Sofern Ursula von den Russen nicht bereits als ›aufgeflogen‹ angesehen wird, wird dies ganz sicher der Fall sein, sobald bekannt wird, dass Foote zu den Briten übergelaufen ist«, warnte MI5. »Es kann nicht ausgeschlossen werden, dass sie mit einem Auftrag hergekommen ist.« Sie sollte umgehend verhört werden, »vorzugsweise, bevor die Russen Gelegenheit hatten, sie über Footes Schicksal zu informieren«.

Am besten geeignet für diese Aufgabe war Milicent Bagot. Stattdessen wurde der Fall jedoch William »Jim« Skardon übertragen, einem ehemaligen Polizeiinspektor, Chef der als »Watchers« bekannten Observationseinheit und »führender Spezialist« des Landes für Kreuzverhöre. Skardon las genüsslich Ursulas Akte: Schon bald würde der Großinquisitor des MI5 seine Schritte nach Great Rollright lenken, um sie zu brechen.

23
Eine sehr harte Nuss

Im Sommer 1947 kamen Ursulas Eltern zu Besuch nach The Firs. Sie erzählte ihnen nichts von ihren Befürchtungen. Berta war blass und schwach. Eines Nachts um zwei Uhr hörte Ursula Stöhnen aus ihrem Schlafzimmer. »Mutter hatte einen Herzanfall.« Durch die dünnen Wände hörte Ursula sie aufschreien: »Ach Gott, das Jungchen.« »Sie dachte an Jürgen, ihren Ältesten, den sie wohl von ihren Kindern am meisten geliebt hat.« Die einzige öffentliche Telefonzelle von Great Rollright auf dem Dorfanger war außer Betrieb. Ursula trat in die Pedale und radelte schnell durch die Dunkelheit nach Chipping Norton und weckte den Arzt, der mit ihr im Auto zurückfuhr. »Es war zu spät.« Ursulas Beziehung zu ihrer Mutter war schon immer konfrontativ gewesen, ihr Tod jedoch war ein herber Schlag für sie. Berta wurde auf dem Friedhof von Great Rollright beigesetzt. Nach fünfundvierzig Jahren Ehe, mit guten wie schlechten Zeiten, war Robert Kuczynski am Boden zerstört. Ursula überredete ihn, in The Firs zu bleiben.

Wenige Wochen später traf ein Brief von Viktor Hamburger ein. »Ich habe eine gute Nachricht: Rudi lebt.« Viktor hatte eine Postkarte von einer Maria Jablonska erhalten, einer Polin aus Danzig, die kurz zuvor aus dem Gulag entlassen worden war. »Ich bin aus Russland nach Hause gekommen und freue mich, Ihnen mitteilen zu können, dass Ihr Bruder Rudolf lebt. Er hat großes Heimweh nach seiner Familie und am meisten nach Micha. Wenn Sie mir bitte antworten, sende ich Ihnen weitere Einzelheiten.« Viktors Brief ging weiter. »Du kannst Dir sicherlich vorstellen, wie sehr wir uns alle gefreut haben. […] Natürlich müssen wir praktisch jede Hoffnung aufgeben, ihn in den nächsten paar Jahren wiederzusehen.« Ursula überlegte, ob sie Michael erzählen sollte, dass sein Vater in Russland im Gefängnis saß. »Sie erzählte es mir ziemlich umständlich durch die Blume, jedenfalls sagte sie, er sei ›im Exil‹«, erinnerte sich Michael. »Sie sagte nicht, wo.«

MI5 las den Brief mit großem Interesse und setzte John Cimperman vom FBI in Kenntnis, dass Hamburger lebte und in einem russischen Arbeitslager inhaftiert war. Colonel Joe Spencer, der britische Geheimdienstoffizier, der Rudi in Teheran verhört hatte, bevor er ihn den Sowjets überstellte, wurde ebenfalls informiert: »Anscheinend ist es dann wohl doch nicht zu dem freundlichen Empfang durch die Russen gekommen, von dem er Ihnen erzählt hat, und er hat immer noch fünf Jahre in einem Konzentrationslager vor sich.«

Die Nachricht tröstete Ursula, brachte ihr aber auch neue Ungewissheit: Welche Grausamkeiten hatte der arme Rudi erlitten? Wie lange würde er noch Gefangener der Sowjetunion sein? Würde er ihren gemeinsamen Sohn je wiedersehen?

Als der Sommer sich dem Ende zuneigte, trauerte Ursula um ihre Mutter, bangte um Rudi, sehnte sich nach einem aufbauenden Signal der Zentrale, dachte über Footes geheime Botschaft nach und wartete auf das Klopfen an der Tür, das die Ankunft der Bluthunde des MI5 ankündigen würde.

Um genau 13 Uhr 20 am frühen Nachmittag des 13. September 1947 war es so weit.

Ursula öffnete die Tür und sah einen Polizisten flankiert von zwei Männern in Zivil vor ihrer Haustür. Der Polizist nahm seinen Helm ab und stellte sich als »Detective Constable Herbert vom Polizeirevier Chipping Norton« vor. Seine Begleiter wurden vorgestellt als »Mr. Saville« (Michael Serpell vom MI5) und »Mr. Sneddon« – in Wirklichkeit Jim Skardon, der legendäre Verhörspezialist des MI5.

»Diese Herren würden gern mit Ihnen sprechen, Mrs. Burton. Dürfen wir hereinkommen?«

Robert Kuczynski las gerade im Wohnzimmer eine Illustrierte.

Er stand auf und verabschiedete sich mit einer »würdevollen Verbeugung«. Nachdem er Ursula seine Dienstmarke gezeigt hatte, ging Detective Herbert ebenfalls. Die beiden Männer setzten sich ein wenig beklommen aufs Sofa. Ursula betrachtete ihre beiden ungeladenen Gäste.

Serpell, ein »Experte für kommunistische Subversion«, war es äußerst unangenehm, eine Hausfrau in ihrer Schürze zu vernehmen. Skardon hingegen hätte für die Rolle des Chef-Spionejägers gekleidet sein können: Er trug einen grauen Regenmantel und einen Trilby, dazu einen schmalen, wenig überzeugenden Schnurrbart und einen leicht süffisanten Gesichtsausdruck – Tarnung angesichts der Tatsache, dass er kaum eine Ahnung hatte, was er hier eigentlich tat. »Der gepflegte, pfeiferauchende ehemalige Polizist Skardon hatte eine hohe Meinung von seinen eigenen Fähigkeiten«, ein Eindruck, so ein Kollege, den er gern bei anderen hinterließ. Er mochte keine Frauen und lehnte die Beteiligung weiblicher Beamter an Überwachungsaktionen ab, da dies ihre männlichen Kollegen »außerehelichen Versuchungen« aussetzen könnte. Er war behäbig, pedantisch, höflich und, als Chief Watcher, erstaunlich unachtsam. »Er verkörperte auf seine Art die Welt der vernünftigen Mittelschichtswerte – Tee am Nachmittag und Spitzenvorhänge«, eine Geisteshaltung, die sich als äußerst unwirksam gegen hartgesottene sowjetische Spione erweisen sollte. Er befragte Kim Philby zehnmal und war am Ende mehr von dessen Unschuld überzeugt als zu Beginn. Anthony Blunt vernahm er über einen Zeitraum von dreizehn Jahren elfmal und rehabilitierte ihn jedes Mal, weil er sich von Blunts »Oberschichts-Theater« täuschen ließ. Er entlastete auch John Cairncross, einen anderen Agenten der Cambridge Five, und Edith Tudor-Hart, die dem KGB Philby überhaupt erst empfohlen hatte. Für einen gefeierten Spionefänger war er bemerkenswert schlecht darin, Spione zu fangen.

Skardons erster Fehler war es, sein Opfer zu unterschätzen. »Mrs. Beurton ist ein eher unscheinbarer Typ mit struppigem, ungepflegtem Haar, merklich ergraut und insgesamt von eher unordentlicher Erscheinung.« Sein zweiter Fehler war, dass er seine Karten aufdeckte. »Sie waren längere Zeit russische Agentin, bis der finnische Krieg Sie schließlich desillusioniert hat«, verkündete Skardon. Ohne Atempause fuhr er fort: »Wir wissen, dass Sie in England nicht aktiv waren, und wir sind auch nicht gekommen, um Sie zu verhaften.«

Auf einen Streich hatte Skardon die Schwäche seiner Position offengelegt. Ursulas Spionagetätigkeit in der Schweiz war gegen Deutschland gerichtet gewesen; zur Verantwortung gezogen werden konnte sie nur, wenn sie in Großbritannien spioniert hatte, gegen Großbritannien oder gegen Alliierte, und Skardon hatte gerade offenbart, dass er nicht den geringsten Beweis besaß, dass sie genau das getan hatte.

»Dieser ›psychologisch angelegte‹ Überrumpelungsversuch war so komisch und so ungeeignet, mich aus der Fassung zu bringen, daß ich mich zusammennehmen mußte, um nicht zu lachen.«

»Wie wär's mit einer Tasse Tee?«, fragte sie.

Auf Wunsch der Beamten rief Ursula Len aus dem Garten herein, setzte den Teekessel auf und wusste in diesem Moment bereits, dass sie Oberwasser hatte. Wenn sie einfach nur mauerte, hätte »Mr. Sneddon« nichts, womit er weitermachen konnte; und nichts war exakt das, was sie ihm zu geben gedachte.

Len betrat das Wohnzimmer. »Beurton sieht für seine 33 Jahre ungewöhnlich jung aus«, schrieb Skardon. »Aber er stand völlig im Schatten seiner Frau, die den Haushalt beherrscht.«

Nachdem der Tee serviert war, machte Skardon weiter. »Ich ging direkt zum Angriff über und sagte Mrs. Beurton, dass wir Unmengen an Informationen besäßen und ihre Kooperation und Mithilfe benötigten, um Unklarheiten zu beseitigen.« Die Beweise, deutete er geheimnisvoll an, stammten von einer »undichten Stelle des russischen Nachrichtendienstes«.

Ursula lächelte freundlich. »Ich denke nicht, daß ich kooperieren kann. Ich beabsichtige nicht, Ihnen Lügen zu erzählen, und daher ziehe ich es vor, keine Fragen zu beantworten.«

Frauen wie ihr war Skardon bislang nicht begegnet. Er mochte sie ordentlich und bescheiden. »Man kann wohl sagen, dass sie aufgrund der unmittelbar von ihr bezogenen Stellung stillschweigend zugab, in der Vergangenheit für den sowjetischen Geheimdienst gearbeitet zu haben. Wie sie dies tat, machte ihrer früheren Ausbildung alle Ehre, denn jede nur erdenkliche Art von Schmeichelei, List und Tücke wurde bemüht und blieb doch ohne den geringsten Erfolg.«

Skardon machte weiter. »Wir wissen, dass sie nach der Invasion Finnlands durch die Sowjetunion vom Kommunismus enttäuscht waren. Wir wissen, dass Sie eine loyale britische Staatsbürgerin sind und sich hier an keinem tadelswerten Vorhaben beteiligen würden. Sie haben nichts zu befürchten. Wir wissen, dass Sie sich in diesem Land nichts haben zuschulden kommen lassen. Da Sie erkannt haben, was der Kommunismus in Wirklichkeit wert ist, warum kooperieren Sie nicht und erzählen uns von Ihrer Zeit in der Schweiz?«

Und wieder schlug Ursula trocken zu.

»Ich bestätigte meine Loyalität, fand aber, daß sie mich nicht verpflichte, über eine Zeit, in der ich noch nicht englischer Bürger gewesen war, zu sprechen. [...] Ich erwiderte, ich hätte zwar meine Enttäuschungen gehabt, aber ich könne mich nicht als Antikommunist bezeichnen. Außerdem sei ich der Ansicht, Loyalität als englischer Bürger und linke Auffassungen widersprächen sich nicht.«

Skardon war frustriert. Man kann unmöglich demonstrieren, dass man ein Meister der Vernehmungskunst ist, wenn sich jemand kategorisch verweigert, die Fragen zu beantworten. »Sie leugnete nichts, sondern versteckte sich wiederholt hinter dem Felsen der ›Kooperationsverweigerung‹.«

Skardon richtete seine Aufmerksamkeit auf Len: »Wir wissen, daß Sie ein guter Bekannter von Allen [*sic*] Foote waren.«

»Footie?«, sagte Len, als würde er sich halb an einen Namen aus ferner Vergangenheit erinnern. »Oh, ja. Was macht er denn heutzutage so?«

Skardons wenig freundliche Art verflüchtigte sich schnell. Ursula bot mehr Tee an und fragte, ob sie für ein paar Minuten entschuldigt werden könne, da sie gerade einen Kuchen für ein Kinderfest zu Peters viertem Geburtstag backe.

Alleingelassen mit dem, was sie als »das schwächere Schiff« ansahen, nahmen sich Skardon und Serpell Len vor. »Wir knackten Beurtons Einsilbigkeit, aber trotz aller Bemühungen gelang uns nicht mehr, als ihm zu entlocken, dass er Mrs. Beurton 1936 in Brighton kennengelernt habe.« Len behauptete, er sei ihr dann »ganz zufällig« in der Schweiz wieder über den Weg gelaufen, »wie man Leute eben im Prix-Unis trifft [*sic*]«.

Nun war Skardon richtig angefressen. »Nach einer längeren Zeitspanne kehrte Mrs. Beurton zurück, immer noch nicht kooperationsbereiter. Wir haben es mit allen erdenklichen Argumenten versucht, [aber] sie sagte, selbst der Versuch zu erklären, warum sie nicht kooperativ sei, würde bedeuten, sich mit der Vergangenheit auseinandersetzen zu müssen, und sie zog es vor, lieber nichts zu sagen, als uns in die Irre zu führen.«

Skardon sagte Ursula, dass ihre »Loyalität ihren früheren Arbeitgebern gegenüber« nicht erwidert werden würde; sie entgegnete, »ihre Loyalität gelte eher Idealen als Menschen«. Er warnte, dass einige ihrer Angehörigen »unter Verdacht geraten« könnten, wenn sie nicht auspacke; sie »bewahrte sich eine Art slawischen Gleichmut«.

Nach fast drei Stunden erfolglosen Zweikampfs über die Teetassen hinweg erhob sich Skardon und verkündete steif, sie würden am nächsten Tag wiederkommen »in der Hoffnung, sie würde nach reiflicher Überlegung ihre Haltung ändern«.

Was sie nicht tat.

»Erneut wurden ihr alle Vorteile einer Kooperation und folglich auch die Gefahren der weiteren Verschwiegenheit dargelegt, aber sie blieb eisern.«

Nur einmal war sie nicht auf der Hut. Foote hatte freimütig zugegeben, vor den Schweizer Gerichten einen Meineid geleistet zu haben, indem er fälschlicherweise aussagte, Rudi Hamburger habe in einem Londoner Hotel mit Brigitte Ehebruch begangen, um Ursulas Scheidung sicherzustellen. Skardon schrieb: »Mr. Serpell hat es sehr geschickt verstanden, Mrs. Beurton zu beunruhigen, indem er wiederholt das Wort ›Scheidung‹ fallenließ.« Ursula und Len tauschten verstohlene Blicke aus. »Es besteht kein Zweifel, dass die Aufhebung ihrer Ehe Ursulas schwacher Punkt ist, aber die Papiere scheinen in Ordnung zu sein, und es scheint kaum gerechtfertigt, auf Biegen und Brechen zu versuchen, die Beurton-Hamburger-Ehe für ungültig zu erklären und sie wieder zu einer deutschen Staatsangehörigen zu machen.«

Der zweite Tag des Verhörs endete wie der erste mit einem Patt.

Im Gehen versuchte Serpell etwas Small Talk zu machen, bewunderte Ursulas über der Haustür blühende Rosen. »Hier ist es wunderschön. So möchte ich auch wohnen.«

Ursula lächelte. »Das ist zu machen. Ich vermiete Zimmer.«

Skardon verfasste einen gereizten Bericht der Vernehmung.

Wir haben wenig positive Informationen erhalten. Es besteht Grund zu der Annahme, dass Mrs. Beurton ihre Spionagetätigkeit für die Russen aus ideologischen Gründen aufgegeben hat, als diese sich zu Beginn des Krieges aus dem Blickwinkel eines Antifaschisten so schlecht verhielten. Sie ist ganz offensichtlich eine fanatische Antifaschistin und stimmte bedingt zu, dass sie von der russischen Politik der Jahre 1939/40 enttäuscht war, wobei sie anmerkt, dass viele Menschen das Vertrauen in Regierungen verlieren, aber dennoch ihre politischen Überzeugungen beibehalten. Es gibt einen kleinen Lichtblick in diesem ziemlich erbärmlichen Versagen, Mrs. Beurton zum Reden zu bringen. Sie erklärte sich bereit, über Detective Herbert vom Revier Chipping Norton mit uns Kontakt aufzunehmen, falls sie aus irgendeinem Grund ihre Meinung ändern sollte.

Es besteht eine, wenn auch geringe, Chance, dass sie diese Möglichkeit nutzen wird. Der Nutzen des Gesprächs könnte darin bestehen, den Wunsch der Beurtons zu stärken, nichts mehr mit Geheimdienstarbeit zu tun haben zu wollen. Wir sind einigermaßen überzeugt, dass beide derzeit nicht in der Spionage tätig sind, und es gibt keinen Grund zu der Annahme, dass dies nicht schon seit einiger Zeit der Fall ist.

Sir Percy Sillitoe schrieb an Colonel Rutherford von der Oxfordshire Police und machte dessen Hoffnungen auf eine dramatische Verhaftung einen Strich durch die Rechnung. »Das Verhör war enttäuschend, denn es hat keine neuen Erkenntnisse über das Leben dieser Leute gebracht. [...] Es gibt keinen Grund, sie gegenwärtig oder auch in jüngster Zeit einer Spionagetätigkeit zu verdächtigen, auch wenn beide Kommunisten sind.«

Der MI5 glaubte an die reine Vermutung, dass Ursula ihre Spionagetätigkeiten im Jahr 1940 eingestellt hatte. Um sie zu überführen, würde Skardon sichere Beweise benötigen, dass sie in Großbritannien Spionage betrieben hatte, und er hatte nichts. Noch nicht.

Die Begegnung mit dem MI5 hatte Ursula mehr verunsichert, als sie sich anmerken ließ. Robert Kuczynski, der an einer Krebserkrankung litt und wenige Monate später sterben würde, war ebenfalls tief besorgt; er eilte nach London, um Brigitte zu erzählen, was passiert war. Die Neuigkeit, dass Ursula verhört worden war, machte in der Familie schnell die Runde. Jürgen war bereits wieder nach Berlin umgezogen und drängte Ursula nun in einem Brief, zu kommen und sich ihm beim Aufbau des neuen kommunistischen Staates Ostdeutschland anzuschließen. »Versuche doch bitte so bald wie möglich zu kommen und uns zu besuchen. Du musst Dir selbst ein Bild von der Lage machen und Dich dann entscheiden und entsprechend planen.«

Jürgens Vorschlag reizte Ursula. Dem unangenehmen Mr. Sneddon hatte sie Beine gemacht, aber für wie lange? Len fühlte sich elend, langweilte sich bei seiner Arbeit in der Aluminiumfabrik und konnte kaum schlafen. Der Artilleriebeschuss, dem er in Spanien ausgesetzt gewesen war, hatte bei ihm rasende chronische Kopfschmerzen verursacht. »Seine Depressionen nahmen zu. Er zog sich tagelang schweigend in sich selbst zurück.« Obwohl sie weiterhin den toten Briefkasten überprüfte, schien keine Hoffnung zu bestehen, dass die GRU den Kontakt wiederaufnehmen würde. »Mein eigenes Leben war auch festgefahren.«

Doch exakt in dem Moment, als sie anfing, sich ein neues Leben vorzustellen, tauchte Ursulas Vergangenheit in Gestalt der Frau wieder auf, die sie überhaupt erst in die Welt der Spionage eingeführt hatte. Durch Zufall fand sie heraus, dass Agnes Smedley in Großbritannien war, nur ein paar Meilen entfernt in Oxford lebte.

Smedleys rastloser und unermüdlicher Feldzug für den internationalen Kommunismus neigte sich dem Ende zu. 1941 war sie in die USA zurückgekehrt und hatte sich in der Künstlerkolonie Yaddo im Bundesstaat New York niedergelassen, um eine Biografie über den General der chinesischen Roten Armee Zhu De zu schreiben, während sie mit den Worten der *Chicago Tribune* weiterhin als »Hauptfürsprecherin des kommunistischen Chinas« arbeitete. Das FBI hatte sie im Auge. Im Jahr 1948 wurde sie gezwungen, Yaddo zu verlassen. Wenige Monate später wurde sie in einem Bericht des Nachrichtendienstes der US-Armee als Schlüsselfigur im Spionagering von Richard Sorge identifiziert, was landesweit für Schlagzeilen auf den Titelseiten sorgte: »Army sagt: Tokioter Kriegsgeheimnisse in sowjetischem Besitz; Autorin beschuldigt.« Sie drohte mit einer Klage – eine gefährliche Taktik, wenn man bedenkt, dass sie schuldig war. McCarthys Kommunistenjäger liefen Sturm. Sie griff ihr eigenes Martyrium auf: »Die Sensationspresse verbrannte eine weitere Hexe auf dem Scheiterhaufen.« Agnes' Gesundheit war nach jahrelangem Aufenthalt in den chinesischen Kriegsgebieten angeschlagen, und während ihr Herz bereit war für einen weiteren Kampf, waren es ihr Geist und ihr Körper nicht. Sie buchte eine einfache Überfahrt nach England und suchte Zuflucht im Haus ihrer Freundin Margaret Sloss in Oxford.

Ursula sehnte sich danach, Agnes wiederzusehen, befürchtete aber, damit den MI5 zu ihrer alten Freundin zu führen. »Ein unverantwortlicher Besuch von mir hätte sie politisch in Gefahr bringen können. Außerdem wusste ich ja nicht, ob und wie sie sich im Laufe der Jahre verändert haben könnte. Wie sollte ich mich ihr nähern?« Es war durchaus möglich, dass sie beide unter Beobachtung des MI5 standen. Falls sie dabei erwischt würde, wie sie mit einer mutmaßlichen sowjetischen Spionin Kontakt aufnahm, würde das seinen Verdacht nur noch bestärken. Sollte sie das Risiko eingehen, mit Agnes in Verbindung zu treten, mit allem, was das nach sich ziehen konnte, oder doch lieber jeden Kontakt zu ihrer ältesten Freundin und ersten Mentorin meiden? Wieder einmal wurde Ursula von ihrem Herzen in die eine Richtung gezogen und von ihrer Spionagetätigkeit in die andere. Als damals in China ihre Beziehung in die Brüche ging, hatte Smedley Ursula vorgeworfen, sie stelle persönliche Probleme über ihr Engagement für die Sache. Mit ihrer Entscheidung bewies sie jetzt, dass das Gegenteil der Fall war: Sie beschloss, weder jetzt noch zukünftig Kontakt zu der Frau aufzunehmen, die sie rekrutiert hatte. Agnes Smedley hatte bereits Jahre zuvor ihre Spionagetätigkeiten eingestellt, Ursula jedoch nicht: Diese Kluft war unüberbrückbar.

Noch andere Stimmen kamen aus ihrer Vergangenheit zurück, die jetzt unvorstellbar weit entfernt schien. Aus Shanghai schickte Johann Patra flehentliche Briefe in gebrochenem Englisch, in denen er Ursula drängte, an das deutsche Auswandererhilfswerk in China zu schreiben und seine Behauptung zu unterstützen, er sei ein Flüchtling vor dem Nationalsozialismus, der nach Deutschland zurückgeschickt werden sollte. Die GRU hatte auch zu ihm den Kontakt abgebrochen, und die Regel, die jeden Kontakt zwischen Spionen untersagte, galt nicht mehr. Er arbeitete als Mechaniker und verdiente kaum genug, um nicht zu verhungern.

»Ausländer verlassen China in verschiedene Länder: Nord- und Südamerika, Australien, Russland, Europa usw. Die UNRRA [United Nations Relief and Rehabilitation Administration] würde meine Ausreise in ein anderes Land finanzieren, wenn ich gehen möchte. Was hältst Du davon? Immerhin ist Dein Rat wichtig! Wenn ich in ein anderes Land ginge, sagen wir, nach Süd- oder Mittelamerika, könnte ich womöglich mehr verdienen und müsste in der Lage sein, Dir helfen zu können. Ich habe außerdem gelernt, pragmatisch zu denken. Du bist ja mehr an Europa gebunden als ich.« Patra erklärte, dass er eine deutsche Frau namens Luisa geheiratet habe und sie ein Kind adoptiert hätten. »Kannst Du Dir vorstellen, dass ich Frau und Kind habe? Du könntest das nie nachvollziehen. Du hast gedacht, ich sei eher aus Stein. Ich mag ihn, als wär's mein eigener. […] Ich habe ihm den Namen Peter gegeben. Die wirtschaftliche und politische Lage hier ist sehr schlecht, und die Zeit für drastische Veränderungen wird kommen müssen. Ich würde Dich sehr gern sehen. Ich bin so stolz auf Dich. Du bist in wichtigen Dingen glücklich.« Sie schrieb an die Hilfsorganisation, wie Patra sie gebeten hatte, erhielt aber keine Antwort.

Robert Kuczynski starb am 25. November 1947 und wurde neben Berta in Great Rollright beigesetzt. Die Nachrufe priesen einen wegweisenden Statistiker. Nirgends fand seine geheime Arbeit Erwähnung, über seine Tochter, für die UdSSR. Ursula war in tiefer Trauer. »Wir wußten es ja schon lange im voraus. […] Trotzdem ist es ein schwerer Schlag«, schrieb sie an Jürgen. »Vater war bis zum Schluß wunderbar.« Ursula hatte ihren Vater über alles geliebt und verehrt, sich in seinen Augen als politische Kraft bewiesen und ihn für die geheime Welt angeworben. Sein Tod kappte eine weitere Verbindung zu Großbritannien. Die Aussicht auf ein neues Leben in ihrem Heimatland wurde attraktiver. Sie war immer noch erst vierzig Jahre alt, jung genug für einen Neuanfang. Jürgen, der jetzt im sowjetischen Sektor von Berlin wohnte, drängte: »Komm her und besuch uns. […] Gib ein für alle Mal das leere Leben auf, das Du führst, und Du wirst die freie Auswahl an politischer Arbeit haben.« Jürgen wusste, dass seine Briefe vom MI5 gelesen werden würden: »Politische Arbeit« war ein Euphemismus für Spionagearbeit. Sie antwortete: »Bis auf daß ich Kindern und Mann ein Heim schaffe, muß meine Existenz momentan als wertlos betrachtet werden. [...] Schreiben? Wie sehr gern würde ich das tun. [...] Ich muß jetzt für Len das Abendessen zubereiten. Er kommt gerade von der Spätschicht nach Hause.«

Das von den sowjetischen Streitkräften besetzte und verwaltete Ostdeutschland wurde in die Deutsche Demokratische Republik umgewandelt, die West-Berlin umschloss, aber nicht einschloss. Als ein von deutschen Kommunisten geführter Staat und Satellit Moskaus solle die DDR ein Ort strenger ideologischer Konformität werden, die von einer alles sehenden Geheimpolizei, der Stasi, durchgesetzt wurde. Aber 1948 war sie für deutsche Kommunisten ein Fanal der Hoffnung. In den Augen von Leuten wie Jürgen würde der »sozialistische Arbeiter- und Bauernstaat« ein marxistisch-leninistisches Paradies sein, und er beabsichtigte, ein Teil davon zu sein. Er drängte Ursula, ebenfalls zu kommen: Im neuen Deutschland würde es reichlich Möglichkeiten für treue kommunistische Spione geben.

Dennoch zögerte sie. Len sprach schlecht Deutsch. Die Kinder waren durch und durch kleine Engländer. »Sie liebten Great Rollright.« In diesem Sommer fuhren sie und Len mit den Kindern in ein Butlin's Holiday Camp an der Südküste. Nina beschrieb diesen typisch britischen Nachkriegsurlaub als »das schönste Erlebnis«, das sie bis dato in ihrem kurzen Leben gehabt hatte. »Den ganzen Tag spielte ein Lautsprecher, jeden Abend gab es Tanzveranstaltungen, liefen die Karussells, schwangen die Luftschaukeln. Der Glanzpunkt war die Wahl der schönsten Urlauberin. Schöne Beine und ein hübsches Gesicht – mehr war nicht gefragt. Seit diesem Besuch hatte ich neue Träume – ich wollte so gern Herrn Butlin heiraten, ganz reich sein und jedes Jahr meinen Urlaub in einem solchen Feriencamp verbringen.« Peter brachte seine ältere Schwester zum Weinen, indem er zu ihr sagte: »Du kannst froh sein, wenn du einen Lumpensammler zum Mann kriegst.« Nina war eine leidenschaftliche Royalistin, sammelte jeden Zeitungsausschnitt über die königliche Familie und klebte alles in ein großes Sammelalbum. Ganz besonders himmelte sie Prinzessin Elizabeth an. »Als ich einen großen Kohlkopf aus dem Garten holen sollte, schrie ich: ›Die Prinzessin braucht nie so was aus dem Garten zu holen.‹« Klein-Peter sammelte Dinky Toys, die Miniaturspielzeugautos aus Zinkdruckguss. Michael hatte ein Stipendium für ein Studium der Philosophie an der Aberdeen University erhalten. Könnte Ursula ihre britischen Kinder wirklich von dem Ort wegbringen, der für sie ein Zuhause war? Wie würden sie sich an ein Leben im Kommunismus gewöhnen? Sie hatte Skardon gegenüber nicht gelogen, als sie von ihren »Enttäuschungen« mit dem Kommunismus sprach. Es kam ihr wie der reinste Wahnsinn vor, sich von Großbritannien loszureißen, um in ein Land zu gehen, das sie vor zwanzig Jahren das letzte Mal gesehen hatte. Great Rollright wirkte beruhigend auf sie. »Fühlte ich mich bedrückt, lief ich bis zur Aussicht über Wiesen und Felder und Hügelketten, die ich besonders liebte.«

1948 beantragte sie ein befristetes Visum für die Einreise nach Berlin, aber man sagte ihr, dass Besuchsvisa nur noch bei dienstlichen Angelegenheiten ausgestellt würden. Jürgen fiel ein Alternativplan ein: Er würde im frühen darauffolgenden Jahr aus akademischen Gründen in die Tschechoslowakei reisen und schlug vor, sich dort zu treffen. Die verwaiste Ursula hatte das dringende Bedürfnis, ihren älteren Bruder zu sehen, ihm ihre Sorgen zu schildern und von ihm einen »guten Rat« zu bekommen. Am 18. Januar 1949 flog sie nach Prag. MI5 alarmierte den dortigen Stationsleiter des MI6, dass sie unterwegs sei: »Ursula Beurton war während des Krieges in der Schweiz als Spionin aktiv. [...] Lassen Sie es mich wissen, sollten Sie in der Tschechoslowakei auf sie aufmerksam werden.« Das Wiedersehen war eine Enttäuschung. Jürgen war mit wichtigtuerischen Besprechungen beschäftigt und konnte ihr nur eine Stunde seiner Zeit widmen. Er war ganz geschäftsmäßig. »Mir [war] gänzlich entfallen, daß Jürgen für Herzausschütten und Gefühlsausbrüche nichts übrig hatte.« Ursula solle nach Berlin zurückkehren, insistierte er, sich allerdings zuvor aus Moskau die Zustimmung holen. »[Er] sagte mir, ohne Einverständnis der Zentrale wäre mein Aufenthalt in Deutschland sehr erschwert.« Jürgen hatte es sich nie abgewöhnt, seinen Schwestern zu sagen, was sie zu tun oder zu lassen hätten. Gegen alle Regeln der Spionagearbeit schrieb sie einen Brief an den Direktor der GRU, in dem sie zunächst feststellte, seit zwei Jahren nichts mehr von der Zentrale gehört zu haben, dann die Stelle mit dem toten Briefkasten jenseits der ersten Kreuzung hinter der Eisenbahnbrücke in der Nähe von Great Rollright beschrieb und schließlich um Erlaubnis bat, nach Deutschland zu kommen. Sie unterschrieb den Brief mit »Sonja«, versiegelte ihn in einem an den Militärattaché adressierten Umschlag und gab ihn dann persönlich, nachdem sie sich versichert hatte, dass ihr niemand folgte, in der sowjetischen Botschaft in Prag ab. Dann kehrte sie nach England zurück und wartete.

Als die Sowjetunion am 29. August 1949 in Kasachstan ihren ersten geheimen Atomwaffentest durchführte, wurden die Fronten des Kalten Krieges mit grimmiger Deutlichkeit neu gezeichnet. Ein US-amerikanisches Wetteraufklärungsflugzeug sammelte radioaktive Rückstände ein, und am 23. September verkündete Präsident Truman: »Uns liegen Beweise vor, dass in den letzten Wochen in der UdSSR eine Atombombenexplosion stattgefunden hat.« Sowjetische Atomwissenschaftler hatten dank ihrer Spione im Manhattan-Projekt, allen voran Klaus Fuchs, bemerkenswerte Ergebnisse erzielt. Ursula las von der Bombe und empfand großen Stolz. Die sowjetische Bombe war praktisch eine Kopie der amerikanischen Bombe. In den USA erhielt der erfolgreiche Test in scherzhafter Anspielung auf Stalin den Codenamen »Joe-1«, aber die Geheimdienste waren schockiert angesichts der schnellen Fortschritte des sowjetischen Atomwaffenprogramms. Die CIA war davon ausgegangen, dass die Russen die Bombe frühestens 1953 entwickeln würden; der MI6 ging von einem noch längeren Zeitraum aus. Von einem Tag auf den anderen hatte sich das vermeintliche Atomwaffenmonopol der USA in Luft aufgelöst. Der Druck zur Entwicklung der Wasserstoffbombe nahm zu. Falken in der US-Regierung, darunter General Curtis »Old Iron Pants« LeMay von der US Air Force, hatten darauf gedrängt, die Sowjets mit Atombomben anzugreifen, bevor sie ihre eigenen bauen konnten, um die globale Vorherrschaft der USA sicherzustellen. Von nun an würde jeder Angriff eine gleichermaßen verheerende Antwort nach sich ziehen: Die fragile, furchterregende Ära der Gegenseitigen Völligen Vernichtung (Militärdoktrin, MAD, Mutually Assured Destruction) war angebrochen. Spione wie Ursula Beurton und Klaus Fuchs behaupteten, das militärische Gleichgewicht zu bewahren, indem sie einer Seite Nukleargeheimnisse stahlen, um sie der anderen zu geben. Sie glaubten, die Welt sicherer zu machen, indem sie den Kommunismus stärkten.

Ursula Beurtons MI5-Akte blieb offen. Alle paar Monate wurde halbherzig darüber gesprochen, ob wieder Ermittler nach The Firs geschickt werden sollten. »Ursula Beurton sollte unbedingt erneut verhört werden«, schrieb Colonel James Robertson von der Spionageabwehr. »Ich bin der festen Überzeugung, dass solche Personen so lange verhört werden sollten, bis zweifelsfrei feststeht, dass nichts mehr aus ihnen herauszubekommen ist.« Aber Skardon war nicht willens, sich diese Mühe zu machen: »Ich habe ausführlich über die Möglichkeit nachgedacht, Ursula Beurton erneut zu befragen. [...] Es haben sich jedoch in letzter Zeit keine neuen Erkenntnisse ergeben, die einen solchen Einsatz fruchtbarer erscheinen lassen, und da es unmöglich ist, von einem erfolgreichen Ergebnis auszugehen, sehe ich mich nicht in der Lage, die Angelegenheit wiederaufzunehmen.« Man war sich einig, in Bezug auf Mrs. Beurton am besten gar nichts zu unternehmen. »Sie wurde schon einmal ergebnislos verhört und ist eine sehr harte Nuss.«

Der Winter 1949 war bitterkalt. Len hatte auf vereister Fahrbahn einen Unfall mit seinem Motorrad und brach sich einen Arm und ein Bein. Der Arzt meinte, er werde mindestens acht Monate nicht arbeiten können. Die Aluminiumfabrik nutze die Gelegenheit, um ihm zu kündigen. Das kleine Erbe ihres Vaters ging zur Neige. Len versank immer tiefer in Depressionen. Ninas Haustier, eine kleine Maus, erfror auf der Fensterbank von The Firs. Die Wasserrohre platzten. Gelangweilt, erstaunt über das anhaltende Schweigen seitens der GRU und unsicher, was ihre Zukunft betraf, stellte Ursula fest, dass auch ihre Spionagelaufbahn tiefgefroren auf Eis lag.

An einem Morgen Ende Januar radelte sie mehr aus Gewohnheit als in echter Hoffnung wieder einmal zu dem toten Briefkasten hinaus. Die Straße war vereist und tückisch, während sie der vertrauten Strecke folgte, unter der Bahnlinie hindurch und über die Kreuzung. Sie lehnte ihr Fahrrad an den vierten Baum und griff ins Wurzelwerk. Ihre Hand schloss ich um ein kleines Päckchen. Mit eiskalten Fingern riss sie es auf: Bargeld und ein Schreiben von der Zentrale, das ihr die Erlaubnis erteilte, nach Deutschland zu gehen. Nach drei Jahren war Sonja aus der Kälte zurückgekommen.

Ursula brannte darauf, ihre Heimat wiederzusehen, war jedoch nicht sicher, ob sie dort auch leben wollte. Der inzwischen fast neunzehnjährige Michael war im zweiten Jahr auf der Universität in Schottland. Selbst wenn Len einverstanden wäre zu gehen, könnte er mit seinem eingegipsten Bein nicht reisen. Sie traf in aller Ruhe Vorbereitungen für einen Urlaub in Berlin. Die Visa-Einschränkungen waren zwischenzeitlich gelockert worden, und man sagte ihr, dass es kein Problem sein dürfte, die erforderliche Erlaubnis zu erhalten. Es eilte nicht. Sie hatte sich der chinesischen und japanischen Geheimpolizei entzogen, der Schweizer Sicherheitsbehörde und der Gestapo. Sie hatte kaum Angst vor dem schwerfälligen Mr. Sneddon und seinem traurigen Schnurrbart. MI5 wusste offensichtlich nichts von ihren jüngsten Spionageaktivitäten.

Am 3. Februar 1950 hob Ursula die Tageszeitung von der Eingangsstufe von The Firs auf, und »Erschütterung und Schmerz« überfielen sie, als sie die Schlagzeile auf der Titelseite las: »Deutscher Atomwissenschaftler verhaftet«. Klaus Fuchs, der Wissenschaftler, der Russland die Bombe gegeben hatte, war gefasst worden.

Vier Jahre zuvor war Fuchs aus den USA zurückgekehrt, um die Leitung des Bereichs für Theoretische Physik am UK Atomic Energy Research Establishment in Harwell, Oxfordshire, zu übernehmen, wo Wissenschaftler an einem Kernreaktor zur Energieerzeugung für zivile Zwecke arbeiteten. Ein zweites, geheimes Programm war die Herstellung von Plutonium zur Herstellung von Atomwaffen unabhängig von den USA. Fuchs war ein Schlüsselmitglied dieses Forscherteams.

Als Offizierin der GRU wusste Ursula nichts von seiner Rückkehr, denn Fuchs war inzwischen Agent des KGB. Eine Zeitlang hatte er seine Spionagetätigkeit unterbrochen, aber ein Jahr nach seiner Rückkehr nach Großbritannien erhielt er die Anweisung, sich mit Alexander Feklisow, einem Kontaktmann des KGB, im Nag's Head Pub in Wood Green in North London zu treffen. Er sollte eine Ausgabe der *Tribune* bei sich haben. Mit einem roten Buch in der Hand würde sein Kontaktmann ihm ein Bier bringen und sagen: »Stout ist nicht so gut. Ich trinke lieber Lager.« Worauf Fuchs antworten sollte: »Ich finde, Guinness ist das beste.«

Von da an traf sich Fuchs alle paar Monate mit Feklisow in verschiedenen Londoner Pubs. Bei Guinness und Lager überreichte er eine frische Ladung geheimer wissenschaftlicher Informationen: Pläne für eine britische Atombombe und den Bau von Versuchsreaktoren, seitenweise Notizen zur Herstellung von Plutonium und genaue Berechnungen der Kernwaffenversuche, die sowjetischen Wissenschaftlern ermöglichen würden, das Kernwaffenarsenal des Westens zu beurteilen. Außerdem beschrieb er die Hauptmerkmale der Wasserstoffbombe, die in den USA entwickelt wurde – Informationen, die die Sowjetunion veranlassten, an einer eigenen »Superbombe« zu arbeiten.

Die Agentenführer des KGB übertrieben es bei Fuchs mit dem Handwerk der Spionagekunst. Falls, zum Beispiel, in einem Notfall ein Treffen erforderlich werden sollte, musste er eine Ausgabe des Softporno-Magazins *Men Only* mit einer Nachricht auf der zehnten Seite über eine Gartenmauer in Kew an der Ecke Stanmore und Kew Road zwischen dem dritten und vierten Baum werfen, dann eine Kreidemarkierung am Zaun an der Nordseite der Holmesdale Road gegenüber einem Baum am östlichen Ende der Straße anbringen, was dem Bewohner des Hauses an der Stanmore Road anzeigen würde, dass etwas für ihn im Garten lag. Es wäre leichter gewesen, die Formeln für die Herstellung von Plutonium auswendig zu lernen.

Fuchs hatte diese Regeln gewissenhaft eingehalten. Er machte keine Fehler. Eine weitere MI5-Routineüberprüfung seiner Akte ergab nichts Belastendes.

Fuchs wurde wegen eines Durchbruchs amerikanischer Kryptografen geschnappt, der es ermöglichte, Tausende während des Krieges verschickter Nachrichten des KGB und der GRU zumindest teilweise zu entschlüsseln. Die Spionjäger konnten einen Blick in die Vergangenheit werfen. Der historische Funkverkehr mit dem Decknamen »Venona« enthüllte, dass die Sowjetunion einen hochrangigen Maulwurf innerhalb des Manhattan-Projekts eingeschleust hatte, und im Juli 1949, einen Monat vor dem ersten sowjetischen Bombentest, waren britische und amerikanische Ermittler zu der Schlussfolgerung gelangt, dass es sich bei dem Spion um Klaus Fuchs handeln musste. Der Venona-Funkverkehr war zu geheim, um vor Gericht enthüllt zu werden. Das Abhören von

Fuchs' Telefon, das Abfangen seiner Post und eine intensive Observation erbrachten nichts. Die einzige Möglichkeit, eine Verurteilung zu erreichen, wäre ein Geständnis gewesen. Der MI5 schickte Jim Skardon.

Zu diesem Zeitpunkt war Fuchs bereits seit acht Jahren ein Spion, und die Strapazen machten sich bemerkbar. Er bewunderte Großbritannien inzwischen sehr. Genau in dem Moment, als der MI5 ihm auf die Spur kam, brach er den Kontakt zu seinem sowjetischen Agentenführer ab.

Am 21. Dezember 1949 stellte Skardon Fuchs in dessen Büro in Harwell zur Rede. Er wählte die gleiche unverblümte Vorgehensweise, die er auch schon bei Ursula angewandt hatte. »Ich bin im Besitz präziser Informationen, die genau belegen, dass Sie sich der Spionage für die Sowjetunion schuldig gemacht haben.« Fuchs dachte einen Moment nach und erwiderte dann doppeldeutig: »Das glaube ich nicht. [...] Vielleicht möchten Sie mir verraten, welche Beweise das sind?« Da der MI5-Spürhund nicht in Venona eingeweiht war, war Skardon dazu nicht in der Lage. Vier Stunden später war der Vernehmungsbeamte keinen Schritt weitergekommen und sich der Schuld von Fuchs absolut nicht sicher. Nach einem zweiten Verhör entschied er, dass der Mann unschuldig war. Ein drittes Verhör verlief ergebnislos. Skardon behielt seine unfehlbare Fähigkeit, den Spion direkt vor seiner Nase nicht zu erkennen.

Aber am 23. Januar 1950 bat Fuchs Mr. Sneddon, zu ihm nach Harwell zu kommen.

»Ganz offensichtlich stand er unter erheblichem Stress«, schrieb Skardon. »Ich schlug vor, dass er seinen Kopf entlasten und sein Gewissen erleichtern sollte, indem er mir die ganze Geschichte erzählte.« Fuchs sträubte sich, und statt seinen Vorteil auszunutzen, schlug Skardon eine Unterbrechung vor und zum Mittagessen in ein Pub zu gehen. »Im Verlauf der Mahlzeit schien er die Angelegenheit zu verarbeiten und war ziemlich gedankenverloren.«

Als sie zum Haus zurückkehrten, hatte Fuchs sich entschieden. »Er sagte, er habe beschlossen, es sei wohl in seinem besten Interesse, meine Fragen zu beantworten.« Dieser Durchbruch sollte später als Beleg für Skardons Genialität als Vernehmungsexperte angeführt werden. Tatsächlich hatte Fuchs sich schlicht und einfach entschieden, ohne weitere Aufforderung alles zu erzählen. Tatsächlich war Skardon erstaunt, als Fuchs gestand, er habe die vorangegangenen acht Jahre als Spion für die Sowjetunion gearbeitet und »bei unregelmäßigen, aber häufigen Treffen Informationen im Zusammenhang mit Atomenergie weitergegeben«.

Drei Tage später unterschrieb Fuchs in Raum 055 des Kriegsministeriums ein zehnseitiges Geständnis. Wie schon seine Spionagetätigkeit stellte Fuchs auch die Entscheidung zu einem Geständnis als eine prinzipielle Entscheidung dar, ein entferntes Echo der Kanzel seines Vaters: »Es gibt gewisse Standards des moralischen Verhaltens, die man einfach in sich trägt und nicht ignorieren kann. [...] Ich glaube immer noch an den Kommunismus. Allerdings nicht, wie er heute in Russland praktiziert wird.«

Fuchs ging von dem naiven Glauben aus, dass er, nachdem er die Wahrheit gesagt hatte, weiter in Harwell würde arbeiten dürfen. Er war schockiert, als er in Gewahrsam genommen wurde.

Die Festnahme von Klaus Fuchs schaffte es auf die Titelseiten jeder britischen Tageszeitung, einschließlich Ursulas *Oxford Times*. Nackte Angst ließ sie erschauern, als sie weiterlas: Der deutsche Wissenschaftler hatte Atomgeheimnisse an Moskau weitergegeben, indem er sich »in Banbury mit einer Ausländerin mit schwarzem Haar traf«. Selbst ein Stümper wie Mr. Sneddon würde einen so offensichtlichen Hinweis nicht übersehen können.

Ursula schwebte jetzt in größerer Gefahr als je zuvor seit Olga Muths Verrat. In einer dringlichen Beratung mit Len besprach sie die Konsequenzen von Fuchs Verhaftung. Da Detective Constable Herbert aus Chipping Norton noch nicht mit einem Haftbefehl aufgetaucht war, hatte Fuchs wahrscheinlich ihren Namen nicht preisgegeben. Vielleicht kannte er ihn auch gar nicht. »Ich hatte nie eine Nacht in Birmingham verbracht, wo Klaus Fuchs arbeitete, so daß keine Hoteleintragungen gefunden werden konnten«, schrieb sie. »Ich war auch nie in seiner Wohnung gewesen, noch er in meiner.« Fuchs mochte sie vielleicht noch nicht verraten haben, aber er hatte eindeutig einige Details ihrer Treffen preisgegeben, und in einem Gerichtssaal würde er unter Eid sicherlich noch mehr preisgeben. In der Zwischenzeit würde der MI5 Indizien zusammentragen. »[Ich] rechnete jeden Tag mit meiner Verhaftung.« Der Prozess gegen Fuchs sollte am 28. Februar beginnen. Mr. Sneddon würde sie schon sehr bald holen kommen. Aber es würde nicht leicht sein, aus Großbritannien herauszukommen.

Die Beschaffung eines deutschen Visums würde mindestens zehn Tage dauern, sofern der MI5 den Antrag nicht blockieren würde. Den beiden jüngeren Kindern erzählte sie, sie würden in Urlaub fahren. Michael in Aberdeen ahnte nicht, dass seine Mutter sich darauf vorbereitete, nach Ostdeutschland überzulaufen. Len würde zurückbleiben müssen und zu ihnen stoßen, sobald sein Bein verheilt war, sofern er dann nicht im Gefängnis saß.

Um etwas Geld dazuzuverdienen, vermietete Ursula seit einem Jahr das Gästezimmer an das junge Ehepaar Geoffrey und Madeleine Greathead. Geoffrey war Landarbeiter, während Madeleine als Reinigungskraft im Haus des örtlichen Gutsherrn arbeitete. Mrs. Greathead war eine fröhliche Bereicherung für das Haus, aber sie war auch sehr neugierig. In jenem Februar bemerkte sie, dass Ursula besonders »gestresst« wirkte und einen großen Stapel Papiere im Hof verbrannt hatte. »Wir durften nie in den Keller. Sie fragte mich immer, ob es mir etwas ausmachte, auf die Kinder aufzupassen, wenn sie nach London fuhr, was sie ziemlich oft tat.« Madeleine liebte es zu klatschen. »Wir wurden allmählich misstrauisch. Wir sprachen über unsere Verdachtsmomente, aber die Leute schauten uns an, als ob wir uns alles nur ausdenken würden.« Madeleine mochte Ursula – »sie hat mir beigebracht, wie man Eiscreme und Biskuitkuchen macht« –, aber sie spürte, dass etwas Seltsames im Gange war, und beschloss, ihre Vermieterin im Auge zu behalten und herauszufinden, was sie im Schilde führte. Ursula hatte die letzten zwanzig Jahre immer wachsam auf Hinweise auf eine mögliche Überwachung geachtet; sie erkannte sofort, dass Madeleines Fragen mehr als nur beiläufige Neugier waren. Wieder einmal lebte sie mit einem Spion unter dem eigenen Dach.

Sie kaufte drei Flugtickets nach Hamburg. In vier großen amerikanischen Seesäcken verstaute sie Kleidung und Proviant für sich und die Kinder. Ihre Vorbereitungen erinnerten an den Moment zwanzig Jahre zuvor, als sie für sich und Baby Michael in Shanghai ein Rettungsset zusammengestellt hatte und auf ein Zeichen von Richard Sorge wartete, das ihr erlaubte, in das von Kommunisten gehaltene Landesinnere Chinas zu flüchten. Mit zum Zerreißen gespannten Nerven suchte sie die Felder von Great Rollright nach Hinweisen ab, dass sie vom MI5 beobachtet würde.

Skardon nahm unterdessen Fuchs in seiner Zelle im Brixton Prison langsam und methodisch in die Mangel. Das Ausmaß seiner Spionagetätigkeit sowohl im Vereinigten Königreich als auch in den Vereinigten Staaten schockierte Geheimdienstchefs auf beiden Seiten des Atlantiks. Fuchs leugnete nicht, der Sowjetunion die Atombombe geliefert zu haben. Aber er erzählte dem MI5 wie schon Foote vor ihm nicht alles. Am 8. Februar, zwei Tage vor der förmlichen Anklageerhebung gegen Fuchs wegen Verstoßes gegen den Official Secrets Act, breitete Skardon Dutzende Fotos von »Personen [aus], von denen entweder bekannt war, dass sie [im Vereinigten Königreich] an nachrichtendienstlichen Tätigkeiten beteiligt waren oder solcher Aktivitäten verdächtigt wurden«, und fragte Fuchs, ob er einen oder mehrere von ihnen identifizieren könne. Darunter befand sich auch ein Foto von Ursula Beurton. Fuchs legte mehrere Fotos beiseite und murmelte, das Gesicht komme ihm »bekannt vor«. Über das Foto von Ursula ging er hinweg. Genauso über die Fotos von Jürgen Kuczynski und Hans Kahle. Sechs Tage später war Skardon zurück und versuchte, von Fuchs weitere Details über seine Agentenführer zu erfahren. »Der zweite Kontakt«, schrieb Skardon ordentlich auf, »war eine Frau, die FUCHS auf einer Landstraße in der Nähe von Banbury, Oxfordshire, traf. [...] Diese Frau war seiner Meinung nach Ausländerin, obwohl sie gut Englisch sprach, die Sprache, in der seine Agententätigkeit durchgeführt wurde. Seiner Beschreibung zufolge war sie eine kleine, unscheinbare Frau von Mitte dreißig. Auch wenn Fuchs eine große Anzahl möglicher Fotos vorgelegt wurde, konnte er keines davon als das Bild der fraglichen Frau identifizieren.«

Das Versäumnis des MI5, den offensichtlichen Zusammenhang zu Ursula Beurton herzustellen, war rückblickend ein grober Fehler der Spionageabwehr von geradezu historischem Ausmaß. Fuchs hatte zugegeben, eine ausländische Sowjetagentin in Banbury zu treffen; ein paar Monate zuvor hatte Jim Skardon eine ausländische Sowjetagentin nur zehn Meilen entfernt in Great Rollright vernommen. Tatsächlich gab es nur eine einzige ausländische Sowjetagentin auf dem Radar des MI5. Und doch kam der Bericht zu dem Schluss: »Ohne weitere Informationen erscheint es unwahrscheinlich, dass dieser Kontakt identifiziert werden kann.«

Am 18. Februar wurde Ursulas Antrag auf eine Erlaubnis, »Freunde in Deutschland zu besuchen«, vom Innenministerium mit dem Stempelvermerk »Kein Einwand«, zurückgeschickt. Die erste große Hürde war genommen. Aber ihr Name stand auf der Watchlist des MI5. Früher oder später würde eine sehr laute Alarmglocke im Security Service losschrillen, eine Mitteilung würde an alle Flughäfen geschickt, und die Tür würde zuschlagen. Darüber, wie lange das dauern würde, konnte man nur spekulieren. Die Räder der britischen Bürokratie neigen dazu, sich langsam zu drehen oder doch zumindest unvorhersehbar. Dorfklatsch hingegen kann sich bisweilen mit fast magischer Geschwindigkeit fortpflanzen. Die Kinder redeten offen über den »Urlaub«, den sie machen würden – mitten im Schuljahr. Was für eine Hausfrau reist ins Ausland und lässt ihren Mann mit gebrochenem Bein allein zurück? Vier große Seesäcke waren für eine Frau und zwei Kinder, die einen Kurzurlaub machen wollten, eine ziemliche Menge Gepäck. Die Nachricht von den seltsamen Vorkommnissen in The Firs könnte bereits die Lounge Bar des Unicorn erreicht haben. Von dort aus konnte es nahezu augenblicklich Detective Constable Herbert zu Ohren kommen.

Madeleine Greathead interessierte sich sehr für Ursulas Reisepläne und stellte eine Menge Fragen. Ursula beschloss, die Aufmerksamkeit der Untermieterin abzulenken und sie dazu zu benutzen, Falschinformationen zu streuen. »Eines Tages fragte mich Ursula, ob ich ihr vielleicht beim Bügeln helfen könne, da sie am nächsten Tag nach Deutschland zurückkehren würde, um das Erbe ihres Vaters anzutreten.« Während sich die neugierige Untermieterin um einen Berg Wäsche und das Bügeln kümmerte, traf Ursula ihre letzten Vorbereitungen. Sie holte den Sender aus dem Keller, wickelte ihn in Säcke und vergrub ihn im Unterholz. Heute liegt irgendwo im Wald von Great Rollright ein verrosteter, selbstgebauter Kurzwellensender, die vergrabene Hinterlassenschaft einer Spionin. Dann packte sie sorgfältig die wenigen Erinnerungsstücke ein, die sie mitnehmen würde: die chinesischen Drucke aus Shanghai, eine Postkarte aus der Schweiz und ein gerahmtes Foto von Richard Sorge. Schließlich stieg sie auf ihr Fahrrad und fuhr Richtung Banbury, wobei sie sich wie üblich vergewisserte, nicht überwacht zu werden, und zweimal umkehrte, um sicherzustellen, dass sie nicht verfolgt wurde. Bei der hohlen Baumwurzel hinter der Kreuzung deponierte sie eine Nachricht für die GRU, in der sie erklärte, dass sie ihren Posten aufgeben und nach Berlin gehen würde. Dann radelte Agentin Sonja zum letzten Mal nach Hause.

Am folgenden Nachmittag wurden die Seesäcke im Taxi von Chipping Norton verstaut. Ursula umarmte ihn fest und fragte sich erneut, ob sie ihn je wiedersehen würde. »Es war ein ungewisser Abschied, vielleicht ein Abschied für immer.«

Nina und Peter waren ganz aufgeregt bei der Aussicht, mit einem Flugzeug zu fliegen. Sie umarmten Mrs. Greathead und Penny, die Katze, stiegen auf die Rückbank und winkten Len durch die Heckscheibe zu, bis er aus dem Blickfeld verschwand.

Während sie auf den harten Bänken der Abflughalle des London Airport (heute Heathrow) wartete und die Kinder vergnügt Würfelpoker vor ihren Füßen spielten, starrte Ursula angespannt auf die Türen, und die Angst in ihrem Bauch nahm stetig zu. Jeden Augenblick musste ganz bestimmt die Polizei hereingestürmt kommen und sie verhaften. Der Prozess gegen Klaus Fuchs würde am nächsten Tag beginnen, und wahrscheinlich hatte er längst das »Mädchen aus Banbury« identifiziert. Genau in diesem Moment könnte Detective Constable Herbert, alarmiert von der misstrauischen Mrs. Greathead, den Hörer in die Hand nehmen und MI5 anrufen. Großbritannien hatte sie adoptiert, und jetzt flüchtete sie aus dem Land, das sie lieben gelernt hatte. Die nächsten fünf Minuten würden entscheiden, ob sie in ein Land verschwand, das sie nicht mehr kannte, oder ob sie die nächsten zehn Jahre oder mehr verurteilt als berüchtigte kommunistische Spionin in einem britischen Gefängnis verbringen würde. Sie beschloss, nichts zu sagen, sollte sie verhaftet werden, nichts zu gestehen. Sie würde die Disziplin eines ausgebildeten sowjetischen Geheimdienstoffiziers wahren. Oberst Kuczynski würde nicht zerbrechen. Aber was würde Michael tun, wenn das Gesicht seiner Mutter in jeder Tageszeitung auftauchte? Wenn sie und Len verurteilt würden, was würde dann aus den Kindern werden?

Sie suchte die Menge nach einem Mann mit einem Trilby ab, flankiert von Polizisten, wie er sich mit einem triumphierenden Lächeln unter seinem jämmerlichen Schnurrbart näherte.

Aber »Mr. Sneddon« tauchte nicht auf.

Die Flugbegleiterin begrüßte sie an Bord, mehr mit einer Gruppe betrunkener italienischer Fußballfans beschäftigt als mit der harmlosen Frau, die ihre beiden drauflos quasselnden Kinder fest an den Händen hielt. Von ihrem Fensterplatz aus blickte Ursula auf die regennasse Rollbahn, auf der ein Militärflugzeug zum Start rollte. Instinktiv prägte sie sich die Erkennungszeichen der Maschine ein. Dann schloss sich die Tür nach England zum letzten Mal.

Am 27. Februar 1950 flogen Ursula und ihre Kinder nach Deutschland. Sie würde erst vierzig Jahre später zurückkehren.

24
Ruth Werner

Am 1. März 1950, nach einer neunzigminütigen Gerichtsverhandlung, wurde Klaus Fuchs für schuldig befunden, »Informationen an einen potenziellen Feind übermittelt« zu haben, und erhielt die Höchststrafe von vierzehn Jahren. Jim Skardon besuchte ihn einige Monate später im HM Prison Stafford und überreichte ihm das Foto einer Frau mit »einem sehr unordentlichen Haarschopf«. (Ursulas nicht sehr damenhaftes Aussehen hörte nie auf, ihn zu erzürnen.) »Als ich Fuchs das Foto von Ursula Beurton vorlegte, sagte ich zu ihm: ›Dies ist ein Foto, das ich Ihnen bereits einmal gezeigt habe.‹ Und er sagte sofort: ›Das ist die Frau aus Banbury.‹ Für ihn stand es außer Zweifel, dass sie die Kontaktperson war, er vermochte aber nicht zu sagen, warum er sie nicht bereits identifiziert hatte, als ihm das Foto bei der vorhergehenden Gelegenheit vorgelegt wurde.« Ursula war für »Mr. Sneddon« nicht mehr greifbar.

Die Spionejäger wollten einfach nicht glauben, dass sie weg war. Der MI5-Chef Sir Percy Sillitoe schrieb an Colonel Rutherford von der Oxford Police: »Mir liegt sehr viel daran, den momentanen Aufenthaltsort von Ursula Beurton zu ermitteln. [...] Sie beabsichtigte, Freunde in Berlin zu besuchen, und es ist natürlich möglich, dass sie nicht zurückgekehrt ist.« Detective Herbert aus Chipping Norton berichtete, dass The Firs nun leer stehe, sämtliches Mobiliar sei verkauft worden und Len Beurton sei verschwunden. Um es für den MI5 noch unangenehmer zu machen, kam die Bestätigung von Ursulas Flucht vom FBI. John Cimperman schrieb eine verärgerte Mitteilung an John Marriott: »Vor einiger Zeit wurden Sie gebeten, sie zu vernehmen, [aber] das wurde nicht als wünschenswert erachtet. Nun liegen uns Informationen vor, dass Ursula Beurton England verlassen hat, um nach Deutschland zurückzukehren.« Viel zu spät wies der MI5 die Grenzkontrollen an, Ursula abzufangen, falls sie nach Großbritannien einreisen oder das Land verlassen wollte. »Die Person ist eine aktive Kommunistin und steht in Verbindung mit Personen, die für eine ausländische Macht Spionage betreiben; schwarze Haare, braune Augen; letzter bekannter Aufenthaltsort: Berlin; Beruf: Hausfrau.«

Beschämt wegen des Versäumnisses, Ursula rechtzeitig ergriffen zu haben, verbreitete der MI5 später das Märchen, sie sei »1947 fluchtartig nach Deutschland zurück«. Dick White, der Leiter des MI5, erzählte seinem Biografen, sie sei zwei Tage nach der Vernehmung durch Skardon geflüchtet (wohlwissend, dass sie noch weitere zweieinhalb Jahre im Vereinigten Königreich geblieben war).

Das Ost-Berlin, in das Ursula im Februar 1950 zurückkehrte, war eine vom Krieg verstümmelte Stadt mit Trümmerhaufen in den Straßen und den geschwärzten Ruinen ausgebrannter Gebäude. Es waren keine Hotelzimmer verfügbar. Bereits nach wenigen Tagen wollten die Kinder zurück nach Great Rollright und fragten sich, wo Len steckte. Nina vermisste Penny, die Katze. Peter wollte seine Dinky Toys. Jürgen hatte die sowjetischen Behörden über Ursulas Eintreffen informiert; er sagte ihr, sie solle Geduld haben. Sie zog mit den Kindern in eine kalte Einzimmerwohnung und wartete auf die Kontaktaufnahme seitens der Zentrale. »Ich lebte zunächst isoliert.« Sie meldete die Kinder an der nächstgelegenen Schule an. Da sie kaum Deutsch sprachen, wurden sie gnadenlos gehänselt. Während der langen Tage streifte sie durch die Stadt und grübelte über alles nach, was ihr widerfahren war. Nach der dramatischen Flucht aus Großbritannien kam es ihr vor, als sei sie in einer grauen Halbwelt angekommen, die von Menschen bevölkert war, die es geschafft hatten zu überleben und sonst nichts. Jürgen war viel zu beschäftigt, um ihr bei der Eingewöhnung zu helfen. Es gab wenig zu essen und nichts zu tun. Und doch hatte sie zum ersten Mal seit zwei Jahrzehnten nicht mehr das Gefühl, verfolgt zu werden. Sie musste keinen Funksender verstecken, keine Agenten kontaktieren, es gab keinen Grund, ihre politischen Ansichten zu verbergen. Ursula erlebte ein Gefühl, das sie nie zuvor erfahren hatte und zunächst nicht erkannte: Sie fühlte so etwas wie Frieden.

Im Mai erhielt sie schließlich über Jürgen die Nachricht, dass die Zentrale einen Abgesandten schickte. Ein ihr unbekannter GRU-Offizier erschien in Zivil vor ihrer Tür und verkündete ziemlich steif, dass er sie zu einem »festlichen Essen« ausführen werde. Der Offizier war freundlich, wenn auch sehr förmlich. Er beglückwünschte sie zu ihrer Arbeit in China, Polen, der Schweiz und Großbritannien und entschuldigte sich für das Durcheinander mit dem toten Briefkasten in Oxfordshire, weswegen die Verbindung so lange unterbrochen war. Die Welt ändere sich rasend schnell, erklärte er. Genosse Stalin habe gewarnt, dass der kapitalistische Westen Atomwaffen für einen Angriff auf die Sowjetunion baue. Auf der koreanischen Halbinsel drohe Krieg. Die GRU werde eine zentrale Rolle im kommenden Konflikt spielen und es warte wichtige Arbeit. Wann wäre Ursula bereit, ihre Arbeit für den sowjetischen militärischen Nachrichtendienst wiederaufzunehmen?

Ursula schob ihren Teller zurück, holte tief Luft und erklärte, dass sie keine Spionin mehr sein wolle.

Der Mann aus Moskau war sprachlos.

Im Rückblick konnte Ursula nicht präzise den Moment bestimmen, wann sie beschlossen hatte, die Spionagearbeit aufzugeben. Vielleicht war es die Festnahme von Fuchs, oder es waren die langen Monate, in denen die Zentrale sie im Stich gelassen hatte. Vielleicht war es aber auch der Moment, in dem sie aus Großbritannien geflüchtet war. Während der letzten vier Monate in Berlin, einsam, aber ohne Angst, hatte sie die Ruhe gespürt, die Gelassenheit, die sich einstellt, wenn man die Waffen niederlegt, ein Waffenstillstand der Seele. Der GRU-Offizier versuchte, sie umzustimmen, aber sie blieb eisern. »Ich selbst wünschte mir, als Bürger und Parteimitglied meines Landes zu leben. [...] Ich sagte ihm, die Verbundenheit mit der Sowjetunion und auch mit meiner bisherigen Arbeit sei beständig wie zuvor, aber meine Nerven und die Konzentrationsfähigkeit seien nicht mehr wie früher, ich fühlte, zwanzig Jahre reichten.«

Den Beruf des Sowjetspions aufzugeben, war nicht gerade einfach. Es war schwierig, in die GRU einzutreten, und noch schwieriger, sie zu verlassen. Nachrichtendienstoffiziere verließen den Dienst in der Regel, wenn sie alt, in Ungnade gefallen oder tot waren. Ein vorgezogener Ruhestand war nicht vorgesehen, und jeder, der auszuscheiden versuchte, wurde als potenzieller Verräter angesehen. Zwanzig Jahre zuvor hatte Sorge Ursula geheimnisvoll gewarnt, was mit ihr passieren würde, sollte sie je versuchen auszusteigen. Sie war für die Rote Armee viele Risiken eingegangen, aber der mutigste Schritt von allen war ihr Entschluss auszusteigen.

Ursula stand zu ihrer Entscheidung.

Und die Zentrale ließ sie gehen. So wie sie die Säuberungen unbeschadet überstanden hatte, erlaubte ihr die GRU, ihre Reihen auf eine Weise zu verlassen, wie es keinem anderen Offizier erlaubt worden wäre. Stalins Macht beruhte auf bedingungslosem Gehorsam, aber Ursula war, wie so oft, die Ausnahme von der Regel. Es war ein Zeichen ihres großen Ansehens, dass sie sich ohne Beschuldigungen, Repressalien oder Bedauern aus der Spionagetätigkeit zurückzog.

Ursula bekam eine Stelle in der Presseabteilung der ostdeutschen Regierung. Sie schrieb täglich Pressemitteilungen und redigierte das vierzehntätig erscheinende *Bulletin gegen den amerikanischen Imperialismus*. Ihr Chef war Gerhart Eisler, der ideologische Vollstrecker, der sie während ihrer ersten Anwerbung in Shanghai bespitzelt und darauf bestanden hatte, sie solle einen Hut tragen.

Wieder einmal passten sich die Kinder an ein völlig neues Leben an. Nina legte ihre Besessenheit von der britischen Königsfamilie ab und trat der Freien Deutschen Jugend bei. Peter tauschte sein Englisch mit ländlichem Akzent rasch gegen den Berliner Slang. Sobald sein Bein geheilt war, flog Len Beurton nach Berlin und kam im Juni 1950 dort an. Der MI5 versuchte nicht, ihn aufzuhalten. Er wurde von der staatlichen Nachrichtenagentur der DDR angestellt. Nachdem Michael Aberdeen ein Jahr später verlassen hatte, ließ sich der idealistische junge Sozialist ebenfalls im kommunistischen Ostdeutschland nieder. Die Familie war wieder zusammen.

Ostdeutschland war ein Überwachungsstaat, dessen Bürger ermutigt, bestochen oder gezwungen wurden, einander zu bespitzeln. Das Ministerium für Staatssicherheit galt mit seinem riesigen Netzwerk an Informanten als eine der effizientesten und repressivsten Geheimpolizeien der Geschichte. Jede und jeder wurde bespitzelt, und Ursula war keine Ausnahme.

Die ersten Stasi-Berichte über Ursula waren positiv und vermerkten, dass sie »zwanzig Jahre im Ausland vertrauliche Arbeit für die Partei« geleistet« hatte. Ihr Charakter wurde als »bescheiden und zurückhaltend [...], offen, ehrlich und zuverlässig« beschrieben. Doch wie jedem, der aus dem Westen zurückkehrte, und besonders wenn es sich um Juden und Personen handelte, die in geheimdienstliche Tätigkeiten verwickelt waren, haftete auch ihr etwas Verdächtiges an. »Jeder, der in einem kapitalistischen Land im Exil gewesen war, galt als unzuverlässig«, schrieb sie. Die Stasi verlangte Informationen über ihre Vernehmungen durch den MI5, über die Anwerbung von Alexander Foote und seltsamerweise auch über Marie Ginsberg, die Sekretärin des Völkerbundes in Genf, die ihr zu einem gefälschten Pass verholfen hatte. Ginsberg stand im Verdacht, Verbindungen zu einer »US-zionistischen Spionageorganisation« zu unterhalten. Die Stasi stellte missbilligend fest, dass Ursula »aus einem bürgerlichen Elternhaus stammt«. Sie wurde zu einer Aussage vor die Zentrale Parteikontrollkommission geladen. Ein vertraulicher Stasi-Bericht bezeichnete sie als zu unabhängig im Denken: »Sie hat immer noch nicht alle kleinbürgerlichen Tendenzen überwunden, es wurde unter anderem eine individualistische Haltung ermittelt.« Ursula hatte es sich quasi zum Beruf gemacht, sich der Überwachung zu entziehen, und sie rieb sich an der unablässigen Kontrolle durch den Staat. Sie schrieb sogar an Erich Mielke, den furchteinflößenden Stasi-Chef, und protestierte dagegen, dass ihre Nachbarn über ihre politische Zuverlässigkeit ausgefragt wurden. »In einem der Häuser waren die Eltern nicht zu Hause, also baten sie die 18-jährige Tochter, meine Vertrauenswürdigkeit und mein Verhalten zu beurteilen.« Sie sagte zu Mielke: »Sagen Sie Ihren Beamten, sie sollen solche Schnüffeleien unterlassen.« Sie erhielt eine Entschuldigung. Aber die Überwachung ging weiter.

Als die antisemitische Spionagehysterie in Ostdeutschland zunahm, witterte der britische Geheimdienst eine Chance. Wenn das Regime eine Säuberung von jüdischen Kommunisten durchführte, würden Ursula Beurton und Jürgen Kuczynski zur Zielscheibe werden. Der MI5 entwickelte einen Plan, um zu versuchen, die beiden anzuwerben oder zumindest zu überreden, wieder zum Vereinigten Königreich überzulaufen. Am 23. Januar 1953 schickte Colonel Robertson eine Notiz an den MI6 mit dem Vorschlag, Ursula und Jürgen einen Deal anzubieten: einen sicheren Rückzugsort in Großbritannien und Straffreiheit im Gegenzug für ihre Kooperation. »Diese Personen sind wahrscheinlich im Besitz wertvoller Informationen über die russische Spionagetätigkeit, und es lohnt, beträchtliche Anstrengungen zu unternehmen, um sie und damit ihre Informationen zu bekommen. [...] Wir sind uns bewusst, dass die Furcht vor rechtlichen oder anderen Strafmaßnahmen seitens der britischen Behörden die Angst dieser Personen vor der Ungewissheit ihrer Zukunft unter kommunistischen Regimes überwiegen könnte. [...] Tun Sie alles in Ihrer Macht Stehende, um sie wissen zu lassen, dass sie in dieser Hinsicht keine Befürchtungen haben müssen.« Es ist unklar, ob dieses Angebot je gemacht wurde oder wie Ursula und Jürgen darauf reagiert haben, da die Akten des MI6 weiterhin geschlossen bleiben.

Ende 1953 wurde Ursula eine offizielle Verwarnung erteilt, weil sie vertrauliche Dokumente auf ihrem Schreibtisch liegenließ, statt sie in einen Safe einzuschließen. Für jemanden, der über Jahrzehnte weltverändernde Geheimnisse versteckt hatte, war es wie eine absurde Ironie, gesagt zu bekommen, sie habe einen »schwerwiegenden Vertrauensbruch« begangen, indem sie eine harmlose Presseerklärung herumliegen ließ. Sie kündigte, wechselte kurzzeitig auf eine Stelle im Außenministerium und beendete dann komplett ihre Tätigkeiten für den Staat.

Aber Ursulas Leben hatte noch ein weiteres überraschendes Kapitel zu bieten. Im Jahr 1956 wurde sie hauptberufliche Schriftstellerin, nahm einen anderen Namen, einen neuen Beruf und eine neue Identität an. Von nun an würde sie Ruth Werner sein, Romanautorin.

Ursula hatte seit frühester Kindheit geschrieben, ihre lebhafte Fantasie in Liebes- und Abenteuergeschichten verwandelt. Spione und Romanschriftsteller unterscheiden sich nicht so sehr: Beide beschwören eine Fantasiewelt herauf und versuchen, andere in diese Welt zu locken. Einige der erfolgreichsten Schriftsteller des zwanzigsten Jahrhunderts waren ebenfalls Spione, unter ihnen Graham Greene, Somerset Maugham, Ian Fleming und John le Carré. In vielerlei Hinsicht war Ursulas Leben eine Fiktion, die der Welt eine bestimmte Person präsentierte, während sie in Wirklichkeit eine andere war. Als Ruth Werner wurde sie wieder eine andere Person.

Ursula schrieb vierzehn Bücher, hauptsächlich Geschichten für Kinder und junge Erwachsene. Diese wurden zwar als Belletristik bezeichnet, waren aber stark autobiografisch und schilderten ihre Erfahrungen als junge Kommunistin in Berlin, ihre Liebesbeziehungen, ihr Leben in China und der Schweiz. Die Literatur war zum Teil eine List, um die ostdeutsche Zensur zu umgehen und über ihr geheimes Leben zu schreiben, aber sie bediente auch einen inneren Drang. Schon immer hatte sie sich als Hauptfigur in ihrem eigenen Drama gesehen; im Leben und auf dem Papier war sie die geborene Thrillerautorin. Ursula achtete sorgfältig darauf, Identitäten zu verschleiern, aber im Kern waren diese Geschichten wahre, wunderschön geschriebene und genau beobachtete Beschreibungen eines abenteuerlichen, an Ereignissen reichen Lebens. Sie verkauften sich äußerst gut, manche wurden Bestseller. Werner wurde mit nur leichter Übertreibung als die Enid Blyton der DDR bezeichnet. Ursula wurde als Ruth Werner, ein zufällig gewähltes Pseudonym, weitaus berühmter, als sie es jemals unter ihrem richtigen Namen sein würde.

1956, drei Jahre nach Stalins Tod, wurde dieser von seinem Nachfolger Nikita Chruschtschow scharf kritisiert, und es kam die Wahrheit über den ganzen Schrecken der Stalinschen Säuberungen ans Licht. Ursula war entsetzt und wütend, als sie von den Verbrechen Stalins und dem Ausmaß des verbrecherischen Gemetzels erfuhr. »Ich habe so viele Freunde verloren«, schrieb sie. Damals, 1937, in Moskau hatte sie gewusst, dass unschuldige Männer und Frauen ermordet wurden, darunter viele ihrer engsten Vertrauten, aber sie hatte nicht protestiert. Dies zu tun, wäre einem Selbstmord gleichgekommen. Wie Millionen andere hatte sie weggeschaut und ihre Arbeit gemacht. Sie litt unter der Schuld der Überlebenden. »Warum wurde ich verschont? Ich weiß es nicht, vielleicht weil die Auswahl angeblich Schuldiger eine Sache des Zufalls war.«

In dem Jahr, in dem Ursula den Beruf wechselte und ihren Namen änderte, kam Rudolf Hamburger schließlich aus dem Gulag.

Zehn Jahre lang machte Rudi Notizen und fertigte Skizzen an, zeichnete als einer von 1,5 Millionen Gefangenen im System der sowjetischen Arbeitslager seinen Hunger, die Erschöpfung, Kälte,

Langeweile und Liebe auf. Im Lager Karaganda in der kasachischen Steppe lernte er Fatma kennen, eine Iranerin, die im Anschluss an ein nicht genehmigtes Treffen von Moslems in ihrem Haus verhaftet worden war. Sie arbeitete in den Küchen. Sie liebten sich im Vorratsschuppen. »In der Umarmung vergessen wir, dass die hastigen Liebesfreuden eine Polizeistreife stören [können], vergessen wir die Unmenschlichkeit unserer Verbannung«, schrieb er. Fatma wurde schwanger und trieb das Kind ab. Bald darauf war Rudi wieder verlegt. »Sie weint, und ihre schwarzen, feuchten Augen begleiten mich, bis das Tor weit hinter mir liegt. [...] Gibt es noch irgendwo auf der Welt Glück, Frieden, Menschlichkeit?«, fragte er sich. Nach der Verlegung in ein Holzfällerlager an den Ausläufern des Urals ist der einst vielversprechende Architekt zu schwach für die Forstarbeit und muss routinemäßige Wartungsarbeiten an Gebäuden durchführen. »Alles ekelt mich an«, schrieb er. »Die unbedeutenden Aufgaben, die ich erledigen muss, [...] das Loch von Fenster, dessen Ausschnitt auf Hof, Baracken und Stacheldraht mich nicht vergessen lässt, wo ich bin, und der Hunger ... der Hunger und die Wanzen. Was erwartet mich, falls ich die Freiheit erlebe, mich ausgehungerte, von Wanzen zerbissene, ergraute, Leben und Beruf entfremdete Kreatur? [...] Zum Teufel, ja, Fatma hat recht, nicht aufgeben. Aufgeben, das ist der Tod.« Ein Mitgefangener erhielt vier Kilo Zucker von zu Hause, setzte sich auf sein Bett, verzehrte alles auf einmal und starb sofort: Selbstmord durch Zucker. 1951 wurde Rudi wieder in ein anderes Lager verlegt, in dem die Häftlinge das weltweit größte Wasserkraftwerk bauten, und dann wieder zurück in den »gefürchteten Ural«.

1953 wurde Rudolf Hamburger formell entlassen – in eine andere Art von Gefangenschaft. Er konnte die Sowjetunion nicht verlassen. »Na, und wohin wollen Sie?«, wurde er gefragt. Er hatte keinen Pass und konnte sich lediglich mit seinen Entlassungspapieren ausweisen. »Was weiß ich von diesem Lande nach neuneinhalb Jahren hermetischer Abgeschlossenheit, was von beruflichen Arbeitsmöglichkeiten. Wie ein Blinder bin ich, der sagen soll, ob er sein Zimmer rot oder blau gestrichen haben will.« Am Ende landete er in der ukrainischen Kleinstadt Millerowo und beaufsichtigte eine Baustelle. Inzwischen wussten Ursula und andere von seinem Verbleib und setzten sich für seine Rückkehr nach Deutschland ein, aber Rudi passte nicht in die klar umgrenzten Verwaltungskategorien, da er weder ein Kriegsgefangener noch ein Flüchtling aus Nazideutschland war. Es würde zwei weitere Jahre dauern, bis die Formalitäten abgeschlossen waren.

Im Juli 1955 kehrte Rudi Hamburger schließlich nach Berlin zurück. Ursula erzählte ihren Kindern, er komme »nach einem langen Aufenthalt in der Sowjetunion« zurück. Michael hatte seinen Vater sechzehn Jahre zuvor das letzte Mal gesehen. Ursula nutzte die Gelegenheit ebenfalls, um ihrer Tochter zu erklären, dass nicht Rudi ihr Vater war, wie sie es immer geglaubt hatte, sondern vielmehr ein litauischer Seemann, von dem sie nichts wusste. Nina antwortete spröde: »Mutti, daß du so viele Männer hattest, das gefällt mir nicht.«

Ein Jahrzehnt der Gefangenschaft hatte Rudi zwar zutiefst verletzt, aber nicht vernichtet. »Es war kein gebrochener Mann, den ich traf, aber er entsprach auch nicht mehr dem Bild, das ich von ihm hatte«, schrieb Ursula. »Ergraut, leicht gebeugt, mit brüchiger Stimme und benommen, wie ein Mann, der aus einem Keller ans Licht kommt, ein Halbfremder mit einem Lächeln, das einen Hauch von Melancholie verbarg.« Mit unveränderten politischen Einstellungen schloss sich Hamburger der von Kommunisten dominierten Sozialistischen Einheitspartei Deutschlands an. »Aber vielleicht entwickeln wir uns zu einem zukünftigen ganz neuen, nie dagewesenen Typ Mensch, einem Menschen, der durch die neue Wirtschaftsordnung, durch neue Erfindungen ganz oder fast ganz unabhängig von jeglicher Not und irdischer Plage [wird]«, schrieb er. Er ließ sich in Dresden nieder, wo er vom Stadtrat als

Architekt eingestellt wurde. Rudi sprach niemals von seinen Erfahrungen in den Lagern, äußerte lediglich (und auf gewisse Weise auch zutreffend), dass er »auf sowjetischen Baustellen gearbeitet« habe. Michael erfuhr erst in den 1970er Jahren, dass sein Vater im Gulag gewesen war.

1958 wurde Rudi Hamburger angeworben als Stasi-Informant mit dem Decknamen »Karl Winkler«. Seine Aufgabe als einer der 170 000 Schnüffler bestand darin, über seine Kollegen Bericht zu erstatten. Er lehnte es ab, belastendes Material zu sammeln und weiterzugeben, doch seine Arbeit für die Stasi wurde für »gut« befunden. Rudolf Hamburger war vom kommunistischen Spionagesystem auf brutale Weise schlecht behandelt worden, und am Ende arbeitete er für ihn.

Rudis und Ursulas Sohn Michael Hamburger wurde einer der bedeutendsten deutschen Shakespeare-Kenner. Dreißig Jahre lang arbeitete er als Dramaturg und Direktor am Deutschen Theater in Berlin. Nina Hamburger war Lehrerin. Peter Beurton, der Jüngste, wurde ein hervorragender Biologe und Philosoph an der Akademie der Wissenschaften (der DDR) in Ost-Berlin. Ursulas Kinder vergötterten ihre Mutter, trauten ihr nicht vollkommen und fragten sich, wie gut sie sie wirklich kannten. »Ich glaube nicht, dass meine Mutter uns Kinder als Tarnung für ihre Spionagearbeit benutzt hat«, sagte Nina im späteren Leben; es war mehr eine Frage als eine Feststellung. Rückblickend dachte Peter über die zweifachen, miteinander konkurrierenden Triebkräfte im Leben seiner Mutter nach: »In ihrem Leben gab es zwei wichtige Dinge, ihre Kinder und die kommunistische Sache. Ich weiß nicht, was sie getan hätte, wenn sie sich für eines von beiden hätte entscheiden müssen.« Ursulas jüngerer Sohn nahm seiner Mutter übel, wie sie anscheinend immer die Geheimnisse ihrer Kinder ausgegraben hatte. »Sie hat immer zwei Fragen zu viel gestellt. Sie wollte immer ein bisschen mehr wissen, als ich ihr sagen wollte. Es herrschte immer so eine Spannung. Meine Schwester hat ihr alles erzählt.

Mein Bruder hat ihr gar nichts erzählt und hat seine Geheimnisse immer geheim gehalten.«

Besonders bei Michael hinterließ die außergewöhnliche Kindheit tiefe Narben. Der Vater, den er bewunderte, war auf unerklärliche Weise den größten Teil seiner Kindheit und Jugend über verschwunden. Seine Mutter war nicht die Person, die sie zu sein schien. Das Wissen, dass sie ihre Kinder für ihre Sache in Gefahr gebracht hatte, verfolgte ihn. »Was sie getan hat, hat sie aus Überzeugung getan, für die Befreiung der Menschheit, und dafür bin ich stolz auf sie. Aber wenn sie in Polen geschnappt worden wäre, hätte man mich in ein Waisenhaus gesteckt oder Schlimmeres. Dieser Gedanke lässt mich noch heute erschaudern.« Mit zehn Jahren hatte er in sechs verschiedenen Ländern und in mehr als einem Dutzend Wohnungen gelebt. Das Familienleben, an das Michael sich so eindringlich erinnerte, war voller Geheimnisse gewesen. »Ich habe dreimal geheiratet und mich wieder scheiden lassen«, sagte Michael Hamburger im Alter von achtundachtzig Jahren. »Vielleicht habe ich nie wirklich gelernt, einem Menschen zu vertrauen.« Er starb im Januar 2020, kurz nachdem er das Manuskript dieses Buches gelesen hatte.

1966 trat unerwartet ein weiterer Liebhaber Ursulas wieder in ihr Leben. Johann Patra lebte inzwischen mit seiner Frau und seinem Sohn in Brasilien, arbeitete dort als Elektroingenieur und baute auf einem kleinen Bauernhof Gemüse an. Er sprach davon, nach Ostdeutschland auszuwandern. »Seine Ansprüche seien gering.« Ursula lud ihn zu einem Besuch ein, warnte aber, dass es ihm schwerfallen könnte, sich anzupassen. Im darauffolgenden Januar erschien eine hagere, zitternde Gestalt, die sie kaum wiedererkannte, vor ihrem Haus. »Ich öffnete die Tür und sah, daß er am Zusammenbrechen war. Er konnte nicht sprechen, ich übrigens auch nicht.«

Als Johann sich wieder gefangen hatte, beschrieb er ihr sein Leben. Die Zentrale hatte in China nie wieder Kontakt zu ihm aufgenommen, aber er war mit den Kommunisten in Verbindung geblieben und erfuhr vom Schicksal des Netzwerks in Mukden (Shenyang). »Shushin wurde getötet. Sie hat niemanden verraten. Ihr Mann wurde kurz darauf verhaftet, ich weiß nicht, was sie mit ihm gemacht haben, jedenfalls hat er den Verstand verloren und soll wohl gestanden haben.« Niemand wusste, was aus ihren Kindern geworden war. 1949, mit der endgültigen Niederlage von Chiang Kai-sheks Nationalisten und der Gründung der Volksrepublik, waren alle Ausländer zum Verlassen Chinas gezwungen worden. Er hatte Heimweh nach Europa gehabt. Sie redeten viele Stunden, aber Ursula spürte eine unüberbrückbare Kluft. »Wir waren uns sehr fremd.« Patra blieb ein unbeugsamer Marxist. »Seine Worte hatten keinerlei Wirkung auf [Johann]; sie gingen an ihm vorbei, als ob wir zur Zimmerwand hinter ihm sprachen. [...] Aber seine guten Seiten waren geblieben, sauber, unkorrupt, bedürfnislos, leidenschaftlich im Kampf für die Ausgebeuteten.« Wieder schien ihr, dass ihre Beziehung nie funktioniert hätte; er ging, ohne seine Tochter Nina getroffen zu haben. Aus São Paulo schrieb Patra einen Brief, mit dem er erklärte, dass er es sich anders überlegt habe und doch nicht nach Deutschland komme, nachdem er zu dem Ergebnis gelangt sei, dass die Revolution nicht in Europa passieren werde. »Von der Arbeiterklasse Europas sei nichts zu erwarten und auch die DDR verbürgerliche.«

1977, elf Jahre später, traf bei Ursula ein Paket aus Brasilien ein, ein sorgfältig genähtes Paket aus Tuch. »Ich wog es in der Hand. Das Paket war nicht schwer. Während ich die Nähte mit der Schere auftrennte, sah ich [Johann] vor mir, wie er es mit dicker Nadel und grobem Faden langsam und gründlich zunähte. Wurde ich an ihn erinnert, empfand ich Wehmut und Schmerz. Ein schmaler, mit Holzwolle ausgelegter und einer brasilianischen Zeitung umwickelter Karton. Was hatte er mir nur geschickt?« Sie entfernte die letzten Lagen Seidenpapier, und die runde Porzellanscheibe lag auf ihrer Handfläche: Der Gong des Porzellanhändlers.

Einen Monat später erfuhr sie, dass Johann Patra tot war.

Ursula überlebte all ihre Liebhaber. Len Beurton fühlte sich nie wirklich wohl in Ostdeutschland und litt immer wieder an Depressionen. Ursula hatte ihn in die Geheimdienstwelt geholt, ihn ausgebildet und geheiratet. Er war immer der Juniorpartner gewesen, der ihr Stabilität und Fürsorge bot, aber nur wenig von der Aufregung oder Romantik ihrer früheren Lieben. Len sprach manchmal davon, nach Großbritannien zurückzukehren, aber er tat es nie. Das Waisenkind aus Barking hörte nie auf, das Mädchen zu lieben, das er mit einem Netz Orangen vor einem Schweizer Supermarkt kennengelernt hatte. Len starb 1997 im Alter von dreiundachtzig Jahren. Rudolf Hamburger war 1980 in Dresden gestorben. Zehn Jahre später wurde er posthum von Moskau rehabilitiert. Seine Erinnerungen an den Gulag, *Zehn Jahre Lager. Als deutscher Kommunist im sowjetischen Gulag*, wurde 2013 veröffentlicht und von einem Kritiker beschrieben als »überaus berührend durch seine nicht zerstörbare Hoffnung auf Menschlichkeit.«

Sie hatte Rudi wegen seiner Freundlichkeit geliebt, Patra wegen seiner revolutionäre Kraft und Len wegen seiner langen, süßen Kameradschaft. Aber die Liebe ihres Lebens hatte sie 1931 gefunden, als sie auf dem Rücken eines schnellen Motorrads durch Shanghai raste. Das gerahmte Foto von Richard Sorge hing für den Rest ihres Lebens an Ursulas Arbeitszimmerwand. »Sie war in Sorge verliebt«, sagte ihr Sohn Michael. »Sie war immer in ihn verliebt.«

Die Kommunisten überschütteten Ursula mit Ehren und Anerkennung. 1969 folgte ein zweiter Rotbannerorden dem ersten, den sie 1937 im Kreml erhalten hatte. Ihr wurde der Nationalpreis der DDR verliehen, der Karl-Marx-Orden, der Vaterländische Verdienstorden und die Jubiläumsmedaille »30 Jahre Nationale Volksarmee«.

1977 veröffentlichte sie eine Autobiografie, *Sonjas Rapport*, in der sie offenbarte, dass die berühmte Schriftstellerin eine erfolgreiche Spionin gewesen war. Ihre Kinder waren überrascht, die

Vergangenheit ihrer Mutter zu entdecken. Das Buch wurde sofort zum Bestseller. Es war unter Aufsicht der Stasi geschrieben worden; die prüden staatlichen Zensoren forderten sie auf, die Passagen über ihr recht unkonventionelles Liebesleben zu streichen. Sie weigerte sich: »Ich sehe keine Veranlassung, mich aus moralischen oder ethischen Gründen zu schämen. Ihr solltet euch schämen, ein solches Weglassen zu verlangen.« Dennoch war das fertige Buch zu einem Teil kommunistische Propaganda. Die ursprüngliche, ungekürzte Version, einschließlich all der Dinge, von denen der Staat nicht wollte, dass sie sie preisgibt, befindet sich in den Stasi-Archiven. Im Alter von vierundachtzig Jahren erhielt sie die Erlaubnis, nach Großbritannien zu reisen, um ihre Memoiren dort zu veröffentlichen. Einige Mitglieder des Parlaments verlangten ihre umgehende Festnahme, doch der Kronanwalt lehnte eine Strafverfolgung ab. Ein peinlicher Prozess war das Letzte, was der MI5 wollte.

Ursulas kommunistische Überzeugungen milderten sich, passten sich an und schwächten sich behutsam ab, aber sie lösten sich nie in Luft auf. Ihr Glaube wurde durch die Entdeckung der Wahrheit über Stalins Große Säuberung zutiefst erschüttert – aber: »Ich muß auch hinzufügen, daß ich nicht diese zwanzig Jahre im Gedanken an Stalin arbeitete.« Ihr Feind, so behauptete sie beharrlich, sei immer der Faschismus gewesen. »Aus diesem Grunde habe ich durchgehalten.« Dennoch war sie viel zu sehr Realistin, um so zu tun, als spiegele der Sowjetkommunismus wirklich die Ideale, die sie als Teenager verfochten hatte. Die Niederschlagung des ungarischen Aufstandes gegen Moskau im Jahr 1956, der Bau der Berliner Mauer 1961, vordergründig um die Faschisten aus Ostdeutschland fernzuhalten, in Wirklichkeit aber um die eigenen Bürger an der Flucht zu hindern, die Zerschlagung des Prager Frühlings 1968, als sowjetische Panzer in die Tschechoslowakei rollten, um die Anfänge der Reformbewegung zu vernichten: Ursula verfolgte diese Ereignisse mit wachsender Besorgnis. In den 1970er

Jahren war sie zu der Erkenntnis gelangt, dass, mit ihren Worten, »was wir für Sozialismus hielten, fatale Mängel aufwies«.

Im Rückblick auf ihr Leben räumt sie ein, naiv gewesen zu sein. In fortgeschrittenem Alter schrieb sie: »Was ich nicht mochte in unserem Land, war der von Jahr zu Jahr stärker werdende Dogmatismus innerhalb der Partei sowie die Übertreibung unserer Fortschritte und das Vertuschen von Fehlern. [...] Ich fühlte mehr und mehr Unehrlichkeit in den Berichten und Ansprachen, die von oben kamen und die Isolation des Politbüros vom Volk zeigten.« Sie musste »mit meiner Bitternis über die Parteiführung klarkommen, die mich dahinführte, wohin sie uns brachte«, und fragte sich, ob sie sich von dem zerfallenden ostdeutschen Regime hätte distanzieren sollen. Sie gab zu, dass sie sich »beugte unter etwas, von dem ich wußte, daß es falsch war«, und Nutzen gezogen hat aus den vom Staat gebotenen Möglichkeiten. »Ich bekämpfte die Mißstände, die mir bekannt waren, aber eben nur soweit, daß ich meine Parteizugehörigkeit behalten und weiter Bücher schreiben konnte.«

Doch selbst als der Kommunismus in den ausgehenden 1980er Jahren zerfiel, blieben ihre zentralen linken Werte unverändert. »Ich glaubte immer noch, daß ein besserer Sozialismus erreicht werden konnte [...]. Wir hofften, daß mit Glasnost und Perestroika, mit mehr Demokratie anstelle von Diktatur und absoluter Gewalt, mit realistischen ökonomischen Reformen die desillusionierten Massen zurückgewonnen werden könnten.«

Der Fall der Berliner Mauer 1989 war für sie Schock und Erleichterung zugleich. »Man kann ein Land nicht auf ewig durch eine Mauer teilen«, schrieb sie.

Als am 18. Oktober 1989 die alte Führungsriege der DDR hinweggefegt wurde, sprach die 82-jährige Ursula vor Zehntausenden bei einer Kundgebung im Berliner Lustgarten und sagte eine neue Ära des reformierten Kommunismus voraus. »Meine Rede handelt von dem Verlust des Vertrauens in die Partei«, sagte sie, unterbrochen von Beifallsstürmen. »[Ich] habe gesagt, wenn du in den Parteiapparat gehst, kriegst du entweder Magengeschwüre oder du brichst dir den Hals oder du verfällst dem Gift der Macht. Die drei Möglichkeiten hast du. Und ich muss euch sagen, heute sage ich es, nach den Veränderungen, die sich anbahnen, nach dem Wandel, der vor sich gegangen ist, geht in den Apparat, arbeitet mit, ändert die Zukunft, arbeitet als saubere Sozialisten! Ich hab Mut, ich hab Optimismus, weil ich weiß, daß das geschehen wird.« Es kam nicht so, und Ursula war zum ersten Mal in ihrem Leben desillusioniert. In einem letzten Interview wurde sie nach ihrer Meinung zur deutschen Wiedervereinigung und dem Zusammenbruch des Kommunismus gefragt. »Es ändert nichts an meiner eigenen Sichtweise, wie die Welt sein sollte«, sagte sie. »Aber es löst in mir eine gewisse Hoffnungslosigkeit aus, die ich vorher nie hatte.«

Ursula Kuczynski war keine Feministin. Sie hatte kein Interesse an der Rolle oder den Rechten der Frauen in der Welt. Wie andere unabhängig denkende Frauen ihrer Zeit, war sie in einen von Männern dominierten Beruf eingetreten und hatte sich darin hervorgetan, wobei sie jeden möglichen Vorteil nutzte, den ihr Geschlecht bot. Gewiss wurde sie dabei von einer Ideologie angetrieben, aber es handelte sich nicht um die Art des Kommunismus, wie er in den 1930er Jahren in den warmen Debattierzimmern in Cambridge von exzentrischen englischen Studenten bei einem Gläschen Sherry verhandelt wurde. Ihre Überzeugung entsprang schmerzlichen persönlichen Erfahrungen: Die grausamen Ungleichheiten der Weimarer Zeit, die Schrecken des Nationalsozialismus und einer Welt, die tote Babys auf den Straßen liegen ließ. Sie war ehrgeizig, romantisch, risikofreudig, hin und wieder egoistisch, großherzig und so hart, wie es nur jemand sein kann, der das Schlimmste in der Geschichte des zwanzigsten Jahrhunderts erlebt hat. Sie wurde nie verraten. Dutzende Menschen – in Deutschland, China, Polen, der Schweiz und dem Vereinigten Königreich – hatten reichlich Gelegenheit, Ursula zu entlarven und ihrem Leben und ihrer Spionagetätigkeit ein schnelles und unangenehmes Ende zu bereiten. Niemand, bis auf Ollo, hat es je getan oder versucht zu tun. Für eine eingefleischte Kommunistin war sie außergewöhnlich humorvoll, stilvoll und herzlich. Sie besaß die Gabe, Freundschaften zu knüpfen, die Fähigkeit, dauerhafte Loyalität zu wecken, und die Bereitschaft, Menschen zuzuhören und zu unterstützen, deren Ansichten sich radikal von ihren eigenen unterschieden. Als Revolutionärin war sie erstaunlich aufgeschlossen. Sie wusste, wie man liebt und wie man geliebt wird. Wie alle großen Überlebenskünstler hatte sie fantastisches Glück.

Ursula Kuczynski starb am 7. Juli 2000 um Alter von dreiundneunzig Jahren.

Ursula Kuczynski hatte ein langes Leben, wie es der Porzellanflicker vorhergesagt hatte. Sie war zum Zeitpunkt der Oktoberrevolution zehn Jahre alt und achtzig, als die Berliner Mauer fiel. Ihr Leben überspannte den ganzen Kommunismus von seinen turbulenten Anfängen bis zu seinem finalen Niedergang. Sie machte sich diese Ideologie mit der uneingeschränkten Inbrunst der Jugend zu eigen und sah sie aus der enttäuschten Perspektive des hohen Alters sterben. Sie verbrachte ihr Erwachsenenleben mit dem Kampf für etwas, das sie für richtig hielt, und starb in dem Wissen, dass vieles davon falsch war. Dennoch blickte sie mit Genugtuung zurück: Sie hatte den Nationalsozialismus bekämpft, von Herzen geliebt, Kinder aufgezogen, eine kleine Bibliothek guter Bücher geschrieben und der Sowjetunion geholfen, mit dem Westen in der Atomforschung Schritt zu halten und so einen fragilen Frieden zu sichern. Sie lebte mehrere komplette Leben in einem einzigen, sehr langen Leben, war eine Frau mit mehreren Namen, zahlreichen Rollen und vielen Verkleidungen.

Aber selbst im hohen Alter erinnerte ihr Unterbewusstsein sie daran, dass sie noch war, was sie immer gewesen war, eine Spionin. »Plagt mich ein Alpdruck im Schlaf, so ist mir der Feind auf den Fersen, und so bleibt keine Zeit mehr, eine Nachricht zu vernichten.«

Nachwort: Die Leben der anderen

KLAUS FUCHS wurde nach neun Jahren Haft entlassen und flog direkt nach Ostdeutschland. Grete Keilson, eine kommunistische Parteifunktionärin und alte Bekannte, begrüßte ihn am Flughafen; sie heirateten drei Monate später. Fuchs wurde in der DDR gefeiert, erhielt den Vaterländischen Verdienstorden, den Karl-Marx-Orden und den Nationalpreis. Er vermisste das Leben im Westen, drückte aber nie Bedauern aus. Er starb 1988. Der ostdeutsche oberste Spion und Leiter des Auslandsnachrichtendienstes der DDR, Markus Wolf, schrieb, Fuchs habe »den größten Beitrag zur Fähigkeit Moskaus, eine Atombombe zu bauen, geleistet [und] das Machtgleichgewicht in der Welt verändert, indem er das Nuklearmonopol Amerikas brach«. HARRY GOLD, Fuchs' KGB-Agentenführer in den USA, wurde zu dreißig Jahren Gefängnis verurteilt. Er wurde nach Verbüßung der Hälfte seiner Strafe entlassen und verbrachte den Rest seines Lebens als klinischer Chemiker in der Pathologie des John F. Kennedy Hospital in Philadelphia.

JIM SKARDON schaffte es auch später nicht, eine ganze Reihe von Spionen zu fangen. Es verblüffte ihn, dass er »bis zu seiner Pensionierung im Jahr 1961 nie befördert worden war«. Zwei Jahre später flüchtete KIM PHILBY nach Moskau und schrieb später seine Memoiren, in denen er sich über Skardons »gnadenlos höfliche« – gemeint war »völlig untaugliche« – Verhörmethoden lustig machte. MILICENT BAGOT blieb eine Säule des MI5 und verunsicherte ihre männlichen Kollegen durch die Kraft ihrer Persönlichkeit und ein profundes Wissen über kommunistische Subversion. Sie verfasste einen detaillierten Bericht über die internationalen Machenschaften der Komintern und gehörte zu den Ersten, die Zweifel an Philbys Loyalität äußerten. Noch weit nach Bagots Pensionierung im Jahr 1967 erbat der MI5 ihre Hilfe bei der Aufspürung kommunistischer Spione. Sie verpasste keine einzige Chorprobe und starb 2006. ROGER HOLLIS wurde 1956 Director General des MI5 und blieb in diesem Amt bis zu seiner Pensionierung im Jahr 1965. Die Untersuchung, ob er ein Maulwurf der GRU war oder nicht, war zum Zeitpunkt seines Todes 1973 noch nicht abgeschlossen, und die Theorie, dass er ein Verräter war, hält sich hartnäckig. Triftigen Grund, daran zu zweifeln, gibt Wladimir Putin. Der russische Präsident und ehemalige KGB-Oberst ist stolz auf die Spionagegeschichte seines Landes. Wäre Hollis von 1932 bis 1965 ein sowjetischer Topspion gewesen, würden die Akten der GRU eine Fülle von entsprechenden Beweisen enthalten. Keiner davon ist je ans Licht gekommen, obwohl »autorisierte« russische Historiker gelegentlich Zugang zu diesen Archiven erhalten haben. Der Beweis, dass Russland einen britischen Verräter innerhalb des MI5 hatte, der nie gefasst wurde, wäre ein Publicity-Coup von immensem Wert für Moskau. Das ist also der Haupteinwand gegen die Theorie, dass Hollis Ursula beschützt hat: *Wenn* der Chef des MI5 ein sowjetischer Supermaulwurf gewesen wäre, hätte Putin niemals widerstehen können, sich damit zu brüsten.

Drei Monate nachdem Ursula Großbritannien verlassen hatte, starb AGNES SMEDLEY in Oxford nach der Operation eines Magengeschwürs. Die dänische Journalistin und Schriftstellerin Karin Michaëlis beschrieb sie als einen »einsamen Vogel mit einer enormen Flügelspannweite, ein Vogel, der nie ein Nest bauen wird, [der] alles aufgab, Ruhm, persönliches Glück, Komfort, Sicherheit, nur für eines: völlige Hingabe für eine große Sache«. Ihre Asche wurde 1951 auf dem Babaoshan-Friedhof der Revolutionshelden in Peking beigesetzt. Das ganze Ausmaß von Smedleys Spionagetätigkeit wurde erst nach 2005 bekannt.

Die Leiche von RICHARD SORGE wurde nach dem Krieg auf Veranlassung seiner japanischen Geliebten Hanako Ishii exhumiert, eingeäschert und auf dem Friedhof Tama westlich von Tokio beigesetzt. Die Rehabilitation durch Moskau erfolgte erst 1964, man ernannte ihn zum Helden der Sowjetunion, und Propagandisten des KGB betrieben einen regelrechten Kult um ihn. 2016 wurde eine Moskauer Bahnstation nach ihm benannt. Sorges engster chinesischer Mitarbeiter CHEN HANSHENG gilt in China als Pionier der Sozialwissenschaften. Seine Forschung untermauerte Maos Theorien über die Stärke der »bäuerlichen Massen«, er geriet jedoch in Konflikt mit dem kommunistischen Regime und wurde beschuldigt, Spion der Nationalisten zu sein. Weil ihm während der Kulturrevolution die Behandlung seines grünen Stars verweigert wurde, verlor er sein Augenlicht. Chen starb 2004 im Alter von 107 Jahren. Die Schriftstellerin DING LING, Ursulas Freundin in Shanghai, schrieb an die 300 Bücher und erlebte die ganze Bandbreite der Verfolgung im chinesischen Kommunismus: zunächst Zustimmung seitens Mao, dann Verurteilung wegen Kritik am männlichen Chauvinismus der Partei, erzwungene öffentliche Selbstbekenntnisse, Zensur, fünf Jahre Gefängnis während der Kulturrevolution, weitere zwölf Jahre Zwangsarbeit und schließlich 1978 die Rehabilitation. PATRICK T. GIVENS, der stets gutgelaunte Shanghaier Spionejäger, verließ 1936 die städtische Polizei und zog sich in das dreißig Jahre alte Bansha Castle in Tipperary zurück. HADSCHI MAMSUROW, Ursulas Chef in der GRU, überlebte die Säuberungen, die tödlichen internen Machtkämpfe innerhalb des sowjetischen Geheimdienstes und den Krieg; er gründete die »Spetsnas«, die Spezialeinheiten des Militärnachrichtendienstes, befreite zwei Konzentrationslager und setzte sich im Rang eines Generals in seiner Heimat Ossetien zur Ruhe. Die unerschrockene amerikanische Journalistin EMILY HAHN schrieb bis weit in ihre achtziger Jahre hinein für *The New Yorker*.

ALEXANDER FOOTE veröffentlichte seine Memoiren *Handbuch für Spione*, in denen er Ursula als »Maria Schultz« tarnte. Der MI5 war an der Veröffentlichung beteiligt und wertete das Buch als »erfolgreiche Übung in antisowjetischer Propaganda«. Seitdem ist die unbegründete Theorie aufgekommen, dass Foote ein Doppelagent war, der die ganze Zeit auch für den MI6 gearbeitet habe. Er fand eine Anstellung im Ministerium für Landwirtschaft, Fischerei und Nahrungsmittel (MAFF) und freundete sich mit dem Schriftsteller und Rundfunksprecher Malcolm Muggeridge an. In einem der eher seltenen Augenblicke von Tiefstapelei beschrieb Foote seine Büroarbeit als »ausgesprochen langweilig« verglichen mit dem Leben als Spion. Er starb im Jahr 1956. SÁNDOR RADÓ wurde im November 1954 nach Stalins Tod und der Verbüßung einer Haftstrafe aus einem sowjetischen Gefängnis entlassen und kehrte nach Ungarn zurück. Zwei Jahre später wurde er offiziell rehabilitiert und zum Leiter des ungarischen kartografischen Dienstes und anschließend zum Professor für Kartografie an der Budapester Karl-Marx-Universität für Wirtschaftswissenschaften ernannt. 1958 wurde MELITA NORWOOD in aller Stille mit dem sowjetischen Orden des Roten Banners der Arbeit ausgezeichnet, dem zivilen Gegenstück zu Ursulas militärischem Rotbannerorden. Sie wurde 1965 vom MI5 als Sicherheitsrisiko eingestuft, aber erst 1999 öffentlich enttarnt, als der KGB-Mitarbeiter Wassili Mitrochin mit sechs Koffern voller Unterlagen, dem sogenannten Mitrochin-Archiv, überlief: Darin wurde Agentin Hola als »engagierte, zuverlässige und disziplinierte Agentin beschrieben, [die] eine sehr große Anzahl von Dokumenten wissenschaftlicher und technischer Art übergab«. Nach Bekanntwerden der Geschichte wurde sie von der Presse vor ihrem Haus in einem Vorort beladen mit Einkäufen fotografiert, was ihr die einprägsame Titulierung »Die Spionin, die aus dem Supermarkt kam« einhandelte. Mit ihren siebenundachtzig Jahren war sie zu alt, um noch vor Gericht gestellt zu werden. Kurz nach ihrer Enttarnung erhielt Norwood ein signiertes Exemplar von Ursulas Autobiografie zusammen mit einer handschriftlichen Nachricht ihrer ehemaligen Agentenführerin: »Für Letty, Sonja grüßt dich!«

Nach dem Krieg setzte JOE GOULD seine Karriere in der Filmindustrie fort und wurde Werbemanager zuerst bei der United Artists Corporation und anschließend bei Paramount, wo er für die Werbung für den Hitchcock-Film *Psycho* verantwortlich zeichnete. Zuletzt war er als Leiter der Öffentlichkeitsarbeit des Center for Defense Information in Washington, DC, tätig. Im Jahr 2009 wurde er posthum mit dem Bronze Star für seine Arbeit während des Krieges ausgezeichnet.

Die Überlebenden der Tool-Missionen ließen sich nach dem Krieg in Ostdeutschland nieder. ERICH HENSCHKE wurde zuerst Redakteur der *Berliner Zeitung*, dann Stadtrat von Berlin und schließlich Korrespondent des staatlichen Fernsehens der DDR. PAUL LINDNER wurde zum Chefredakteur von Radio Berlin International ernannt. TONI RUH wurde zuerst Leiter der Zollverwaltung der DDR und dann Botschafter in Rumänien, wo er sich 1964 aus unbekannten Gründen das Leben nahm. Lindner starb fünf Jahre später eines natürlichen Todes. Den Spionen der Operation Hammer wurden 2006 im Rahmen einer Zeremonie wegen »Tapferkeit in Übereinstimmung mit den höchsten Traditionen des Militärdienstes« der Silver Star verliehen. Lindner und Ruh waren die ersten deutschen Staatsangehörigen und die einzigen sowjetischen Spione, die mit amerikanischen Orden für Tapferkeit während des Krieges ausgezeichnet wurden.

Im Oktober 1950 tauchte OLGA MUTH in der britischen Botschaft in Westberlin auf und bot an, über Ursula Beurton auszupacken. Das ehemalige Kindermädchen erzählte dem MI6, dass sie seit 1911 für die Kuczynskis gearbeitet habe. »Als Ursula ungefähr zwanzig war, fing sie an, den Gruß ›Heil Moskau!‹ zu benutzen«, sagte Ollo, als sie mit ihrer einstudierten Denunziation begann. Dann beschrieb Muth Ursulas Spionagetätigkeit in Polen und der Schweiz, ihre Funkausrüstung und die geheimen Treffen im Maulwurfshügel. Sie erzählte, wie ihre Arbeitgeberin ihr befohlen hatte, »die Augen vor diesen Aktivitäten zu verschließen und alles zu vergessen, was passierte«. Triumphierend zog Ollo Resümee: »Ursula war nichts mehr und nichts weniger als eine russische Spionin.« Nichts davon war neu für den MI6, und Ursula war in Ostberlin ohnehin unerreichbar. Der britische Geheimdienst vermutete, Ollos plötzliches Auftauchen sei ohnehin ein von Mrs. Beurton selbst inszenierter Plan: »Es ist nicht auszuschließen, dass Ursula sie zu uns geschickt hat, um unser aktuelles Interesse an der Familie herauszufinden.« Olga Muth wurde höflich aus dem Gebäude geführt. Wieder einmal hatte es die britische Bürokratie abgelehnt, Ollos Verdikt anzuhören: das erste Mal in der Schweiz, weil es völlig unverständlich war, und das zweite Mal, weil man vermutete, sie könnte Ursulas Spionin sein.

Die vier jüngeren Kuczynski-Schwestern, BRIGITTE, BARBARA, SABINE und RENATE, blieben in Großbritannien, wo sie zunächst vom MI5 genau beobachtet, dann geduldet und schließlich vom Security Service vergessen wurden. JÜRGEN KUCZYNSKI gab die britische Staatsbürgerschaft auf und ließ sich dauerhaft in Ostdeutschland nieder. Er wurde zum Professor an der Humboldt-Universität ernannt, gründete das Institut für Wirtschaftsgeschichte, saß im ostdeutschen Parlament und leitete die Gesellschaft zum Studium der Kultur der Sowjetunion (1947-1950; ab 1949 Gesellschaft für Deutsch-Sowjetische Freundschaft), deren Mitglieder er unterwies: »Wer den menschlichen Fortschritt, wie er sich in der Sowjetunion offenbart, hasst und verachtet, ist selbst abscheulich und verachtenswert.« Er war ein unverbesserlicher Stalinist, der in seinen 1973 erschienenen Memoiren den Stalinismus kritisierte und dafür von der Partei gerügt wurde; er bezeichnete sich selbst als »wahren Dissidenten der Parteilinie«. Jürgen galt bei den Parteifunktionären als unberechenbar und wurde sogar kurzzeitig verdächtigt, ein »imperialistischer Agent« zu sein, doch er blühte im neuen kommunistischen Staat auf. 1971 wurde er von Erich Honecker zum Berater für außenwirtschaftliche Angelegenheiten ernannt. Und er schrieb zwanghaft weiter und kam auf insgesamt über 4000 Titel, darunter seine monumentale, vierzigbändige *Geschichte der Lage der Arbeiter unter dem Kapitalismus*. Er selbst schätzte sein Werk auf »etwa 100 Bücher«, was beweist, dass seine Rechenkünste nicht mit seiner Belesenheit mithalten konnten. Die enorme Kuczynski-Bibliothek, 70 000 Bände gesammelt von drei Generationen, nimmt heute 100 Regalmeter in der Berliner Zentralbibliothek ein.

Jürgen starb 1997 im Alter von zweiundneunzig Jahren.

Jürgen und Ursula zankten, konkurrierten, grollten und liebten sich bis ans Ende ihrer Tage. Nach einem besonders hitzigen Streit, dessen Anlass nicht überliefert ist, schrieb er: »Glaubst Du wirklich, Du könntest unser Verhältnis [...] irgendwie ernstlich ändern! Daß es irgendwie dadurch beeinflußt wird [...], dass ich in einer Welt, die täglich so viel kleinen und größeren Dreck um sich wirft, mein Verhältnis zu Dir, das fester Bestandteil meines Lebens ist, [...] wegdiskutieren, wegpsychologisieren etc. lasse?! [...] In dieser Beziehung kannst Du nichts mehr ändern, dazu ist die Vergangenheit zu stark.«

Eine Anmerkung zu den Quellen

Ursula Kuczynski hat ausführlich über ihr Leben geschrieben, sowohl in Romanen als auch in Sachbüchern. Ihre Memoiren, *Sonjas Rapport*, wurden 1977 auf Deutsch, 1991 in englischer Sprache (*Sonya's Report*) und 2006 in einer umfangreicheren Ausgabe auf Deutsch veröffentlicht. Das ungekürzte Originalmanuskript mit allen Kürzungen und Kommentaren des Stasi-Zensors (und ihrer bissigen handschriftlichen Antworten) befindet sich im Stasi-Archiv in Berlin. Darüber hinaus schrieb sie als Ruth Werner dreizehn belletristische Werke (vgl. die Bibliografie zu einer Auswahl), von denen drei im Wesentlichen autobiografisch sind: *Ein ungewöhnliches Mädchen*, *Der Gong des Porzellanhändlers* und *Muhme Mehle* (ein Spitzname für Olga Muth). Außerdem schrieb sie Hunderte von Briefen (in umfangreichen Auszügen in Panitz, *Geheimtreff Banbury*) und ein Kindertagebuch. Ich danke ihren Söhnen, Peter Beurton und dem verstorbenen Michael Hamburger, für die Erlaubnis, diese zu übersetzen und daraus zu zitieren. Rudolf Hamburgers Memoiren *Zehn Jahre Lager* wurden 2013, mehr als drei Jahrzehnte nach seinem Tod, mit einer Einführung von Michael Hamburger veröffentlicht. Zusätzliches Material stammt aus Janina Blankenfelds Buch *Die Tochter bin ich*, aus Peter Beurtons unveröffentlichten Erinnerungen, aus Michael Hamburgers unvollendeten Memoiren, aus Interviews mit Ursulas Söhnen und weiteren Familienmitgliedern sowie aus verschiedenen Radio- und Fernsehinterviews, die sie in ihrem späteren Leben gab.

Die MI5-Akten über die Familie Kuczynski im Britischen Nationalarchiv (The National Archives, TNA) sind: Ursula und Len Beurton: KV 6/41-45; Jürgen und Marguerite: KV 2/1871-1880 und HO 405/30996; Robert: HO 396/50/28; Berta: HO 396/50/25; Renate: KV 2/2889-2893 und HO 396/50/27; Barbara:

KV2/2936-2937; Bridget: KV 2/1569; Sabine: KV 2/2931-2933; Rudolf Hamburger: KV 2/1610.

Ursulas Akten sind im Deutschen Bundesarchiv (Nachlass Ruth Werner) unter NY 4502 abgelegt. Die Akten Kuczynski/Werner im Stasi-Archiv (Der Bundesbeauftragte für die Unterlagen des Staatssicherheitsdienstes der ehemaligen Deutschen Demokratischen Republik; seit 17. Juni 2021 aufgelöst und in das Bundesarchiv überführt) sind zu finden unter Bfs HA IX/11 FV 98/66 (insgesamt 18000 Seiten, bestehend aus etwa neunzig Einzelakten).

Eine Auswahl wichtiger Zitate wird im Folgenden angeführt, zusammen mit einem Hinweis auf die wichtigsten Quellen für jedes Kapitel.

1. Steppenpferd

S. 14: »ALLES SCHIMMERT BRAUN UND GOLD« – Ruth Werner, *Ein ungewöhnliches Mädchen.* Die anderen wichtigen Quellen zu Ursulas frühem Leben sind: Werner, *Sonjas Rapport*; Briefe und Tagebucheinträge: Eberhard Panitz, *Geheimtreff Banbury* sowie die Erinnerungen von Peter Beurton und dem verstorbenen Michael Hamburger.

S. 32: »KUCZYNSKI BILDET IMMER« – John Green, *A Political Family.*

S. 32: »ICH HABE KEIN LAND« – Agnes Smedley, *Eine Frau allein.*

S. 32: »DIE MUTTER DER RADIKALEN FRAUENLITERATUR« – Ruth Price, *The Lives of Agnes Smedley.*

S. 32: »SAGT MIKE GOLD« – Carlos Baker, *Ernest Hemingway.*

2. Die Hure des Orients

S. 37: »EINE ZIEHHARMONIKA ERKLANG« – Werner, *Sonjas Rapport.*

S. 40: »IN DER ALLES MÖGLICH WAR« – J.G. Ballard, *Miracles of Life.*

S. 42: »SIE VERBRACHTE DIE NACHMITTAGE« – Emily Hahn, *China to Me.*

S. 44: »MEISTERWERK DES ART DÉCO« – Austin Williams, *The Architectural Review*, 22.10.2018.

Rudolf Hamburgers frühes Leben und seine Architektur werden beschrieben in Eduard Kögel, *Zwei Poelzigschüler;* vgl. auch Rudolf Hamburger, *Zehn Jahre Lager.*

Die Beschreibungen von Ursulas Leben in Shanghai stammen aus Werner, *Ein ungewöhnliches Mädchen* und *Sonjas Rapport*, Briefe zitiert in: Panitz, *Geheimtreff Banbury*.

Die wichtigsten Quellen über das Leben von Agnes Smedley sind Price, *The Lives of Agnes Smedley* und J.R. und S.R. MacKinnon, *Agnes Smedley. The Life and Times of an American Radical*. Smedleys MI5-Akten haben die Aktennummer TNA KV 2/2207-2208; das Agnes-Smedley-Archiv, das sechsundvierzig Kisten mit Material umfasst, befindet sich im Besitz der Arizona State University: http://www.azarchivesonline.org.

3. Agent Ramsay

Das Leben von Richard Sorge beschreiben Owen Matthews, *An Impeccable Spy*; Robert Whymant, *Stalin's Spy* und Charles Willoughby, *Shanghai Conspiracy*.

S. 64: »REINIGTE DIE PARTEI VON SPIONEN« – »The Man from Moscow«, *Time Magazine*, 17.2.1947.

S. 67: »ICH ERKENNE, WIE MORSCH UND KORRUPT« – Werner, *Ein ungewöhnliches Mädchen*.

S. 68: »SCHLECHT GING, SIE VIEL TRANK« – Tani E. Barlow, *I Myself am a Woman*.

S. 70: »TIGERBANK« – Frederic Wakeman, *Policing Shanghai*. Zu Tom Givens vgl. auch Hergé, *Der blaue Lotus*.

Über das Shanghai der 1920er Jahre schreiben Harriet Sergeant, *Shanghai* und Edgar Snow, *Random Notes on Red China*.

4. Wenn Sonja tanzt

S. 76: »DER WEIßE TERROR IST GRAUSAM« – zitiert nach Price, *The Lives of Agnes Smedley*.

Beschreibungen von Sorges Spionagenetzwerk in Werner, *Sonjas Rapport*, Matthews, *An Impeccable Spy*, Whymant, *Stalin's Spy*.

S. 81: »REKRUTIERUNGSPOSTEN FÜR DAS VIERTE DIREKTORAT« – Willoughby, *Shanghai Conspiracy*.

S. 84: »MEINE PRINZ, BITTE« – zitiert nach Wakeman, *Policing Shanghai*.

S. 84: »WENN DIE SONJA RUSSISCH TANZT« – vgl. Stasiakte: NY/4502/sig 14393.

S. 86: »ALS AGNES DIE AFFÄRE« – Matthews, *An Impeccable Spy*.

Den Fall Noulens beschreiben Wakeman, *Policing Shanghai*, und Frederick S. Litten, ›The Noulens Affair‹; Noulens' MI5-Akte hat die Nummer TNA KV 2/2562.

S. 91: »IN DER GESCHICHTE KEINE PARALLELE« – Harold Isaacs, zitiert in Wakeman, *Policing Shanghai.*

5. Die Spione, die sie liebten

S. 96: »EINER DER GÄSTE IM HAUS« – Matthews, *An Impeccable Spy.*

Die Quellen zur Hollis-Affäre lassen sich in zwei Lager einteilen. Seine bekanntesten Ankläger sind Peter Wright, *Spycatcher*, Chapman Pincher, *Treachery, Betrayals, Blunders and Coverups* und Paul Monk, vgl. https://quadrant.org.au/magazine/2010/04/christopher-andrew-and-the-strange-case-of-roger-hollis/. Zu seinen Verteidigern gehören Christopher Andrew, *Defence of the Realm* und der MI5, https://www.mi5.gov.uk/sir-roger-hollis.

Das Thema wird ausführlich erforscht von Antony Percy unter www.coldspur.com. Vgl. auch William A. Tyrer, »The Unresolved Mystery of ELLI«.

S. 107: »WIR HABEN JETZT SEHNSUCHT« – zu diesem und anderen Schreiben vgl. Panitz, *Geheimtreff Banbury.*

S. 108: »NIEMAND ES WAGEN WÜRDE« – Erklärung des Lenkungsausschusses des Centralvereins deutscher Staatsbürger jüdischen Glaubens.

S. 109: »FAST BLINDE LOYALITÄT« – vgl. Green, *A Political Family.*

6. Sperling

S. 111: »BESONDERE KALTBLÜTIGKEIT« – vgl. Alexander Foote, *Handbuch für Spione.*

Zu Ursulas Erfahrungen in Moskau vgl. Werner, *Ein ungewöhnliches Mädchen* und *Sonjas Rapport.*

S. 118: »NACH SORGSAMER ÜBERPRÜFUNG« – zitiert in Price, *The Lives of Agnes Smedley.*

S. 123: »MAN WOLLE MICH BALD HINAUSSCHICKEN« – die Zeit in Mukden wird beschrieben in Werner, *Der Gong des Porzellanhändlers.*

Die Karrieren sowjetischer Geheimdienstoffiziere, darunter Tumanyan, Patra und Mamsurow, werden im Detail beschrieben in Viktor Bochkarev, Aleksandr Kolpakidi, *Superfrau iz GRU.* Die Quelle ist teilweise unzuverlässig, profitiert aber vom Zugang zu den GRU-Akten.

7. An Bord der Conte Verde

Die Reise an Bord der SS Conte Verde wird beschrieben in Werner, *Der Gong des Porzellanhändlers* und *Sonjas Rapport*, die Briefe werden zitiert in Panitz, *Geheimtreff Banbury* sowie in einem unvollendeten Manuskript von Michael Hamburger und in MI5-Akten aus der abgefangenen Korrespondenz.

8. Unsere Frau in der Mandschurei

Ursulas nachrichtendienstliche Tätigkeit in Mukden und ihre Beziehung zu Patra werden beschrieben in Werner, *Der Gong des Porzellanhändlers.*

9. Ein Vagabundenleben

S. 158: »IM LETZTEN MONAT FANDEN« – diese und weitere Schreiben zitiert in Panitz, *Geheimtreff Banbury*; »Hans von Schlewitz«, »Shushin«, »Wang« und »Chu« (Werner, *Der Gong des Porzellanhändlers*) sind vermutlich Pseudonyme.

S. 159: »ICH KANN NICHT MEHR« – zum Leben und Tod von Elisabeth Naef vgl. Price, *The Lives of Agnes Smedley* und Veronika Fuechtner, Douglas E. Haynes, Ryan M. Jones, *A Global History of Sexual Science.*

S. 164: »LETZTEN VIKTORIANISCHEN KOMMUNISTEN« – vgl. Green, *A Political Family.*

10. Von Peking nach Polen

Zu Leben und Werdegang von Rudolf Hamburger vgl. MI5-Akte: TNA KV 2/1610 und Hamburgers Stasi-Akte MfS HA IX/II. FV 98/66. Vgl. ebenfalls Kögel, *Zwei Poelzigschüler* und Hamburger, *Zehn Jahre Lager.*

Der Werdegang von Nikola Zidarov wird beschrieben in Bochkarev, Kolpakidi, *Superfrau iz GRU.*

Das Hoffman-Netzwerk wird beschrieben in Werner, *Sonjas Rapport.*

11. Wem die Stunde schlägt

S. 189: »WER WIRD SICH SCHON IN ZEHN, ZWANZIG JAHREN« – zu Stalins Säuberungen vgl. Robert Conquest, *The Great Terror* und Hiroaki Kuromiya, *The Voices of the Dead.*

S. 190: »DAS GANZE VIERTE DIREKTORAT« – vgl. Matthews, *An Impeccable Spy.*

S. 196: »ERIKI NOKI« – Franz Obermanns' MI5-Akte: TNA KV 6/48.

S. 199: »ICH NEHME ZUR KENNTNIS« – vgl. Ursula Kuczynskis MI5-Akte: TNA KV 6/41-45.

S. 202: »RASTLOSER VERKAUFSLEITER« – vgl. Foote, *Handbuch für Spione* und Footes MI5-Akten: TNA KV 2/1611-1616.

12. Der Maulwurfshügel

S. 205: »VOR UNS SENKTEN SICH DIE WIESEN« – zum GRU-Netzwerk in der Schweiz vgl. Werner, *Sonjas Rapport* und Foote, *Handbuch für Spione.*

S. 207: »DER BRITISCHE PREMIERMINISTER« – http://news.bbc.co.uk/onthisday/hi/dates/stories/september/30/newsid_3115000/3115476.stm.

S. 207: »VERPRÜGELN MÜẞTE MAN DEN VERBRECHER« – Das Leben von Olga Muth wird beschrieben in Werner, *Der Gong des Porzellanhändlers.*

S. 207: »KEIN AUSLÄNDISCHER PROPAGANDIST« – *The Times*, 11.11.1938.

S. 211: »ES IST MÖGLICH, DASS F[OOTE]« – Footes MI6-Akte: TNA KV 2/1611-1616.

S. 211ff.: »LILLIAN JAKOBI« und »FRAU FÜSSLI« (Werner, *Gong des Porzellanhändlers*) sind vermutlich Pseudonyme.

S. 214: »EIER UND MAYONNAISE« – zur Osteria Bavaria vgl. TNA KV 2/1611-1616, Anmerkungen in der Stasi-Akte Bfs HA IX/11 FV 98/66 Bd. 19, Foote, *Handbuch für Spione* und die Mitford Society: https://themitfordsociety.wordpress.com/tag/osteria-bavaria/.

S. 218: »ICH WAR FÜNFUNDZWANZIG« – unveröffentlichter Bericht von Len Beurton, mit freundlicher Genehmigung von Peter Beurton; vgl. auch Beurtons MI5-Akte: TNA KV 6/41-45. Zu Beurtons Militärdienst in Spanien vgl. Richard Baxell, *British Volunteers in the Spanish Civil War and Unlikely Warriors.*

13. Eine zweckdienliche Ehe

Zum Molotow-Ribbentrop-Pakt vgl. Roger Moorhouse, *The Devils' Alliance.*

S. 241: »STIL, ELEGANZ, ZURÜCKHALTUNG« – Len Beurton, unveröffentlichte Rede, mit freundlicher Genehmigung von Peter Beurton, Privatarchiv.

S. 243: »SCHWARZSEHEREI VERBREITE« – Akte des Innenministeriums in TNA HO 396/50/28.

S. 243: »JEDER, AUCH DER RICHTER, WEIẞ« – der Kampf um die Internierung Jürgen Kuczynskis wird beschrieben in Green, *A Political Family* und Kuczynskis MI5-Akte: TNA KV2/1871-1880.

S. 245: »KOMME, WAS WOLLE« – zitiert nach Christian Leitz, *Nazi Germany and Neutral Europe.*

S. 245: »EIN MISSRATENER ZWEIG« – zitiert nach Bormann, *Hitler's Table Talk.*

14. Die Kindesentführerin

S. 247: »ES WAR GENAU WIE IM FILM« – Hahn, *China to Me.*

S. 248: »EINER DER WENIGEN ORTE« – vgl. Kögel, *Zwei Poelzigschüler* und Hamburger, *Zehn Jahre Lager.*

Zur *Roten Drei* vgl.: V.E. Tarrant, *The Red Orchestra*; Anthony Read, David Fisher, *Operation Lucy*; Anne Nelson, *Red Orchestra.* Vgl. auch Hamels MI5-Akte: TNA KV 2/1615.

S. 252: »UNTERSETZT, NEIGTE ZUR FÜLLE« – Werner, *Sonjas Rapport*; Sándor Radós MI5-Akte: TNA KV 2/1647-1649.

S. 252: »EINE HOCHGEWACHSENE, SCHLANKE FRAU« – Sándor Radó, *Dora meldet ...*

S. 255: »SAGT JEMAND ETWAS FREUNDLICHES« – Werner, *Der Gong des Porzellanhändlers.*

S. 259: »ABER WIE ES DAS SCHICKSAL WOLLTE« – Foote, *Handbuch für Spione.*

15. Die glückliche Zeit

S. 268: »WAKE ARMS. EPPING 1 & 15« – vgl. TNA KV 6/43. Zur Verfolgung der Beurtons durch den MI5 vgl. TNA KV 6/41-45.

S. 272: »H'S BRUDER ALS SPÄHER« – Hamburger, *Zehn Jahre Lager.*

S. 273: »SIE TAUMELTE WIE EIN STRAUCHELNDES PFERD« – Glyn Prysor, *Citizen Sailors.*

16. Barbarossa

S. 277: »SIE PACKEN DAS ABENDBROT AUS« – Werner, *Sonjas Rapport.*

S. 279: »JÜRGEN WAR VERÄRGERT ÜBER SONJAS RÜCKKEHR« – Foote, *Handbuch für Spione.*

S. 280: »EINEN HART AUSSEHENDEN MANN« – Jonathan W. Haslam, *Near and Distant Neighbours.*

S. 281: »WIR MÜSSEN NUR DIE TÜR AUFTRETEN« – zitiert nach Von Hardesty, Ilya Grinberg, *Red Phoenix Rising.*

S. 284: »OHNE ZÖGERN EMPFEHLE ICH JÜRGEN KUCZYNSKI« – für diese und andere von Venona entschlüsselte Nachrichten an und von der Beobachtungsstelle vgl. Alexander Vassiliev, *Yellow Notebooks*: https://digitalarchive.wilsoncenter.org/collection/Vassiliev-Notebooks. Vgl. auch John Earl Haynes et al., *Spies*; Nigel West, *Venona.*

S. 287: »TATENLOS, SEINE FRAU VERMISSEND« – Paddy Ashdown, *Nein!.*

17. Weg in die Hölle

Die ausführlichste und aktuellste Analyse des Falles Fuchs findet sich in Frank Close, *Trinity.* Weitere biografische Abhandlungen sind: Robert Chadwell Williams, *Klaus Fuchs*; Mike Rossiter, *The Spy Who Changed the World*; Norman Moss, *Klaus Fuchs*; Alan Moorehead, *Verratenes Atomgeheimnis*; H. Montgomery Hyde, *The Atom Bomb Spies.* Fuchs' MI5-Akte: TNA KV 2/1245-1270.

Frisch-Peierls Vermerk: http://www.atomicarchive.com/resources/biographies/frisch.html.

S. 297: »NATÜRLICH KAM KLAUS ZU MIR« – Jürgen Kuczynski, *Memoiren.*

S. 299: »DIE MENSCHHEIT AUF DEN WEG IN DIE HÖLLE« – zitiert nach Close, *Trinity.*

Das Leben und die Karriere von Melita Norwood sind beschrieben in David Burke, *The Spy Who Came in from the Co-op.*

S. 303: »SIE ENTFERNTE AKTEN« – https://www.thetimes.co.uk/article/melita-norwood-x2lrfkj7vm5.

S. 303: »UNSEREN ILLEGALEN RESIDENTEN« – Vassiliev, *Yellow Notebooks.*

Zu den Ermittlungen gegen Len Beurton und seiner Vernehmung vgl. TNA KV 6/41-45.

18. Atomspione

S. 309: »ES WAR ANGENEHM« – Werner, *Sonjas Rapport.*

S. 309: »SEINE GEFÜHLE SPRECHEN« – Nachruf auf Ruth Werner, *The Economist*, 13.07.2000.

S. 312: »ERHIELT MOSKAU ÜBER EIN JAHR LANG« – Close, *Trinity.*

S. 314: »ZUALLERERST LIEGT DIE VORNEHME PFLICHT« – https://link.springer.com/chapter/10.10%2F9780230598416_2.

S. 316: »UMFANGREICHE PAKETE RUSSISCHEN FUNKVERKEHRS« – Pincher, *Treachery.*

S. 317: »MEINE VERGANGENHEIT ALS MITGLIED« – Len Beurton, unveröffentlichte Rede, mit freundlicher Genehmigung von Peter Beurton, Privatarchiv. Hans Kahles MI5-Akte: TNA KV 2/1561-1566.

S. 319: »MITHILFE VON NACHSCHLÜSSELN« – Bochkarev, Kolpakidi, *Superfrau iz GRU.*

S. 320: »MEINE AUFGABE« – Hamburger, *Zehn Jahre Lager.*

S. 321: »ER SEI RUSSE« – Rudolf Hamburgers MI5-Akte: TNA KV 2/1610.

19. Milicent vom MI5

S. 329: »SIE HATTE EINEN KLEINEN STICH« – Wright, *Spycatcher.*

S. 330: »EINE VAGE AUFSICHTSFUNKTION« – zitiert nach Michael Smith, *The Secret Agent's Bedside Reader.*

S. 331: »UNS LIEGEN UMFANGREICHE ERKENNTNISSE« – Jürgen Kuczynskis MI5-Akte: TNA KV 2/1871-1880.

S. 331: »KONNTE EINE RATTE AUF ZWANZIG SCHRITT« – Close, *Trinity.*

S. 331: »WANN IMMER ES IHM AM BESTEN PASSTE« – Len Beurtons MI5-Akte: TNA KV 6/41-45.

S. 334: »MISS BAGOT SCHEINT UNVERZÜGLICH« – Close, *Trinity.*

S. 335: »BAGOT WAR BEREITS 1940« – Paul Monk: https://quadrant.org.au/magazine/2010/04/christopher-andrew-and-the-strange-case-of-roger-hollis/.

S. 336: »AM 4. SEPTEMBER ÜBERMITTELTE« – zur Debatte über das Abkommen von Quebec vgl. Monk, ebd.; Pincher, *Treachery*; Vladimir Lota, *GRU i atomnaia bomba*; Antony Percy unter www.coldspur.com.

S. 339: »FRÜHER ODER SPÄTER« – Nikolai Tolstoy, *Die Verratenen von Jalta.*

S. 340: »ER IST UNGEFÄHR EINSFÜNFUNDSIEBZIG« – Allen M. Hornblum, *The Invisible Harry Gold.*

20. Operation Hammer

Der beste Bericht über die Tool-Missionen findet sich in Jonathan S. Gould, *German Anti-Nazi Espionage in the Second World War.* Vgl. auch Joseph E. Persico, *Geheime Reichssache* und die Bibliothek der CIA: https://www.cia.gov/resources/csi/studies-in-intelligence/volume-46-no-1/the-oss-and-the-london-free-germans.

Die Aufzeichnungen des amerikanischen Geheimdienstes über die Missionen werden von den US-Nationalarchiven aufbewahrt. (USNA): OSS Record Group 226. Vgl. auch OSS War Diary, vol. 6, 421-456.

Die Befragungen der Hammer-Agenten durch eine DDR-Untersuchungskommission im Jahr 1953 werden von der Stiftung Archiv der Parteien und Massenorganisationen der DDR (SAPMO) aufbewahrt: DY 30/IV 2/4/123, BL 123-282.

S. 348: »IN IHREN BILLIGEN ANZÜGEN UND KRAWATTEN« – Persico, *Geheime Reichssache.*

S. 354: »OBWOHL ER ZWEIFELLOS ZEITLEBENS EIN KOMMUNIST« – Karl Kastros (Erich Henschkes) MI5-Akte: TNA KV 2/3908.

S. 355: »WENN ER AUFGEREGT WAR« – Richard Dunlop, *Donovan.*

S. 356: »DIEJENIGEN, DIE SEINE DIENSTE« – Jürgen Kuczynskis MI5-Akte: TNA KV 2/1871-1880.

Zu den Aufzeichnungen des United States Strategic Bombing Survey vgl.: http://www.ibiblio.org/hyperwar/AAF/USSBS/.
S. 361: »ICH BIN NOCH NIE EINEM SO« – Matthews, *Impeccable Spy.*

21. Frühlingsrauschen

S. 366: »KEINE WEITEREN BEFEHLE« – vgl. SAPMO-Akten: DY 30/IV 2/4/123, BL 123-282.
S. 366: »NUR DIE MUTIGSTEN UND GESCHICKTESTEN« – USNA, OSS Record Group 226.
S. 368: »EINES DER GUTEN DINGE AM NÄHEN« – Werner, *Ein ungewöhnliches Mädchen.*
S. 377: »CAMPUS EINER RIESIGEN UNIVERSITÄT« – Close, *Trinity.*
S. 378: »NEUARTIGE WAFFE« – Catherine Putz, »What if the United States …«.

22. Great Rollright

Die Beschreibungen des Lebens in Great Rollright stammen aus Werner, *Sonjas Rapport*; Janina Blankenfeld, *Die Tochter bin ich*; und Gesprächen mit Michael Hamburger und Peter Beurton.
S. 384: »DAS BIN ICH GEWORDEN« – Hamburger, *Zehn Jahre Lager.*
S. 387: »DAS FBI IST AUSSERGEWÖHNLICH HARTNÄCKIG« – Beurtons MI5-Akte: TNA KV 6/41-45.
S. 388: »SPLITTERNDES KRACHEN« – Foote, *Handbuch für Spione.*
S. 394: »UNERSCHÜTTERLICHE GELASSENHEIT« – Footes MI5-Akte: TNA KV 2/1611-1616.
S. 396: »VOR IHM STAND EINE AUFGEWÜHLTE PERSON« – Werner, *Sonjas Rapport.*
S. 397: »AUSSER STRICKEN« – zur Verfolgung Ursulas und der Kuczynskis durch den MI5 vgl. Charmian Brinson, Richard Dove, *A Matter of Intelligence.*

23. Eine sehr harte Nuss

S. 399: »ACH GOTT, DAS JUNGCHEN« – Werner, *Sonjas Rapport.*
S. 399: »ICH HABE EINE GUTE NACHRICHT« – Hamburgers MI5-Akte: TNA KV 2/1610.
S. 401: »WÜRDEVOLLEN VERBEUGUNG« – die Befragung durch Skardon findet sich in den MI5-Akten der Beurtons: TNA KV 6/41-45.
S. 401: »DER GEPFLEGTE, PFEIFERAUCHENDE« – Wright, *Spycatcher.*

S. 401: »OBERSCHICHTS-THEATER« – Close, *Trinity.*
S. 407: »HAUPTFÜRSPRECHERIN DES KOMMUNISTISCHEN CHINAS« – Price, *The Lives of Agnes Smedley.*
S. 408: »AUSLÄNDER VERLASSEN CHINA« – abgefangener Brief in den MI5-Akten der Beurtons: TNA KV 6/41-45.
S. 410: »DEN GANZEN TAG« – Blankenfeld, *Die Tochter bin ich.*
S. 411: »FÜHLTE ICH MICH BEDRÜCKT« – Werner, *Sonjas Rapport.*
S. 412: »UNS LIEGEN BEWEISE VOR« – Raymond H. Geselbracht (Hg.), »The Truman Administration during 1949: A Chronology«, Harry S. Truman Library.
S. 415: »STOUT IST NICHT SO GUT« – Close, *Trinity* ; vgl. auch Fuchs' MI5-Akte: TNA KV 2/1245-1270.
S. 419: »WIR DURFTEN NIE IN DEN KELLER« – http://www.greathead.org/greathead2-0/Sonia.htm.

24. Ruth Werner

Ursula Kuczynskis Stasi-Akten: Bfs HA IX/11 FV 98/66 Bd. 19.
S. 426: »1947 FLUCHTARTIG NACH DEUTSCHLAND ZURÜCK« – Pincher, *Treachery.*
S. 428: »ICH SELBST WÜNSCHTE MIR« – Werner, *Sonjas Rapport.*
S. 429: »ZWANZIG JAHRE IM AUSLAND« – Bfs HA IX/11 FV 98/66 Bd. 19.
S. 430: »DIESE PERSONEN SIND WAHRSCHEINLICH« – zu den Bemühungen des MI6, die Kuczynskis anzuwerben, vgl. Matthew Stibbe, »Jürgen Kuczynski and the Search for a (Non-existent) Western Spy Ring …«.
S. 432: »ICH HABE SO VIELE FREUNDE VERLOREN« – Werner, *Sonjas Rapport.*
S. 433: »IN DER UMARMUNG VERGESSEN WIR« – Hamburger, *Zehn Jahre Lager.*
S. 435: »FÜR ›GUT‹ BEFUNDEN« – Hamburgers Stasi-Akte: MfS HA IX/II. FV 98/66.
S. 435: »IN IHREM LEBEN GAB ES ZWEI WICHTIGE DINGE« – die Betrachtungen von Ursulas Kindern stammen aus Gesprächen mit dem Autor; vgl. auch »Codename Sonya«, BBC Radio 4, 2002: https://genome.ch.bbc.co.uk/59623532dbb240c3aa1c2bd002b932f5.
S. 437: »ICH WOG ES IN DER HAND« – Werner, *Der Gong des Porzellanhändlers.*
S. 442: »PLAGT MICH EIN ALPDRUCK« – Werner, *Sonjas Rapport.*

Nachwort

S. 443: »DEN GRÖSSTEN BEITRAG« – Close, *Trinity*.
S. 443: »GNADENLOS HÖFLICHE« – Kim Philby, *Mein Doppelspiel*.
S. 444: »EINSAMEN VOGEL« – Price, *Smedley*.
S. 446: »ERFOLGREICHE ÜBUNG« – Pincher, *Treachery*.
S. 446: »ENGAGIERTE, ZUVERLÄSSIGE UND DISZIPLINIERTE AGENTIN« – Christopher Andrew, V. Mitrokhin, *The Mitrokhin Archive*.
S. 446: »DIE SPIONIN, DIE AUS DEM SUPERMARKT KAM« – *The Times*, 11. 09. 1999.
S. 446: »FÜR LETTY« – Pincher, *Treachery*.
S. 447: »TAPFERKEIT IN ÜBEREINSTIMMUNG« – vgl. Gould, *German Anti-Nazi Espionage in the Second World War*.
S. 447: »ALS URSULA UNGEFÄHR ZWANZIG WAR« – MI5-Akten der Beurtons: TNA KV 6/41-45.
S. 448: »WER DEN MENSCHLICHEN FORTSCHRITT« – zu Jürgen Kuczynskis späteren Jahren vgl. Green, *A Political Family*.
S. 449: »GLAUBST DU WIRKLICH« – undatierter Brief, mit freundlicher Genehmigung von Peter Beurton.

Ausgewählte Bibliografie

Aaronovitch, David, *Party Animals. My Family and Other Communists*, London, 2016.

Andrew, Christopher, *MI5. Die wahre Geschichte des britischen Geheimdienstes*, Berlin, 2010.

Andrew, Christopher; Mitrokhin, Vasili, *The Mitrokhin Archive*, London, 1999.

Ashdown, Paddy, *Nein. Standing up to Hitler 1935-1944*, London, 2018.

Baker, Carlos, *Ernest Hemingway. Der Schriftsteller und sein Werk*, Reinbek, 1967.

Ballard, J. G., *Wunder des Lebens*, Kehrig, 2011.

Barlow, Tani E. (Hg.), *I Myself am a Woman. Selected Writings of Ding Ling*, Boston, 1989.

Baxell, Richard, *British Volunteers in the Spanish Civil War*, London, 2004.

–, *Unlikely Warriors. The Extraordinary Story of the Britons Who Fought for Spain*, London, 2012.

Blankenfeld, Janina, *Die Tochter bin ich*, Berlin, 1985.

Bochkarev, Viktor; Kolpakidi, Aleksandr, *Superfrau iz GRU*, Moskau, 2002.

Bormann, Martin (Hg.), Hitler's Table Talk, 1941-1944, transl. Norman Cameron, London, 2000.

Bower, Tom, *The Perfect English Spy. Sir Dick White and the Secret War 1935-1990*, London, 1995.

Brinson, Charmian, »The Free German Movement in Britain, 1943-1945«, *Yearbook of the Research Centre for German and Austrian Exile Studies*, 15/2014.

–, Dove, Richard, *A Matter of Intelligence. MI5 and the Surveillance of Anti-Nazi Refugees 1933-1950*, Manchester, 2014.

Burke, David, *The Lawn Road Flats. Spies, Writers and Artists*, Martlesham, 2014.

–, *The Spy Who Came in from the Co-op. Melita Norwood and the Ending of Cold War Espionage*, Martlesham, 2008.

Casey, William, *The Secret War against Hitler*, Washington, DC, 1988.

Close, Frank, *Trinity. The Treachery and Pursuit of the Most Dangerous Spy in History*, London, 2019.

Conquest, Robert, *Der große Terror. Sowjetunion 1934-1938*, München, 2001.

Dunlop, Richard, *Donovan. America's Master Spy*, New York, 1982.

Figes, Orlando, *Die Flüsterer. Leben in Stalins Russland*, Berlin, 2008.

Fischer, Benjamin B., »Farewell to Sonia, the Spy Who Haunted Britain«, *International Journal of Intelligence and Counterintelligence*, 15.1/2002.

Foote, Alexander, *Handbuch für Spione*, Darmstadt, 1954.

Fuechtner, Veronika; Haynes Douglas E.; Jones, Ryan M. (Hgg.), *A Global History of Sexual Science, 1880-1960*, Berkeley, Calif., 2017.

Glees, Anthony, *The Secrets of the Service*, London, 1987.

Gold, Michael, *Juden ohne Geld. Autobiographischer Roman*, Berlin 1931

Gould, Jonathan S., »Strange Bedfellows. The OSS and the London Free Germans«, CIA Library, https://www.cia.gov/library/center-forthe-study-of-intelligence/csi-publications/csi-studies/studies/vol46no1/article03.html.
–, *German Anti-Nazi Espionage in the Second World War. The OSS and the Men of the TOOL Missions*, New York, 2018.
Green, John, *A Political Family. The Kuczynskis, Fascism, Espionage and the Cold War*, Abingdon, 2017.
Guha, Ramachandra, *India After Gandhi. The History of the World's Largest Democracy*, London, 2007.
Hahn, Emily, *China to Me. A Partial Autobiography*, New York, 1944.
Hamburger, Rudolf, *Zehn Jahre Lager*, München, 2013.
Hardesty, Von; Grinberg, Ilya, *Red Phoenix Rising. The Soviet Air Force in World War II*, Lawrence, Kan., 2012.
Hartland, Michael, *The Third Betrayal*, London, 1986.
Haslam, Jonathan, *Near and Distant Neighbours. A New History of Soviet Intelligence*, Oxford, 2015.
Haynes, John Earl; Klehr, Harvey; Vassiliev, Alexander, *Spies. The Rise and Fall of the KGB in America*, New Haven, Conn., 2010.
Hennessy, Peter, *The Secret State. Whitehall and the Cold War*, London, 2002.
Holloway, David, *Stalin and the Bomb*, London, 1994.
Hornblum, Allen M., *The Invisible Harry Gold. The Man Who Gave the Soviets the Atom Bomb*, New Haven, Conn., 2010.
Kögel, Eduard, *Zwei Poelzigschüler in der Emigration: Rudolf Hamburger und Richard Paulick zwischen Shanghai und Ost-Berlin (1930-1955)*, Dissertation, Weimar, 2007.
Krivitsky, Walter, *Ich war Stalins Agent*, Grafenau-Döffingen, 1990.
Kuczynski, Jürgen, *Memoiren*, 4 Bde., Berlin, 1981-99.
Kuczynski, Rita, *Mauerblume. Ein Leben auf der Grenze*, München, 1999.
Kuromiya, Hiroaki, *The Voices of the Dead. Stalin's Great Terror in the 1930s*, New Haven, Conn., 2017.
Lamphere, Robert J.; Shachtman, Tom, *The FBI–KGB War. A Special Agent's Story*, New York, 1986.
Leitz, Christian, *Nazi Germany and Neutral Europe during the Second World War*, Manchester, 2001.
Litten, Frederick S., »The Noulens Affair«, *The China Quarterly*, 138 (Juni 1994).
Lota, Vladimir, *GRU i atomnaia bomba*, Moskau, 2002.
MacKinnon, J. R.; MacKinnon, S. R., *Agnes Smedley. The Life and Times of an American Radical*, Berkeley, Calif., 1988.
Matthews, Owen, *An Impeccable Spy. Richard Sorge, Stalin's Master Agent*, London, 2019.
Montgomery Hyde, H., *The Atom Bomb Spies*, London, 1980.
Moorehead, Alan, *Verratenes Atomgeheimnis. Nunn May, Klaus Fuchs, Pontecorvo*, Braunschweig, 1953.

Moorhouse, Roger, *The Devils' Alliance. Hitler's Pact with Stalin, 1939-41*, London, 2014.
Moss, Norman, *Klaus Fuchs. The Man Who Stole the Atom Bomb*, London, 1987.
Nelson, Anne, *Die Rote Kapelle. Die Geschichte der legendären Widerstandsgruppe*, München, 2010.
Panitz, Eberhard, *Geheimtreff Banbury. Wie die Atombombe zu den Russen kam*, Berlin, 2003.
Persico, Joseph E., *Geheime Reichssache. Der US-Geheimdienst im Untergrundkampf gegen die deutsche Kriegsführung*, München, 1980.
–, *Roosevelt's Secret War. FDR and World War II Espionage*, New York, 2001.
Philby, Kim, *Mein Doppelspiel. Autobiografie eines Meisterspions*, Gütersloh, 1968.
Pincher, Chapman, *Treachery. Betrayals, Blunders and Coverups. Six Decades of Espionage*, London, 2012.
Price, Ruth, *The Lives of Agnes Smedley*, Oxford, 2005.
Prysor, Glyn, *Citizen Sailors. The Royal Navy in the Second World War*, London, 2012.
Putz, Catherine, »What if the United States Had Told the Soviet Union about the Bomb?«, *The Diplomat*, 18.05.2016.
Radó, Sándor, *Dora meldet* …, Berlin, 1974.
Read, Anthony; Fisher, David, *Operation Lucy. Most Secret Spy Ring of the Second World War*, London, 1980.
Rossiter, Mike, *The Spy Who Changed the World. Klaus Fuchs and the Secrets of the Nuclear Bomb*, London, 2003.
Sebag Montefiore, Simon, *Stalin. Am Hof des roten Zaren*, Frankfurt a.M., 2005.
Sergeant, Harriet, *Shanghai. Collision Point of Cultures, 1918-1939*, New York, 1990.
Smedley, Agnes, *Eine Frau allein. Mein Lebensroman*, Berlin, 1985.
Smith, Michael (Hg.), *The Secret Agent's Bedside Reader. A Compendium of Spy Writing*, London, 2014.
Snow, Edgar, *Random Notes on Red China. 1936-1945*, Cambridge, Mass., 1957.
Stibbe, Matthew, »Jürgen Kuczynski and the Search for a (Non-existent) Western Spy Ring in the East German Communist Party in 1953«, *Contemporary European History*, 20.1 (2011).
Tarrant, V. E., *The Red Orchestra. The Soviet Spy Network inside Nazi Europe*, London, 1995.
Tolstoy, Nikolai, *Die Verratenen von Jalta. Englands Schuld vor der Geschichte*, Frankfurt a.M., Berlin, 1987.
Tyrer, William A., »The Unresolved Mystery of ELLI«, *International Journal of Intelligence and Counterintelligence*, 29.4 (2016), S. 785-808.
Vassiliev, Alexander, *Yellow Notebooks*, 1995: https://digitalarchive.wilsoncenter.org/collection/86/vassiliev-notebooks.
Wakeman Jr., Frederic, *Policing Shanghai 1927-1937*, Berkeley, Calif., 1995.

Watson, Peter, *Fallout. Conspiracy, Cover-Up and the Deceitful Case for the Atom Bomb*, London, 2018.
Werner, Ruth, *Ein ungewöhnliches Mädchen*, Berlin, 1957.
–, *Der Gong des Porzellanhändlers*, Berlin, 1976.
–, *Olga Benario. Die Geschichte eines tapferen Lebens*, Berlin, 1961.
–, *Sonjas Rapport*, Berlin, 1977. Erweiterte Neuausgabe: Berlin, 2006.
West, Nigel, *Venona. The Greatest Secret of the Cold War*, London, 1999.
–, *Mortal Crimes. The Greatest Theft in History. The Soviet Penetration of the Manhattan Project*, New York, 2004.
Whymant, Robert, *Richard Sorge: Der Mann mit den drei Gesichtern*, Hamburg, 1999.
Williams, Robert Chadwell, *Klaus Fuchs, Atom Spy*, Harvard, Mass., 1987.
Willoughby, Charles, *Shanghai Conspiracy. The Sorge Spy Ring*, Boston, Mass., 1952.
Wolf, Markus, *In eigenem Auftrag*, Schneekluth, 1991.
Wright, Peter, *Spycatcher. The Candid Autobiography of a Senior Intelligence Officer*, London, 1987.

Abbildungsnachweis

Es wurden alle Anstrengungen unternommen, um alle Urheberrechtsinhaber zu kontaktieren. Die Herausgeber sind gerne bereit, in künftigen Ausgaben alle ihnen zur Kenntnis gebrachten Fehler oder Auslassungen zu korrigieren.

Abkürzungen:

BArch: Bundesarchiv
BStU: Bundesbeauftragter für die Stasi-Unterlagen
NACP: National Archives at College Park, College Park, MD

1. ullstein bild/Getty Images
2. Sammlung Kuczynski, Zentral- und Landesbibliothek, Berlin
3. Sammlung Kuczynski, Zentral- und Landesbibliothek, Berlin
4. Sammlung Kuczynski, Zentral- und Landesbibliothek, Berlin
5. Sammlung Kuczynski, Zentral- und Landesbibliothek, Berlin
6. Mit freundlicher Genehmigung von Ann Simpson
7. BStU, MfS, HA IX/11, FV 98/66, Bd. 40, S. 125
8. Sammlung der Familie Hamburger
9. Sammlung der Familie Hamburger
10. Agnes Smedley Photographs, University Archives, Arizona State University Library
11. Sputnik/TopFoto
12. Verbleib des Originalfotos unbekannt. Aus: Ruth Werner, *Sonjas Rapport*, Berlin: Neues Leben, 2006
13. Verbleib des Originalfotos unbekannt. Aus: Ruth Werner, *Sonjas Rapport*, Berlin: Neues Leben, 1977
14. BStU, MfS, HA IX/11, FV 98/66, Bd. 20, S. 98
15. Sammlung der Familie Hamburger
16. Sammlung der Familie Hamburger
17. Sammlung der Familie Hamburger
18. BArch, Bild 10-2167-04
19. BStU, MfS, HA IX/11, FV 98/66, Bd. 39, S. 142
20. Sammlung der Familie Hamburger
21. Helen Foster Snow. Courtesy L. Tom Perry Special Collections, Brigham Young University
22. Sammlung der Familie Hamburger
23. BStU, MfS, HA IX/11, FV 98/66, Bd. 39, S. 139

24. Quelle unbekannt
25. Quelle unbekannt
26. Mit freundlicher Genehmigung von Peter Beurton
27. Sammlung der Familie Hamburger
28. BStU, MfS, HA IX/11, FV 98/66, Bd. 39, S. 145
29. Mit freundlicher Genehmigung von András Trom
30. BStU, MfS, HA IX/11, FV 98/66, Bd. 40, S. 7
31. Mit freundlicher Genehmigung von Ann Simpson
32. Sammlung der Familie Hamburger
33. Sammlung der Familie Hamburger
34. National Archives, Kew, KV2/1253
35. Mit freundlicher Genehmigung von Peter Beurton
36. National Archives, Kew, KV2/3908
37. NACP, RG 226: Records of the Office of Strategic Services
38. NACP, RG 226: Records of the Office of Strategic Services
39. Mit freundlicher Genehmigung von Peter Beurton
40. Mit freundlicher Genehmigung von Peter Beurton
41. Mit freundlicher Genehmigung von Peter Beurton
42. Nachdruck mit Genehmigung des Principal of Lady Margaret Hall, Universität Oxford
43. AP/Shutterstock
44. Keystone/Alamy
45. Martin Pope/Camera Press, London
46. BArch, Bild 10-2167-11

Danksagungen

Dieses Buch wäre ohne die Hilfe von Ursulas Familie und insbesondere ihrer Söhne, Peter Beurton und des verstorbenen Michael Hamburger, nicht zu schreiben gewesen. Beide reagierten auf meine Anfragen und wiederholten Besuche mit grenzenloser Geduld und Gastfreundschaft. Nach Michaels Tod im Januar 2020 übernahmen sein Sohn und seine Tochter, Max und Hannah, freundlicherweise die komplexe und zeitaufwändige Aufgabe, das umfangreiche Fotoarchiv der Familie zusammenzutragen, zu ordnen und zu kopieren.

John Green, Historiker und Autor der maßgeblichen Biografie der Familie Kuczynski, hat mich unendlich großzügig an seinem Fachwissen teilhaben lassen, zusätzliche Nachforschungen in den deutschen Archiven angestellt und zahlreiche Hinweise weiterverfolgt. Galina Green von Trend Translations leistete hervorragende Arbeit bei der Übersetzung von Ursulas Büchern ins Englische. Mein Dank gilt auch den Mitarbeitern von The National Archives in Kew sowie des Bundesarchivs und der Stasi-Archive in Berlin. Robert Hands hat den ersten Entwurf erneut meisterhaft lektoriert, wie er es bei jedem meiner letzten sechs Bücher getan hat, während Cecilia Mackays fotografische Recherchen tadellos waren. Ich hatte das Glück, Zugang zur Arbeit einer Reihe von Wissenschaftlern und Akademikern zu erhalten, die auf Deutsch arbeiten, darunter Thomas Kampen, Bernd-Rainer Barth und Matthew Stibbe. Michail Bogdanow und Tom Parfitt waren in Russland außerordentlich hilfreich. Andrew Marshal machte mich auf die Geschichte der Tool-Missionen aufmerksam. Mehrere Freunde und Experten (von denen einige darum gebeten haben, nicht genannt zu werden) lasen das Manuskript, verbesserten es erheblich und bewahrten mich vor zahlreichen Fehlern: Dazu gehören Rosie

Goldsmith, Jon Halliday, Natascha McElhone, Sandra Pearce, Roland Philipps und Anne Robinson.

Die Verlagsteams von Viking und Crown haben auch in den schwierigen Zeiten der COVID-19-Pandemie wieder einmal mit großer Professionalität und Begeisterung eine hervorragende Arbeit geleistet. Jonny Geller, mein Agent, war ein Fels in der Brandung an Unterstützung und Weisheit.

Wieder einmal haben meine Kinder ihren Vater mit unendlich viel guter Laune und Toleranz auf einem weiteren Buchmarathon begleitet. Ich verbrachte einen Großteil der Zeit im Berlin der 1920er und im Shanghai der 1930er Jahre; mein Dank gilt meinen geliebten Barney, Finn und Molly für ihre hervorragende Gesellschaft während der gesamten Reise. Und schließlich auch Juliet, meine Liebe – danke.